Dr. John Coleman

LA HIÉRARCHIE
des CONSPIRATEURS
HISTOIRE DU COMITÉ DES 300

OMNIA VERITAS®

John Coleman

John Coleman est un auteur britannique et un ancien membre du Secret Intelligence Service. Coleman a produit diverses analyses concernant le Club de Rome, la Giorgio Cini Foundation, le Forbes Global 2000, le Interreligious Peace Colloquium, le Tavistock Institute, la noblesse noire ainsi que d'autres organisations qui se rapprochent de la thématique du Nouvel Ordre Mondial.

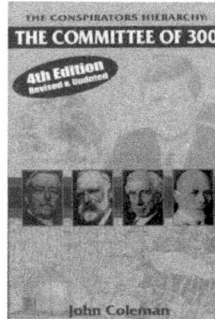

**LA HIÉRARCHIE DES CONSPIRATEURS
HISTOIRE DU COMITÉ DES 300**

CONSPIRATORS' HIERARCHY
The story of the committee of 300

Traduit de l'anglais et publié par Omnia Veritas Limited

© Omnia Veritas Ltd – 2022

www.omnia-veritas.com

AVANT-PROPOS

Au cours de ma carrière d'agent de renseignements professionnel, j'ai eu de nombreuses occasions d'accéder à des documents hautement classifiés, mais pendant mon service en tant qu'agent de sciences politiques sur le terrain, en Angola, en Afrique de l'Ouest, j'ai accédé à une série de documents classifiés top secret qui étaient inhabituellement explicites. Ce que j'ai vu m'a rempli de colère et de ressentiment et m'a lancé sur une voie dont je n'ai pas dévié, à savoir découvrir quel est le pouvoir qui contrôle et dirige les gouvernements britannique et américain.

Je connaissais parfaitement toutes les sociétés secrètes bien identifiées telles que le Royal Institute for International Affairs (RIIA), le Council on Foreign Relations (CFR), les Bilderbergers, la Trilatérale, les sionistes, la franc-maçonnerie, le bolchevisme, le rosicrucianisme et toutes les ramifications de ces sociétés secrètes. En tant qu'agent de renseignements, et même avant cela en tant que jeune étudiant au British Museum de Londres, j'avais fait mes dents sur toutes ces sociétés, ainsi que sur un bon nombre d'autres que j'imaginais familières aux Américains. Mais lorsque je suis arrivé aux États-Unis en 1969, j'ai découvert que des noms comme l'Ordre de Saint-Jean de Jérusalem, le Club de Rome, le German Marshall Fund, la Fondation Cini, la Table ronde, les Fabianistes, la Noblesse noire Vénitienne, la Société du Mont-Pèlerin, les Hellfire Clubs et bien d'autres étaient ou totalement inconnus ici, ou alors leurs véritables fonctions n'étaient, au mieux, que mal comprises, voire pas du tout.

En 1969-1970, j'ai entrepris de remédier à cette situation dans une série de monographies et de cassettes. À ma grande surprise, j'ai rapidement trouvé de nombreuses personnes prêtes à citer ces noms comme si elles les avaient connus pendant toute leur carrière d'écrivain, mais qui ne maîtrisant pas le moins du monde les sujets en question, ne voulaient pas révéler la source de leurs informations récemment acquises. Je me consolais en me disant que l'imitation est la forme la plus sincère de la flatterie.

J'ai poursuivi mes investigations, continuant à faire face à des risques graves, à des attaques contre moi et ma femme, à des pertes financières, à un harcèlement continu, à des menaces et à des calomnies, le tout faisant partie d'un programme soigneusement élaboré et orchestré pour me discréditer, dirigé par des agents et des informateurs du gouvernement, intégrés dans la soi-disant droite chrétienne, le "mouvement identitaire" et les groupes "patriotiques" de droite. Ces agents ont opéré, et opèrent encore, sous le couvert d'une opposition franche, forte et sans peur au judaïsme, leur principal ennemi, comme ils voudraient nous le faire croire. Ces agents-informateurs sont dirigés et contrôlés par un groupe d'homosexuels qui sont très appréciés et respectés par les conservateurs politiques et religieux de tous les États-Unis.

Leur programme de calomnie, de mensonges et de haine, de désinformation sur mon travail, allant même jusqu'à l'attribuer à d'autres écrivains, se poursuit sans relâche, mais il n'a pas eu l'effet escompté. Je poursuivrai ma tâche jusqu'à ce que j'aie finalement arraché le masque de l'ensemble du gouvernement parallèle secret qui dirige la Grande-Bretagne et les États-Unis.

Dr John Coleman, novembre 1991.

Une vue d'ensemble et quelques cas concrets

Il est certain que bon nombre d'entre nous sont conscients que les personnes qui dirigent notre gouvernement ne sont pas celles qui contrôlent *réellement* les questions politiques et économiques, nationales et étrangères. Cela a conduit beaucoup d'entre nous à rechercher la vérité dans la presse alternative, ces auteurs de bulletins d'information qui, comme moi, ont enquêté, mais pas toujours trouvé, les raisons de ce qui rend les États-Unis aussi gravement malades. L'injonction "cherchez et vous trouverez" n'a pas toujours été de mise avec ce groupe. Ce que nous avons découvert, c'est que les gens évoluent la plupart du temps dans une sorte de brouillard obscur, sans se soucier ou se donner la peine de savoir où va leur pays, fermement convaincus qu'il sera toujours là pour eux. C'est la façon dont le plus grand groupe de population a été manipulé *pour* réagir, et leur attitude joue à plein entre les mains du gouvernement secret.

Nous entendons souvent dire qu'"ils" font ceci, cela ou autre chose. "Ils" semblent littéralement pouvoir s'en tirer avec des meurtres. "Ils" augmentent les impôts, envoient nos fils et nos filles mourir dans des guerres qui ne profitent pas à notre pays. "Ils" semblent hors de notre portée, hors de vue, frustrants et nébuleux lorsqu'il serait de mise d'agir contre eux. Personne ne semble capable d'identifier clairement qui "ils" sont. C'est une situation qui perdure depuis des décennies. Au cours de ce livre, nous identifierons ces "eux" mystérieux et, ensuite, il appartiendra au peuple de remédier à la situation.

Le 30 avril 1981, j'ai écrit une monographie révélant l'existence du Club de Rome, l'identifiant comme un organisme subversif du Comité des 300. Ce site était la première mention de ces deux organisations aux États-Unis. J'ai averti les lecteurs de ne pas se laisser berner par le sentiment que l'article était tiré par les cheveux et j'ai établi un parallèle entre mon article et l'avertissement lancé par le gouvernement bavarois lorsque les plans secrets des Illuminati sont tombés entre ses mains. Nous reviendrons plus tard sur le Club de Rome et le rôle du Comité des 300 dans les affaires américaines.

Bon nombre des prédictions faites dans cet article de 1981 se sont réalisées depuis, comme l'inconnu Felipe Gonzalez devenant Premier ministre d'Espagne, et Mitterrand revenant au pouvoir en France ; la chute de Giscard d'Estang et de Helmut Schmidt, le retour au pouvoir du noble suédois et membre du Comité des 300 Olof Palme (qui a depuis été mystérieusement assassiné), l'annulation de la présidence de Reagan et la destruction de nos industries de l'acier, de l'automobile et du logement en vertu de l'objectif de croissance zéro post-industrielle donné par le Comité des 300.

L'importance de Palme réside dans l'utilisation que le Club de Rome a faite de lui pour fournir à l'Union soviétique des technologies figurant sur la liste des interdictions des douanes américaines, et dans le réseau de communication mondial de Palme utilisé pour braquer les projecteurs sur la fausse crise des otages iraniens, alors qu'il faisait la navette entre Washington et Téhéran dans le but de saper l'intégrité souveraine des États-Unis et de placer la fausse crise dans le contexte d'une institution du Comité des 300, à savoir la Cour mondiale de La Haye, en Hollande.

Cette conspiration ouverte contre Dieu et l'homme, qui inclut l'asservissement de la majorité des humains restant sur cette Terre, après que les guerres, les pestes et les meurtres de masse en aient eu fini avec eux, n'est pas complètement bien cachée. Dans la communauté du renseignement, on enseigne que la meilleure façon de cacher quelque chose est de le placer à la vue de tous. Par exemple, lorsque l'Allemagne a voulu cacher son nouvel avion de chasse Messerschmitt en 1938, l'appareil a été exposé au salon de l'aviation de Paris. Alors que les agents secrets et les espions recueillaient des informations dans des troncs d'arbre creux ou derrière des briques de mur, les informations qu'ils cherchaient leur sautaient aux yeux.

Le gouvernement secret parallèle de haut niveau n'opère pas depuis des sous-sols humides et des chambres souterraines secrètes. Il se place au vu et au su de tous, à la Maison-Blanche, au Congrès, au numéro 10 de Downing Street et dans les Chambres du Parlement. Cela ressemble à ces films de "monstres" bizarres et soi-disant terrifiants, où le monstre apparaît avec des traits déformés, des cheveux longs et des dents encore plus longues, grognant et s'avançant partout. C'est de la distraction, les VRAIS MONSTRES portent des costumes d'affaires (et cravate) et se rendent au travail au

Capitole en limousine.

Ces hommes sont à la vue de tous. Ces hommes sont les serviteurs du gouvernement mondial unique — le nouvel ordre mondial. Comme le violeur qui s'arrête pour offrir à sa victime une promenade amicale, il ne PARAÎT pas comme le monstre qu'il est. S'il le faisait, sa victime s'enfuirait en hurlant de peur. Il en va de même pour le gouvernement à tous les niveaux. Le président Bush n'a pas l'air d'être un serviteur dévoué du gouvernement parallèle de l'ombre, mais ne vous y trompez pas, c'est un monstre au même titre que ceux dépeints dans les films d'horreur.

Arrêtez-vous un instant et considérez comment le président Bush a ordonné le massacre brutal de 150 000 soldats irakiens, dans un convoi de véhicules militaires portant des drapeaux blancs, alors qu'ils rentraient en Irak selon les règles de la Convention de Genève relatives au désengagement et au retrait convenu. Imaginez l'horreur des troupes irakiennes lorsque, malgré le fait qu'elles brandissaient leurs drapeaux blancs, elles ont été fauchées par des avions américains. Dans une autre partie du front, 12 000 soldats irakiens ont été enterrés vivants dans des tranchées qu'ils occupaient. N'est-ce pas MONSTRUEUX au sens propre du terme ? D'où le président Bush a-t-il reçu l'ordre d'agir de cette façon MONSTRUEUSE ? Il les a reçus du Royal Institute for International Affairs (RIIA) qui a reçu son mandat du Comité des 300, également connu sous le nom des "Olympiens".

Comme nous le verrons, même les "olympiens" ne se voilent pas la face. Ils offrent souvent un spectacle comparable à celui du Salon de l'aéronautique et de l'espace de Paris, alors même que les amateurs de complots passent leur temps à chercher en vain au mauvais endroit et dans la mauvaise direction. Remarquez comment la reine, Elizabeth II, procède à la cérémonie d'ouverture du Parlement britannique. Là, bien en vue, se trouve le chef du Comité des 300. Avez-vous déjà assisté à la cérémonie de prestation de serment d'un président des États-Unis ? Là, bien en vue, se trouve un autre membre du Comité des 300. Le problème n'est qu'un problème de perception.

Qui sont les conspirateurs qui servent le tout-puissant Comité des 300 ? Les citoyens les mieux informés savent qu'il existe une conspiration et que celle-ci porte différents noms tels que Illuminati, Franc-maçonnerie, Table ronde ou Groupe Milner. Pour eux, le CFR et les Trilatéraux représentent la plupart de ce qu'ils n'aiment pas en matière de politique intérieure et étrangère. Certains savent même que la Table Ronde a une grande influence sur les affaires des États-Unis par le biais de l'ambassadeur britannique à Washington. Le problème est qu'il est très difficile d'obtenir des informations concrètes sur les activités de trahison des membres du gouvernement invisible de la main cachée.

Je cite la profonde déclaration du prophète Osée (4:6), qui se trouve dans la Bible chrétienne :

> "Mon peuple est *détruit* par manque de connaissance."

Certains ont peut-être déjà entendu mon exposé sur le scandale de l'aide étrangère, dans lequel j'ai nommé plusieurs organisations conspiratrices, dont le nombre est légion. Leur objectif final est le renversement de la Constitution américaine et la fusion de ce pays, choisi par Dieu comme SON pays, avec un gouvernement sans Dieu du type "un monde unifié au sein d'un Nouvel Ordre Mondial" qui ramènera le monde à des conditions bien pires que celles qui existaient au cours de l'âge des ténèbres.

Parlons de cas concrets, de la tentative de communisation et de désindustrialisation de l'Italie. Il y a longtemps, le Comité des 300 a décrété qu'il y aurait un monde plus petit - beaucoup plus petit - et meilleur, c'est-à-dire *leur* idée de ce qui constitue un monde meilleur. Les myriades de "mangeurs inutiles" consommant des ressources naturelles limitées devaient être abattus (tués). Le progrès industriel favorise la croissance de la population. Par conséquent, le commandement de multiplier et d'assujettir la terre que l'on trouve dans la Genèse devait être renversé.

Il s'agit d'attaquer le christianisme, de désintégrer lentement mais sûrement les États-nations industriels, de détruire des centaines de millions de personnes, désignées par le Comité des 300 comme "population excédentaire", et d'éliminer tout dirigeant qui ose s'opposer à la planification mondiale du Comité pour atteindre les objectifs susmentionnés.

Deux des premières cibles du Comité ont été l'Italie et le Pakistan. Feu Aldo Moro, Premier ministre italien, est l'un des dirigeants qui se sont opposés à la "croissance zéro" et aux réductions démographiques prévues pour son pays, s'attirant ainsi les foudres du Club de Rome chargé par les "Olympiens" de mener à bien ses politiques en la matière. Dans un tribunal de Rome, le 10 novembre 1982, un ami proche de Moro a témoigné que l'ancien premier ministre avait été menacé par un agent du Royal Institute for International Affairs

(RIIA), également membre du Comité des 300, alors qu'il était encore secrétaire d'État américain. L'ascension fulgurante de l'homme que le témoin a désigné comme étant Kissinger sera abordée plus loin.

On se souviendra que le Premier ministre Moro a été enlevé par les Brigades rouges en 1978 et qu'il a ensuite été brutalement abattu. C'est au cours du procès des membres des Brigades rouges que plusieurs d'entre eux ont témoignés du fait qu'ils étaient au courant de l'implication de hauts responsables américains dans le complot visant à tuer Moro. Lorsqu'il a menacé Moro, Kissinger n'appliquait manifestement pas la politique étrangère des États-Unis, mais agissait plutôt selon les instructions reçues du Club de Rome, l'organe de politique étrangère du Comité des 300. Le témoin qui a livré la bombe en audience publique était un proche associé de Moro, Gorrado Guerzoni.

Son témoignage explosif a été diffusé à la télévision et à la radio italiennes le 10 novembre 1982 et publié dans plusieurs journaux italiens, mais cette information vitale a été supprimée aux États-Unis. Les célèbres bastions de la liberté et du droit de savoir, le *Washington Post* et le *New York Times*, n'ont pas jugé important d'imprimer une seule ligne du témoignage de Guerzoni.

La nouvelle n'a pas non plus été reprise par les agences de presse ou les chaînes de télévision. Le fait que l'Italien Aldo Moro, homme politique de premier plan depuis des décennies, ait été enlevé en plein jour au printemps 1978 et que tous ses gardes du corps aient été massacrés de sang-froid n'a pas été jugé digne d'intérêt, même si Kissinger a été accusé de complicité dans ces crimes ? Ou bien le silence était-il dû à l'implication de Kissinger ?

Dans mon exposé de 1982 sur ce crime odieux, j'ai démontré qu'Aldo Moro, un membre loyal du parti démocrate-chrétien, a été tué par des assassins contrôlés par la maçonnerie P2 (voir le livre de David Yallop, *In God's Name*) dans le but d'amener l'Italie à s'aligner sur les ordres du Club de Rome en matière de désindustrialisation du pays et de réduction considérable de sa population. Les plans de Moro visant à stabiliser l'Italie grâce au plein emploi et à la paix industrielle et politique auraient renforcé l'opposition catholique au communisme et rendu la déstabilisation du Moyen-Orient — un objectif primordial — d'autant plus difficile.

De ce qui précède, il devient clair à quel point les conspirateurs planifient à l'avance. Ils ne pensent pas en termes de plan quinquennal. Il faut revenir aux déclarations de Weishaupt sur l'Église catholique primitive pour comprendre ce qu'implique le meurtre d'Aldo Moro. La mort de Moro a levé les obstacles aux plans de déstabilisation de l'Italie et, comme nous le savons maintenant, a permis aux plans de conspiration pour le Moyen-Orient d'être mis en œuvre lors de la guerre du Golfe 14 ans plus tard.

L'Italie a été choisie comme cible d'essai par le Comité des 300. L'Italie est importante pour les plans des conspirateurs, car c'est le pays européen le plus proche du Moyen-Orient, lié à l'économie et à la politique du Moyen-Orient. C'est également le foyer de l'Église catholique, que Weishaupt a ordonné de détruire, et le foyer de certaines des familles oligarchiques les plus puissantes d'Europe de l'ancienne noblesse noire. Si l'Italie avait été affaiblie par la mort de Moro, cela aurait eu des répercussions au Moyen-Orient qui auraient affaibli l'influence des États-Unis dans la région. L'Italie est importante pour une autre raison : elle est une porte d'entrée pour les drogues entrant en Europe depuis l'Iran et le Liban, et nous reviendrons sur ce sujet en temps voulu.

Divers groupes se sont combinés sous le nom de socialisme pour provoquer la chute de plusieurs gouvernements italiens depuis la création du Club de Rome en 1968. Parmi eux, la Noblesse noire de Venise et de Gênes, la maçonnerie P2 et les Brigades rouges, qui poursuivent tous les *mêmes* objectifs. Les enquêteurs de la police de Rome travaillant sur l'affaire Brigades Rouges/Aldo Moro ont découvert les noms de plusieurs familles italiennes très en vue travaillant en étroite collaboration avec ce groupe terroriste. La police a également découvert des preuves que dans au moins une douzaine de cas, ces familles puissantes et éminentes avaient permis que leurs maisons et/ou propriétés soient utilisées comme refuges pour les cellules des Brigades rouges.

La "noblesse" américaine faisait sa part pour détruire la République d'Italie, une contribution notable ayant été apportée par Richard Gardner alors même qu'il était officiellement l'ambassadeur du président Carter à Rome. À cette époque, Gardner opérait sous le contrôle direct de Bettino Craxi, un membre important du Club de Rome et un homme clé de l'OTAN. Craxi était à la pointe des tentatives des conspirateurs pour détruire la République italienne. Comme nous le verrons, Craxi a presque réussi à ruiner l'Italie et, en tant que chef de file de la hiérarchie des conspirateurs, il a réussi à faire adopter le divorce et l'avortement par le Parlement italien, ce qui a entraîné les changements religieux et sociaux les plus profonds et les plus destructeurs qui aient jamais frappé l'Église catholique et, par conséquent, la morale de la nation italienne.

Après l'élection du président Ronald Reagan, une importante réunion s'est tenue à Washington D.C. en décembre 1980 sous les auspices du Club de Rome et de l'Internationale socialiste. Ces deux organisations sont directement responsables devant le Comité des 300. L'ordre du jour principal était de formuler les moyens de neutraliser la présidence de Reagan. Un plan de groupe a été adopté et, avec le recul, il est parfaitement clair que le plan que les conspirateurs ont accepté de suivre a été couronné de succès.

Afin de se faire une idée de l'ampleur et de l'omniprésence de cette conspiration, il serait opportun à ce stade de citer les objectifs fixés par le Comité des 300 pour la conquête et le contrôle du monde. Il y a au moins 40 "succursales" connues du Comité des 300, et nous allons les énumérer toutes, avec une description de leurs fonctions. Une fois ceci étudié, il devient facile de comprendre comment un organisme conspirateur central est capable d'opérer avec tant de succès et pourquoi aucune puissance sur Terre ne peut résister à leur assaut contre les fondations mêmes d'un monde civilisé, progressiste, basé sur la liberté de l'individu, particulièrement comme il est déclaré dans la Constitution des États-Unis.

Grâce au témoignage sous serment de Guerzoni, l'Italie et l'Europe mais pas les États-Unis ont appris que Kissinger était derrière la mort d'Aldo Moro. Cette affaire tragique démontre la capacité du Comité des 300 à imposer sa volonté à *tout* gouvernement, sans exception. Fort de sa position de membre de la société secrète la plus puissante du monde — et je ne parle pas de la franc-maçonnerie — Kissinger n'a pas seulement terrifié Moro, mais a mis à exécution ses menaces d'"éliminer" Moro, s'il ne renonçait pas à son projet d'apporter le progrès économique et industriel à l'Italie. En juin et juillet 1982, l'épouse d'Aldo Moro a témoigné en audience publique que l'assassinat de son mari était le résultat de graves menaces contre sa vie, proférées par ce qu'elle a appelé "une personnalité politique américaine de haut rang". Mme Eleanora Moro a répété la phrase précise qui aurait été utilisée par Kissinger dans le témoignage sous serment de Guerzoni : "Soit vous arrêtez votre ligne politique, soit vous le paierez cher." Rappelé par le juge, on a demandé à Guerzoni s'il pouvait identifier la personne dont parlait Mme Moro. Guerzoni a répondu qu'il s'agissait bien d'Henry Kissinger comme il l'avait précédemment laissé entendre.

Guerzoni a ensuite expliqué au tribunal que Kissinger avait proféré ses menaces dans la chambre d'hôtel de Moro lors de la visite officielle des dirigeants italiens aux États-Unis. Moro qui était alors Premier ministre et ministre des Affaires étrangères de l'Italie, pays membre de l'OTAN était un homme haut placé, qui n'aurait jamais dû faire l'objet de pressions et de menaces de type mafieux. Moro était accompagné lors de sa visite américaine par le président de l'Italie en sa qualité officielle. Kissinger était alors, et est toujours, un agent important au service du Royal Institute for International Affairs (britannique), membre du Club de Rome et du Council on Foreign Relations (américain).

Le rôle de Kissinger dans la déstabilisation des États-Unis par le biais de trois guerres, au Moyen-Orient, en Corée et au Vietnam, est bien connu, tout comme son rôle dans la guerre du Golfe, au cours de laquelle l'armée américaine a agi comme des mercenaires pour le Comité des 300 afin de ramener le Koweït sous son contrôle et, en même temps, de faire de l'Irak un exemple, afin que d'autres petites nations ne soient pas tentées de prendre en main leur propre destin.

Kissinger a également menacé feu Ali Bhutto, président de la nation souveraine du Pakistan. Le "crime" de Bhutto était d'être favorable aux armes nucléaires pour son pays. En tant qu'État musulman, le Pakistan se sentait menacé par l'agression israélienne continue au Moyen-Orient. Bhutto a été assassinée judiciairement en 1979 par le représentant du Council on Foreign Relations dans le pays, le général Zia ul Haq.

Dans son ascension planifiée au pouvoir, ul Haq a encouragé une foule en délire à mettre le feu à l'ambassade des États-Unis à Islamabad dans une tentative apparente de montrer au CFR qu'il était son homme et d'obtenir davantage d'aide étrangère et, on l'a appris plus tard, d'assassiner Richard Helms. Plusieurs années plus tard, ul Haq a payé de sa vie son intervention dans la guerre qui faisait rage en Afghanistan. Son avion C-130 Hercules a été touché par un tir d'E.L.F. (basse fréquence électrique) peu après son décollage, provoquant un looping de l'appareil au sol.

Le Club de Rome, agissant sur l'ordre du Comité des 300 d'éliminer le général ul Haq, n'a eu aucun scrupule à sacrifier la vie d'un certain nombre de personnes.

Des militaires américains se trouvaient à bord du vol, dont un groupe de la Defence Intelligence Agency de l'armée américaine dirigé par le général de brigade Herber Wassom. Le général ul Haq avait été averti par les services secrets turcs de ne pas voyager en avion, car il était visé par un bombardement en plein vol. Dans cette optique, ul Haq a emmené l'équipe américaine avec lui comme "une police d'assurance", comme il l'a dit à ses conseillers du cercle restreint. Dans mon ouvrage de 1989 *Terror in the Skies*, j'ai donné le récit suivant de ce qui s'est passé :

> "Peu avant que le C-130 d'ul Haq ne décolle d'une base militaire pakistanaise, un camion à l'aspect suspect a été vu près du hangar qui abritait le C-130. La tour de contrôle a prévenu la sécurité de la base, mais le temps que des mesures soient prises, le C-130 avait déjà décollé et le camion était parti. Quelques minutes plus tard, l'avion a commencé à faire des loopings jusqu'à ce qu'il heurte le sol et explose dans une boule de feu. Il n'y a aucune explication à un tel comportement du C-130, un avion dont les performances sont merveilleusement fiables, et une commission d'enquête conjointe pakistano-américaine n'a trouvé aucune erreur de pilotage ou défaillance mécanique ou structurelle. Looping-the-loop est une marque de commerce reconnue d'un avion touché par un feu E.L.F."

L'Occident sait que l'Union soviétique a été capable de mettre au point des appareils à haute fréquence de pointe grâce aux travaux des scientifiques soviétiques qui travaillent dans la division des faisceaux d'électrons relativistes intensifs de l'Institut de l'énergie atomique Kurchatov. Deux de ses spécialistes étaient Y.A. Vinograov et A.A. Rukhadze. Les deux scientifiques travaillaient à l'Institut de physique Lededev, spécialisé dans les lasers électroniques et à rayons X.

Après avoir reçu cette information, j'ai cherché une confirmation auprès d'autres sources et j'ai découvert qu'en Angleterre, l'*International Journal of Electronics* avait publié des documents qui semblaient confirmer les informations qui m'avaient été données sur la méthode choisie pour abattre l'avion C-130 du général ul Haq.

En outre, ces informations ont été confirmées par deux de mes sources de renseignement. J'ai reçu quelques informations utiles d'un document scientifique soviétique sur ces sujets, publié en Angleterre sous le titre "Soviet Radio Electronics and Communications Systems". Il n'y avait aucun doute dans mon esprit que le général ul Haq avait été assassiné. Le camion vu près du hangar du C-130 portait sans aucun doute un dispositif mobile E.L.F. du type que les forces armées soviétiques possèdent.

Selon un témoignage écrit de Bhutto, sorti clandestinement du pays alors qu'il était en prison, Kissinger l'a sévèrement menacé :

> "Je ferai de vous un exemple horrible si vous continuez avec vos politiques de construction de la nation".

Bhutto s'était attiré les foudres de Kissinger et du Club de Rome en demandant un programme d'énergie nucléaire pour faire du Pakistan un État moderne et industrialisé, ce qui, aux yeux du Comité des 300, contrevenait directement aux ordres donnés par Kissinger au gouvernement pakistanais. Ce que Kissinger faisait en menaçant Bhutto n'était pas la politique officielle des États-Unis, mais la politique des Illuminati des temps modernes.

Il faut bien comprendre pourquoi l'énergie nucléaire est si détestée dans le monde entier et pourquoi le faux mouvement "écologiste", créé et soutenu financièrement par le Club de Rome, a été appelé à faire la guerre à l'énergie nucléaire. Avec l'énergie nucléaire produisant de l'électricité en quantité abondante et bon marché, les pays du tiers-monde deviendraient progressivement indépendants de l'aide étrangère américaine et commenceraient à affirmer leur souveraineté. L'électricité d'origine nucléaire est LA clé pour sortir les pays du tiers-monde de leur état d'arriération, un état que le Comité des 300 a ordonné de maintenir en place.

Moins d'aide étrangère signifie moins de contrôle des ressources naturelles d'un pays par l'Union européenne.

C'est cette idée de prise en main de leur destin par les pays en voie de développement qui était un anathème pour le Club de Rome et ses dirigeants du comité des 300. Nous avons vu l'opposition à l'énergie nucléaire aux États-Unis utilisée avec succès pour bloquer le développement industriel conformément aux plans de "croissance zéro post-industrielle" du Club.

La dépendance à l'égard de l'aide étrangère des États-Unis maintient en fait les pays étrangers dans la servitude du Council on Foreign Relations (américain). Les populations des pays bénéficiaires ne reçoivent qu'une très faible partie de l'argent qui finit généralement dans les poches des dirigeants gouvernementaux qui permettent que les ressources naturelles en matières premières du pays soient sauvagement dépouillées par le FMI. Mugabe du Zimbabwe, anciennement la Rhodésie, est un bon exemple de la façon dont les ressources en matières premières, dans ce cas le minerai de chrome de haute qualité, sont contrôlées par l'aide étrangère. LONRHO, le conglomérat géant dirigé par Angus Ogilvie, un membre important du Comité des 300, au nom de sa cousine, la reine Elizabeth II, a maintenu le contrôle total de cette ressource précieuse tandis que le peuple du pays s'enfonce toujours plus profondément dans la pauvreté et la misère, malgré une aide de plus de 300 millions de dollars des États-Unis. La LONRHO a maintenant le monopole du chrome rhodésien et pratique le prix qu'elle veut, alors que sous le gouvernement Smith, cela n'était pas permis. Un niveau de prix raisonnable a été maintenu pendant vingt-cinq ans avant l'arrivée au pouvoir du régime Mugabe. S'il y a eu des problèmes pendant les 14 ans de règne de Ian Smith, depuis son départ, le chômage a quadruplé et le Zimbabwe se trouve dans un état de chaos et de faillite permanent. Mugabe a reçu suffisamment d'aide étrangère des États-Unis (de l'ordre de 300 millions de dollars par an) pour lui permettre de construire trois hôtels sur la Côte d'Azur française, à Saint-Jean Cap Ferrat et Monte-Carlo, alors que ses citoyens sont aux prises avec la maladie, le chômage et la malnutrition, sans parler d'une dictature à poigne de fer qui ne permet aucune plainte. Comparez cela au gouvernement Smith qui n'a jamais demandé ni reçu un centime d'aide des États-Unis. Il est donc clair que l'aide étrangère est un moyen puissant d'exercer un contrôle sur des pays comme le Zimbabwe et, en fait, sur tous les pays africains.

Elle maintient également les citoyens américains dans un état de servitude involontaire et donc moins à même de s'opposer de manière significative au gouvernement. David Rockefeller savait ce qu'il faisait lorsque son projet de loi sur l'aide étrangère a été promulgué en 1946. Depuis lors, elle est devenue l'une des lois les plus détestées après que le public a révélé ce qu'elle est : un racket dirigé par le gouvernement et payé par nous, le peuple.

Comment les conspirateurs peuvent-ils maintenir leur emprise sur le monde, et plus particulièrement leur mainmise sur les États-Unis et la Grande-Bretagne ? L'une des questions les plus posées est la suivante :

> "Comment une entité unique peut-elle savoir à tout moment ce qui se passe et comment le contrôle est-il exercé ?".

Ce livre tentera de répondre à ces questions et à d'autres. La seule façon d'appréhender la réalité du succès des conspirateurs est de mentionner et de discuter des sociétés secrètes, des organisations de façade, des agences gouvernementales, des banques, des compagnies d'assurance, des entreprises internationales, de l'industrie pétrolière et des centaines de milliers d'entités et de fondations dont les leaders sont membres du Comité des 300 — le corps de contrôle ULTIME qui *dirige le monde,* et ce, depuis au moins cent ans.

Comme il existe déjà des dizaines de livres sur le Council on Foreign Relations (CFR) (américain) et la Trilatérale, nous allons passer directement au Club de Rome et au German Marshall Fund. Lorsque j'ai présenté ces organisations aux États-Unis, peu de gens, voire aucun, en avaient entendu parler. Mon premier ouvrage, *The Club of Rome*, publié en 1983, n'a pratiquement pas attiré l'attention. De nombreux non-initiés pensaient que le Club de Rome avait quelque chose à voir avec l'Église catholique et que le German Marshall Fund faisait référence au plan Marshal.

C'est précisément *la raison pour laquelle* le Comité a choisi *ces noms,* pour *semer la confusion* et détourner l'attention de ce qui se passait. Non pas que le gouvernement américain ne savait pas, mais comme il faisait partie de la conspiration, il a contribué à maintenir le couvercle sur l'information plutôt que de laisser la vérité être connue. Quelques années après la publication de mon ouvrage, quelques écrivains y ont vu une mine d'informations jusqu'alors inexploitées et ont commencé à écrire et à en parler comme s'ils en avaient toujours eu connaissance.

Ils ont eu la révélation que le Club de Rome et ses financiers sous le nom de German Marshall Fund étaient deux organismes conspirateurs hautement organisés opérant sous le couvert de l'Organisation du traité de l'Atlantique Nord (OTAN) et que la majorité des cadres du Club de Rome étaient issus de l'OTAN. Le Club de Rome a formulé toutes les politiques revendiquées par l'OTAN et, grâce aux activités de Lord Carrington, membre du Comité des 300, il a réussi à diviser l'OTAN en deux factions politiques, selon le bipartisme traditionnel gauche/droite.

Le Club de Rome est l'un des plus importants groupes de pouvoir de l'Union européenne et de son Ancienne Alliance militaire. Le Club de Rome reste l'une des plus importantes armes de la politique étrangère du Comité des 300, l'autre étant le Bilderberg. Il a été constitué en 1968 à partir des membres du noyau dur du groupe Morgenthau initial, sur la base d'un appel téléphonique lancé par feu Aurellio Peccei en faveur d'un nouvel élan urgent pour accélérer les plans du gouvernement mondial unique — maintenant appelé Nouvel Ordre Mondial, bien que je préfère l'ancien nom. C'est certainement une meilleure description de poste que le Nouvel Ordre Mondial, qui est quelque peu déroutant, car il y a eu plusieurs "Nouveaux Ordres Mondiaux" auparavant, mais pas de Gouvernement Mondial Unique.

L'appel de Peccei a été entendu par les "planificateurs de l'avenir" les plus subversifs des États-Unis, de la France, de la Suède, de la Grande-Bretagne, de la Suisse et du Japon qui pouvaient être rassemblés. Au cours de la période 1968-1972, le Club de Rome est devenu une entité cohésive de scientifiques des nouvelles sciences, de mondialistes, de planificateurs de l'avenir et d'internationalistes de tous bords. Comme l'a dit un délégué, "nous sommes devenus le manteau multicolore de Joseph". L'ouvrage de Peccei intitulé *Human Quality* constitue la base de la doctrine adoptée par l'aile politique de l'OTAN.

Le texte suivant est extrait du livre du Dr Peccei :

> "Pour la première fois depuis l'approche du premier millénaire dans la chrétienté, de grandes masses de personnes sont réellement en suspens quant à l'avènement imminent de quelque chose d'inconnu qui pourrait changer entièrement leur destin collectif... l'homme ne sait pas comment être un homme vraiment moderne... L'homme a inventé l'histoire du méchant dragon, mais s'il y a jamais eu un méchant dragon, c'est l'homme lui-même... Nous avons ici le paradoxe humain : l'homme est piégé par ses capacités et ses réalisations extraordinaires, comme dans un sable mouvant — plus il utilise son pouvoir, plus il en a besoin.

> "Nous ne devons jamais nous lasser de répéter combien il est insensé d'assimiler l'état pathologique profond actuel et l'inadaptation de l'ensemble du système humain à une quelconque crise cyclique ou à des circonstances passagères. Depuis que l'homme a ouvert la boîte de Pandore des nouvelles technologies, il a souffert de la prolifération humaine incontrôlée, de la manie de la croissance, des crises énergétiques, des pénuries de ressources réelles ou potentielles, de la dégradation de l'environnement, de la folie nucléaire et d'une foule d'afflictions connexes."

Ce programme est identique à celui adopté bien plus tard par le faux mouvement "écologiste" issu du même Club de Rome pour freiner et faire reculer le développement industriel.

En gros, le contre-programme anticipé du Club de Rome couvrirait l'invention et la diffusion d'idées de "post-industrialisation" aux États-Unis, associées à la propagation de mouvements de contre-culture tels que la drogue, le rock, le sexe, l'hédonisme, le satanisme, la sorcellerie et l'"environnementalisme". L'Institut Tavistock, l'Institut de recherche de Stanford et l'Institut des relations sociales, en fait tout l'éventail des organismes de recherche en psychiatrie sociale appliquée, avaient des délégués au conseil d'administration du Club de Rome, ou ont agi en tant que conseillers et ont joué un rôle directeur dans la tentative de l'OTAN d'adopter la "Conspiration du Verseau".

Le nom de Nouvel Ordre Mondial est considéré comme une conséquence de la guerre du Golfe de 1991, alors que le Gouvernement Mondial Unique est reconnu comme étant vieux de plusieurs siècles. Le Nouvel Ordre Mondial n'est *pas* nouveau, il existe et se développe sous une forme ou une autre depuis *très* longtemps (Jérémie 11:9. Ézéchiel 22:25. Apocalypse 12:7-9.), mais il est perçu comme un développement du futur, ce qui n'est *pas* le cas ; le Nouvel Ordre Mondial tire ses racines du passé et se poursuit au présent. C'est pourquoi j'ai dit plus haut que le terme de Gouvernement Mondial Unique est, ou devrait être, préféré à tout autre. Aurellio Peccei a confié un jour à son ami intime Alexander Haig, qu'il se sentait comme "Adam Weishaupt réincarné". Peccei avait une grande partie de la brillante capacité de Weishaupt à organiser et contrôler les Illuminati d'aujourd'hui, et cela s'est manifesté par le contrôle de l'OTAN par Peccei et la formulation de ses politiques à l'échelle mondiale.

M. Peccei a dirigé le conseil économique de l'Institut Atlantique pendant trois décennies alors qu'il était le directeur général de la Fiat Motor Company de Giovanni Agnelli. Agnelli, issu d'une ancienne famille de la noblesse noire italienne du même nom, est l'un des membres les plus importants du comité des 300 au sein de l'Institut Atlantique.

Il a joué un rôle de premier plan dans les projets de développement en Union soviétique. Le Club de Rome est une organisation de façade conspiratrice, un alliage entre les financiers anglo-américains et les anciennes familles de la noblesse noire d'Europe, en particulier la soi-disant "noblesse" de Londres, Venise et Gênes. La clé du succès de leur contrôle du monde est leur capacité à créer et à gérer des récessions économiques sauvages et d'éventuelles dépressions. Le Comité des 300 considère les convulsions sociales à l'échelle mondiale suivies de dépressions, comme une technique préparatoire pour des événements plus importants à venir, car sa principale méthode pour gérer des masses de personnes dans le monde entier leur permettra de devenir les bénéficiaires de son "bien-être" dans le futur.

Le comité semble fonder une grande partie de ses décisions importantes concernant l'humanité sur la philosophie de l'aristocrate polonais Felix Dzerjinski, qui considérait que l'humanité était légèrement supérieure à du bétail. Ami proche de l'agent de renseignement britannique Sydney Reilly (Reilly était en fait le contrôleur de Dzerjinski pendant les années de formation de la révolution bolchevique), il se confiait souvent à Reilly pendant ses beuveries. Dzerjinski était, bien sûr, la bête qui dirigeait l'appareil de la Terreur rouge. Il a dit un jour à Reilly, alors que les deux hommes étaient en train de boire, que

> "l'homme n'a aucune importance. Regardez ce qui se passe quand vous l'affamez. Il se met à manger ses compagnons morts pour rester en vie. L'homme *ne* s'intéresse *qu'*à sa *propre* survie. C'est tout ce qui compte. Tous ces trucs de Spinoza, c'est du n'importe quoi."

Le Club de Rome possède sa propre agence de renseignement privée et "emprunte" également à l'INTERPOL de David Rockefeller. Toutes les agences de renseignement américaines travaillent en étroite collaboration avec lui, tout comme le KGB et le Mossad. La seule agence qui est restée hors de sa portée est le service de renseignement est-allemand de la STASI. Le Club de Rome possède également ses propres agences politiques et économiques hautement organisées. Ce sont eux qui ont dit au président Reagan de s'attacher les services de Paul Volcker, un autre membre important du Comité des 300.

Volcker est resté président du conseil de la Réserve fédérale, malgré la promesse du candidat Reagan de le démettre de ses fonctions dès qu'il serait élu. Le Club de Rome, après avoir joué un rôle clé dans la crise des missiles de Cuba, a tenté de vendre son programme de "gestion de crise" (l'ancêtre de la FEMA) au président Kennedy. Plusieurs scientifiques de Tavistock sont allés voir le président pour lui expliquer ce que cela signifiait, mais le président a rejeté les conseils qu'ils ont donnés. L'année même où Kennedy a été assassiné, Tavistock était de retour à Washington pour discuter avec la NASA. Cette fois, les discussions furent fructueuses. Tavistock obtint un contrat de la NASA pour évaluer l'effet de son futur programme spatial sur l'opinion publique américaine.

Le contrat a été confié à l'Institut de recherche de Stanford et à la Rand Corporation. Une grande partie du matériel produit par

Tavistock au sein de ces deux institutions n'a jamais vu la lumière du jour et reste scellé jusqu'à aujourd'hui. Plusieurs commissions et sous-commissions de surveillance du Sénat que j'ai contactées pour obtenir des informations m'ont dit qu'elles n'en avaient "jamais entendu parler" et qu'elles n'avaient pas la moindre idée de l'endroit où je pourrais trouver ce que je cherchais. Tels sont le pouvoir et le prestige du Comité des 300.

En 1966, mes collègues du renseignement m'ont conseillé d'approcher le Dr Anatol Rappaport qui avait écrit un traité auquel l'administration était censée s'intéresser. Il s'agissait d'un document destiné à mettre un terme au programme spatial de la NASA, qui, selon Rappaport, avait dépassé son utilité. Rappaport était très heureux de me donner une copie de son document qui, sans entrer dans les détails, affirmait essentiellement que le programme spatial de la NASA devait être supprimé. La NASA compte trop de scientifiques qui exercent une mauvaise influence sur l'Amérique parce qu'ils sont toujours prêts à faire des conférences dans les écoles et les universités sur le fonctionnement de la fusée, de la construction à la propulsion. Selon Rappaport, cela produirait une génération d'adultes qui décideraient de devenir des scientifiques de l'espace, pour ensuite se retrouver "superflus", car personne n'aurait besoin de leurs services en l'an 2000.

À peine le rapport de Rappaport sur la NASA avait-il été présenté à l'OTAN par le Club de Rome que le Comité des 300 exigeait une action. Les responsables de l'OTAN-Club de Rome chargés d'une action urgente contre la NASA étaient Harland Cleveland, Joseph Slater, Claiborne K. Pell, Walter J. Levy, George McGhee, William Watts, Robert Strausz-Hupe (ambassadeur des États-Unis à l'OTAN) et Donald Lesh. En mai 1967, une réunion est organisée par le Comité scientifique et technologique de l'Assemblée de l'Atlantique Nord et le Foreign Policy Research Institute. Elle s'intitule "Conférence sur le déséquilibre et la collaboration transatlantiques" et se tient dans la propriété palatiale de la reine Elizabeth à Deauville, en France.

L'objectif fondamental et l'intention de la conférence de Deauville étaient de mettre fin au progrès technologique et industriel des États-Unis. La conférence a donné naissance à deux livres, dont l'un est mentionné ici, *Technotronic Era* de Brzezinski. L'autre a été écrit par le président de la conférence, Aurellio Peccei, intitulé *The Chasm Ahead*. Peccei était en grande partie d'accord avec Brzezinski, mais ajoutait qu'il y aurait le chaos dans un monde futur NON

RÉGLEMENTÉ PAR UN GOUVERNEMENT MONDIAL. À cet égard, Peccei insiste sur le fait que l'Union soviétique doit se voir offrir "une convergence avec l'OTAN", une telle convergence se terminant par un partenariat égalitaire dans un Nouvel Ordre Mondial avec les États-Unis. Les deux nations étaient responsables de la future "gestion des crises et de la planification mondiales". Le premier "contrat de planification globale" du Club de Rome a été attribué au Massachusetts Institute of Technology (MIT), l'un des principaux instituts de recherche du Comité des 300. Jay Forrestor et Dennis Meadows ont été chargés du projet.

Quel était le contenu de leur rapport ? Il ne différait pas fondamentalement de ce que prêchaient Malthus et Von Hayek, à savoir la vieille question du manque de ressources naturelles. Le rapport Forrestor-Meadows était une fraude totale. Ce qu'il ne disait pas, c'est que le génie inventif avéré de l'homme permettrait, selon toute probabilité, de contourner les "pénuries". L'énergie de fusion, l'ennemi mortel du Comité des 300, pourrait être appliquée à la création de ressources naturelles. Un chalumeau à fusion pourrait produire à partir d'un kilomètre carré de roche ordinaire suffisamment d'aluminium, par exemple, pour répondre à nos besoins pendant 4 ans.

Peccei ne s'est jamais lassé de prêcher contre les États-nations et leur caractère destructeur pour le progrès de l'humanité. Il appelait à la "responsabilité collective". Le nationalisme est un cancer pour l'homme, était le thème de plusieurs discours importants prononcés par Peccei. Son ami proche Ervin Lazlo a produit en 1977 un ouvrage dans une veine similaire, intitulé *Goals of Mankind*, une étude de référence pour le Club de Rome. L'ensemble du document de synthèse était une attaque au vitriol contre l'expansion industrielle et la croissance urbaine. Tout au long de ces années, Kissinger, en tant qu'homme de contact désigné, est resté en contact étroit avec Moscou au nom de la RIIA. Les documents de "modélisation globale" étaient régulièrement partagés avec les amis de Kissinger au Kremlin.

En ce qui concerne le tiers-monde, Harland Cleveland, du Club de Rome, a préparé un rapport qui était le comble du cynisme. À l'époque, Cleveland était ambassadeur des États-Unis auprès de l'OTAN. En substance, le document disait qu'il appartiendrait aux nations du tiers-monde de décider entre elles quelles populations devaient être éliminées. Comme Peccei l'a écrit plus tard (sur la base du rapport Cleveland) :

"Endommagé par les politiques contradictoires de trois grands pays et blocs, grossièrement rafistolé ici et là, l'ordre économique international existant se désagrège visiblement aux coutures... La perspective de la nécessité de recourir au triage — décider qui doit être sauvé — est en effet très sombre. Mais si, malheureusement, les événements devaient en arriver là, le droit de prendre de telles décisions ne peut être laissé à quelques nations seulement, car cela leur conférerait un pouvoir inquiétant sur la vie des affamés du monde."

On y trouve la politique du comité consistant à affamer délibérément les nations africaines jusqu'à la mort, comme en témoignent les nations subsahariennes. C'était le cynisme à son comble, car le Comité des 300 s'était déjà arrogé les décisions de vie et de mort, et Peccei le savait. Il l'avait déjà indiqué dans son livre *Les limites de la croissance*. Peccei a complètement rejeté le progrès industriel et agricole et a exigé à la place que le monde soit placé sous l'égide d'un seul conseil de coordination, à savoir le Club de Rome et ses institutions de l'OTAN, dans un gouvernement mondial unique.

Les ressources naturelles devraient être allouées sous les auspices d'une planification mondiale. Les États-nations pourraient accepter la domination du Club de Rome ou bien survivre par la loi de la jungle et se battre pour survivre. Dans leur premier "cas test", Meadows et Forrestor ont planifié la guerre israélo-arabe de 1973 au nom de la RIIA afin de faire comprendre au monde que les ressources naturelles comme le pétrole passeraient à l'avenir sous le contrôle des planificateurs mondiaux, c'est-à-dire, bien sûr, sous le contrôle du Comité des 300.

Le Tavistock Institute a convoqué une consultation avec Peccei à laquelle ont été invités McGeorge Bundy, Homer Perlmutter et le Dr Alexander King. De Londres, Peccei s'est rendu à la Maison-Blanche où il a rencontré le Président et son cabinet, puis au Département d'État où il s'est entretenu avec le Secrétaire d'État, le service de renseignement du Département d'État et le Conseil de planification politique du Département d'État. Ainsi, dès le début, le gouvernement des États-Unis était pleinement conscient des plans du Comité des 300 pour ce pays. Cela devrait répondre à la question souvent posée,

> "Pourquoi notre gouvernement permettrait-il au Club de Rome d'opérer de manière subversive aux États-Unis ?"

Les politiques économiques et monétaires de Volcker étaient le reflet de celles de Sir Geoffrey Howe, chancelier de l'Échiquier et membre du Comité des 300. Cela permet d'illustrer comment la Grande-

Bretagne a contrôlé les États-Unis, dès le lendemain de la guerre de 1812, et continue d'exercer son contrôle sur ce pays, par le biais des politiques décidées au sein du Comité des 300.

Quels sont les objectifs de ce groupe d'élite secret, héritier de l'Illuminisme (Vent conquérant de Moriah), du Culte de Dionysos, du Culte d'Isis, du Catharisme, du Bogomilisme ? Ce groupe d'élite qui se fait également appeler les *OLYMPIENS* (ils se croient vraiment égaux en puissance et en stature aux dieux légendaires de l'Olympe, qui se sont, comme Lucifer leur dieu, placés au-dessus de notre vrai Dieu) croit absolument qu'ils ont été chargés de mettre en œuvre ce qui suit par droit divin :

1) **Un Gouvernement Mondial Unique** — Nouvel Ordre Mondial avec une église unifiée et un système monétaire sous leur direction. Peu de gens savent que le gouvernement mondial unique a commencé à mettre en place son "église" dans les années 1920/1930, car il a compris qu'une croyance religieuse inhérente à l'humanité avait besoin d'un exutoire et a donc créé une "église" pour canaliser cette croyance dans la direction qu'il souhaitait.

2) **La destruction** totale de toute identité nationale et de toute fierté nationale.

3) **La destruction de la religion** et plus particulièrement de la religion chrétienne, à une exception près, leur propre création mentionnée ci-dessus.

4) **Le contrôle** de chaque personne par le biais du contrôle de l'esprit et de ce que Brzezinski appelle la "Technotronique", qui créerait des robots à l'apparence humaine et un système de terreur à côté duquel la Terreur rouge de Felix Dzerzinski ressemblerait à un jeu d'enfants.

5) **La fin de toute industrialisation** et la production d'énergie électrique d'origine nucléaire dans ce qu'ils appellent "la société post-industrielle à croissance zéro". Les industries de l'informatique et des services en sont exemptées. Les industries américaines qui resteront seront exportées vers des pays comme le Mexique, où la main-d'œuvre esclave est abondante. Dans le sillage de la destruction industrielle, les chômeurs deviendront soit dépendant de l'opium, de l'héroïne ou de la cocaïne, soit des statistiques dans le processus d'élimination que nous connaissons aujourd'hui sous le nom de Global 2000.

6) **Légalisation** des drogues et de la pornographie.

7) **Dépeuplement** des grandes villes selon le coup d'essai mené par le régime de Pol Pot au Cambodge. Il est intéressant de noter que les plans génocidaires de Pol Pot ont été élaborés ici, aux États-Unis, par l'une des fondations de recherche du Club de Rome. Il est également intéressant de noter que le Comité cherche actuellement à rétablir les bouchers de Pol Pot au Cambodge.

8) **Suppression** de tout développement scientifique, à l'exception de ceux jugés bénéfiques par le Comité. L'énergie nucléaire à des fins pacifiques est particulièrement visée. Les expériences de fusion, actuellement méprisées et ridiculisées par le Comité et ses caniches de la presse, sont particulièrement détestées. Le développement du chalumeau à fusion ferait voler en éclats la conception du Comité sur les "ressources naturelles limitées". Un chalumeau à fusion correctement utilisé pourrait créer des ressources naturelles illimitées et inexploitées à partir des substances les plus ordinaires. Les utilisations du chalumeau à fusion sont légion et profiteraient à l'humanité d'une manière qui n'est pas encore comprise, même de loin, par le public.

9) Par des **guerres** limitées dans les pays avancés, et par la famine et les maladies dans les pays du tiers-monde, provoquer la mort de 3 milliards de personnes d'ici l'an 2000, des personnes qu'ils appellent "mangeurs inutiles". Le Comité des 300 a demandé à Cyrus Vance d'écrire un document sur la meilleure façon de provoquer un tel génocide. Le document a été produit sous le titre de "Global 2000 Report" et a été accepté et approuvé pour action par le Président Carter, pour et au nom du gouvernement américain, et accepté par Edwin Muskie, alors Secrétaire d'État. Selon les termes du rapport Global 2000, la population des États-Unis doit être réduite de 100 millions d'habitants d'ici 2050.

10) **Affaiblir** la fibre morale de la nation et démoraliser les travailleurs de la classe ouvrière en créant un chômage de masse. À mesure que les emplois diminuent en raison des politiques post-industrielles de croissance zéro introduites par le Club de Rome, les travailleurs démoralisés et découragés auront recours à l'alcool et aux drogues. La jeunesse du pays sera encouragée, par le biais de la musique rock et des drogues, à se rebeller contre le statu quo, sapant ainsi et détruisant finalement l'unité familiale. À cet égard, le Comité des 300 a demandé à l'Institut Tavistock de préparer un plan détaillé sur la façon dont cela pourrait être

réalisé. Tavistock a chargé Stanford Research d'entreprendre ce travail sous la direction du professeur Willis Harmon. Ce travail sera plus tard connu sous le nom de "La Conspiration du Verseau".

11) **Empêcher** les gens, où qu'ils soient, de décider de leur propre destin en *créant* une crise après l'autre, puis en "gérant" ces crises. La population sera ainsi désorientée et démoralisée au point que, face à un trop grand nombre de choix, il en résultera une apathie à grande échelle. Dans le cas des États-Unis, une agence pour la gestion des crises est déjà en place. Il s'agit de la Federal Emergency Management Agency (FEMA), dont j'ai révélé l'existence pour la première fois en 1980. Nous reviendrons sur la FEMA au fur et à mesure.

12) **Introduire** de nouveaux cultes et continuer à renforcer ceux qui fonctionnent déjà, ce qui inclut les gangsters de la "musique" rock tels que les "Rolling Stones" de Mick Jagger, un groupe de gangsters très apprécié de la noblesse noire européenne, et tous les groupes "rock" créés par Tavistock qui ont commencé avec les "Beatles". Continuer à développer le culte du fondamentalisme chrétien commencé par le serviteur de la Compagnie Britannique des Indes Orientales, Darby, qui sera détourné pour renforcer l'État sioniste d'Israël en s'identifiant aux Juifs à travers le *mythe* du "peuple élu de Dieu" et en donnant des sommes d'argent très importantes à ce qu'ils croient à tort être une cause religieuse pour la promotion du christianisme.

13) **Faire pression** pour la propagation de cultes religieux tels que les Frères musulmans, le fondamentalisme musulman, les Sikhs, et mener des expériences de meurtres du type Jim Jones et "Son of Sam". Il convient de noter que feu l'ayatollah Khomeini était une création de la division 6 des services de renseignements militaires britanniques, communément appelée MI6, comme je l'ai signalé dans mon ouvrage de 1985 intitulé *What Really Happened in Iran*.

14) **Exporter** les idées de "libération religieuse" dans le monde entier afin de saper toutes les religions existantes, mais plus particulièrement la religion chrétienne. Cela a commencé avec la "théologie jésuite de la libération" qui a entraîné la chute du régime de la famille Somoza au Nicaragua et qui détruit aujourd'hui le Salvador, plongé depuis 25 ans dans une "guerre civile", le Costa Rica et le Honduras. Une entité très active

engagée dans la soi-disant théologie de la libération est la mission Mary Knoll, d'orientation communiste. C'est la raison pour laquelle les médias ont accordé une grande attention au meurtre de quatre des soi-disant religieuses de Mary Knoll au Salvador il y a quelques années. Ces quatre religieuses étaient des agents subversifs communistes et leurs activités ont été largement documentées par le gouvernement du Salvador. La presse et les médias américains ont refusé d'accorder la moindre place ou couverture à la masse de documents en possession du gouvernement salvadorien, documents qui prouvent ce que les religieuses de la mission Mary Knoll faisaient dans le pays. Mary Knoll est en service dans de nombreux pays et a joué un rôle de premier plan dans l'introduction du communisme en Rhodésie, au Mozambique, en Angola et en Afrique du Sud.

15) **Provoquer** un effondrement total des économies mondiales et engendrer un chaos politique total.

16) **Prendre le contrôle** de toutes les politiques étrangères et intérieures des États-Unis.

17) Apporter le soutien le plus complet aux institutions supranationales telles que les Nations unies (ONU), le Fonds monétaire international (FMI), la Banque des règlements internationaux (BRI), le Tribunal Pénal International et, dans la mesure du possible, réduire l'impact des institutions locales en les supprimant progressivement ou en les plaçant sous la tutelle des Nations unies.

18) **Pénétrer** et **subvertir** tous les gouvernements, et travailler à l'intérieur de ceux-ci pour détruire l'intégrité souveraine des nations qu'ils représentent.

19) **Organiser** un appareil **terroriste** mondial et négocier avec les terroristes chaque fois que des activités terroristes ont lieu. On se souviendra que c'est Bettino Craxi qui a persuadé les gouvernements italien et américain de négocier avec les Brigades rouges qui ont enlevé le Premier ministre Moro et le général Dozier. Soit dit en passant, le général Dozier a reçu l'ordre de ne pas parler de ce qui lui est arrivé. S'il rompt le silence, il sera sans aucun doute transformé en "un exemple horrible" de la manière dont Kissinger a traité Aldo Moro, Ali Bhutto et le général Zia ul Haq.

20) **Prendre le contrôle** de l'éducation en Amérique avec l'intention

et le but de la détruire totalement et complètement. La plupart de ces objectifs, que j'ai énumérés pour la première fois en 1969, ont depuis été atteints ou sont en bonne voie de l'être. Le programme du Comité des 300 présente un intérêt particulier pour le cœur de sa politique économique, qui est largement basée sur les enseignements de Malthus, le fils d'un pasteur anglais qui a été propulsé au premier plan par la Compagnie Britannique des Indes Orientales, sur laquelle le Comité des 300 est modelé.

Malthus soutenait que le progrès de l'homme est lié à la capacité naturelle de la terre à supporter un nombre donné de personnes, au-delà duquel les ressources limitées de la terre seraient rapidement épuisées. Une fois que ces ressources naturelles auront été consommées, il sera impossible de les remplacer. C'est pourquoi, comme l'a fait remarquer Malthus, il est nécessaire de limiter les populations dans les limites des ressources naturelles décroissantes. Il va sans dire que l'élite ne se laissera pas menacer par une population croissante de "mangeurs inutiles", d'où la nécessité de procéder à des abattages. Comme je l'ai déjà dit, l'"abattage" est en cours aujourd'hui, selon les méthodes préconisées dans le "Rapport Global 2000".

Tous les plans économiques du Comité se retrouvent au carrefour de Malthus et de Frederick Von Hayek, un autre économiste pessimiste parrainé par le Club de Rome. Von Hayek, d'origine autrichienne, a longtemps été sous le contrôle de David Rockefeller, et les théories de Von Hayek sont assez largement acceptées aux États-Unis. Selon Von Hayek, la plate-forme économique des États-Unis doit être basée sur (a) les marchés noirs urbains (b) les petites industries de type Hong Kong utilisant la main-d'œuvre des ateliers clandestins (c) le commerce touristique (d) des Zones de libre entreprise où les spéculateurs peuvent agir sans entrave et où le commerce de la drogue peut prospérer (e) la Fin de toute activité industrielle et (f) la Fermeture de toutes les centrales nucléaires.

Les idées de Von Hayek coïncident parfaitement avec celles du Club de Rome, ce qui explique peut-être pourquoi il est si bien promu dans les cercles de droite de ce pays. L'héritage intellectuel de Von Hayek est transmis à un nouvel économiste, plus jeune, Jeoffrey Sachs, qui a été envoyé en Pologne pour reprendre le flambeau de Von Hayek.

On se souviendra que le Club de Rome a organisé la crise économique polonaise qui a conduit à la déstabilisation politique du pays. La même planification économique, si l'on ose dire, sera imposée à la

Russie, mais en cas d'opposition généralisée, l'ancien système de soutien des prix sera rapidement rétabli.

Le Comité des 300 a ordonné au Club de Rome d'utiliser le nationalisme polonais comme un outil pour détruire l'Église catholique et ouvrir la voie à la réoccupation du pays par les troupes russes. Le mouvement "Solidarité" est une création de Zbigniew Brzezinski, un membre du Comité des 300, qui a choisi le nom du "syndicat" et sélectionné ses responsables et organisateurs. Solidarnosc n'est pas un mouvement "syndical", bien que les ouvriers des chantiers navals de Gdansk aient été utilisés pour le lancer, mais plutôt une organisation POLITIQUE de haut niveau, créée pour apporter des changements forcés en vue de l'avènement du gouvernement mondial unique.

La plupart des dirigeants de Solidarité étaient des descendants de Juifs bolcheviques d'Odessa et n'étaient pas connus pour leur haine du communisme. Cela permet de comprendre l'ample couverture médiatique fournie par les médias d'information américains. Le professeur Sachs a poussé le processus un peu plus loin, en assurant l'esclavage économique d'une Pologne récemment libérée de la domination de l'URSS. La Pologne va maintenant devenir l'esclave économique des États-Unis. Tout ce qui s'est passé, c'est que le maître a changé.

Brzezinski est l'auteur d'un livre qui aurait dû être lu par tout Américain intéressé par l'avenir de ce pays. Intitulé *The Technotronic Era*, il a été commandé par le Club de Rome. Ce livre est une annonce ouverte de la manière et des méthodes qui seront utilisées pour contrôler les États-Unis dans le futur. Il annonce également le clonage et les "robotoïdes", c'est-à-dire des personnes qui se comportent comme des personnes et qui semblent être des personnes, mais qui ne le sont pas. Brzezinski, s'exprimant au nom du Comité des 300, a déclaré que les États-Unis entraient "dans une ère différente de toutes celles qui l'ont précédée ; nous nous dirigeons vers une ère technotronique qui pourrait facilement devenir une dictature." J'ai fait un rapport complet sur "l'ère technotronique" en 1981 et je l'ai mentionné à plusieurs reprises dans mes bulletins d'information.

Brzezinski a poursuivi en disant que notre société "est maintenant dans une révolution de l'information basée sur le divertissement, le sport spectacle (couverture par la télévision des événements sportifs) qui fournissent un opiacé à une masse de plus en plus sans but". Brzezinski était-il un autre voyant et un prophète ? Pouvait-il voir dans le futur ? La réponse est NON ; ce qu'il a écrit dans son livre a été simplement copié du plan du Comité des 300 remis au Club de Rome pour exécution. N'est-il pas vrai qu'en 1991, nous avons déjà une masse de citoyens sans but ? Nous pourrions dire que 30 millions de chômeurs et 4 millions de sans-abri constituent une "masse sans but", ou du moins le noyau d'une telle masse.

En plus de la religion, "l'opium des masses", dont Lénine et Marx ont reconnu la nécessité, nous avons maintenant les opiums du sport de masse, des désirs sexuels débridés, de la musique rock et d'une toute nouvelle génération d'enfants toxicomanes. Le sexe sans lendemain et une épidémie de consommation de drogues ont été créés pour distraire les gens de ce qui se passe autour d'eux. Dans "L'ère technotronique", Brzezinski parle des "masses" comme si les gens étaient des objets inanimés — ce qui est probablement la façon dont nous sommes perçus par le Comité des 300. Il fait continuellement référence à la nécessité de contrôler les "masses" que nous sommes.

À un moment donné, il crache le morceau :

"Dans le même temps, la capacité d'exercer un contrôle social et politique sur l'individu va considérablement augmenter. Il sera bientôt possible d'exercer un contrôle quasi permanent sur chaque citoyen et de tenir des fichiers à jour, contenant même les détails les plus personnels sur la santé et le comportement personnel de chaque citoyen, en plus des données plus habituelles. Ces fichiers pourront être retrouvés instantanément par les autorités. Le pouvoir gravitera entre les mains de ceux qui contrôlent l'information. Nos institutions actuelles seront supplantées par des institutions de gestion de pré-crise, dont la tâche sera d'identifier, à l'avance, les crises sociales probables et de développer des programmes pour y faire face. (Ceci décrit la structure de la FEMA, qui est venue bien plus tard).

"Cela encouragera, au cours des prochaines décennies, les tendances vers une ÈRE TECHNOTRONIQUE, UNE DICTATURE, laissant encore moins de place aux procédures politiques telles que nous les connaissons. Enfin, si l'on se projette vers la fin du siècle, la possibilité d'un CONTRÔLE MENTAL BIOCHIMIQUE ET D'UNE INTERVENTION GÉNÉTIQUE AVEC L'HOMME, Y COMPRIS DES ÊTRES QUI FONCTIONNENT COMME LES HOMMES ET QUI RAISONNENT COMME EUX, POURRAIT DONNER LIEU À QUELQUES QUESTIONS DIFFICILES".

Brzezinski n'écrivait pas en tant que simple citoyen, mais en tant que conseiller à la sécurité nationale de Carter, membre éminent du Club de Rome, membre du Comité des 300, membre du CFR et membre de l'ancienne noblesse noire polonaise. Son livre explique comment l'Amérique doit abandonner sa base industrielle et entrer dans ce qu'il appelle "une nouvelle ère historique distincte".

> "Ce qui rend l'Amérique unique, c'est sa volonté d'expérimenter le futur, que ce soit le pop-art ou le LSD. Aujourd'hui, l'Amérique est la société créative, les autres, consciemment ou inconsciemment, sont des émules."

Ce qu'il aurait dû dire, c'est que l'Amérique est le terrain d'expérimentation des politiques du Comité des 300 qui mènent directement à la dissolution de l'ordre ancien et à l'entrée dans le Gouvernement mondial unique — Nouvel ordre mondial.

L'un des chapitres de *L'ère technotronique* explique comment les nouvelles technologies entraîneront, dans leur sillage, une confrontation intense qui mettra à rude épreuve la paix sociale et internationale. Curieusement, nous sommes déjà soumis à des tensions intenses par la surveillance. Lourdes, à Cuba, est un endroit où cela se produit. L'autre est le quartier général de l'OTAN à Bruxelles, en Belgique, où un ordinateur géant désigné sous le nom de "666" peut stocker des données de tous les types mentionnés par Brzezinski, et possède en outre une capacité élargie permettant de recueillir des données pour des milliards de personnes au sein de plusieurs pays, mais qui, à la lumière du rapport génocidaire de Global 2000, n'auront probablement jamais besoin d'être utilisées.

La récupération des données sera simple aux États-Unis, où les numéros de sécurité sociale ou de permis de conduire pourront simplement être ajoutés au 666 pour fournir l'enregistrement de surveillance annoncé par Brzezinski et ses collègues du Comité des 300. Le Comité a déjà, en 1981, averti les gouvernements, y compris celui de l'URSS, qu'il y aura "le chaos à moins que le Comité des 300 ne prenne le contrôle total des préparatifs du Nouvel Ordre Mondial.

> "le contrôle sera exercé par l'intermédiaire de notre comité et par la planification mondiale et la gestion des crises."

J'ai rapporté cette information factuelle quelques mois après l'avoir reçue en 1981. Un autre élément que j'ai rapporté à l'époque est que la RUSSIE A ÉTÉ INVITÉE À SE JOINDRE AUX PRÉPARATIONS POUR LE GOUVERNEMENT MONDIAL UNIQUE.

Lorsque j'ai écrit ces choses en 1981, les plans mondiaux des conspirateurs étaient déjà dans un état de préparation avancé. Si l'on regarde les dix dernières années, on peut voir à quelle vitesse les plans du Comité ont progressé. Si les informations fournies en 1981 étaient alarmantes, elles devraient l'être encore plus aujourd'hui, alors que nous approchons des étapes finales de la disparition des États-Unis tels que nous les connaissons. Avec un financement illimité, avec plusieurs centaines de groupes de réflexion et 5000 ingénieurs sociaux, avec la banalisation des médias et le contrôle de la plupart des gouvernements, nous pouvons voir que nous sommes en train de tracer un problème aux proportions immenses, auquel *aucune* nation ne peut s'opposer, à l'heure actuelle.

Comme je l'ai si souvent dit, on nous a induits en erreur en nous faisant croire que le problème dont je parle trouve son origine à Moscou. On nous a lavé le cerveau en nous faisant croire que le communisme est le plus grand danger auquel nous, Américains, sommes confrontés. *Ce n'est tout simplement pas le cas.* Le *plus grand* danger vient de la masse de traîtres qui se trouvent parmi nous. Notre Constitution nous avertit de faire attention à l'ennemi qui *se trouve à l'intérieur* de nos frontières. Ces ennemis sont les serviteurs du Comité des 300 qui occupent des *postes élevés*[1] au sein de notre structure gouvernementale. Les ÉTATS-UNIS sont l'endroit où nous DEVONS commencer notre combat pour renverser la marée qui menace de nous engloutir, et où nous devons rencontrer et vaincre ces conspirateurs internes.

Le Club de Rome a également joué un rôle direct dans la création de la guerre de 25 ans au Salvador, en tant que partie intégrante du plan général élaboré par Elliot Abrams du Département d'État américain. C'est Willy Brandt, membre du Comité des 300, leader de l'Internationale socialiste et ancien chancelier de l'Allemagne de l'Ouest, qui a financé l'"offensive finale" de la guérilla salvadorienne qui, heureusement, n'a pas réussi. Le Salvador a été choisi par le

---

[1] "Enfin, mes frères, *fortifiez-vous dans le Seigneur*, et dans la puissance de sa force. Revêtez-vous de toute l'armure de Dieu, afin de *pouvoir* résister aux *ruses du diable*. Car ce n'est pas contre la chair et le sang que nous luttons, mais contre les principautés, contre les puissances, contre les dominateurs des ténèbres de ce monde, contre la *méchanceté spirituelle dans les lieux élevés*." - Paul de Tarse, Éphésiens 6:10-12.

Comité pour faire de l'Amérique centrale une zone pour une nouvelle guerre de Trente Ans, tâche qui a été attribuée à Kissinger pour la mener à bien sous le titre inoffensif de "Plan Andes".

Pour montrer comment les conspirateurs opèrent au-delà des frontières nationales, l'action de "l'offensive finale" planifiée par Willy Brandt est née d'une visite à Felipe Gonzalez, qui se préparait à l'époque à devenir le futur premier ministre de l'Espagne, un rôle prédestiné par le Club de Rome. À part moi-même et quelques-uns de mes anciens collègues des services de renseignements, personne ne semblait avoir entendu parler de Gonzalez avant qu'il ne fasse surface à Cuba. Gonzalez était le chargé de mission du Club de Rome pour le Salvador, et le premier socialiste à être élevé au pouvoir politique en Espagne depuis la mort du général Franco.

Gonzalez se rendait à Washington pour assister à la réunion socialiste "Get Reagan" du Club de Rome, qui a eu lieu en décembre 1980. Était présent à la réunion Gonzalez-Castro le guérillero de gauche Guillermo Ungo, dirigé par l'Institute for Policy Studies (IPS), le groupe de réflexion de gauche le plus connu du Comité des 300 à Washington. Ungo était dirigé par un membre de l'IPS qui est mort dans un mystérieux accident d'avion alors qu'il se rendait de Washington à La Havane pour rencontrer Castro.

Comme la plupart d'entre nous le savent, la gauche et la droite de l'échiquier politique sont contrôlées par les mêmes personnes, ce qui permet d'expliquer le fait qu'Ungo était un ami de longue date de feu Napoleon Duarte, chef de la droite du Salvador. C'est après la réunion de Cuba que l'"offensive finale" de la guérilla salvadorienne a été menée.

La polarisation de l'Amérique du Sud et des États-Unis était une mission spéciale confiée à Kissinger par le Comité des 300. La guerre des Malouines (également connue sous le nom de guerre des Falkland) et le renversement du gouvernement argentin qui s'en est suivi, suivi d'un chaos économique et de bouleversements politiques, ont été planifiés par Kissinger Associates agissant de concert avec Lord Carrington, un membre de haut rang du Comité des 300.

L'un des principaux actifs du Comité des 300 aux États-Unis, l'Institut Aspen du Colorado, a également contribué à planifier les événements en Argentine, comme il l'a fait dans le cas de la chute du Shah d'Iran. L'Amérique latine est importante pour les États-Unis, non seulement parce que nous avons conclu de nombreux traités de défense mutuelle avec les pays qui s'y trouvent, mais aussi parce qu'elle a le potentiel de fournir un énorme marché pour les exportations américaines de technologie, d'équipements industriels lourds qui auraient galvanisé bon nombre de nos entreprises chancelantes et fourni des milliers de nouveaux emplois. Il fallait empêcher cela à tout prix, même si cela signifiait 30 ans de guerre.

Au lieu de voir cet énorme potentiel sous un jour positif, le Comité des 300 l'a vu comme une menace dangereuse pour les plans post-industriels à croissance zéro des États-Unis et a immédiatement pris des mesures pour faire de l'Argentine un exemple, afin d'avertir les autres nations d'Amérique latine d'oublier toute idée qu'elles auraient pu avoir pour promouvoir le nationalisme, l'indépendance et la souveraineté-intégrité. C'est la raison pour laquelle tant de pays d'Amérique latine se sont tournés vers la drogue comme unique moyen de subsistance, ce qui pourrait très bien avoir été l'intention des conspirateurs au départ.

Les Américains en général regardent le Mexique de haut, ce qui est précisément l'attitude avec laquelle le Comité *veut que* le peuple des États-Unis considère le Mexique. Ce que nous devons faire, c'est changer notre façon de voir le Mexique et l'Amérique du Sud en général. Le Mexique représente un marché potentiellement énorme pour tous les types de produits américains, ce qui pourrait signifier des milliers d'emplois pour les Américains comme pour les Mexicains. Transférer nos industries "au sud de la frontière" et payer aux maquiladoras des salaires d'esclaves n'est dans l'intérêt d'aucun des deux pays. Cela ne profite à personne, sauf aux "Olympiens".

Le Mexique recevait la plupart de ses technologies nucléaires de l'Argentine, mais la guerre des Malouines a mis fin à cette situation. En 1986, le Club de Rome a décrété qu'il mettrait fin aux exportations de technologie nucléaire vers les pays en développement. Avec des centrales nucléaires produisant une électricité abondante et bon marché, le Mexique serait devenu "l'Allemagne de l'Amérique latine". Un tel état de fait aurait été un désastre pour les conspirateurs qui, en 1991, ont arrêté toutes les exportations de technologie nucléaire, à l'exception de celles destinées à Israël.

Ce que le Comité des 300 a en tête pour le Mexique est une paysannerie féodale, une condition qui permet une gestion et un pillage faciles du pétrole mexicain. Un Mexique stable et prospère ne peut être qu'un atout pour les États-Unis. C'est ce que les conspirateurs veulent empêcher, c'est pourquoi ils se sont engagés dans des décennies d'insinuations, de calomnies et de guerre économique directe contre le Mexique. Avant l'arrivée au pouvoir de l'ancien président Lopes Portillo et la nationalisation des banques, le Mexique perdait 200 millions de dollars par jour en raison de la fuite des capitaux, organisée et orchestrée par les représentants du Comité des 300 dans les banques et les maisons de courtage de Wall Street.

Si seulement nous, aux États-Unis, avions des hommes d'État et non des politiciens à la tête du pays, nous pourrions agir ensemble et faire échouer les plans du gouvernement mondial unique et du Nouvel ordre mondial visant à ramener le Mexique à un état d'impuissance. Si nous étions en mesure de faire échouer les plans du Club de Rome pour le Mexique, ce serait un choc pour le Comité des 300, un choc dont ils mettraient longtemps à se remettre. Les héritiers des Illuminati constituent une menace aussi grande pour les États-Unis que pour le Mexique. En cherchant un terrain d'entente avec les mouvements patriotiques mexicains, nous, aux États-Unis, pourrions créer une force formidable avec laquelle il faudrait compter. Mais une telle action nécessite un leadership, et nous manquons plus de leadership que dans n'importe quel autre domaine d'activité.

Le Comité des 300, par le biais de ses nombreuses organisations affiliées, a réussi à annuler la présidence de Reagan. Voici ce que Stuart Butler, de la Heritage Foundation, avait à dire à ce sujet : "La droite pensait avoir gagné en 1980, mais en fait elle avait perdu". Butler fait référence à la situation dans laquelle la droite s'est retrouvée lorsqu'elle a réalisé que tous les postes importants de l'administration Reagan étaient occupés par des socialistes Fabiens nommées par la Fondation Heritage. Butler a poursuivi en disant que Heritage utiliserait des idées de droite pour imposer des principes radicaux de gauche aux États-Unis, les mêmes idées radicales dont Sir Peter Vickers Hall, le plus grand fabianiste des États-Unis et l'homme le plus important de Heritage, avait discuté ouvertement pendant l'année électorale.

Sir Peter Vickers Hall est resté un fabianiste actif, même s'il dirigeait un "groupe de réflexion" conservateur. En tant que membre de la famille oligarchique britannique de fabricants d'armement Vickers, il avait une position et un pouvoir. La famille Vickers a approvisionné les deux camps pendant la Première Guerre mondiale et à nouveau pendant la montée en puissance d'Hitler. La couverture officielle de Vickers était l'Institut de développement urbain et régional de l'Université de Californie. Il était un confident de longue date du leader travailliste britannique et membre du Comité des 300, Anthony Wedgewood Benn.

Vickers et Benn sont tous deux intégrés à l'Institut Tavistock pour les relations humaines, la première institution de lavage de cerveau au monde. Vickers utilise sa formation Tavistock à bon escient lors de ses discours. Prenons l'exemple suivant :

> "Il y a deux Amériques. L'une est la société du XIXe siècle fondée sur l'industrie lourde. L'autre est la société post-industrielle en plein essor, dans certains cas construite sur les débris de l'ancienne Amérique. C'est la crise entre ces deux mondes qui produira la catastrophe économique et sociale de la prochaine décennie. Les deux mondes sont en opposition fondamentale, ils ne peuvent coexister. En fin de compte, le monde post-industriel doit écraser et oblitérer l'autre."

Rappelez-vous, ce discours a été prononcé en 1981 et nous pouvons voir, à l'état de notre économie et de nos industries, à quel point la prédiction de Sir Peter était exacte. Lorsque des personnes inquiètes me demandent combien de temps durera la récession de 1991, je les renvoie aux déclarations de Sir Peter et j'ajoute ma propre opinion selon laquelle elle ne se terminera pas avant 1995/1996, et, même alors, ce qui émergera ne sera pas l'Amérique que nous avons connue dans les années 1960 et 1970. Cette Amérique a *déjà* été détruite.

> "Mon peuple est détruit par manque de [Ma] connaissance". — Dieu, Osée 4:6.

J'ai rapporté le discours de Sir Peter dans mon bulletin d'information peu après qu'il ait été prononcé. Comme il était prophétique, mais il était facile de prédire un avenir déjà écrit pour l'Amérique par le Comité des 300 et son bras exécutif, le Club de Rome. Que disait Sir Peter par euphémisme ? Traduit en langage courant, il disait que l'ancien mode de vie américain, notre véritable forme républicaine de gouvernement, basée sur notre Constitution, allait être écrasé par le Nouvel Ordre Mondial. L'Amérique telle que nous la connaissions allait devoir disparaître, ou être réduite en miettes.

Comme je l'ai dit, les membres du Comité des 300 se rendent souvent très visibles. Sir Peter n'a pas fait exception. Pour bien faire comprendre son point de vue, Sir Peter a conclu son discours en déclarant :

> "Je suis parfaitement heureux de travailler avec la Heritage Foundation et des groupes de ce type. Les vrais Fabiens se

tournent vers la Nouvelle Droite pour faire passer certaines de leurs idées les plus radicales. Pendant plus d'une décennie, la population britannique a été soumise à un déluge constant de propagande sur la façon dont elle était sur le déclin industriel. Tout cela est vrai, mais l'effet net de cette propagande a été de démoraliser la population. (Exactement comme prévu par les scientifiques des nouvelles sciences de Tavistock.)

"C'est ce qui se passera aux États-Unis lorsque l'économie se détériorera. Ce processus (de démoralisation) est nécessaire pour que les gens acceptent des choix difficiles. S'il n'y a pas de planification pour l'avenir, ou si des groupes d'intérêt bloquent le progrès, il y aura un chaos social d'une ampleur qu'il est actuellement difficile d'imaginer. Les perspectives pour l'Amérique urbaine sont sombres. Il est possible de faire quelque chose avec les centres-villes, mais fondamentalement, les villes vont rétrécir et la base manufacturière va décliner. Cela produira des convulsions sociales."

Sir Peter était-il un médium, un magicien de grand renom ou simplement un charlatan diseur de bonne aventure avec beaucoup de chance ? La réponse est "aucune de ces options". Tout ce que faisait Sir Peter était de lire le plan du Comité des 300 — Club de Rome pour la mort lente des États-Unis en tant qu'ancien géant industriel. Si l'on considère les dix années de prédictions de Sir Peter, peut-on douter que les plans du Comité des 300 pour la disparition des États-Unis industrialisés soient devenus un fait accompli ?

Les prédictions de Sir Peter ne se sont-elles pas avérées remarquablement exactes ? En effet, elles l'ont été, presque jusqu'au dernier mot. Il convient de noter que Sir Peter Vickers (le beau-père de Sir Peter Vickers-Hall) a travaillé sur le document de recherche de Stanford, "Changing Images of Man", d'où a été tirée une grande partie des 3000 pages de matériel-conseil envoyées à l'administration Reagan. De plus, en tant qu'officier supérieur du renseignement britannique du MI6, Sir Peter Vickers était en mesure de fournir à Heritage un grand nombre d'informations préalables.

En tant que membre du Comité des 300 et de l'OTAN, Sir Peter Vickers était présent lorsque l'OTAN a demandé au Club de Rome de développer un programme social qui changerait complètement la direction dans laquelle l'Amérique voulait aller. Le Club de Rome, sous la direction de Tavistock, a ordonné au Stanford Research Institute (SRI) de développer un tel programme, non seulement pour l'Amérique, mais pour chaque nation de l'Alliance atlantique et des pays de l'OCDE.

C'est le protégé de Sir Peter, Stuart Butler, qui a remis au président Reagan 3000 pages de "recommandations", qui contenaient sans doute certaines opinions exprimées par Anthony Wedgewood Benn, membre du Parlement et membre influent du Comité des 300. Benn a déclaré aux membres de l'Internationale socialiste qui se sont réunis à Washington le 8 décembre 1980 :

> "Vous pouvez prospérer sous l'effondrement du crédit de Volcker si vous pilotez Reagan pour intensifier l'effondrement du crédit."

Le conseil de Butler a été suivi et appliqué à l'administration Reagan, comme en témoigne l'effondrement des caisses d'épargne et de crédit et des industries bancaires qui s'est accéléré sous les politiques économiques de Reagan. Bien que Benn ait appelé cela du "pilotage", il voulait vraiment dire que Reagan devait subir un lavage de cerveau. Il est intéressant de noter que Von Hayek — qui est un membre fondateur de Heritage — a utilisé son élève, Milton Friedman, pour présider les plans du Club de Rome visant à désindustrialiser l'Amérique en utilisant la présidence de Reagan pour accélérer l'effondrement de l'industrie sidérurgique, puis par la suite celui de l'industrie automobile et du logement.

À cet égard, un membre de la noblesse noire française, Étienne D'Avignon, en tant que membre du Comité des 300, s'est vu confier la tâche de faire s'effondrer l'industrie de l'acier dans ce pays. Il est peu probable que les centaines de milliers de sidérurgistes et de travailleurs des chantiers navals qui sont sans emploi depuis dix ans aient jamais entendu parler de D'Avignon. J'ai fait un compte rendu complet du plan D'Avignon dans la Revue économique d'avril 1981. Un homme mystérieux venu d'Iran, qui s'est avéré être Bani Sadr, l'envoyé spécial de l'Ayatollah Khomeini, assistait à la réunion fatidique du Club de Rome à Washington D.C. le 10 décembre de la même année.

Un discours en particulier, prononcé lors du conclave du 10 décembre 1980, a retenu mon attention, principalement parce qu'il émanait de François Mitterrand, un homme que l'establishment français avait écarté et considéré comme dépassé. Mais ma source de renseignements m'avait dit auparavant que Mitterrand était en train d'être récupéré, dépoussiéré et ramené au pouvoir, donc ce qu'il a dit a eu beaucoup de poids pour moi :

"Le développement industriel-capitaliste est le contraire de la liberté : Nous devons y mettre un terme. Les systèmes économiques des XXe et XXIe siècles utiliseront la machine pour remplacer l'homme, d'abord dans le domaine de l'énergie nucléaire qui donne déjà des résultats formidables."

Le retour de Mitterrand à l'Élysée fut un grand triomphe pour le socialisme. Il a prouvé que le Comité des 300 était assez puissant pour prédire les événements et les faire se produire, par la force, ou par n'importe quel moyen, pour montrer qu'il pouvait écraser toute opposition, même si, comme dans le cas de Mitterrand, il avait été totalement rejeté quelques jours auparavant par un groupe d'influence à Paris.

Un autre représentant du groupe aux réunions de décembre 1980 à Washington avec un "statut d'observateur" était John Graham, également connu sous le nom de "Irwin Suall", chef du comité d'enquête de l'Anti-Defamation League (ADL). L'ADL est une véritable opération de renseignement britannique dirigée par les trois branches du renseignement britannique, à savoir le MI6 et la JIO. Le vaste sac à malices de Suall a été acquis dans les égouts de l'East End de Londres. Suall est toujours membre du super-secret SIS, une unité d'opération d'élite à la James Bond. Que personne ne sous-estime le pouvoir de l'ADL ni sa longue portée.

Suall travaille en étroite collaboration avec Hall et d'autres fabianistes. Il a été désigné comme utile aux services de renseignements britanniques alors qu'il fréquentait le Ruskin Labour-College de l'université d'Oxford, en Angleterre, le même centre d'éducation communiste qui nous a donné Milner, Rhodes, Burgess, McLean et Kim Philby. Les universités d'Oxford et de Cambridge sont depuis longtemps le domaine des fils et des filles de l'élite, ceux dont les parents appartiennent à la "crème" de la haute société britannique. Pendant ses études à Oxford, Suall a rejoint la Young People's Socialist League et a été recruté par les services secrets britanniques peu après.

Suall est affecté aux États-Unis où il se retrouve sous la protection et le parrainage de l'un des gauchistes les plus insidieux du pays, Walter Lippmann. Lippmann a fondé et dirigé la League for Industrial Democracy (Ligue pour la démocratie industrielle) et Students for Democratic Society (Étudiants pour une société démocratique), deux organisations gauchistes qui visaient à mettre les travailleurs de l'industrie en désaccord avec ce qu'il appelait "la classe capitaliste" et le patronat. Les deux projets de Lippmann faisaient partie intégrante de l'appareil du Comité des 300 qui s'étendait dans toute l'Amérique, et dont Lippmann était un membre très important.

Suall a des liens étroits avec le ministère de la Justice et peut obtenir les profils du FBI de toute personne qu'il cible. Le ministère de la Justice a l'ordre de donner à Suall tout ce qu'il veut, quand il le veut. La plupart des activités de Suall consistent à "garder un œil sur les groupes et les individus de droite". L'ADL a une porte ouverte sur le département d'État et fait bon usage de l'impressionnante agence de renseignements de ce dernier.

Le département d'État dispose d'une couche d'agents de droite qui se font passer pour des "combattants antisémites intrépides". Il y a quatre chefs dans ce groupe d'informateurs, dont trois sont des homosexuels juifs discrets. Ce groupe d'espions est en activité depuis deux décennies. Ils publient des "journaux" virulemment anti-juifs et vendent une grande variété de livres antisémites. L'un des principaux opérateurs travaille depuis la Louisiane. Un membre de ce groupe est un écrivain très apprécié dans les milieux de la droite chrétienne. Le groupe et les individus qui le composent sont sous la protection de l'ADL. Suall a été profondément impliqué dans l'ABSCAM et est souvent sollicité par les forces de l'ordre pour les aider dans leurs enquêtes et leurs opérations d'infiltration.

Suall a été chargé de "surveiller Reagan", en ce qui concerne la voie tracée pour le président nouvellement élu par la Fondation Heritage, et de tirer quelques coups de semonce si Reagan semblait vouloir dévier ou enlever ses œillères à tout moment. Suall a aidé à se débarrasser de tout conseiller de droite gênant qui n'était pas redevable à Heritage pour son emploi dans l'administration Reagan. C'est le cas de Ray Donovan, le ministre du Travail de Reagan, qui a fini par être démis de ses fonctions grâce au département "Dirty-Tricks"[2] de l'ADL. James Baker III, l'une des personnes figurant sur la liste des 3000 recommandations de la Fondation Heritage, était l'intermédiaire qui a transmis au Président les messages de haine de Suall au sujet de Donovan.

Un autre conspirateur important était Philip Agee, le soi-disant "transfuge" de la CIA. Bien que n'étant pas membre du Comité, il

---

[2] "Coups tordus", Ndt.

était néanmoins son chargé de dossier pour le Mexique, et dirigé par le (britannique) Royal Institute for International Affairs (RIIA) et le Council on Foreign Relations (américain). Pour mémoire, rien de ce qui se passe aux États-Unis ne se passe sans la sanction du RIIA. Il s'agit d'un accord continu et permanent conclu pour la première fois OUVERTEMENT (il y a eu de nombreux accords secrets de ce type avant cela) par Churchill et Roosevelt en 1938, aux termes duquel les services de renseignement américains sont obligés de partager des informations top secrètes avec les services de renseignement britanniques.

C'est la base de ce qu'on appelle la "relation spéciale" entre les deux pays, dont Churchill et Lord Halifax se sont vantés et qui est en tout point "spéciale".

La "relation" était responsable du fait que les États-Unis ont mené la guerre du Golfe contre l'Irak pour et au nom des intérêts britanniques, plus particulièrement de British Petroleum, l'une des entreprises les plus importantes du Comité des 300, dans laquelle la famille immédiate de la Reine Elizabeth a des intérêts importants.

Aucune activité de renseignement n'a eu lieu depuis 1938 si ce n'est par le biais de cette structure spéciale de commandement conjoint. Philip Agee a rejoint la CIA après avoir été diplômé de Notre-Dame où il a été intronisé dans son cercle de jésuites franc-maçons. Agee a attiré mon attention pour la première fois en 1968 en tant qu'agent de renseignements à l'origine des émeutes de l'Université de Mexico. L'un des aspects les plus importants des émeutes étudiantes mexicaines est qu'elles se sont produites au même moment que les émeutes étudiantes à New York, Bonn, Prague et Berlin-Ouest.

Grâce à l'expertise en matière de coordination et au réseau spécial de renseignements dont INTERPOL fait partie intégrante, il n'est pas aussi difficile qu'il n'y paraît, à première vue, pour le Comité de déclencher des actions mondiales soigneusement programmées, qu'il s'agisse d'émeutes d'étudiants ou de la destitution de dirigeants de nations prétendument souveraines. Tout cela fait partie du travail quotidien des "Olympiens". Depuis le Mexique, Agee s'est aligné sur les groupes terroristes portoricains. Pendant cette période, il est devenu un confident de confiance du dictateur cubain, Fidel Castro.

Il ne faut pas s'imaginer que lorsque Agee menait ces opérations, il le faisait en tant qu'agent "voyou". Au contraire, il travaillait pour la CIA tout au long de ces missions. Le problème est survenu lorsque le

DGI (service de renseignement cubain) de Castro a réussi à le "retourner". Agee a continué à travailler en tant que membre de la CIA jusqu'à ce que son double rôle soit découvert. Il s'agissait du plus grand poste d'écoute soviétique en Occident, situé à Lourdes, à Cuba. Doté de 3000 spécialistes soviétiques de la surveillance et du décryptage des signaux, Lourdes est capable de surveiller des milliers de signaux électroniques simultanément. De nombreuses conversations téléphoniques privées entre un membre du Congrès et sa maîtresse ont été captées à Lourdes et utilisées à bon escient.

Bien qu'on nous dise aujourd'hui, en 1991, que "le communisme est mort", les États-Unis n'ont rien fait pour mettre fin à la vaste opération d'espionnage qui se trouve à notre porte. D'ailleurs, Lourdes a la capacité de capter même le plus faible signal "tempest", qui est le type de signal émis par un fax ou une machine à écrire électrique qui, une fois déchiffré, donnera le contenu de ce qui est tapé ou faxé. Lourdes reste un "poignard dans le cœur" des États-Unis. Il n'y a absolument aucune raison de maintenir son existence. Si les États-Unis et l'URSS sont vraiment en paix l'un avec l'autre, pourquoi continuer à avoir besoin d'une opération d'espionnage aussi massive ? La simple vérité est que, plutôt que de réduire son personnel comme on veut nous le faire croire, le KGB a recruté en masse en 1990 et 1991.

Bernard Levin n'est probablement pas un nom très connu aux États-Unis. Contrairement aux "pop-stars" décadentes ou à la dernière "découverte" minable d'Hollywood, les universitaires sont rarement, voire jamais, sous les yeux du public. Parmi les centaines d'universitaires des États-Unis qui travaillent sous le contrôle du Club de Rome, Levin mérite une mention spéciale, ne serait-ce que pour les raisons suivantes : son rôle dans l'affaiblissement de l'Iran, des Philippines, de l'Afrique du Sud, du Nicaragua et de la Corée du Sud. La chute du Shah d'Iran a été exécutée selon un plan conçu par Bernard Levin et Richard Falk, et supervisé par l'Aspen Institute de Robert Anderson.

Levin est l'auteur d'un ouvrage intitulé *Time Perspective and Morale* qui est une publication du Club de Rome sur la manière de briser le moral des nations et des dirigeants individuels. Voici un extrait de ce document :

> "L'une des principales techniques pour briser le moral, par le biais d'une stratégie de terreur, consiste exactement en cette tactique : maintenir la personne dans le flou quant à sa situation et à ce

qu'elle peut attendre. En outre, si les fréquentes oscillations entre les mesures disciplinaires sévères et les promesses de bon traitement, ainsi que la diffusion de nouvelles contradictoires, rendent la structure de la situation peu claire, l'individu peut cesser de savoir si un plan particulier le mènera vers son objectif ou l'en éloignera. Dans ces conditions, même les individus qui ont des objectifs précis et sont prêts à prendre des risques sont paralysés par le grave conflit intérieur qui les oppose sur ce qu'ils doivent faire."

Ce projet du Club de Rome s'applique aussi bien aux PAYS qu'aux individus, en particulier aux dirigeants des gouvernements de ces pays. Aux États-Unis, nous n'avons pas besoin de penser que "Oh, c'est l'Amérique, et ce genre de choses n'arrive pas ici". Laissez-moi vous assurer qu'elles se produisent aux États-Unis, et peut-être *plus* que dans n'importe quel autre pays.

Le plan Levin-Club de Rome est conçu pour nous démoraliser tous, afin qu'à la fin, nous ayons l'impression de devoir suivre ce qui est prévu pour nous. Nous suivrons les ordres du Club de Rome comme des moutons. Tout leader apparemment fort qui apparaît soudainement pour "sauver" la nation doit être considéré avec la plus grande suspicion. Rappelez-vous que Khomeini a été préparé pendant des années par les services secrets britanniques, en particulier pendant son séjour à Paris, avant d'apparaître soudainement comme le sauveur de l'Iran. Boris Eltsine est issu de la même écurie du MI6-SIS.

Le Club de Rome est persuadé d'avoir mené à bien son mandat de "ramollir" les États-Unis. Après 45 ans de guerre contre le peuple de cette nation, qui doutera qu'il ait effectivement accompli sa tâche ? Regardez autour de vous et voyez comment nous avons été démoralisés. Les drogues, la pornographie, la "musique" rock and roll, le sexe libre, l'unité familiale totalement sapée, le lesbianisme, l'homosexualité et, enfin, le meurtre horrible de millions de bébés innocents par leurs propres mères. Y a-t-il jamais eu un crime plus ignoble que l'avortement de masse ?

Alors que les États-Unis sont spirituellement et moralement en faillite, que notre base industrielle est détruite et que 30 millions de personnes se retrouvent au chômage, que nos grandes villes sont des cloaques effroyables où se produisent tous les crimes imaginables, que le taux d'homicides est presque trois fois plus élevé que dans n'importe quel autre pays, que nous comptons 4 millions de sans-abri et que la corruption au sein du gouvernement atteint des proportions endémiques, qui pourrait contester le fait que les États-Unis sont en train de devenir un pays prêt à s'effondrer de l'intérieur, pour mieux tomber entre les bras du nouveau gouvernement mondial unique de l'âge des ténèbres ?

Le Club de Rome a réussi à diviser les églises chrétiennes ; il est parvenu à constituer une armée de fondamentalistes charismatiques et d'évangéliques qui se battront pour l'État sioniste d'Israël. Pendant la guerre de génocide du Golfe, j'ai reçu des dizaines de lettres me demandant comment je pouvais m'opposer à "une guerre chrétienne juste contre l'Irak". Comment pouvais-je douter que le soutien des fondamentalistes chrétiens à la guerre (du Comité des 300) contre l'Irak n'était pas biblique — après tout, Billy Graham n'a-t-il pas prié avec le président Bush, juste avant le début de la fusillade ? La Bible ne parle-t-elle pas de "guerres et de rumeurs de guerres" ?

Ces lettres donnent un aperçu de l'*efficacité* du travail de l'Institut Tavistock. Les fondamentalistes chrétiens seront une force formidable derrière l'État d'Israël, exactement comme prévu. Quelle tristesse que ces braves gens ne se rendent pas compte qu'ils ont été grossièrement trompés par le Club de Rome et que leurs opinions et leurs croyances *ne* sont *PAS les leurs*, mais celles *créées* pour eux par les centaines de "think tanks" du Comité des 300 qui parsèment le paysage américain. En d'autres termes, comme tout autre segment de la population américaine, les fondamentalistes chrétiens et les évangéliques ont subi un lavage de cerveau complet.

En tant que nation, nous sommes prêts à accepter la disparition des États-Unis d'Amérique et du mode de vie américain, autrefois envié par le monde entier. Ne pensez pas que cela s'est produit tout seul — le vieux syndrome du "temps qui change". Le temps ne change rien, ce sont les PERSONNES qui changent. C'est une erreur de considérer le Comité des 300 et le Club de Rome comme des institutions européennes. Le Club de Rome exerce une grande influence et un grand pouvoir aux États-Unis, et possède sa propre section, basée à Washington D.C.

Le sénateur Claiborne Pell est son chef de file, et l'un de ses membres est Frank M. Potter, ancien directeur du personnel de la sous-commission de l'énergie de la Chambre des représentants. Il n'est pas difficile de comprendre comment le Club de Rome a maintenu son emprise sur les politiques énergétiques américaines et d'où vient l'opposition "écologiste" à l'énergie nucléaire. La plus grande réussite du Club est peut-être son emprise sur le Congrès en ce qui concerne l'énergie nucléaire, qui a eu pour effet d'empêcher les États-Unis d'entrer dans le 21ème siècle en tant que nation industrielle forte. L'effet de la politique antinucléaire du Club de Rome peut être mesuré en termes de hauts-fourneaux silencieux, de gares ferroviaires abandonnées, d'aciéries rouillées, de chantiers navals fermés depuis longtemps et d'une précieuse main-d'œuvre qualifiée dispersée à travers les États-Unis, qui ne pourra plus jamais être rassemblée.

Les autres membres du Club de Rome aux États-Unis sont Walter A. Hahn, du Congressional Research Service, Ann Cheatham et Douglas Ross, tous deux économistes principaux. La tâche de Ross, selon ses propres termes, était de "traduire les perspectives du Club de Rome en législation pour aider le pays à se défaire de l'illusion de l'abondance". Ann Cheatham était la directrice d'une organisation appelée "Congressional Clearing-House for the Future".

Sa tâche consistait à établir le profil des membres du Congrès susceptibles d'être sensibles à l'astrologie et au charabia du Nouvel Âge. À un moment donné, elle avait plus de 100 membres du Congrès dans ses classes. Des séances quotidiennes étaient organisées, au cours desquelles diverses "prévisions" astrologiques étaient faites, sur la base de ses "perceptions occultes". Outre les membres du Congrès, d'autres personnalités ont assisté à ses séances, notamment Michael Walsh, Thornton Bradshaw — un membre éminent du Comité des 300 — et David Sternlight, un vice-président de la compagnie d'assurance Allstate. Certains des membres les plus importants du Comité des 300 sont également membres de l'OTAN, un fait dont nous devrions nous souvenir. Ces membres du Comité des 300 exercent souvent plusieurs fonctions. Parmi les membres du NATO-Club of Rome, on trouve Harland Cleveland, ancien ambassadeur des États-Unis auprès de l'OTAN, Joseph Slater, directeur de l'Aspen Institute, Donald Lesh, ancien collaborateur de la National Security Agency des États-Unis, George McGhee et Claiborne Pell, pour ne citer que quelques exemples.

Il est important que nous nous souvenions de ces noms, que nous en fassions une liste si vous le souhaitez, afin de nous rappeler qui ils sont et ce qu'ils représentent lorsque leurs noms apparaissent dans les programmes de télévision et les services d'information. Suivant le modus vivendi de l'intelligence, les dirigeants de la commission apparaissent souvent à la télévision, généralement sous les traits les plus innocents. Nous devrions savoir que *rien de ce* qu'ils font *n*'est innocent.

Le Comité des 300 a planté ses agents dans les muscles et les nerfs des États-Unis, dans son gouvernement, au Congrès, dans les postes de conseillers autour du Président, comme ambassadeurs et comme secrétaires d'État. De temps en temps, le Club de Rome organise des réunions et des conférences qui, bien qu'elles se présentent sous des titres anodins, se divisent en comités d'action, chacun d'entre eux se voyant assigner une tâche spécifique et une date cible précise à laquelle il doit avoir terminé sa mission. S'il ne fait rien d'autre, le Comité des 300 travaille selon un calendrier très précis. La première conférence du Club de Rome aux États-Unis a été convoquée par le Comité des 300 en 1969 sous le titre "Association du Club de Rome" : "L'Association du Club de Rome". La réunion suivante s'est tenue en 1970 sous le titre "Riverdale Centre of Religious Research" et a été dirigée par Thomas Burney. Puis a suivi la Conférence de Woodlands qui s'est tenue à Houston, Texas, à partir de 1971. Par la suite, des conférences régulières ont eu lieu à Woodlands chaque année. En 1971 également, à une date ultérieure, la Mitchell Energy and Development Corporation a tenu sa réunion sur la stratégie énergétique pour le Club de Rome : Le thème récurrent : LIMITER LA CROISSANCE AUX USA. Pour couronner le tout, la première conférence mondiale sur l'avenir s'est tenue en juillet 1980, en présence de 4000 ingénieurs sociaux et membres de groupes de réflexion, tous membres ou affiliés à diverses institutions opérant sous l'égide du Club de Rome.

La première conférence mondiale sur l'avenir a eu la bénédiction de la Maison-Blanche qui a organisé sa propre conférence, basée sur les transcriptions du forum de la première conférence mondiale. Elle s'appelait la "Commission de la Maison-Blanche sur les années 1980" et recommandait OFFICIELLEMENT les politiques du Club de Rome "comme guide pour les politiques futures des États-Unis" et allait même jusqu'à dire que l'économie américaine sortait de la phase industrielle. Cela fait écho au thème de Sir Peter Vickers-Hall et de Zbibniew Brzezinsky et fournit une preuve supplémentaire du contrôle exercé par le Comité des 300 sur les affaires américaines, tant intérieures qu'extérieures.

Comme je l'ai dit en 1981, nous sommes contraints, politiquement, socialement et économiquement, à rester enfermés dans les plans du Club de Rome. Tout est ficelé contre nous. Si nous voulons survivre, nous devons briser la mainmise que le Comité des 300 a sur notre gouvernement. Dans chaque élection depuis que Calvin Coolidge s'est présenté à la Maison-Blanche, le Comité des 300 a été capable de placer ses agents à des postes clés du gouvernement de sorte qu'il importe peu de savoir qui obtient le poste de la Maison-Blanche. Par exemple, tous les candidats qui se sont présentés à la présidence, depuis l'époque de Franklin D. Roosevelt, ont été sélectionnés, certains aiment à dire "triés sur le volet", par le Council on Foreign Relations agissant sur les instructions du RIIA.

En particulier lors de l'élection de 1980, chaque candidat au plus haut poste des États-Unis était dirigé par le CFR. Par conséquent, il n'y avait aucune importance pour les conspirateurs de savoir qui gagnait la course à la présidence. Grâce à des chevaux de Troie tels que la Heritage Foundation et le CFR, TOUS les postes politiques clés des nouvelles administrations ont été occupés par des candidats du Council on Foreign Relations, et avant cela, depuis les années 1960, par des béni-oui-oui du Club de Rome de l'OTAN, garantissant ainsi que les décisions politiques clés portent l'empreinte indélébile du Club de Rome et du CFR, agissant comme les bras exécutifs du Comité des 300.

Les élections de 1984 et 1988 ont suivi ce schéma établi de longue date. Le Secrétaire d'État George Schultz était le choix parfait du Comité des 300 pour le poste de Secrétaire d'État. Schultz a toujours été une créature d'Henry Kissinger, le donneur d'ordres du CFR. En outre, sa position au sein de Bechtel, une entreprise clé du Comité des 300 aux dimensions mondiales, lui a donné accès à des pays qui auraient pu autrement se méfier de ses liens avec Kissinger. L'administration Carter a accéléré le processus de nomination de personnel pro-conspiration à des postes clés. Avant que Carter ne soit élu, son principal stratège de campagne, Hamilton Jordan, a déclaré que si Cyrus Vance ou Brzezinski étaient nommés dans le cabinet Carter, lui, Jordan, démissionnerait. Ils l'ont fait. Jordan *n'a pas* démissionné.

Le choix de Paul Volcker par Carter (en fait, David Rockefeller lui avait dit de nommer Volcker) a déclenché l'effondrement de l'économie américaine selon le plan établi par le Club de Rome. Nous sommes confrontés à des forces puissantes qui se consacrent à l'établissement d'un gouvernement mondial unique. Nous sommes engagés dans une guerre dévastatrice depuis 45 ans, mais elle n'est pas perçue comme telle. Nous subissons un lavage de cerveau, méthodiquement et systématiquement, sans jamais nous en rendre compte. L'Institut Tavistock a fourni le système pour que cela se produise, et a ensuite mis ses opérations en marche.

La seule façon de nous défendre est d'exposer les conspirateurs et leurs multiples organisations de façade. Nous avons besoin d'hommes d'expérience capables de formuler une stratégie pour défendre notre patrimoine inestimable qui, une fois perdu, ne sera plus qu'un souvenir. Nous devons apprendre les méthodes utilisées par les conspirateurs, les connaître et adopter des contre-mesures. Seul un programme d'urgence permettra d'arrêter la pourriture qui consume notre nation.

Certains peuvent avoir du mal à accepter l'idée d'une conspiration mondiale parce que tant d'écrivains en ont tiré un profit financier. D'autres doutent que l'activité, à l'échelle mondiale, puisse être coordonnée avec succès. Ils voient l'énorme bureaucratie de notre gouvernement et disent alors : "Comment sommes-nous censés croire que des particuliers peuvent faire plus que le gouvernement ?" Cela néglige le fait que le gouvernement fait *partie* de la conspiration. Ce qu'ils veulent, ce sont des preuves tangibles, et il est difficile d'en trouver.

D'autres disent : "Et alors. Qu'est-ce que j'en ai à faire d'une conspiration, je ne me donne même pas la peine de voter." C'est exactement la façon dont la population générale de l'Amérique a été profilée *pour* réagir. Notre peuple est devenu découragé et confus, résultat de 45 ans de guerre (psychologique) menée contre nous. La façon dont cela est fait est expliquée dans le livre de Bernard Levin, mais combien de personnes se donneraient la peine de lire le livre de non-fiction d'un universitaire ? (Ou de finir de lire celui-ci en entier ?) Nous réagissons exactement comme nous avons été profilés pour agir. Les gens démoralisés et désorientés seront bien plus prompts à accueillir l'apparition soudaine d'un grand homme qui promet de résoudre tous les problèmes et de garantir une société bien ordonnée dans laquelle les gens sont employés à plein temps et où les conflits domestiques sont minimes. Leur dictateur, car c'est de lui qu'il s'agit, sera accueilli à bras ouverts.

Savoir QUI est l'ennemi est une nécessité vitale. Personne ne peut combattre et gagner contre un ennemi non identifié. Ce livre pourrait être utilisé comme un manuel militaire de terrain. *Étudiez* son contenu et mémorisez tous les noms. J'ai mentionné les techniques de profilage assez fréquemment dans ce chapitre. Vous trouverez une explication complète du "profilage" dans le chapitre suivant. L'une des informations les plus profondes qui ressortent de la science du profilage est la facilité relative avec laquelle on peut l'accomplir sur des individus, des groupes de partis, des entités politiques et ainsi de suite jusqu'au bout. Une fois que nous aurons compris à quel point cela est facile à faire, la conspiration ne dépassera plus notre entendement. L'assassinat du président Kennedy et la tentative d'assassinat du président Reagan deviennent alors faciles à comprendre et à décrypter.

Institutions par lesquelles le contrôle est exercé

Le profilage est une technique développée en 1922 sur ordre du Royal Institute for International Affairs (RIIA). Le major John Rawlings Reese, un technicien de l'armée britannique, a reçu pour instruction de mettre en place la plus grande installation de lavage de cerveau du monde au Tavistock Institute for Human Relations, qui fait partie de l'université de Sussex. Cet institut est devenu le noyau du Bureau de guerre psychologique britannique. Lorsque j'ai introduit pour la première fois les noms de Reese et de Tavistock aux États-Unis en 1970, ils ont suscité très peu d'intérêt. Mais au fil des ans, alors que je révélais de plus en plus de choses sur Tavistock et son rôle vital dans la conspiration, il est devenu populaire d'imiter mes premières recherches.

Le Psychological-Warfare Bureau britannique a largement utilisé le travail effectué par Reese sur ses 80 000 cobayes de l'armée britannique, des soldats captifs qui ont été soumis à de nombreuses formes de tests. Ce sont les méthodes conçues par Tavistock qui ont fait entrer les États-Unis dans la Seconde Guerre mondiale et qui, sous la direction du Dr Kurt Lewin, ont permis de créer l'OSS, l'ancêtre de la CIA. Lewin est devenu le directeur de l'enquête sur les bombardements stratégiques, un plan de la Royal Air Force visant à se concentrer sur le bombardement des logements ouvriers allemands et à laisser les cibles militaires, telles que les usines de munitions, tranquilles. Car ces usines d'armement, des deux côtés, appartenaient aux banquiers internationaux qui ne souhaitaient pas voir leurs actifs détruits.

Plus tard, après la fin de la guerre, l'OTAN a ordonné à l'université de Sussex de créer un centre de lavage de cerveau très spécial qui a été intégré au Bureau de guerre psychologique de Grande-Bretagne, mais ses recherches étaient désormais orientées vers des applications civiles plutôt que militaires. Nous reviendrons sur cette unité super secrète qui s'appelait Science Policy Research Institute (SPRI) dans nos chapitres consacrés aux drogues.

L'idée derrière le bombardement par saturation des logements des travailleurs civils était de briser le moral des travailleurs allemands. Il ne s'agissait pas d'affecter l'effort de guerre contre la machine militaire allemande. Lewin et son équipe d'actuaires sont parvenus à un chiffre cible, à savoir que si 65% des logements ouvriers allemands étaient détruits par les bombardements nocturnes de la RAF, le moral de la population civile s'effondrerait. Le document réel a été préparé par la *Prudential Assurance Company.*

La RAF, sous le commandement de "Bomber" Harris, a mis en œuvre les plans de Lewin, dont le point culminant a été le bombardement terroriste de Dresde, au cours duquel plus de 125 000 personnes, principalement des hommes âgés, des femmes et des enfants, ont été tuées. La vérité sur les raids horribles de "Bomber" Harris sur les civils allemands est restée un secret bien gardé jusqu'à la fin de la Seconde Guerre mondiale.

Tavistock a fourni la plupart des programmes détaillés qui ont conduit à la création de l'Office of Naval Intelligence (ONI), le premier service de renseignement des États-Unis, qui éclipse la CIA en termes de taille et de portée. Des contrats d'une valeur de plusieurs milliards de dollars ont été accordés à Tavistock par le gouvernement américain et les planificateurs stratégiques de Tavistock fournissent la majeure partie de ce que le Pentagone utilise pour notre établissement de défense, même aujourd'hui. Voilà qui illustre une fois de plus l'emprise du Comité des 300 sur les États-Unis, et sur la majorité de nos institutions. Tavistock dirige plus de 30 institutions de recherche aux États-Unis, que nous nommerons toutes dans nos tableaux à la fin du livre.

Ces institutions américano-tavistockiennes sont devenues dans de nombreux cas des monstres gargantuesques, pénétrant tous les aspects de nos agences gouvernementales et prenant le contrôle de toutes les décisions politiques. Alexander King, membre fondateur de l'OTAN et favori du Comité des 300, ainsi que membre éminent du Club de Rome, est l'un des principaux destructeurs de notre mode de vie. Le Dr King a été chargé par le Club de Rome de détruire l'éducation en Amérique en prenant le contrôle de la National Teachers Association en travaillant en étroite collaboration avec certains législateurs et juges. Si l'on ne savait pas encore à quel point l'influence du Comité des 300 est omniprésente, ce livre devrait dissiper tous les doutes.

Le coup d'essai de la Federal Emergency Management Agency (FEMA), une création du Club de Rome, a eu lieu lors d'un test contre la centrale nucléaire de Three Mile Island, à Harrisburg, en Pennsylvanie. Qualifié d'"accident" par les médias hystériques, il *ne* s'agissait *pas* d'un accident, mais d'un test de crise *délibérément* conçu pour la FEMA. Un avantage supplémentaire a été la peur et l'hystérie créées par les médias qui ont poussé les gens à fuir la zone, alors qu'en fait ils n'ont jamais été en danger. Cela a été considéré comme un succès par la FEMA et a marqué beaucoup de points pour les forces anti-nucléaires. TMI est devenu le point de ralliement des soi-disant "environnementalistes", un groupe hautement financé et contrôlé par l'Aspen Institute, au nom du Club de Rome. La couverture médiatique a été assurée gratuitement par William Paley de la télévision CBS, un ancien agent des services secrets britanniques.

La FEMA est la successeur naturelle de l'étude sur les bombardements stratégiques de la Seconde Guerre mondiale. Le Dr Kurt Lewin, théoricien de ce que les conspirateurs de Tavistock appelaient la gestion de crise, a été profondément impliqué dans ce processus. Il existe une chaîne ininterrompue entre Lewin et Tavistock qui s'étend sur trente-sept ans. Lewin a intégré l'étude sur les bombardements stratégiques dans la FEMA, avec seulement quelques petits ajustements qui se sont avérés nécessaires, l'un des changements étant la cible, QUI N'ÉTAIT PLUS L'ALLEMAGNE, MAIS LES ÉTATS-UNIS D'AMÉRIQUE.

Quarante-cinq ans après la fin de la Seconde Guerre mondiale, c'est toujours Tavistock qui a les mains sur la gâchette, et l'arme est pointée vers les États-Unis. La regrettée Margaret Mead a mené, sous l'égide de Tavistock, une étude intensive sur les populations allemandes et japonaises pour savoir comment elles réagissaient au stress causé par les bombardements aériens. Irving Janus était professeur associé à ce projet, supervisé par le Dr John Rawlings Reese, promu général de brigade dans l'armée britannique. Les résultats des tests ont été remis à la FEMA. Le rapport d'Irving Janus a été d'une grande utilité dans la formulation des politiques de la FEMA. Janus l'a utilisé dans un livre qu'il a écrit plus tard, intitulé AIR WAR AND STRESS. Les idées contenues dans son livre ont été suivies à la lettre par la FEMA pendant la "crise" de Three Mile Island. Janus avait une idée très simple : Simuler une succession de crises et manipuler la population en suivant la tactique de terreur de Lewin et elle fera exactement ce qu'il faut.

En réalisant cet exercice, Lewin a découvert quelque chose de nouveau, à savoir que le contrôle social à grande échelle peut être réalisé en utilisant les médias pour faire connaître les horreurs d'une guerre nucléaire par le biais de la télévision. Il a découvert que les magazines féminins étaient très efficaces pour mettre en scène les horreurs d'une guerre nucléaire. Lors d'un essai, mené par Janus, Betty Bumpers, épouse du sénateur Dale Bumpers de l'Arkansas, a "écrit" pour le magazine *McCalls* sur ce sujet.

L'article est paru dans le numéro de janvier 1983 de *McCalls*. En fait, Mme Bumpers n'a pas écrit l'article, il a été créé pour elle par un groupe d'écrivains de Tavistock dont c'est la spécialité. Il s'agissait d'un recueil de contre-vérités, de non-faits, d'insinuations et de conjectures reposant entièrement sur de fausses informations. L'article de Bumpers était typique du type de manipulation psychologique dans lequel Tavistock excelle. Aucune des dames qui ont lu *McCalls* n'a pu manquer d'être impressionnée par l'histoire de terreur/horreur de ce à quoi ressemble une guerre nucléaire.

Le Comité des 300 dispose d'une importante bureaucratie composée de centaines de groupes de réflexion et d'organisations de façade qui représentent toute la gamme des dirigeants du secteur privé et des gouvernements. Je vais en citer autant que je peux, en commençant par le German Marshall Fund. Ses membres, et n'oubliez pas qu'ils sont également membres de l'OTAN et du Club de Rome, sont David Rockefeller de la Chase Manhattan Bank, Gabriel Hague de la prestigieuse Manufactures Hanover Trust and Finance Corporation, Milton Katz de la Fondation Ford, Willy Brandt, dirigeant de l'Internationale socialiste, agent du KGB et membre du Comité des 300, Irving Bluestone, président du conseil exécutif des Travailleurs unis de l'automobile, Russell Train, président américain du Club de Rome. Russell Train, président américain du Club de Rome et du World Wildlife Fund du Prince Philip, Elizabeth Midgely, productrice des programmes de CBS, B. R. Gifford, directeur de la Russell Sage Foundation, Guido Goldman de l'Aspen Institute, feu Averell Harriman, membre extraordinaire du Comité des 300, Thomas L. Hughes du Carnegie Endowment Fund, Dennis Meadows et Jay Forrestor du MIT "world-dynamics".

Le Comité des 300, bien qu'existant depuis plus de 150 ans, n'a pris sa forme actuelle que vers 1897. Il avait toujours tendance à donner des ordres par l'intermédiaire d'autres organes de façade, comme l'Institut Royal des Affaires Internationales. Lorsqu'il a été décidé qu'un super-organisme contrôlerait les affaires européennes, le RIIA a fondé l'Institut Tavistock, qui a lui-même créé l'OTAN. Pendant cinq ans, l'OTAN a été financée par le German Marshall Fund. Le membre le plus important des Bilderbergers, un organe de politique étrangère du Comité, était peut-être Joseph Rettinger, dont on dit qu'il en était le fondateur et l'organisateur, et dont les réunions annuelles font le bonheur des chasseurs de complots depuis plusieurs décennies.

Rettinger était un prêtre jésuite bien formé et un franc-maçon du 33ème degré. Mme Katherine Meyer Graham, qui est soupçonnée d'avoir assassiné son mari pour prendre le contrôle du *Washington Post*, était un autre membre important du Club de Rome, tout comme Paul G. Hoffman de la New York Life Insurance Company, l'une des plus grandes compagnies d'assurance des États-Unis et l'une des principales sociétés directement liée à la famille immédiate de la reine Elizabeth d'Angleterre. John J. McCloy, l'homme qui a tenté de rayer de la carte l'Allemagne de l'après-guerre, et enfin James A. Perkins de la Carnegie Corporation, étaient également des membres fondateurs des Bilderbergers et du Club de Rome.

Quel casting de stars ! Pourtant, curieusement, jusqu'à une date récente, rares étaient ceux qui, en dehors des véritables agences de renseignement, avaient entendu parler de cette organisation. Le pouvoir exercé par ces personnages importants et par les sociétés, les chaînes de télévision, les journaux, les compagnies d'assurance et les banques qu'ils représentent équivalent à la puissance et au prestige d'au moins deux pays européens, et ce n'est là que la partie émergée de l'énorme intérêt du Comité des 300 pour les réseaux croisés et les interfaces du contrôle qu'il exerce.

Richard Gardner n'est pas mentionné dans la liste précédente. Bien qu'il ait été l'un des premiers membres du Comité des 300, il a été envoyé à Rome pour une mission spéciale. Gardner a épousé une membre des plus anciennes familles de la noblesse noire de Venise, offrant ainsi à l'aristocratie vénitienne une ligne directe avec la Maison-Blanche. Feu Averell Harriman était un autre des liens directs du comité avec le Kremlin et la Maison-Blanche, une position dont Kissinger a hérité après la mort de Harriman.

Le Club de Rome est en effet une formidable agence du Comité des 300. Bien que travaillant ostensiblement sur des affaires américaines, le groupe chapeaute d'autres agences du Comité des 300 et ses membres américains se retrouvent souvent à travailler sur des "problèmes" au Japon et en Allemagne. Parmi les organisations de façade gérées par le comité susmentionné, on peut citer les suivantes, sans toutefois s'y limiter :

LA LIGUE DE LA DÉMOCRATIE INDUSTRIELLE. Officiels : Michael Novak, Jeane Kirkpatrick, Eugene Rostow, IRWIN SUALL, Lane Kirkland, Albert Schenker.

Objectif : Perturber et perturber les relations de travail normales entre les travailleurs et les employeurs en soumettant les syndicats à un lavage de cerveau pour qu'ils formulent des demandes impossibles, en accordant une attention particulière aux industries de l'acier, de l'automobile et du logement.

MAISON DE LA LIBERTÉ. Officiels : Leo Churn et Carl Gershman.

Objectif : diffuser la désinformation socialiste parmi les cols bleus américains, répandre le mécontentement et l'insatisfaction. Maintenant que ces objectifs ont été largement atteints, Gershman a été recruté par Lawrence Eagleburger pour le CEDC, un organisme nouvellement créé pour empêcher une Allemagne unie d'étendre son commerce au bassin du Danube.

COMITÉ POUR UNE MAJORITÉ DÉMOCRATIQUE. Officiels : Ben Wattenburg, Jeane Kirkpatrick, Elmo Zumwa et Midge Dector.

Objectif : Fournir un lien entre la classe socialiste éduquée et les groupes minoritaires dans le but de constituer un bloc solide d'électeurs sur lesquels on peut compter pour voter pour des candidats de gauche lors des élections. C'était vraiment une opération fabianiste du début à la fin.

INSTITUT DE RECHERCHE SUR LA POLITIQUE ÉTRANGÈRE. Fonctionnaires : Robert Strausz Hupe.

Objectif : saper et finalement mettre fin au programme spatial de la NASA.

SOCIAL DEMOCRATS U.S.A. Fonctionnaires : Bayard Rustin, Lane Kirkland, Jay Lovestone, Carl Gershman, Howard Samuel, Sidney Hook.

Objectif : diffuser le radical-socialisme, en particulier parmi les groupes minoritaires, et forger des liens entre des organisations similaires dans les pays socialistes. Lovestone a été, pendant des décennies, le principal conseiller des présidents américains sur les affaires soviétiques et un lien direct fort avec Moscou.

INSTITUT POUR LES RELATIONS SOCIALES. Fonctionnaires : Harland Cleveland, Willis Harmon. But : Changer la façon dont l'Amérique pense.

LA LIGUE DES CITOYENS. Fonctionnaires : Barry Commoner.

Objectif : intenter des procès de "cause commune" contre diverses agences gouvernementales, notamment dans le domaine de la défense.

LIGUE DES RÉSISTANTS À LA GUERRE. Responsables : Noam Chomsky et David McReynolds.

Objectif : organiser la résistance à la guerre du Vietnam parmi les groupes de gauche, les étudiants et les "célébrités" d'Hollywood.

LE COMITÉ D'ORGANISATION SOCIALISTE DÉMOCRATIQUE DE L'INSTITUT DU SOCIALISME DÉMOCRATIQUE. Fonctionnaires : Frank Zeider, Arthur Redier et David McReynolds.

Objet : un centre d'échange d'idées et d'activités socialistes de gauche dans le cadre de l'Union européenne, des États-Unis et de l'Europe.

DIVISION D'ENQUÊTE DE LA LIGUE ANTI-DIFFAMATION.

Fonctionnaires : IRWIN SUALL, également connu sous le nom de John Graham.

Objectif : Une opération conjointe du FBI et des services secrets britanniques visant à isoler les groupes d'extrême droite et leurs dirigeants et à les mettre hors d'état de nuire, avant qu'ils ne deviennent trop importants et trop influents.

ASSOCIATION INTERNATIONALE DES MACHINISTES.

Objectif : Un front ouvrier pour l'Internationale socialiste et un foyer d'agitation ouvrière organisée, polarisant les travailleurs et le patronat.

TRAVAILLEURS DE L'HABILLEMENT FUSIONNÉS.

Fonctionnaires : Murray Findley, IRWIN SUALL et Jacob Scheinkman.

Objectif : comme le syndicat des machinistes, socialiser et polariser les travailleurs du secteur de l'habillement.

INSTITUT A. PHILIP RANDOLPH. Fonctionnaires : Bayard Rustin.

Objectif : Fournir un moyen de coordonner les organisations ayant un objectif commun, par exemple la diffusion des idées socialistes parmi les étudiants et les travailleurs.

CAMBRIDGE POLICY STUDIES INSTITUTE. Officiels : Gar Apelrovitz.

Objectif : développer le travail effectué à l'Institute for Policy Studies. Fondé en février 1969 par l'international-socialiste Gar Apelrovitz, ancien assistant du sénateur Gaylord Nelson. Apelrovitz a écrit le livre controversé *ATOMIC DIPLOMACY* pour le Club de Rome dont le travail a été financé par le German Marshall Fund. Il se concentre sur des projets de recherche et d'action, avec pour objectif déclaré de changer fondamentalement la société américaine, c'est-à-dire de créer des États-Unis fabianistes en vue du prochain gouvernement mondial unique.

COMITÉ ÉCONOMIQUE DE L'INSTITUT DE L'ATLANTIQUE NORD. Fonctionnaires : Dr Aurellio Peccei.

Objectif : groupe de réflexion de l'OTAN sur les questions économiques mondiales.

CENTRE POUR L'ÉTUDE DES INSTITUTIONS DÉMOCRATIQUES. Fonctionnaires : Le fondateur Robert Hutchins du Comité des 300, Harry Ashmore, Frank Kelly et un grand groupe de "Membres honoraires".

Objectif : diffuser des idées qui entraîneront des réformes sociales de type libéral avec la démocratie comme idéologie. L'une de ses activités consiste à rédiger une nouvelle constitution pour les États-Unis qui sera fortement monarchique et socialiste comme celle du Danemark.

Le Centre est un bastion "olympien". Situé à Santa Barbara, il est logé dans ce qu'on appelle affectueusement "le Parthénon". L'ancien représentant John Rarick l'a qualifié d'"équipement bourré de communistes". En 1973, l'élaboration d'une nouvelle Constitution des États-Unis en était à son trente-cinquième projet, qui propose un amendement garantissant les "droits environnementaux", dont l'idée maîtresse est de réduire la base industrielle des États-Unis à un simple embryon de ce qu'elle était en 1969. En d'autres termes, cette institution applique les politiques post-industrielles à croissance zéro du Club de Rome, définies par le Comité des 300.

Parmi ses autres objectifs figurent le contrôle des cycles économiques, le bien-être, la réglementation des entreprises et des travaux publics nationaux, le contrôle de la pollution. S'exprimant au nom du Comité des 300, M. Ashmore a déclaré que la fonction du CSDI était de trouver les moyens de rendre notre système politique plus efficace. "Nous devons changer l'éducation et nous devons envisager une nouvelle Constitution américaine et une Constitution pour le monde", déclare M. Ashmore.

Les autres objectifs énoncés par Ashmore sont les suivants :

1)	L'adhésion à l'ONU doit devenir universelle.

2)	L'ONU doit être renforcée.

3)	L'Asie du Sud-Est doit être neutralisée (Neutralisé veut dire "Communisé").

4)	Il faut mettre fin à la guerre froide.

5)	La discrimination raciale doit être abolie.

6)	Les nations en développement doivent être aidées. (Ce qui signifie qu'il faut les détruire.)

7)	Pas de solutions militaires aux problèmes. (Dommage qu'ils n'aient pas dit cela à George Bush avant la guerre du Golfe).

8)	Les solutions nationales ne sont pas suffisantes.

9)	La coexistence est nécessaire.

CLINIQUE PSYCHOLOGIQUE DE HARVARD. Les responsables : Le Dr Kurt Lewin et une équipe de 15 scientifiques spécialisés dans les nouvelles sciences.

Objectif : créer un climat où le Comité des 300 peut prendre un pouvoir illimité sur les États-Unis.

INSTITUTE FOR SOCIAL RESEARCH. Les responsables : Le Dr Kurt Lewin et une équipe de 20 scientifiques spécialisés dans les nouvelles sciences.

Objectif : concevoir un ensemble de nouveaux programmes sociaux pour détourner l'Amérique de l'industrie.

UNITÉ DE RECHERCHE SUR LES POLITIQUES

SCIENTIFIQUES. Fonctionnaires : Leland Bradford, Kenneth Dam, Ronald Lippert.

Objet : Institution de recherche "Chocs du futur" à l'Université de Sussex en Angleterre et faisant partie du réseau Tavistock.

SOCIÉTÉ DE DÉVELOPPEMENT DE SYSTÈMES. Les responsables : Sheldon Arenberg et une équipe de plusieurs centaines de personnes, trop nombreuses pour être citées ici.

Objectif : coordonner tous les éléments des communautés de renseignement de l'Union européenne, des États-Unis et de la Grande-Bretagne. Il analyse quels "acteurs" doivent se voir attribuer le rôle d'une entité nationale ; par exemple, l'Espagne serait placée sous la tutelle d'une Église catholique édulcorée, les Nations unies sous celle du Secrétaire général, etc. Il a mis au point le système "X RAY 2", dans lequel le personnel des groupes de réflexion, les installations militaires et les centres de maintien de l'ordre sont tous reliés au Pentagone par un réseau national de télétypes et d'ordinateurs : Pour appliquer les techniques de surveillance à l'échelle nationale. Arenberg affirme que ses idées ne sont pas militaires, mais que ses techniques sont principalement celles qu'il a apprises de l'armée. Il était responsable du Système d'Identification et de Renseignement de l'État de New York, un projet typique de "1984" de George Orwell, qui est complètement illégal selon notre Constitution. Le système NYSIIS est en passe d'être adopté à l'échelle nationale. C'est ce que Brzezinski a appelé la capacité de récupérer presque instantanément des données sur n'importe quelle personne.

Le NYSIIS partage ses données avec toutes les agences gouvernementales et policières de l'État. Il permet le stockage et la recherche rapide de dossiers individuels, criminels et sociaux. Il s'agit d'un projet TYPIQUE du Comité des 300. Il y a un besoin criant de mener une enquête complète sur ce que fait la Systems Development Corporation, mais cela dépasse le cadre de cet ouvrage. Une chose est *sûre*, la SDC n'est pas là pour préserver la liberté garantie par la Constitution des États-Unis. Comme c'est pratique qu'elle soit située à Santa Barbara, à proximité du "Parthénon" de Robert Hutchins.

Voici quelques publications éditées par ces institutions du Club de Rome :

➢ Centre Magazine

➢ Counterspy

- Coventry
- Covert Action Information Bulletin
- Dissident
- Human Relations
- Industrial Research
- Inquiry
- Mother Jones
- One
- Progressive
- Raconteur
- The New Republic
- Working Papers for a New Society

Il ne s'agit en aucun cas de toutes les publications éditées sous les auspices du Club de Rome. Il y en a des centaines d'autres, en fait chacune des fondations publie sa propre publication. Étant donné le nombre de fondations gérées par l'Institut Tavistock et le Club de Rome, une liste partielle est tout ce que nous pouvons inclure ici. Certaines des fondations et des groupes de réflexion les plus importants figurent dans la liste suivante, qui inclut les groupes de réflexion de l'armée.

Le public américain serait stupéfait s'il savait à quel point l'armée est impliquée dans la recherche de "nouvelles tactiques de guerre" avec les "groupes de réflexion" du Comité des 300. Les Américains ne savent pas qu'en 1946, le Club de Rome a reçu l'ordre du Comité des 300 de favoriser le progrès des groupes de réflexion qui, selon lui, offraient un nouveau moyen de diffuser la philosophie du Comité. L'impact de ces groupes de réflexion sur notre armée, juste depuis 1959, date à laquelle ils ont soudainement proliféré, est vraiment stupéfiant. Il ne fait aucun doute qu'ils joueront un rôle encore plus important dans les affaires quotidiennes de cette nation à la fin du 20ème siècle.

LA SOCIÉTÉ DU MONT PÈLERIN

Le Mont Pèlerin est une fondation économique qui se consacre à l'émission de théories économiques trompeuses et qui influence les économistes du monde occidental pour qu'ils suivent les modèles qu'elle propose de temps à autre. Ses principaux praticiens sont Von Hayek et Milton Friedman.

L'INSTITUTION HOOVER.

Fondée à l'origine pour combattre le communisme, l'institution s'est lentement mais sûrement tournée vers le socialisme. Elle dispose d'un budget annuel de 2 millions de dollars, financé par des entreprises sous l'égide du Comité des 300. Elle se concentre maintenant sur les "changements pacifiques" en mettant l'accent sur le contrôle des armes et les problèmes intérieurs des États-Unis. Elle est fréquemment utilisée par les médias comme une organisation "conservatrice" dont ils recherchent les opinions lorsqu'un point de vue conservateur est nécessaire. La Hoover Institution est loin d'être une organisation conservatrice et, à la suite de la prise de position de 1953, elle est devenue une organisation à part entière.

En raison de la prise de contrôle de l'institution par un groupe allié au Club de Rome, elle est devenue un exutoire pour les politiques "souhaitables" du Nouvel Ordre Mondial.

HERITAGE FOUNDATION

Fondé par le magnat de la brasserie Joseph Coors pour servir de groupe de réflexion conservateur, Heritage a rapidement été repris par les fabianistes Sir Peter Vickers-Hall, Stuart Butler, Steven Ayzlei, Robert Moss et Frederich Von Hayek sous la direction du Club de Rome. Cet institut a joué un rôle majeur dans l'exécution de l'ordre du leader travailliste britannique Anthony Wedgewood Benn de "Thatcheriser Reagan". Heritage n'est certainement pas une organisation conservatrice, bien qu'elle puisse parfois y ressembler.

HUMAN RESOURCES RESEARCH OFFICE

Il s'agit d'un établissement de recherche de l'armée traitant de la "psychotechnologie". La plupart de son personnel est formé par Tavistock. La "psychotechnologie" couvre la motivation et le moral des GI et la musique utilisée par l'ennemi. En fait, une grande partie de ce que George Orwell a écrit dans son livre *1984* semble être remarquablement similaire à ce qui est enseigné à HUMRRO. En 1969, le Comité des 300 a repris cette importante institution et l'a transformée en une organisation privée à but non lucratif gérée sous les auspices du Club de Rome. Il s'agit du plus grand groupe de recherche sur le comportement aux États-Unis.

L'une de ses spécialités est l'étude des petits groupes soumis au stress. HUMRRO enseigne à l'armée qu'un soldat n'est qu'une extension de son équipement et a exercé une grande influence sur le système "homme/arme" et son "contrôle de la qualité humaine", si largement accepté par l'armée américaine. HUMRRO a eu un effet très prononcé sur la façon dont l'armée se conduit. Ses techniques de manipulation de l'esprit sont tout droit sorties de Tavistock. Les cours de psychologie appliquée de HUMRRO sont censés enseigner aux gradés de l'armée comment faire fonctionner l'arme humaine. Un bon exemple de cela est la manière dont les soldats de la guerre contre l'Irak étaient prêts à désobéir aux ordres de leurs manuels de terrain et à enterrer 12 000 soldats irakiens vivants.

Ce type de lavage de cerveau est terriblement dangereux, car aujourd'hui, il est appliqué à l'armée, l'armée l'applique pour détruire brutalement des milliers de soldats "ennemis", et demain, on pourrait dire à l'armée que les groupes de population civile opposés aux politiques du gouvernement sont "l'ennemi". Nous sommes déjà un troupeau de moutons sans cervelle et soumis à un lavage de cerveau (*We the sheeple [?]*),[3] mais il semble que le HUMRRO puisse pousser encore plus loin la manipulation et le contrôle des esprits. HUMRRO est un complément précieux de Tavistock et bon nombre des leçons enseignées à HUMRRO ont été appliquées lors de la guerre du Golfe, ce qui permet de comprendre un peu mieux comment on en est arrivé à ce que les soldats américains se comportent comme des tueurs sans pitié et sans cœur, bien loin du concept de l'homme de combat américain traditionnel.

RESEARCH ANALYSIS CORPORATION.

Il s'agit de l'organisation sœur de HUMRRO "1984", située à McLean, en Virginie. Fondée en 1948, elle a été reprise par le Comité des 300 en 1961, lorsqu'elle a fait partie du bloc Johns Hopkins. Elle a travaillé sur plus de 600 projets, dont l'intégration des Noirs dans l'armée, l'utilisation tactique des armes nucléaires, les programmes de guerre psychologique et le contrôle des populations de masse.

Il existe évidemment bien d'autres grands groupes de réflexion, et nous en aborderons la plupart dans cet ouvrage. L'un des domaines les plus importants de coopération entre ce que les groupes de réflexion

---

[3] "Nous les moutons", Ndt.

produisent et ce qui devient le gouvernement et la politique publique est celui des "sondeurs". Les instituts de sondage ont pour mission de modeler et de façonner l'opinion publique dans le sens qui convient aux conspirateurs. Des sondages sont constamment effectués par CBS-NBC-ABC, le *New York Times*, le *Washington Post*. La plupart de ces efforts sont coordonnés au National Opinion Research Center où, aussi étonnant que cela puisse paraître, un profil psychologique a été développé pour la nation entière.

Les résultats sont introduits dans les ordinateurs de Gallup Poll et de Yankelovich, Skelley and White pour une évaluation comparative. La plupart de ce que nous lisons dans nos journaux ou voyons à la télévision ont d'abord été autorisés par les instituts de sondage. CE QUE NOUS VOYONS EST CE QUE LES SONDEURS PENSENT QUE NOUS DEVRIONS VOIR. C'est ce qu'on appelle "l'opinion publique". L'idée derrière ce petit conditionnement social est de déterminer dans quelle mesure le public réagit aux DIRECTIVES POLITIQUES données par le Comité des 300. Nous sommes appelés "groupes de population ciblés" et ce que mesurent les sondeurs, c'est le degré de résistance à ce qui apparaît dans les "Nightly News".[4] Plus tard, nous apprendrons exactement comment cette pratique trompeuse a commencé et qui en est responsable.

Tout cela fait partie du processus élaboré de formation d'opinion créé à Tavistock. Aujourd'hui, nos concitoyens *pensent* être bien informés, mais ils *ne* se rendent *pas* compte que les opinions qu'ils *croient* être les *leurs* ont en fait été créées dans les instituts de recherche et les groupes de réflexion américains et qu'aucun d'entre nous n'est libre de se forger sa propre opinion, en raison des informations que nous fournissent les médias et les sondeurs.

Les sondages ont été portés à leur paroxysme juste avant l'entrée des États-Unis dans la Seconde Guerre mondiale. Les Américains, à leur insu, ont été conditionnés à considérer l'Allemagne et le Japon comme de dangereux ennemis qu'il fallait arrêter. Dans un sens, c'était vrai, et cela rend la pensée conditionnée d'autant *plus* dangereuse, car sur la base des INFORMATIONS qui leur étaient fournies, l'ennemi semblait effectivement être l'Allemagne et le Japon. Tout récemment, nous avons vu à quel point le processus de conditionnement de

---

[4] "Nouvelles du soir", NDT.

Tavistock fonctionne bien, lorsque les Américains ont été conditionnés à percevoir l'Irak comme une menace et Saddam Hussein comme un ennemi personnel des États-Unis.

Un tel processus de conditionnement est techniquement décrit comme "le message qui atteint les organes des sens des personnes à influencer". L'un des sondeurs les plus respectés est Daniel Yankelovich, membre du Comité des 300, de la société Yankelovich, Skelley and White. Yankelovich est fier de dire à ses étudiants que les sondages sont un outil pour changer l'opinion publique, bien que cela ne soit pas original, Yankelovich s'étant inspiré du livre de David Naisbett "TREND REPORT" qui avait été commandé par le Club de Rome.

Dans son livre, Naisbett décrit l'ensemble des techniques utilisées par les faiseurs d'opinions pour susciter l'opinion publique souhaitée par le Comité des 300. L'élaboration d'opinions publiques est le joyau de la couronne des OLYMPIENS, car avec leurs milliers de spécialistes des nouvelles sciences sociales à leur disposition, et avec les médias entre leurs mains, de NOUVELLES opinions publiques sur presque tous les sujets peuvent être créées et diffusées dans le monde entier en l'espace de deux semaines.

C'est précisément ce qui s'est passé lorsque leur serviteur George Bush a reçu l'ordre de faire la guerre à l'Irak. En l'espace de deux semaines, non seulement l'opinion publique américaine, mais aussi la quasi-totalité de l'opinion publique mondiale s'est retournée contre l'Irak et son président Saddam Hussein. Ces artistes du changement et ces manipulateurs de l'information rendent compte directement au Club de Rome qui, à son tour, rend compte au Comité des 300, à la tête duquel se trouve la reine d'Angleterre qui règne sur un vaste réseau de sociétés étroitement liées qui ne paient jamais d'impôts et n'ont de comptes à rendre à personne, qui financent leurs instituts de recherche par le biais de fondations et dont les activités conjointes ont un contrôle presque total sur notre vie quotidienne.

Avec ses sociétés imbriquées, les compagnies d'assurance, les banques, les sociétés financières, les compagnies pétrolières, les journaux, les magazines, la radio et la télévision, ce vaste appareil est assis à cheval sur les États-Unis et le monde. Il n'y a pas un seul politicien à Washington D.C. qui ne lui soit pas, d'une manière ou d'une autre, redevable. La gauche s'insurge contre cet appareil, le qualifiant d'"impérialisme", ce qui est effectivement le cas, mais la gauche est dirigée par les mêmes personnes, celles-là mêmes qui contrôlent la droite, de sorte que la gauche n'est pas plus libre que nous !

Les scientifiques engagés dans le processus de conditionnement sont appelés "ingénieurs sociaux" ou "scientifiques sociaux des nouvelles sciences" et ils jouent un rôle essentiel dans ce que nous voyons, entendons et lisons. Les ingénieurs sociaux de la "vieille école" étaient Kurt K. Lewin, le professeur Hadley Cantril, Margaret Meade, le professeur Derwin Cartwright et le professeur Lipssitt qui, avec John Rawlings Reese, constituaient l'épine dorsale des scientifiques des nouvelles sciences à l'Institut Tavistock.

Pendant la Seconde Guerre mondiale, plus de 100 chercheurs travaillaient sous la direction de Kurt Lewin, copiant servilement les méthodes adoptées par Reinhard Heydrich des S.S. L'OSS était basé sur la méthodologie de Heydrich et, comme nous le savons, l'OSS était le précurseur de la Central Intelligence Agency. La conclusion de tout cela est que les gouvernements de la Grande-Bretagne et des États-Unis ont déjà mis en place la machinerie nécessaire pour nous faire entrer dans un Nouvel Ordre Mondial avec seulement un petit minimum de résistance, et cette machinerie est en place depuis 1946. Chaque année qui passe ajoute de nouveaux raffinements.

C'est ce Comité des 300 qui a établi des réseaux de contrôle et des mécanismes bien plus contraignants que tout ce qui a jamais été vu dans ce monde. Les chaînes et les cordes ne sont pas nécessaires pour nous retenir. Notre peur de ce qui est à venir fait ce travail bien plus efficacement que n'importe quel moyen physique de contrainte. On nous a fait subir un lavage de cerveau pour que nous renoncions à notre droit constitutionnel de porter des armes, pour que nous renoncions à notre Constitution elle-même, pour que nous permettions aux Nations unies d'exercer un contrôle sur nos politiques étrangères et au FMI de prendre le contrôle de nos politiques fiscales et monétaires, pour que nous permettions au président d'enfreindre la loi des États-Unis en toute impunité, d'envahir un pays étranger et de kidnapper son chef d'État. En bref, nous avons subi un lavage de cerveau tel que nous acceptons, en tant que nation, chaque acte illégal commis par notre gouvernement sans poser de questions.

Pour ma part, je sais que nous devrons bientôt nous battre pour reprendre notre pays au Comité, ou le perdre à jamais. MAIS, quand on en arrive là, combien prendront réellement les armes ? En 1776, seuls 3% de la population ont pris les armes contre le roi George III. Cette fois-ci, 3% seront terriblement insuffisants. Nous ne devons pas nous laisser entraîner sur des voies sans issue, car c'est ce que nos contrôleurs de l'esprit ont prévu pour nous en nous confrontant à une telle complexité de questions que nous succombons simplement à la pénétration à long terme et ne prenons aucune décision sur de nombreuses questions vitales.

Nous allons examiner les noms de ceux qui composent le Comité des 300, mais, avant de le faire, nous devrions examiner l'entrelacement massif de toutes les institutions, sociétés et banques importantes sous le contrôle du Comité. Nous devons bien les repérer, car ce sont ces personnes qui décident qui doit vivre et qui doit être éliminé comme "mangeurs inutiles" ; où nous allons adorer Dieu, ce que nous devons porter et même ce que nous allons manger. Selon Brzezinski, nous serons sous surveillance sans fin, 24 heures sur 24, 365 jours par an, à l'infini.

Le fait que nous ayons été trahis de l'intérieur est accepté par un nombre croissant de personnes chaque année, et c'est une bonne chose, car c'est par la Connaissance[5], un mot traduit du mot CROYANCE, que nous pourrons vaincre les ennemis de l'humanité. Pendant que nous étions distraits par les croquemitaines du Kremlin, le cheval de Troie a été mis en place à Washington D.C. Le plus grand danger auquel les personnes libres sont confrontées aujourd'hui ne vient pas de Moscou, mais de Washington D.C. Nous devons d'abord conquérir l'ENNEMIE INTERNE, et après cela nous serons assez forts pour monter une offensive visant à éliminer le communisme de la Terre ainsi que tous les "ismes" qui l'accompagnent.

L'administration Carter a accéléré l'effondrement de notre économie et de notre force militaire, ce dernier ayant été entamé par Robert Strange McNamara, membre du Club de Rome et du Lucis Trust. En dépit de ses promesses, Reagan a continué à saper notre base industrielle, reprenant là où Carter s'était arrêté. Bien que nous devions maintenir nos défenses fortes, nous ne pouvons pas le faire à partir d'une base industrielle faible, car, sans un complexe militaro-industriel bien géré, nous ne pouvons pas avoir un système de défense viable. Le Comité des 300 l'a reconnu et a planifié dès 1953 ses politiques post-industrielles à croissance zéro, aujourd'hui en plein essor. Grâce au Club de Rome, notre potentiel technologique est

---

[5] "Mon peuple est détruit par manque de [Ma] connaissance". — Dieu, Osée 4 :6.

tombé en dessous de celui du Japon et de l'Allemagne, des nations que nous sommes censés avoir vaincues pendant la Seconde Guerre mondiale. Comment en est-on arrivé là ? À cause d'hommes comme le Dr Alexander King et de notre état d'esprit aveugle, nous n'avons pas su reconnaître la destruction de nos institutions éducatives et de nos systèmes d'enseignement. En raison de notre aveuglement, nous ne formons plus d'ingénieurs et de scientifiques en nombre suffisant pour nous maintenir parmi les nations industrialisées du monde. Grâce au Dr King, un homme que très peu de personnes en Amérique connaissent, l'éducation aux États-Unis est à son plus bas niveau depuis 1786. Les statistiques produites par l'Institute for Higher Learning montrent que les capacités de lecture et d'écriture des élèves du secondaire aux États-Unis sont MOINS élevées qu'elles ne l'étaient chez les élèves du secondaire en 1786.

Ce à quoi nous sommes confrontés aujourd'hui, ce n'est pas seulement la perte de notre liberté et du tissu même de notre nation, mais, bien pire, la possibilité de la perte de nos âmes. L'érosion constante des fondations sur lesquelles repose cette république a laissé un vide, que les *satanistes* et les sectaires s'empressent de combler avec leur matériel synthétique pour les âmes. Cette vérité est difficile à accepter et à apprécier, car il n'y a rien eu de soudain dans ces événements. Si un choc soudain devait nous frapper, un choc culturel et religieux, nous serions secoués hors de notre apathie.

Mais le *gradualisme* — c'est-à-dire le processus par lequel opère le *fabianisme*, ne fait rien pour tirer la sonnette d'alarme. Parce que la grande majorité des Américains ne peut percevoir aucune MOTIVATION pour les choses que j'ai décrites, ils ne peuvent pas l'accepter, et donc la conspiration (que je signale) est méprisée et souvent moquée (comme étant une théorie saugrenue, ou une invention de l'imagination). En créant le chaos en présentant des centaines de choix quotidiens que nos gens doivent faire, nous en sommes arrivés à une position où, à moins que la motivation puisse être clairement démontrée, toute information pertinente est rejetée.

C'est à la fois le maillon faible et le maillon fort de la chaîne conspirationniste. La plupart des gens mettent de côté tout ce qui n'a pas de motif, ainsi les conspirateurs se sentent en sécurité derrière le ridicule déversé sur ceux qui pointent du doigt la crise à venir dans notre nation et nos vies individuelles. Cependant, si nous parvenons à faire en sorte que suffisamment de personnes voient la vérité, le blocage de la motivation s'affaiblit jusqu'à ce qu'il soit finalement mis de côté, car de plus en plus de personnes sont éclairées et la notion (fausse) que "cela ne peut pas arriver en Amérique" est ainsi abandonnée.

Le Comité des 300 compte sur nos réponses mal-adaptées pour gouverner notre réaction aux événements créés, et il ne sera pas déçu tant que nous, en tant que nation, continuerons à réagir de la manière actuelle. Nous devons transformer les réponses aux crises créées en réponses ADAPTATIVES en identifiant les conspirateurs et en exposant leurs plans pour nous, afin que ces choses deviennent de notoriété publique. Le Club de Rome a déjà effectué LA TRANSITION VERS LE BARBARISME. Au lieu d'attendre d'être *"enlevés"*, nous devons *arrêter* le Comité des 300 *avant qu'*il ne puisse atteindre son objectif de faire de nous des prisonniers (esclaves) de la "nouvelle ère sombre" prévue pour nous. Ce n'est pas à Dieu de décider, c'est à *nous* de le faire. Nous devons prendre les mesures nécessaires.

"Il faut les arrêter, tout dépend de ça."

Toutes les informations que je fournis dans ce livre sont le fruit d'années de recherche, étayées par des sources de renseignements irréprochables. Rien n'est exagéré. Elles sont factuelles et précises, alors ne tombez pas dans le piège tendu par l'ennemi selon lequel ce matériel est de la "désinformation". Au cours des deux dernières décennies, j'ai fourni des informations qui se sont avérées très précises et qui ont permis d'expliquer de nombreux événements déroutants. Mon espoir est qu'à travers ce livre, une meilleure compréhension, plus claire et plus large, des forces conspiratrices qui se dressent contre cette nation, verra le jour. Cet espoir est en train de se réaliser, car de plus en plus de jeunes commencent à poser des questions et à chercher des informations sur ce qui se passe VRAIMENT. Il est difficile pour les gens de comprendre que ces conspirateurs sont réels et qu'ils ont le pouvoir que moi et beaucoup d'autres leur avons attribué. Beaucoup ont écrit pour demander comment se fait-il que notre gouvernement ne fasse rien face à cette terrible menace pour la civilisation. Le problème est que notre gouvernement fait partie du problème, de la conspiration, et nulle part et à aucun moment cela n'est devenu plus évident que pendant la présidence Bush. Bien sûr, le président Bush sait précisément ce que le Comité des 300 nous fait subir. IL TRAVAILLE POUR EUX. D'autres ont écrit pour dire : "Nous pensions que nous luttions contre le gouvernement." Bien sûr que nous le faisons, mais derrière le gouvernement se tient une force si puissante et si englobante que les agences de renseignement ont même peur de mentionner leur nom, les "Olympiens" (la fameuse main cachée.)

La preuve du Comité des 300 se trouve dans le grand nombre d'institutions puissantes qu'il possède et contrôle. Voici quelques-unes des plus importantes, qui relèvent toutes de la MÈRE DE TOUS LES THINK TANKS ET INSTITUTIONS DE RECHERCHE, L'INSTITUT TAVISTOCK DES RELATIONS HUMAINES avec son réseau très étendu de centaines de "succursales".

Le centre de recherche de Stanford

L e centre de recherche de Stanford (SRC) a été fondé en 1946 par le Tavistock Institute For Human Relations. Stanford a été créé pour aider Robert Anderson et sa compagnie pétrolière ARCO, qui avaient obtenu pour le Comité des 300 les droits pétroliers sur le versant nord de l'Alaska. En fait, la tâche était trop importante pour que l'Institut Aspen d'Anderson puisse la mener à bien, et un nouveau centre a donc dû être fondé et financé. Ce nouvel institut était le centre de recherche de Stanford. L'Alaska a vendu ses droits moyennant une mise de fonds de 900 millions de dollars, un montant relativement faible pour le Comité des 300. Le gouverneur de l'Alaska a été orienté vers le SRI pour obtenir aide et conseils. Ce n'était pas un accident, mais le résultat d'une planification judicieuse et d'un processus de conditionnement à long terme.

Suite à l'appel à l'aide du gouverneur, trois scientifiques du SRI se sont installés en Alaska où ils ont rencontré le secrétaire d'État et le bureau de planification de l'État. Francis Greehan, qui dirigeait l'équipe du SRI, a assuré le gouverneur que son problème de gestion de la riche découverte de pétrole serait en sécurité entre les mains du SRI. Naturellement, Greehan n'a pas mentionné le Comité des 300 ou le Club de Rome. En moins d'un mois, Greehan a réuni une équipe de plusieurs centaines d'économistes, de spécialistes du pétrole et de scientifiques des nouvelles sciences. Le rapport que le SRI a remis au gouverneur comptait quatre-vingt-huit pages. La proposition a été adoptée pratiquement sans changement par l'Assemblée législative de l'Alaska en 1970. Greehan avait en effet accompli un travail remarquable pour le Comité des 300. Dès le début, le SRI est devenu une institution employant 4000 personnes et disposant d'un budget annuel de plus de 160 millions de dollars. Son président, Charles A. Anderson, a été le témoin d'une grande partie de cette croissance au cours de son mandat, tout comme le professeur Willis Harmon, directeur du Centre SRI pour l'étude des politiques sociales, qui emploie des centaines de scientifiques spécialisés dans les nouvelles sciences, dont beaucoup de cadres supérieurs ont été transférés de la base londonienne de Tavistock. L'un d'entre eux était le président du conseil d'administration de RCA et ancien agent de renseignement britannique, David Sarnoff, qui a été étroitement associé à Harmon et à son équipe pendant vingt-cinq ans. Sarnoff était en quelque sorte le "chien de garde" de l'institut mère du Sussex.

Stanford prétend ne pas porter de jugement moral sur les projets qu'elle accepte, travaillant pour Israël et les Arabes, l'Afrique du Sud et la Libye, mais, comme on peut l'imaginer, en adoptant cette attitude, elle s'assure un "avantage interne" avec les gouvernements étrangers que la CIA a trouvé très utile. Dans le livre de Jim Ridgeway, *THE CLOSED CORPORATION*, Gibson, porte-parole du SRI, se vante de la position non discriminatoire du SRI. Bien qu'il ne figure pas sur les listes des centres fédéraux de recherche sous contrat, le SRI est aujourd'hui le plus grand groupe de réflexion militaire, éclipsant Hudson et Rand. Parmi les départements spécialisés du SRI figurent des centres d'expérimentation sur la guerre chimique et biologique.

L'une des activités les plus dangereuses de Stanford concerne les opérations de contre-insurrection visant les populations civiles — exactement le genre de choses de type "1984" que le gouvernement utilise déjà contre son *propre* peuple. Le gouvernement américain verse chaque année des millions de dollars au SRI pour ce type de "recherche" très controversée. Suite aux protestations des étudiants contre les expériences de guerre chimique menées à Stanford, le SRI s'est "vendu" à un groupe privé pour seulement 25 millions de dollars. Bien sûr, rien n'a vraiment changé, le SRI est toujours un projet de Tavistock et le Comité des 300 en est toujours propriétaire, mais les crédules semblent satisfaits de ce changement cosmétique sans importance. En 1958, un nouveau développement surprenant est apparu. L'Advanced Research Products Agency (ARPA), une agence contractuelle du ministère de la Défense, s'adresse au SRI avec une proposition top secrète. John Foster, du Pentagone, explique à SRI qu'il faut un programme pour protéger les États-Unis contre les "surprises technologiques". Foster voulait perfectionner une condition dans laquelle l'environnement deviendrait une arme ; des bombes spéciales pour déclencher des volcans et/ou des tremblements de terre, des recherches sur le comportement des ennemis potentiels et des minéraux et métaux susceptibles de servir de nouvelles armes. Le projet est accepté par le SRI et reçoit le nom de code "SHAKY".

L'énorme cerveau électronique de SHAKY était capable d'exécuter de nombreuses commandes, ses ordinateurs ayant été construits par IBM pour le SRI. Vingt-huit scientifiques ont travaillé sur ce qu'on appelle "l'augmentation humaine". L'ordinateur d'IBM a même la capacité de résoudre des problèmes par analogie et reconnaît puis identifie les scientifiques qui travaillent avec lui. Les "applications spéciales" de cet outil peuvent être mieux imaginées que décrites. Brzezinski savait de quoi il parlait quand il a écrit *L'ÈRE TECHNOTRONIQUE*.

L'Institut de recherche de Stanford travaille en étroite collaboration avec un grand nombre de sociétés civiles de conseil, pour essayer d'appliquer la technologie militaire à des situations nationales. Cela n'a pas toujours été un succès, mais à mesure que les techniques s'améliorent, la perspective d'une *surveillance* massive *et omniprésente*, telle que décrite par Brzezinski, devient chaque jour plus réelle. IL EXISTE DÉJÀ ET EST UTILISÉ, MÊME SI DE LÉGERS DYSFONCTIONNEMENTS DOIVENT ÊTRE CORRIGÉS DE TEMPS À AUTRE.

L'une de ces sociétés civiles de conseil était Schriever McKee Associates de McLean, en Virginie, dirigée par le général à la retraite Bernard A. Schriever, ancien chef de l'Air Force Systems Command, qui a développé les fusées Titan, Thor, Atlas et Minuteman.

Schriever a réuni un consortium composé de Lockheed, Emmerson Electric, Northrop, Control Data, Raytheon et TRW sous le nom de URBAN SYSTEMS Associates INC. L'objectif du consortium ? Résoudre les "problèmes urbains" sociaux et psychologiques au moyen de techniques militaires utilisant des systèmes électroniques avancés. Il est intéressant de noter que TRW est devenue la plus grande société de collecte d'informations sur le crédit dans le secteur de l'évaluation du crédit grâce à son travail avec Urban Systems Associates Inc.

Cela devrait nous en dire long sur la mesure dans laquelle cette nation est déjà sous SURVEILLANCE TOTALE, qui est la première exigence du Comité des 300. Aucune dictature, surtout pas une dictature à l'échelle mondiale, ne peut fonctionner sans un contrôle total sur chaque individu. Le SRI était en passe de devenir une organisation de recherche clé du Comité des 300.

Dans les années 1980, 60% des contrats du SRI étaient consacrés au "Futurisme", avec des applications tant militaires que civiles. Ses principaux clients étaient le ministère de la Défense des États-Unis, la Direction de la recherche et de l'ingénierie de la défense, le Bureau de la recherche aérospatiale, qui s'occupait des "applications des sciences du comportement à la gestion de la recherche", le Bureau exécutif du Président, le Bureau des sciences et de la technologie et le ministère de la Santé des États-Unis. Pour le compte du ministère de la Santé, le SRI a mené un programme intitulé "Patterns in ESDEA Title I Reading Achievement Tests". Les autres clients étaient le ministère américain de l'Énergie, le ministère américain du Travail, le ministère américain des Transports et la National Science Foundation (NSF). Le document élaboré pour la NSF, intitulé "Assessment of Future and International Problems", est particulièrement important.

Le centre de recherche de Stanford, sous la tutelle de l'Institut Tavistock de Londres, a mis au point un système de grande envergure et effrayant qu'il a appelé "Business Intelligence Program". Plus de 600 entreprises américaines et étrangères s'y sont abonnées. Le programme couvrait des recherches sur les relations commerciales extérieures du Japon, le marketing des consommateurs dans une période de changement, le défi croissant du terrorisme international, l'évaluation sensorielle des produits de consommation, le système de transfert électronique de fonds, la détection optoélectrique, les méthodes de planification exploratoire, l'industrie de la défense des États-Unis et la disponibilité des capitaux. Parmi les principales entreprises du Comité des 300 qui sont devenues clientes de ce programme, citons Bechtel Corporation (George Schultz faisait partie de son conseil d'administration), Hewlett Packard, TRW, Bank of America, Shell Company, RCA, Blyth, Eastman Dillon, Saga Foods Corporation, McDonnell Douglas, Crown Zellerbach, Wells Fargo Bank et Kaiser Industries. Mais l'un des programmes les plus sinistres de tous les SRI, avec la possibilité de faire d'énormes dégâts en modifiant la direction dans laquelle les États-Unis iront, socialement, moralement et religieusement, était le "CHANGING IMAGES OF MAN" de la Fondation Charles F. Kettering de Stanford sous la référence officielle de Stanford "Contract Number URH (489)-2150 Policy Research Report Number 4/4/74, Prepared by the SRI Centre for the Study of Social Policy, Director Willis Harmon". Il s'agit probablement de l'une des enquêtes les plus approfondies jamais menées sur la façon dont l'homme pourrait être changé.

Le rapport, qui compte 319 pages, a été rédigé par 14 scientifiques spécialisés dans les nouvelles sciences sous la supervision de Tavistock et 23 contrôleurs de haut niveau, dont B. F. Skinner, Margaret Meade, Ervin Lazlo et Sir Geoffrey Vickers, un haut responsable du renseignement britannique au sein du MI6. On se souviendra que son gendre, Sir Peter Vickers-Hall, était un membre fondateur de la soi-disant "Heritage Foundation", une organisation conservatrice. Une grande partie des 3000 pages de "recommandations" remises à l'administration Reagan en janvier 1981 étaient basées sur des éléments tirés de "CHANGING IMAGES OF MAN" de Willis Harmon.

J'ai eu le privilège de recevoir de mes collègues du renseignement un exemplaire de "THE CHANGING IMAGES OF MAN" cinq jours après son acceptation par le gouvernement des États-Unis. Ce que j'ai lu m'a choqué, car j'ai réalisé que je regardais le plan d'une Amérique future, différente de tout ce que j'avais vu auparavant. La nation devait être programmée pour changer et devenir tellement habituée à ces changements planifiés qu'elle serait à peine perceptible lorsque de profonds changements se produiraient. Nous nous sommes dégradés si rapidement depuis que "LA CONSPIRATION AQUARIENNE" (le titre du livre du document technique de Willis Harmon) a été écrite, qu'aujourd'hui, le divorce n'est pas stigmatisé, le suicide n'a jamais été aussi élevé et ne soulève que peu d'objection, les déviations sociales de la norme et les aberrations sexuelles, autrefois inavouables dans les cercles décents, sont maintenant monnaie courante et n'excitent aucune protestation particulière.

En tant que nation, nous n'avons pas remarqué comment "L'ÉVOLUTION DES IMAGES DE L'HOMME" a radicalement modifié notre mode de vie américain pour toujours. D'une certaine manière, nous avons été vaincus par le "syndrome du Watergate". Pendant un certain temps, nous avons été choqués et consternés d'apprendre que Nixon n'était rien d'autre qu'un escroc de pacotille qui fréquentait les amis de la mafia d'Earl Warren dans la belle maison qu'ils lui avaient construite à côté de la propriété de Nixon. Lorsque trop de "chocs de l'avenir" et de titres de journaux télévisés ont exigé notre attention, nous nous sommes égarés, ou plutôt, le grand nombre de choix auxquels nous étions et sommes toujours confrontés quotidiennement nous a désorientés à un point tel que nous n'étions plus capables de faire les choix nécessaires.

Pire encore, après avoir été soumise à un barrage de crimes en haut lieu, plus le traumatisme de la guerre du Vietnam, notre nation semblait ne plus vouloir de vérités. Cette réaction est soigneusement expliquée dans l'article technique de Willis Harmon, en bref, la nation américaine réagissait exactement de la manière décrite. Pire encore, en ne voulant pas accepter la vérité, nous avons fait un pas de plus : nous

nous sommes tournés vers le gouvernement pour nous protéger de la vérité.

La puanteur corrompue des administrations Reagan-Bush, nous voulions la recouvrir de six pieds de terre. Les crimes commis sous le titre d'affaire (ou scandales) Iran/Contra, nous ne voulions pas qu'ils soient découverts. Nous avons *laissé* notre président nous mentir sur ses allées et venues entre le 20 et le 23 octobre 1980. Pourtant, ces crimes dépassent de loin en quantité et en portée tout ce que Nixon a fait pendant qu'il était en fonction. Reconnaissons-nous, en tant que nation, qu'il s'agit d'une descente sans freins ?

Non, nous ne le faisons pas. Lorsque ceux dont le métier est d'apporter la vérité au peuple américain qu'un petit gouvernement privé et bien organisé à l'intérieur de la Maison-Blanche était occupé à commettre un crime après l'autre, crimes qui attaquaient l'âme même de cette nation et les institutions républicaines sur lesquelles elle reposait, on nous a dit de ne pas ennuyer le public avec de telles choses. "Nous ne voulons vraiment pas être informés de toutes ces spéculations" est devenu la réponse standard.

Lorsque le plus haut responsable élu du pays a fait passer de manière flagrante les lois de l'ONU avant la Constitution des États-Unis, ce qui constitue une infraction passible de poursuites, la majorité l'a accepté comme étant "normal". Lorsque le plus haut responsable élu du pays est entré en guerre sans déclaration de guerre du Congrès, le fait a été censuré par les médias et, une fois encore, nous l'avons accepté plutôt que de faire face à la vérité. Lorsque la guerre du Golfe, que notre président a complotée et planifiée, a commencé, non seulement nous étions heureux de la censure la plus flagrante, mais nous l'avons même prise à cœur, croyant qu'elle était "bonne pour l'effort de guerre". Notre président a menti,[6] April Glaspie a menti, le département d'État a menti. Ils ont dit que la guerre était justifiée parce que le président Hussein avait été averti de laisser le Koweït tranquille. Lorsque les câbles de Glaspie au Département d'État ont finalement été rendus publics, les sénateurs des États-Unis se sont succédé pour défendre Glaspie, la prostituée. Peu importe qu'ils viennent des démocrates et des républicains. Nous, le peuple, les avons *laissés* s'en tirer avec leurs vils mensonges.

---

[6] Et plus récemment encore avec les mensonges de Clinton sur sa liaison avec Monica Lewinsky.

Dans cet état d'esprit du peuple américain, les rêves les plus fous de Willis Harmon et de ses équipes de scientifiques sont devenus réalité. L'Institut Tavistock était ravi d'avoir réussi à détruire le respect et l'estime de soi de cette nation autrefois si grande. On nous dit que nous avons gagné la guerre du Golfe. Ce qui n'est pas encore perçu par la grande majorité des Américains, c'est qu'en gagnant la guerre, elle a coûté le respect de soi et l'honneur de notre nation. Ce qui croupit dans les sables du désert du Koweït et de l'Irak, à côté des cadavres des soldats irakiens que nous avons massacrés lors de la retraite convenue du Koweït et de Bassora — nous n'avons pas pu tenir notre promesse de respecter les Conventions de Genève et de ne pas les attaquer. "Que voulez-vous", nous ont demandé nos contrôleurs, "la victoire ou le respect de soi ? Vous ne pouvez pas avoir les deux."

Il y a cent ans, cela n'aurait pas pu se produire, mais maintenant cela se passe sans susciter aucun commentaire. Nous avons succombé à la guerre de pénétration à longue portée menée contre cette nation par Tavistock. Comme la nation allemande, vaincue par le Prudential Bombing-Survey, un nombre suffisant d'entre nous a accepté de faire de cette nation le type de pays que les régimes totalitaires du passé n'auraient envisagé que dans leurs rêves. "Voici", diraient-ils, "une nation, l'une des plus grandes du monde, qui ne veut pas de la vérité. On peut se passer de toutes nos agences de propagande. Nous n'avons pas à lutter pour cacher la vérité à cette nation, elle l'a volontairement rejetée de son propre chef. Cette nation est une poule mouillée."

Notre République des États-Unis d'Amérique, autrefois fière, n'est plus qu'une série d'organisations criminelles de façade, ce qui, comme l'histoire le montre, est toujours le début du totalitarisme. C'est le stade d'altération permanente auquel nous sommes arrivés en Amérique à la fin de l'année 1991. Nous vivons dans une société du jetable, programmée pour ne pas durer. Nous ne bronchons même pas devant les 4 millions de sans-abri, les 30 millions de chômeurs ou les 15 millions de bébés assassinés à ce jour. Ce sont les "jetables" de l'ère du Verseau, une conspiration si déplorable que, lorsque la première fois qu'ils y sont confrontés, la majorité d'entre eux nieront son existence, en *rationalisant* ces événements, car "les temps ont changé".

C'est ainsi que l'Institut Tavistock et Willis Harmon *nous ont programmés* pour réagir. Le démantèlement de nos idéaux se poursuit sans protestation. L'élan spirituel et intellectuel de notre peuple a été détruit ! Le 27 mai 1991, le président Bush a fait une déclaration très profonde, dont l'idée maîtresse semble avoir été totalement détournée par la plupart des commentateurs politiques :

> "La dimension morale de la politique américaine exige que nous tracions une voie morale dans un monde du moindre mal. Il s'agit du monde réel, rien n'est en noir et blanc ; il y a très peu de place pour les absolus moraux."

Que peut-on attendre d'autre d'un président qui est très probablement l'homme le plus maléfique qui ait jamais occupé la Maison-Blanche ?

Considérez cela à la lumière de l'ordre qu'il a donné à l'armée d'enterrer vivants 12 000 soldats irakiens. Considérez cela à la lumière de la guerre de génocide qu'il mène actuellement contre le peuple irakien. Le président Bush a été ravi de qualifier le président Saddam Hussein de "Hitler de notre temps". Il n'a jamais pris la peine de fournir la moindre preuve. Il n'en avait pas besoin. Parce que le président Bush a fait cette déclaration, nous l'avons acceptée sans poser de questions. Considérez, à la lumière de la vérité, qu'il a fait toutes ces choses au nom du peuple américain tout en recevant secrètement ses ordres du Comité des 300.

Mais, plus que toute autre chose, considérez ceci : le président Bush et ses contrôleurs se sentent tellement en sécurité qu'ils ne jugent plus nécessaire de cacher leur contrôle maléfique du peuple américain, ou de mentir à ce sujet. Ceci est évident dans la déclaration qu'il fera, en tant que notre leader, toutes sortes de compromis avec la vérité, l'honnêteté et la décence si ses contrôleurs (et les nôtres) le jugent nécessaire. Le 27 mai 1991, le président des États-Unis a abandonné chacun des principes inscrits dans notre Constitution et a audacieusement proclamé qu'il n'était plus lié par elle. C'est une grande victoire pour l'Institut Tavistock et le Prudential Bombing-Survey, dont la cible est passée des logements ouvriers allemands en 1945 à l'âme du peuple américain dans une guerre qui a commencé en 1946 et se poursuit jusqu'en 1992.

Au début des années 1960, le Stanford Research Institute a exercé une pression accrue sur cette nation pour qu'elle change. L'offensive du SRI a gagné en puissance et en dynamisme. Allumez votre téléviseur et vous verrez la victoire de Stanford sous vos yeux : des talk-shows présentant de lourds détails sexuels, des chaînes vidéo spéciales où la perversion, le rock and roll et les drogues règnent en maîtres. Là où John Wayne régnait autrefois, nous avons aujourd'hui un homme (ou est-ce lui ?) appelé Michael Jackson, une parodie d'être humain qui est présenté comme un héros, alors qu'il se trémousse, marmonne et hurle sur les écrans de télévision de millions de foyers américains.

Une femme qui a traversé une série de mariages obtient une couverture nationale. Un groupe de rock décadent, crasseux, à moitié lavé et bourré de drogue a des heures d'antenne consacrées à ses sons ineptes et à ses folles girations, à ses vêtements et à ses aberrations linguistiques. Les feuilletons montrant ce qui est aussi proche que possible de scènes pornographiques ne suscitent aucun commentaire. Alors qu'au début des années 1960, cela n'aurait jamais été toléré, aujourd'hui, c'est accepté comme normal. Nous avons été soumis et nous avons succombé à ce que l'Institut Tavistock appelle les "chocs du futur" dont le futur est MAINTENANT et nous sommes tellement engourdis par un choc culturel après l'autre, que protester semble un geste futile et, par conséquent, logiquement, nous pensons que cela ne sert à rien de protester.

En 1986, le Comité des 300 a ordonné de faire monter la pression. Les États-Unis ne descendaient pas assez vite. Les États-Unis entamèrent le processus de "reconnaissance" des bouchers du Cambodge, du régime criminel de Pol Pot, ayant perpétré le meurtre de 2 millions de citoyens cambodgiens. En 1991, la roue a tourné à fond. Les États-Unis sont entrés en guerre contre une nation amie qui avait été programmée pour faire confiance aux traîtres de Washington. Nous avons accusé le président Hussein de la petite nation irakienne de toutes sortes de maux, DONT AUCUN N'ÉTAIT VRAI. Nous avons tué et mutilé ses enfants, nous les avons laissés mourir de faim et de toutes sortes de maladies.

Dans le même temps, nous avons envoyé les émissaires de Bush du Comité des 300 au Cambodge pour RECONNAÎTRE LES ASSASSINS DE 2 MILLIONS DE CAMBODGIENS, qui ont été sacrifiés par l'expérience de dépeuplement des villes du Comité des 300, que les grandes villes des États-Unis connaîtront dans un avenir pas trop lointain. Aujourd'hui, le président Bush et son administration truffée de membres du Comité des 300 disent, en fait, "Écoutez les gens, que voulez-vous de moi ? Je vous ai dit que je ferai des compromis quand je le jugerai bon, même si cela signifie négocier avec les assassins comme Pol Pot. ALORS QUOI — EMBRASSEZ-MOI LES MAINS".

Le niveau de pression pour le changement atteindra son apogée en 1993 et nous assisterons à des scènes que nous n'aurions jamais cru possibles. L'Amérique ivre réagira, mais très légèrement. Même la dernière menace à notre liberté, la carte informatique personnelle, ne nous perturbe pas. L'article de Willis Harman intitulé "CHANGING IMAGES OF MAN" aurait été trop technique pour la plupart des gens. Nous avons donc fait appel aux services de Marilyn Ferguson pour le rendre plus compréhensible. "THE AGE OF AQUARIUS" a annoncé des spectacles de nudité et une chanson qui a atteint le sommet des hit-parades : "L'aube de l'ère du Verseau" a fait le tour du monde.

La carte informatique personnelle qui, lorsqu'elle sera pleinement distribuée, nous privera de notre environnement familier et, comme nous le verrons, l'environnement signifie beaucoup plus que le sens habituellement admis du mot. Les États-Unis ont traversé une période de traumatisme intense comme aucune autre nation n'en a connu dans l'histoire du monde, et le pire est encore à venir.

Tout se passe comme l'avait ordonné Tavistock et comme l'avaient prévu les sociologues de Stanford. Les temps ne changent pas, on les *fait* changer. Tous les changements sont planifiés à l'avance et résultent d'une action minutieuse. Au début, nous avons été changés progressivement, mais aujourd'hui, le rythme des changements s'accélère. Les États-Unis sont en train de passer d'une nation bénie par Dieu à un dédale polyglotte de nations sous plusieurs dieux. Les États-Unis ne sont plus une nation bénie de Dieu. Les auteurs de la Constitution ont perdu la bataille.

Nos ancêtres parlaient une langue commune et croyaient en une religion commune le christianisme et ses idéaux partagés par tous. Il n'y avait pas d'étrangers parmi nous ; cela est venu plus tard, dans une tentative délibérément planifiée de diviser les États-Unis en une série de nationalités, de cultures et de croyances fragmentées. Si vous en doutez, allez dans l'East Side de New York ou dans le West Side de Los Angeles un samedi quelconque et regardez autour de vous. Les États-Unis sont devenus plusieurs nations luttant pour coexister sous un système commun de gouvernement. Lorsque les vannes de l'immigration ont été ouvertes en grand par Franklin D. Roosevelt, un cousin du chef du Comité des 300, le choc culturel a provoqué une grande confusion et une dislocation et a fait d'"une nation" un concept irréalisable. Le Club de Rome et l'OTAN ont exacerbé la situation. "Aimer son prochain" est un idéal qui ne fonctionnera que si votre prochain est "comme vous-même".

Pour les auteurs de notre Constitution, les vérités qu'ils ont énoncées pour les générations futures étaient "évidentes" — pour eux-mêmes.

N'étant pas certains que les générations *futures* trouveraient également évidentes les vérités auxquelles ils ont lié cette nation, ils ont entrepris de les expliciter. IL SEMBLE QU'ILS AIENT EU PEUR D'UN TEMPS QUI POURRAIT VENIR OÙ LES VÉRITÉS QU'ILS ONT ÉTABLIES POUR LES GÉNÉRATIONS FUTURES NE SERAIENT PLUS UNE ÉVIDENCE. L'Institut Tavistock pour les relations humaines a fait en sorte que ce que les auteurs de la Constitution craignaient de voir se réaliser se réalise effectivement. Ce temps est arrivé avec Bush et son "pas d'absolus" et son Nouvel Ordre Mondial sous la direction du Comité des 300.

Cela fait partie du concept de changements sociaux imposés aux Américains, dont Harmon et le Club de Rome ont dit qu'ils provoqueraient de graves traumatismes et une grande accumulation de pression. Les bouleversements sociaux qui ont eu lieu depuis l'avènement de Tavistock, du Club de Rome et de l'OTAN se poursuivront aux États-Unis tant que la limite d'absorption sera ignorée. Les nations sont composées d'individus et, comme les individus, il y a une limite à leur capacité d'absorption des changements, quelle que soit leur robustesse.

Cette vérité psychologique a été bien prouvée par l'étude sur les bombardements stratégiques, qui préconisait le bombardement par saturation des logements des travailleurs allemands. Comme nous l'avons mentionné précédemment, ce projet était l'œuvre de la *Prudential Insurance Company* et personne ne doute aujourd'hui que l'Allemagne a subi sa défaite à cause de cette opération. Bon nombre des scientifiques qui ont travaillé sur ce projet travaillent actuellement sur le bombardement par saturation de l'Amérique, ou bien ils sont passés à autre chose, laissant leurs techniques habiles entre les mains de ceux qui les ont suivis.

L'héritage qu'ils ont laissé derrière eux se retrouve dans le fait que nous n'avons pas tant *perdu* notre chemin en tant que nation, mais que nous avons été *dirigés* dans une direction *opposée* à celle que les auteurs de la Déclaration nous avaient donnée pendant plus de 200 ans. Nous avons, en bref, perdu le contact avec nos gènes historiques, nos racines et notre culture.

La foi, qui a inspiré d'innombrables générations d'Américains à aller de l'avant en tant que nation, en bénéficiant du patrimoine que nous ont laissé les auteurs de la Déclaration d'indépendance et de la Constitution des États-Unis. Le fait que nous soyons perdus (moutons) est clair pour tous ceux qui cherchent la vérité, aussi désagréable qu'elle puisse être.

Avec le président Bush et son "pas de morale absolue" pour nous guider, nous allons de l'avant comme les nations et les individus perdus ont tendance à le faire. Nous *collaborons* avec le Comité des 300 (contre Dieu[7]) pour notre *propre* chute et notre propre asservissement. Certains le sentent — et éprouvent un fort sentiment de malaise. Les diverses théories du complot qu'ils connaissent ne semblent pas tout couvrir. C'est parce qu'ils ne savent rien de la hiérarchie des conspirateurs, le Comité des 300.

Ces âmes qui ressentent un profond sentiment de malaise et que quelque chose ne va pas du tout, mais qui ne peuvent pas mettre leur doigt collectif sur le problème, marchent dans l'obscurité. Elles se tournent vers un avenir qu'elles voient s'éloigner d'elles. Le rêve américain est devenu un mirage. Ils placent leur foi dans la religion, mais ne prennent aucune mesure pour aider cette foi par l'ACTION. Les Américains ne connaîtront jamais un retour en arrière tel que celui qu'ont connu les Européens au plus fort de l'âge des ténèbres. Par une ACTION déterminée, ils ont éveillé en eux un esprit de renouveau qui a abouti à la glorieuse Renaissance.

L'ennemi qui les a dirigés jusqu'ici a décidé de frapper fort contre les États-Unis en 1980, afin que la Renaissance de l'Amérique soit impossible. Qui est l'ennemi ? L'ennemi n'est pas un "ils" sans visage. L'ennemi est clairement identifiable comme étant le Comité des 300, le Club de Rome, l'OTAN et toutes ses organisations affiliées, les groupes de réflexion et les instituts de recherche contrôlés par Tavistock. Il n'est pas nécessaire d'utiliser "ils" ou "l'ennemi", sauf comme raccourci. NOUS SAVONS QUI "ILS" SONT. Le Comité des 300 avec son "aristocratie" de l'establishment libéral de la côte Est, ses banques, ses compagnies d'assurance, ses sociétés géantes, ses fondations, ses réseaux de communication, présidé par une HIÉRARCHIE DE CONSPIRATEURS — VOILÀ L'ENNEMI.

C'est le pouvoir qui a donné vie au règne de la terreur en Russie, à la révolution bolchevique, aux Première et Deuxième Guerres mondiales, à la Corée, au Vietnam, à la chute de la Rhodésie, de l'Afrique du Sud, du Nicaragua et des Philippines. C'est le

---

[7] "Celui qui n'est pas *AVEC* moi est *CONTRE* moi, et celui qui n'amasse pas avec moi disperse." - Christ, Matthieu 12:30.

gouvernement secret de haut niveau qui a donné naissance à la désintégration contrôlée de l'économie américaine et a désindustrialisé pour de bon ce qui était autrefois la plus grande puissance industrielle que le monde ait jamais connue.

L'Amérique d'aujourd'hui peut être comparée à un soldat qui s'endort au cœur de la bataille. Nous, les Américains, nous nous sommes endormis, nous avons cédé à l'apathie causée par le fait d'être confrontés à une multiplicité de choix qui nous ont désorientés. Ce sont les changements qui modifient notre environnement, qui brisent notre résistance de sorte que nous devenons hébétés, apathiques et finissons par nous endormir au cœur de la bataille.

Il existe un terme technique pour cette condition. Il s'agit de la "tension de pénétration à longue portée". L'art de soumettre un très grand groupe de personnes à une tension de pénétration sur le temps long continue a été développé par des scientifiques travaillant à l'Institut Tavistock des relations humaines et leurs filiales américaines, Stanford Research et Rand Corporation, et au moins 150 autres institutions de recherche aux États-Unis.

Le Dr Kurt Lewin, le scientifique qui a développé cette guerre diabolique, a amené le patriote américain moyen à s'inquiéter de diverses théories de conspiration, le laissant avec un sentiment d'incertitude et d'insécurité, isolé et peut-être même effrayé, alors qu'il cherche, mais ne comprend pas la décadence et la pourriture causées par "LES IMAGES CHANGEANTES DE L'HOMME", incapable d'identifier ou de combattre les changements sociaux, moraux, économiques et politiques qu'il juge indésirables et qu'il ne veut pas, mais qui augmentent en intensité de plus en plus.

Le nom du Dr Lewin ne figure dans aucun des livres d'histoire de notre établissement qui, de toute façon, sont un compte rendu d'événements principalement du côté de la classe dirigeante ou des vainqueurs des guerres. Par conséquent, c'est avec fierté que je vous présente son nom. Comme nous l'avons déjà mentionné, le Dr Lewin a organisé la Harvard Psychological Clinic et l'Institute for Social Research sous les auspices de l'Institut Tavistock. Les noms ne donnent pas beaucoup d'indications sur l'objectif de ces deux organisations.

Cela me rappelle le tristement célèbre projet de loi visant à réformer les lois sur la frappe monétaire et les monnaies, adopté en 1827. Le titre de la loi était assez inoffensif ou semblait inoffensif, ce qui était l'intention de ses partisans. Par cette loi, le sénateur John Sherman a trahi la nation aux mains des banquiers internationaux.

Sherman aurait parrainé le projet de loi "sans le lire". Comme nous le savons, le véritable objectif du projet de loi était de démonétiser l'argent et de donner aux banquiers voleurs un pouvoir illimité sur le crédit de notre nation, pouvoir auquel les banquiers n'avaient clairement pas droit selon les termes clairs et sans équivoque de la Constitution américaine.

Kurt Lewin a donné à l'Institut Tavistock, au Club de Rome et à l'OTAN un pouvoir illimité sur l'Amérique, auquel aucune organisation, entité ou société n'a droit. Ces institutions ont utilisé ces pouvoirs usurpés pour détruire la volonté de la nation de résister aux plans et aux intentions des conspirateurs de nous voler les fruits de la Révolution américaine et de nous diriger vers un nouvel âge des ténèbres sous un gouvernement mondial unique.

Les collègues de Lewin dans cet objectif de pénétration à longue portée étaient Richard Crossman, Eric Trist, H. V. Dicks, Willis Harmon, Charles Anderson, Garner Lindsay, Richard Price et W. R. Bion. Encore une fois, ces noms n'apparaissent jamais dans les journaux télévisés du soir ; en fait, ils n'apparaissent que dans les revues scientifiques — donc très peu d'Américains sont au courant de leur existence et pas du tout de ce que les hommes derrière ces noms ont fait et font aux États-Unis.

Le président Jefferson a dit un jour qu'il *plaignait* ceux qui *pensaient* savoir ce qui se passait en lisant le journal. Disraeli, le Premier ministre britannique, a dit à peu près la même chose. En effet, à travers les âges, les dirigeants ont pris plaisir à diriger les choses depuis les coulisses. L'homme a toujours ressenti le besoin de dominer sans être détecté, et ce désir n'a jamais été aussi répandu qu'à l'époque moderne.

Si ce n'était pas le cas, pourquoi ce besoin de sociétés secrètes ? Si nous sommes gouvernés par un système ouvert, dirigé par des fonctionnaires élus démocratiquement, pourquoi le besoin d'un ordre maçonnique secret dans chaque village, ville et cité à travers les États-Unis ? Comment se fait-il que la franc-maçonnerie puisse opérer si ouvertement et pourtant garder ses secrets si bien cachés ? Nous ne pouvons pas poser cette question aux Neuf Hommes Inconnus de la Loge des Neuf Sœurs à Paris ni à leurs neuf collègues de la Loge Quatuor Coronati à Londres. Pourtant, ces dix-huit hommes font partie d'un gouvernement encore plus secret, le RIIA, et au-delà, le Comité des 300.

Comment se fait-il que le rite écossais de la franc-maçonnerie ait pu laver le cerveau de John Hinckley pour qu'il tente de tuer le président Reagan ? Pourquoi avons-nous des ordres secrets tels que les Chevaliers de Saint-Jean de Jérusalem, la Table ronde, le Groupe Milner et ainsi de suite jusqu'à une longue série de sociétés secrètes ? Elles font partie d'une chaîne mondiale de commandement et de contrôle qui passe par le Club de Rome, l'OTAN, la RIIA et, enfin, par la hiérarchie des conspirateurs, le Comité des 300. Les hommes ont besoin de ces sociétés secrètes parce que leurs actes sont mauvais et doivent être cachés. Le mal ne peut pas s'opposer à la lumière de la Vérité.

L'ère du Verseau

D ans ce livre, nous trouverons une liste presque complète des conspirateurs, de leurs institutions de façade et de leurs organes de propagande. En 1980, la Conspiration du Verseau était en plein essor et son succès peut être observé dans tous les aspects de notre vie privée et nationale. L'augmentation écrasante de la violence mentale, des tueurs en série, des suicides d'adolescents, les signes indubitables de léthargie — la "pénétration à longue distance" fait partie de notre nouvel environnement, aussi dangereux, sinon plus, que l'air pollué que nous respirons.

L'arrivée de l'ère du Verseau a pris l'Amérique totalement au dépourvu. En tant que nation, nous n'étions pas préparés aux changements qui allaient nous être *imposés*. Qui a jamais entendu parler de Tavistock, Kurt Lewin, Willis Harmon et John Rawlings Reese ? Ils n'étaient même pas présents sur la scène politique américaine. Ce que nous aurions remarqué, si nous avions pris la peine de regarder, c'est que notre capacité à résister aux chocs futuristes diminuait à mesure que nous devenions plus fatigués, plus angoissés et que nous entrions finalement dans une période de choc psychologique suivie d'une apathie généralisée, manifestation extérieure de la "guerre de pénétration à longue portée".

L'"ère du Verseau" a été décrite par l'Institut Tavistock comme le vecteur de la turbulence : "Il existe trois phases distinctes dans la réponse et la réaction au stress des grands groupes sociaux. *Tout d'abord*, il y a la *superficialité* ; la population attaquée se défendra à l'aide de slogans ; cela n'identifie pas la *source* de la crise et *ne* fait donc *rien* pour la résoudre, d'où la persistance de la crise. La *deuxième* est la *fragmentation*. Elle se produit lorsque la crise se poursuit et que l'ordre social s'effondre. Puis, il y a la *troisième* phase où le groupe de population entre dans une phase d'*"autoréalisation"* et se détourne de la crise induite. Il s'ensuit une réponse mal adaptée, accompagnée d'un idéalisme synoptique actif et d'une dissociation."

Qui peut nier qu'avec l'énorme augmentation de la consommation de drogues — le "crack" faisant des milliers de nouveaux toxicomanes instantanés chaque jour ; l'augmentation choquante du meurtre d'enfants chaque jour (infanticide des avortements de masse), qui dépasse maintenant de loin les pertes subies par nos forces armées dans les deux guerres mondiales, en Corée et au Vietnam ; l'acceptation ouverte de l'homosexualité et du lesbianisme, dont les "droits" sont protégés par des lois de plus en plus nombreuses chaque année ; le terrible fléau que nous appelons "SIDA", qui s'abat sur nos villes et villages ; l'échec total de notre système éducatif ; l'augmentation stupéfiante du taux de divorce ; un taux de meurtre qui choque le reste du monde et le rend incrédule ; les meurtres en série sataniques ; la disparition de milliers de jeunes enfants, enlevés dans nos rues par des pervers ; un raz-de-marée virtuel de pornographie accompagné de "permissivité" sur nos écrans de télévision — qui peut nier que cette nation est en crise, que nous n'abordons pas et dont nous nous détournons.

Les personnes bien intentionnées qui se spécialisent dans ce domaine attribuent une grande partie du problème à l'éducation, ou à ce qu'on appelle l'éducation aux États-Unis. Les criminels abondent aujourd'hui dans la tranche d'âge 9-15 ans. Les violeurs n'ont souvent pas plus de 10 ans. Nos spécialistes des questions sociales, nos syndicats d'enseignants, nos églises affirment que tout cela est dû à un système éducatif défectueux. Les résultats des tests ne cessent de chuter. Les spécialistes déplorent le fait que les États-Unis se classent aujourd'hui aux alentours de la 39ème place mondiale en termes de niveau d'éducation.

Pourquoi déplorons-nous ce qui est si évident ? Notre système éducatif a été programmé pour s'autodétruire. C'était ce pour quoi le Dr Alexander King a été mandaté par l'OTAN. C'est ce que le juge Hugo black a reçu l'ordre d'arranger. Le fait est que le comité des 300, avec l'approbation de notre gouvernement, ne veut pas que notre jeunesse soit correctement éduquée. L'éducation que le juge franc-maçon Hugo Black, Alexander King, Gunnar Myrdal et sa femme sont venus donner aux enfants des États-Unis est que le CRIME PAYE, L'OPPORTUNITÉ EST TOUT CE QUI COMPTE.

Ils ont enseigné à nos enfants que le droit américain est inégalitaire, et c'est tout à fait normal. Nos enfants ont été correctement éduqués par une décennie d'exemples corrompus ; Ronald Reagan et George Bush ont été gouvernés par la cupidité et ont été totalement corrompus par elle. Notre système éducatif n'a pas failli. Sous la direction de King,

Black et Myrdal, il est en fait un grand succès, mais tout dépend du point de vue duquel on le regarde. Le Comité des 300 est enchanté de notre système éducatif et ne permettra pas qu'on en change une virgule.

Selon Stanford et Willis Harmon, le traumatisme induit par la pénétration à long terme, dont notre éducation dure depuis 45 ans. Pourtant, combien de personnes sont conscientes des pressions insidieuses exercées sur notre société et de l'exposition constante au lavage de cerveau qui a lieu chaque jour ? Les mystérieuses guerres de gangs qui ont éclaté à New York dans les années 1950 sont un exemple de la façon dont les conspirateurs peuvent créer et mettre en scène n'importe quel type d'élément perturbateur. Personne ne savait d'où venaient ces guerres de gangs jusqu'à ce que des chercheurs découvrent, dans les années 1980, les contrôleurs cachés qui dirigeaient ces "phénomènes sociaux".

Les guerres de gangs étaient soigneusement planifiées à Stanford, délibérément conçues pour choquer la société et provoquer des perturbations. En 1958, il y avait plus de 200 de ces gangs. Ils ont été rendus populaires par une comédie musicale et un film hollywoodien, "West Side Story". Après avoir fait la une des journaux pendant une décennie, soudainement, en 1966, ils ont disparu des rues de New York, de Los Angeles, du New Jersey, de Philadelphie et Chicago.

Tout au long de la décennie de violence des gangs, le public a réagi en fonction de la réponse profilée attendue par Stanford ; la société dans son ensemble ne pouvait pas comprendre la guerre des gangs et le public a réagi de manière inadaptée. S'il y avait eu des personnes assez sages pour reconnaître dans la guerre des gangs une expérience de Stanford en matière d'ingénierie sociale et de lavage de cerveau, le complot des conspirateurs aurait été découvert. Soit nous n'avions pas de spécialistes formés qui pouvaient voir ce qui se passait — ce qui est hautement improbable — soit ils ont été menacés et ont gardé le silence. La coopération des médias avec Stanford a mis en lumière une attaque "new age" contre notre environnement, comme l'avaient prédit les ingénieurs sociaux et les scientifiques des nouvelles sciences de Tavistock.

En 1989, la guerre des gangs, en tant que conditionnement social au changement, a été réintroduite dans les rues de Los Angeles. Quelques mois à peine après les premiers incidents, les gangs ont commencé à proliférer — d'abord par dizaines, puis par centaines dans les rues de l'East Side de Los Angeles. Les fumeries de crack et la prostitution rampante ont proliféré ; les dealers ont dominé les rues. Quiconque se mettait en travers de leur chemin était abattu. Le tollé dans la presse a été fort et long. Le groupe de population ciblé par Stanford a commencé à se défendre avec des slogans. C'est ce que Tavistock appelle la première phase, le groupe ciblé ne parvenant pas à identifier la source de la crise. La deuxième phase de la crise de la guerre des gangs est la "fragmentation". Les personnes ne vivant pas dans les zones fréquentées par les gangs ont déclaré : "Dieu merci, ils ne sont pas dans notre quartier". C'était ignorer le fait que la crise se poursuivait avec ou sans reconnaissance et que l'ordre social à Los Angeles avait commencé à se briser. Selon le profil de Tavistock, les groupes qui n'étaient pas touchés par la guerre des gangs "se sont détachés pour se défendre" parce que la source de la crise n'était pas identifiée, ce qu'on appelle le processus de "mal-adaptation" — la période de dissociation.

Outre la prolifération des ventes de drogue, quel est le but des guerres de gangs ? Premièrement, il s'agit de montrer au groupe ciblé qu'il n'est pas en sécurité, c'est-à-dire qu'il génère de l'insécurité. Deuxièmement, il s'agit de montrer que la société organisée est impuissante face à cette violence et troisièmement, de faire reconnaître que notre ordre social est en train de s'effondrer. La vague actuelle de violence des gangs disparaîtra aussi vite qu'elle a commencé, une fois que les trois phases du programme Stanford seront achevées.

Un exemple remarquable de "conditionnement social pour accepter le changement", même lorsqu'il est reconnu comme un changement indésirable par le groupe de population dans la mire de l'Institut de recherche de Stanford, a été l'"avènement" des BEATLES. Les Beatles ont été amenés aux États-Unis dans le cadre d'une expérience sociale visant à soumettre des groupes de population importants à un lavage de cerveau dont ils n'étaient même pas conscients.

Lorsque Tavistock a fait venir les Beatles aux États-Unis, personne n'aurait pu imaginer le désastre culturel qui allait suivre dans leur sillage. Les Beatles faisaient partie intégrante de "LA CONSPIRATION AQUARIENNE", un organisme vivant qui a pris naissance dans "LES IMAGES CHANGEANTES DE L'HOMME", URH (489) 2150. Cf. Rapport de recherche sur les politiques n° 4/4/74. Rapport politique préparé par le SRI Centre for the study of Social Policy, Directeur, Professeur Willis Harmon.

Le phénomène des Beatles n'était pas une rébellion spontanée de la jeunesse contre l'ancien ordre social. Il s'agissait plutôt d'un complot soigneusement élaboré pour introduire, par un organisme conspirateur qui ne pouvait pas être identifié, un élément hautement destructeur et diviseur dans un grand groupe de population ciblé pour un changement contre sa volonté. De nouveaux mots et nouvelles phrases — préparés par Tavistock ont été introduits en Amérique avec les Beatles. Des mots tels que "rock" en relation avec les sons de la musique, "adolescent", "cool", "découvert" et "pop music" étaient un lexique de mots codés déguisés signifiant l'acceptation des drogues et ils sont arrivés avec et ont accompagné les Beatles partout où ils allaient, pour être "découverts" par les "adolescents". Soit dit en passant, le mot "adolescents" n'a jamais été utilisé avant que les Beatles n'entrent en scène, grâce à l'Institut Tavistock pour les relations humaines.

Comme dans le cas des guerres de gangs, rien n'aurait pu ou n'aurait été accompli sans la coopération des médias, en particulier des médias électroniques et, notamment, du sulfureux Ed Sullivan qui avait été coaché par les conspirateurs quant au rôle qu'il devait jouer. Personne n'aurait prêté attention à l'équipe hétéroclite de Liverpool et au système de "musique" à 12 tons qui allait suivre si la presse n'avait pas été surabondante. Le système à 12 tons consiste en des sons lourds et répétitifs, tirés de la musique du culte de Dionysos et de la prêtrise de Baal par Adorno et auxquels cet ami spécial de la Reine d'Angleterre, et donc du Comité des 300, a donné une saveur "moderne".

Tavistock et son centre de recherche de Stanford ont créé des mots déclencheurs qui sont ensuite entrés dans l'usage général autour de la "musique rock" et de ses fans. Ces mots déclencheurs ont créé un nouveau groupe de population distinct, en grande partie jeune, qui a été persuadé par l'ingénierie sociale et le conditionnement de croire que les Beatles étaient vraiment leur groupe préféré. Tous les mots déclencheurs conçus dans le contexte de la "musique rock" étaient destinés au contrôle de masse du nouveau groupe ciblé, la jeunesse américaine.

Les Beatles ont fait un travail parfait, ou peut-être serait-il plus correct de dire que Tavistock et Stanford ont fait un travail parfait, les Beatles n'ayant fait que réagir comme des robots entraînés "avec un peu d'aide de leurs amis"[8] — des mots-codés pour dire qu'ils se droguaient et rendaient cela "cool". Les Beatles sont devenus un "nouveau type" très visible — encore du jargon de Tavistock — et, en tant que tel, il n'a pas fallu longtemps pour que le groupe crée de nouveaux styles (modes vestimentaires, coiffures et langage) qui a bouleversé l'ancienne génération, comme cela était *prévu*. Cela fait partie du processus de "fragmentation-mal-adaptation" élaboré par Willis Harmon et son équipe de chercheurs en sciences sociales et de bricoleurs en génie génétique et mis en œuvre. Le rôle des médias imprimés et électroniques dans notre société est crucial pour le succès du lavage de cerveau de grands groupes de population. Les guerres de gangs ont pris fin à Los Angeles en 1966 lorsque les médias ont cessé de les couvrir. La même chose se produira avec la vague actuelle de guerres de gangs à Los Angeles. Les gangs de rue se faneront sur pied une fois que la couverture médiatique saturée sera atténuée, puis complètement retirée. Comme en 1966, le problème sera "brûlé". Les gangs de rue auront atteint leur objectif de créer des turbulences et de l'insécurité. Le même schéma s'appliquera à la musique "rock". Privée de l'attention des médias, elle finira par prendre sa place dans l'histoire.

Après les Beatles, qui, soit dit en passant, ont été formés par l'Institut Tavistock, sont venus d'autres groupes de rock "made in England" qui, comme les Beatles, ont demandé à Theo Adorno d'écrire leurs paroles cultes et de composer toute la "musique". Je déteste utiliser ces beaux mots dans le contexte de la "Beatlemania" ; cela me rappelle à quel point le mot "lover" est utilisé à tort et à travers pour désigner l'interaction répugnante entre deux homosexuels qui se tortillent dans la porcherie. Appeler le "rock" musique est une insulte, tout comme le langage utilisé dans les "rock-lyrics".[9]

Tavistock et Stanford Research se lancèrent alors dans la deuxième phase du travail commandé par le Comité des 300. Cette nouvelle phase fit monter la pression pour le changement social en Amérique. Aussi rapidement que les Beatles sont apparus sur la scène américaine, la "beat-generation" a fait de même, des mots déclencheurs conçus pour séparer et fragmenter la société. Les médias

---

[8] Référence à la chanson des Beatles "With a little help from my friends". NDT.

[9] Paroles des chansons de rock, NDT.

concentrent désormais leur attention sur la "beat-generation". D'autres mots inventés par Tavistock sont sortis de nulle part : "beatniks", "hippies", "enfants-fleurs" font partie du vocabulaire américain. Il est devenu populaire de "laisser tomber", de porter des jeans sales et de se promener avec des cheveux longs non lavés. La "beat generation" s'est coupée du courant dominant de l'Amérique. Ils sont devenus aussi tristement célèbres que les Beatles, plus propres, avant eux.

Le groupe nouvellement créé et son "style de vie" ont entraîné des millions de jeunes Américains dans la secte. La jeunesse américaine a subi une révolution radicale sans jamais en être consciente, tandis que la génération plus âgée est restée impuissante, incapable d'identifier la source de la crise, et a donc réagi de manière inadaptée à sa manifestation, à savoir les drogues de tous types, la marijuana et, plus tard, l'acide lysergique, "LSD", si facilement fourni par la société pharmaceutique suisse SANDOZ, après la découverte par l'un de ses chimistes, Albert Hoffman, de la façon de fabriquer de l'ergotamine synthétique, une puissante drogue altérant l'esprit. Le Comité des 300 a financé le projet par l'intermédiaire de l'une de ses banques, la S. C. Warburg, et la drogue a été transportée en Amérique par le philosophe Aldous Huxley.

La nouvelle "drogue miracle" a été rapidement distribuée en paquets de la taille d'un "échantillon", distribués gratuitement sur les campus universitaires de tous les États-Unis et lors des concerts de "rock", qui sont devenus le principal vecteur de la prolifération de la consommation de drogues. La question qui se pose est la suivante : quelle a été l'influence de la drogue sur la société ? Que faisait la Drug Enforcement Agency (DEA) à l'époque ? Des preuves circonstancielles convaincantes semblent indiquer que la DEA *était au courant de* ce qui se passait, mais qu'on lui a ordonné de *ne rien* faire.

Avec l'arrivée aux États-Unis d'un nombre très important de nouveaux groupes de "rock" britanniques, les concerts de rock ont commencé à devenir un élément incontournable du calendrier social de la jeunesse américaine. Parallèlement à ces "concerts", la consommation de drogues chez les jeunes a augmenté en proportion. Le chahut diabolique des sons lourds et discordants engourdissait l'esprit des auditeurs, qui se laissaient facilement convaincre d'essayer la nouvelle drogue en se disant que "tout le monde le fait". La pression des pairs est une arme très puissante. La "nouvelle culture" a bénéficié d'une couverture maximale de la part des médias, ce qui n'a pas coûté un seul centime aux conspirateurs.

Un certain nombre de dirigeants civiques et d'hommes d'Église ont ressenti une grande colère à l'égard du nouveau culte, mais leurs énergies ont été mal dirigées contre le RÉSULTAT de ce qui se passait et non contre la CAUSE. Les critiques du culte du rock ont fait les mêmes erreurs que celles commises à l'époque de la prohibition, ils ont critiqué les forces de l'ordre, les enseignants, les parents — tout le monde sauf les conspirateurs.

En raison de la colère et du ressentiment que j'éprouve à l'égard du grand fléau de la drogue, je ne m'excuse pas d'utiliser un langage qui n'est pas habituel pour moi. Alan Ginsberg est l'un des pires toxicomanes qui aient jamais parcouru les rues de l'Amérique. Ce Ginsberg a poussé à l'utilisation du LSD par une publicité qui ne lui a rien coûté, alors que dans des circonstances normales, elle aurait équivalu à des millions de dollars en recettes publicitaires télévisées. Cette publicité gratuite pour les drogues, et le LSD en particulier, a atteint un nouveau sommet à la fin des années 1960, grâce à la coopération toujours volontaire des médias. L'effet de la campagne publicitaire de masse de Ginsberg a été dévastateur ; le public américain a été soumis à un choc culturel futuriste après l'autre, en succession rapide.

Nous avons été surexposés et surstimulés et, encore une fois, puis-je vous rappeler que c'est du jargon de Tavistock, tiré du manuel de formation de Tavistock, submergé par son nouveau développement et, lorsque nous avons atteint ce point, nos esprits ont commencé à tomber dans l'apathie ; c'était tout simplement trop pour y faire face, c'est-à-dire que "la pénétration à longue distance s'était emparée de nous". Ginsberg prétendait être un poète, mais aucune personne ayant aspiré à devenir poète n'a jamais écrit de telles inepties. La tâche désignée de Ginsberg n'avait pas grand-chose à voir avec la poésie ; sa fonction principale était de promouvoir la nouvelle sous-culture et de la faire accepter par le grand groupe de population visé.

Pour l'aider dans sa tâche, Ginsberg a coopté les services de Norman Mailer, une sorte d'écrivain qui avait passé un certain temps dans un établissement psychiatrique. Mailer est l'un des favoris de la gauche hollywoodienne et n'avait donc aucun mal à obtenir un maximum de temps d'antenne pour Ginsberg. Naturellement, Mailer devait avoir un prétexte — même lui ne pouvait pas dévoiler ouvertement la véritable nature des apparitions télévisées de Ginsberg. Une mascarade a donc été adoptée : Mailer discutait "sérieusement" devant la caméra avec Ginsberg de poésie et de littérature.

Cette méthode, qui permet d'obtenir une large couverture télévisuelle sans frais, a été suivie par tous les groupes de rock et promoteurs de concerts qui ont suivi l'exemple de Ginsberg. Les magnats des médias électroniques ont eu le cœur gros lorsqu'il s'est agi de donner du temps libre à ces sales créatures, à leurs produits encore plus sales et à leurs idées dégoûtantes. Leur promotion de ces horribles déchets en disait long et, sans l'aide abondante de la presse écrite et des médias électroniques, le commerce de la drogue n'aurait pas pu se répandre aussi rapidement qu'il l'a fait à la fin des années 1960 et au début des années 1970, et serait probablement resté confiné à quelques petites régions locales.

Ginsberg a pu donner plusieurs représentations télévisées à l'échelle nationale pour vanter les mérites du LSD et de la marijuana, sous le couvert des "nouvelles idées" et des "nouvelles cultures" qui se développent dans le monde de l'art et de la musique. Sans être dépassés par les médias électroniques, les admirateurs de Ginsberg écrivent des articles élogieux sur "cet homme haut en couleur" dans les rubriques artistiques et sociales des plus grands journaux et magazines américains. Il n'y a jamais eu une telle campagne de publicité gratuite dans l'histoire des journaux, de la radio et de la télévision, et elle n'a pas coûté un centime aux promoteurs de la conspiration du Verseau, de l'OTAN et du Club de Rome. C'était de la publicité absolument gratuite pour le LSD, à peine déguisée en "art" et "culture".

L'un des amis les plus proches de Ginsberg, Kenny Love, publia un rapport de cinq pages dans le *New York Times*. Ceci est en accord avec la méthodologie utilisée par Tavistock et Stanford Research : S'il s'agit de promouvoir quelque chose que le public n'a pas encore accepté par un lavage de cerveau, il faut demander à quelqu'un d'écrire un article couvrant tous les aspects du sujet. L'autre méthode consiste à organiser des talk-shows en direct à la télévision, au cours desquels un groupe d'experts fait la promotion du produit ou de l'idée sous le prétexte d'en "discuter". Il y a des points et des contrepoints, les participants pour et contre exprimant leur soutien ou leur opposition. Lorsque tout est terminé, le sujet à promouvoir a été ancré dans l'esprit du public. C'était une nouveauté au début des années 1970, mais aujourd'hui c'est une pratique courante sur laquelle les talk-shows prospèrent.

L'article de cinq pages de Love, pro-LSD et pro-Ginsberg, a été dûment imprimé par le *New York Times*. Si Ginsberg avait essayé d'acheter la même quantité d'espace dans une publicité, cela lui aurait coûté au moins 50 000 dollars. Mais Ginsberg n'a pas eu à s'inquiéter ; grâce à son ami Kenny Love, Ginsberg a obtenu cette publicité massive gratuitement. Avec des journaux comme le *New York Times* et le *Washington Post* sous le contrôle du Comité des 300, ce type de publicité gratuite est accordé à n'importe quel sujet, et plus particulièrement à ceux qui promeuvent des styles de vie décadents — drogues — hédonisme — tout ce qui peut troubler le peuple américain. Après l'essai avec Ginsberg et le LSD, le Club de Rome a pris l'habitude de demander aux principaux journaux américains de faire de la publicité gratuite sur demande pour les personnes et les idées qu'ils promouvaient.

Pire encore — ou mieux encore, selon le point de vue — United Press (UP) a repris la publicité gratuite de Kenny Love pour Ginsberg et le LSD et l'a envoyée par télex à des CENTAINES de journaux et de magazines dans tout le pays sous couvert d'un article d'actualité. Même des magazines de l'establishment très respectables comme *Harper's Bazaar* et *TIME* ont rendu M. Ginsberg respectable.

Si une campagne nationale de cette ampleur avait été présentée à Ginsberg et aux promoteurs du LSD par une agence de publicité, le prix à payer aurait été d'au moins un million de dollars en 1970. Aujourd'hui, le prix à payer ne serait rien de moins que 15 à 16 millions de dollars. Il n'est pas étonnant que je qualifie les médias de "chacals".

Je suggère que nous essayions de trouver n'importe quel média pour faire un exposé sur le Conseil de la Réserve fédérale, ce que j'ai fait. J'ai présenté mon article, qui était un bon exposé de la plus grande escroquerie au monde, à tous les grands journaux, stations de radio et de télévision, magazines et plusieurs animateurs de talk-show. Quelques-uns ont fait des promesses qui semblaient bonnes — ils allaient certainement diffuser l'article et m'inviter à en parler - donnez-leur une semaine et ils me contacteraient. Aucun d'entre eux ne l'a fait, et mon article n'est jamais apparu dans les pages de leurs journaux et revues. C'était comme si une chape de silence avait été jetée sur moi et sur le sujet que je m'efforçais de promouvoir, et c'est précisément ce qui s'est passé.

Sans un battage médiatique massif et une couverture quasi permanente, le culte de la drogue et du rock hippie-beatnik n'aurait jamais décollé ; il serait resté une curiosité locale. Les Beatles, avec leurs guitares qui tintent, leurs expressions idiotes, leur langage de drogué et leurs vêtements bizarres, n'auraient pas été d'une grande utilité. Au lieu de cela, parce que les Beatles ont été couverts par les médias, les États-Unis ont subi un choc culturel après l'autre.

Les hommes enterrés dans les groupes de réflexion et les instituts de recherche, dont les noms et les visages ne sont encore connus que de quelques personnes, ont veillé à ce que la presse joue son rôle. Inversement, le rôle important des médias dans la non-divulgation du pouvoir derrière les chocs culturels futurs a permis de ne jamais identifier la source de la crise. C'est ainsi que notre société a été rendue folle par les chocs psychologiques et le stress. Le terme "rendu fou" est tiré du manuel de formation de Tavistock. Depuis ses modestes débuts en 1921, Tavistock était prêt en 1966 à lancer une révolution culturelle majeure et irréversible en Amérique, qui n'est pas encore terminée. La Conspiration du Verseau en fait partie.

Ainsi ramollie, notre nation était maintenant considérée comme mûre pour l'introduction de drogues qui allaient rivaliser avec l'ère de la prohibition en termes de portée et d'énormes quantités d'argent à gagner. Cela aussi faisait partie intégrante de la Conspiration du Verseau. La prolifération de la consommation de drogues était l'un des sujets étudiés par l'Unité de recherche sur la politique scientifique (SPRU) dans les locaux de Tavistock à l'Université de Sussex. Il était connu sous le nom de centre des "chocs du futur", un titre donné à la psychologie dite orientée vers le futur, conçue pour manipuler des groupes entiers de population afin de provoquer des "chocs du futur". C'était la première de plusieurs institutions de ce type créées par Tavistock.

Les "chocs du futur" sont décrits comme une série d'événements qui surviennent si rapidement que le cerveau humain ne peut absorber les informations. Comme je l'ai dit précédemment, la science a montré qu'il existe des limites clairement marquées quant à la quantité de changements et à leur nature que l'esprit peut gérer. Après des chocs continus, le grand groupe de population ciblé découvre qu'il ne veut pas faire des choix. L'apathie prend le dessus, souvent précédée d'une violence aveugle comme celle qui caractérise les gangs de rue de Los Angeles, les tueurs en série, les violeurs et les kidnappeurs d'enfants.

Un tel groupe devient facile à contrôler et suivra docilement les ordres sans se rebeller, ce qui est le but de l'exercice. "Les chocs futurs", dit le SPRU, "sont définis comme une détresse physique et psychologique résultante d'une surcharge du mécanisme de prise de décision de l'esprit humain." C'est du jargon de Tavistock, tiré directement de leurs manuels qu'ils ne savent pas que je possède.

De la même manière qu'un circuit électrique surchargé active un interrupteur, les êtres humains se mettent en situation de "débranchage", un syndrome que la science médicale commence seulement à comprendre, bien que John Rawlings Reese ait mené des expériences dans ce domaine dès les années 1920. Comme on peut l'imaginer, un tel groupe cible est prêt à faire un "trip-out" et à se droguer pour échapper à la pression de tant de choix à faire. C'est ainsi que l'usage de la drogue s'est répandu si rapidement dans la "beat generation" américaine. Ce qui a commencé avec les Beatles et les paquets d'échantillons de LSD s'est transformé en une marée de consommation de drogues qui submerge l'Amérique.

Le commerce de la drogue est contrôlé par le Comité des 300, de haut en bas. Le commerce de la drogue a commencé avec la British East India Company et a été suivi de près par la Dutch East India Company. Toutes deux étaient contrôlées par le "Conseil des 300". La liste des noms des membres et des actionnaires de la BEIC ressemble à celle de la pairie de Debretts. La BEIC a créé la "China Inland Mission", dont la mission était de rendre les paysans chinois, ou coolies, comme on les appelait, dépendants de l'opium. Cela a créé le marché de l'opium que La BEIC a ensuite rempli.

De la même manière, le Comité des 300 a utilisé les "Beatles" pour populariser les "drogues sociales" auprès de la jeunesse américaine et de la "foule" d'Hollywood. Ed Sullivan a été envoyé en Angleterre pour faire connaissance avec LE premier "groupe de rock" du Tavistock Institute à atteindre les côtes des États-Unis. Sullivan est ensuite rentré aux États-Unis pour élaborer la stratégie des médias électroniques sur la manière de présenter et de vendre le groupe. Sans la coopération totale des médias électroniques et d'Ed Sullivan en particulier, les "Beatles" et leur "musique" seraient morts sur pied. Au lieu de cela, notre vie nationale et le caractère des États-Unis ont été changés à jamais.

Maintenant que nous le savons, il n'est que trop clair à quel point la campagne des "Beatles" visant à faire proliférer la consommation de drogues a été un succès. Le fait que Theo Adorno ait écrit la musique et les paroles des "Beatles" a été caché au public. La fonction première des "Beatles" était d'être découverts par les adolescents, qui étaient ensuite soumis à un barrage ininterrompu de "musique des Beatles", jusqu'à ce qu'ils soient convaincus d'aimer ce son et de l'adopter, ainsi que tout ce qui l'accompagne. Le groupe de Liverpool s'est montré à la hauteur des attentes et, avec "un peu d'aide de leurs amis", c'est-à-dire des substances illégales que nous appelons drogues, a créé une toute nouvelle classe de jeunes Américains dans le moule précis ordonné par le Tavistock Institute.

Tavistock avait créé un "nouveau type" très visible pour servir de passeurs de drogue. Les "*missionnaires chrétiens*" de la China Inland Mission n'auraient pas eu leur place dans les années 1960. "Ce que cela signifie, c'est que les Beatles ont créé de nouveaux modèles sociaux, en premier lieu la normalisation et la popularisation de la consommation de drogues, de nouveaux goûts vestimentaires et de nouveaux styles de coiffure qui les distinguaient réellement de la génération précédente, comme le voulait Tavistock.

Il est important de noter le langage délibérément générateur de fragmentation utilisé par Tavistock. Les "adolescents" n'ont jamais imaginé que toutes les choses "différentes" auxquelles ils aspiraient étaient le produit de scientifiques plus âgés travaillant dans des groupes de réflexion en Angleterre et à Stanford Research. Comme ils auraient été mortifiés s'ils avaient découvert que la plupart de leurs habitudes et expressions "cool" avaient été délibérément créées à leur intention par un groupe de scientifiques plus âgés spécialisés dans les sciences sociales !

Le rôle des médias était, et reste, très important dans la promotion de la consommation de drogues à l'échelle nationale. Lorsque la couverture des gangs de rue a été brusquement interrompue par les médias, ces derniers ont été " grillés " en tant que phénomène social ; le "nouvel âge" de la drogue a suivi. Les médias ont toujours servi de catalyseur et ont toujours poussé les "nouvelles causes". Aujourd'hui, l'attention des médias se concentre sur l'usage de la drogue et ses partisans, la "beat generation", une autre expression créée à Tavistock, dans ses efforts déterminés pour provoquer des changements sociaux aux États-Unis.

La consommation de drogues est devenue un élément accepté de la vie quotidienne en Amérique. Ce programme conçu par Tavistock a accueilli des millions de jeunes Américains, et la génération plus âgée a commencé à croire que l'Amérique était en train de vivre une révolution sociale naturelle, sans se rendre compte que ce qui arrivait à leurs enfants n'était pas un mouvement spontané, mais une création hautement artificielle conçue pour forcer des changements dans la vie sociale et politique de l'Amérique.

Les descendants de la Compagnie Britannique des Indes Orientales étaient ravis du succès de leur programme de promotion de la drogue. Leurs disciples sont devenus adeptes de l'acide lysergique (LSD), si facilement mis à disposition par des mécènes du commerce de la drogue comme Aldous Huxley, par la très respectée société suisse Sandoz et financés par la grande dynastie bancaire des Warburg. La nouvelle "drogue miracle" a été promptement distribuée à tous les concerts de rock et sur les campus universitaires sous forme d'échantillons gratuits. La question qui se pose est la suivante : "Que faisait le FBI pendant ce temps-là ?"

Le but des Beatles était devenu très clair. Les descendants de la Compagnie Britannique des Indes Orientales dans la haute société londonienne ont dû se sentir très bien avec les milliards de dollars qui ont commencé à affluer. Avec l'arrivée du "rock", qui sera dorénavant utilisé comme raccourci pour décrire la musique satanique diabolique d'Adorno, on a observé une augmentation considérable de la consommation de drogues mondaines, en particulier de marijuana. L'ensemble du commerce de la drogue s'est développé sous le contrôle et la direction de la Science Policy Research Unit (SPRU). SPRU était dirigé par Leland Bradford, Kenneth Damm et Ronald Lippert, sous la direction experte desquels un grand nombre de scientifiques des nouvelles sciences ont été formés pour promouvoir les "chocs du futur", l'un des principaux étant l'augmentation spectaculaire de la consommation de drogues par les adolescents américains. Les documents d'orientation de la SPRU, insérés dans divers organismes gouvernementaux, dont la Drug Enforcement Agency (DEA), ont dicté le cours de la désastreuse "guerre contre la drogue" prétendument menée par les administrations Reagan et Bush.

Il s'agissait d'un phénomène précurseur de la façon dont les États-Unis sont dirigés aujourd'hui, par un comité et/ou un conseil après l'autre, par un gouvernement interne nourri de documents de Tavistock qu'ils croient fermement être leurs propres opinions. Ces inconnus virtuels prennent des décisions qui changeront à jamais notre forme de gouvernement et affecteront la qualité de la vie aux États-Unis. Grâce à l'"adaptation à la crise", nous avons déjà été tellement modifiés que nous sommes à peine comparables à ce que nous étions dans les années 1950. Notre environnement a également été modifié.

On parle beaucoup d'environnement de nos jours et, s'il s'agit surtout d'environnements verts, de rivières claires et d'air pur, il existe un autre environnement tout aussi important, à savoir l'environnement des médicaments. L'environnement de notre mode de vie est devenu pollué ; notre façon de penser est devenue polluée. Notre capacité à contrôler notre destin est devenue polluée. Nous sommes confrontés à des changements qui polluent notre pensée au point que nous ne savons plus quoi en penser. L'"environnement du changement" paralyse la nation ; nous semblons avoir si peu de contrôle qu'il en résulte anxiété et confusion.

Nous cherchons désormais des solutions de groupe plutôt que des solutions individuelles à nos problèmes. Nous ne faisons pas appel à nos propres ressources pour résoudre les problèmes. Dans ce domaine, l'augmentation prolifique de la consommation de drogues joue un rôle de premier plan. Il s'agit d'une stratégie délibérée, conçue par les scientifiques des nouvelles sciences, les ingénieurs sociaux et les bricoleurs, qui vise le domaine le plus vulnérable de tous, à savoir l'image que nous avons de nous-mêmes, c'est-à-dire la façon dont nous nous percevons, ce qui nous conduit finalement à devenir comme des moutons *(nous, les moutons)* que l'on mène à l'abattoir. Nous sommes désorientés par les nombreux choix que nous devons faire et nous sommes devenus apathiques.

Nous sommes manipulés par des hommes sans scrupules sans jamais nous en rendre compte. Cela est particulièrement vrai pour le commerce de la drogue et nous sommes maintenant dans la phase de transition où nous pouvons être préparés à un changement de la forme constitutionnelle actuelle du gouvernement, qui a fait un pas de géant sous l'administration Bush. Alors que certains persistent, face à toutes les preuves du contraire, à dire "Cela ne peut pas arriver en Amérique", le fait est que : CELA S'EST DÉJÀ PRODUIT. Notre volonté de résister à des événements qui ne nous plaisent pas a été constamment érodée et sapée. Nous résisterons, disent certains d'entre nous, mais nous ne serons pas si nombreux à le faire, et nous serons en minorité.

Le commerce de la drogue a insidieusement modifié notre environnement. La prétendue "guerre contre la drogue" est une farce ; elle n'existe pas en quantité suffisante pour faire la moindre différence pour les descendants de la Compagnie Britannique des Indes Orientales. Si l'on ajoute à cela l'informatisation, nous sommes presque entièrement soumis à un lavage de cerveau, privés de notre capacité à résister aux changements forcés. Ce qui nous amène à un autre environnement, le CONTRÔLE DES PERSONNES, également connu sous le nom de contrôle des informations personnelles, sans lequel les gouvernements ne peuvent pas jouer leur jeu de chiffres. En l'état actuel des choses, nous le peuple n'avons absolument aucun moyen de savoir ce que le gouvernement sait ou ne sait pas sur nous. Les fichiers informatiques du gouvernement ne sont pas soumis à l'examen du grand public. Croyons-nous bêtement que les informations personnelles sont sacro-saintes ? N'oubliez pas que dans chaque société, il existe des familles riches et puissantes qui contrôlent les organismes chargés de faire respecter la loi. J'ai prouvé l'existence de telles familles. Ne pensez pas que si ces familles voulaient en savoir plus sur nous, elles ne pourraient pas le faire. Ce sont les familles qui ont souvent un membre dans le Comité des 300.

Prenez Kissinger, par exemple, qui a ses propres dossiers privés sur des centaines de milliers de personnes, non seulement aux États-Unis, mais dans le monde entier. Sommes-nous sur la liste des ennemis de Kissinger ? Est-ce tiré par les cheveux ? Pas du tout. Prenons l'exemple de la loge maçonnique P2 et du Comité Monte-Carlo qui ont des listes de ce type qui comptent des dizaines de milliers de noms. Incidemment, Kissinger est l'un d'entre eux. Il existe d'autres agences de renseignement "privées", comme *INTEL*, que nous rencontrerons plus tard.

L'un des moyens d'acheminer l'héroïne en Europe est de passer par la Principauté de Monaco. L'héroïne vient de Corse et est transportée sur des ferries qui assurent un trafic intense entre la Corse et Monte-Carlo pendant l'été. Il n'y a aucun contrôle de ce qui entre ou sort de ces ferries. Comme il n'y a pas de frontière entre la France et Monaco, la drogue, et plus particulièrement l'héroïne (opium partiellement transformé), passe par la frontière ouverte de Monaco pour être acheminée vers des laboratoires en France, ou bien, si elle a déjà été transformée en héroïne, elle va directement aux distributeurs.

La famille Grimaldi est dans le domaine de la contrebande de drogue depuis des siècles. Parce que le prince Rainier est devenu gourmand et a commencé à faire de gros profits, et qu'il ne s'est pas arrêté après trois avertissements, sa femme, la princesse Grace, a été assassinée dans un "accident" de voiture. Rainier a sous-estimé le pouvoir du Comité dont il est membre. Dans la voiture Rover dans laquelle elle voyageait, les réservoirs de liquide de frein avaient été trafiqués de telle sorte qu'à chaque fois que l'on appuyait sur les freins, du liquide était libéré en quantité mesurée, jusqu'à ce qu'au moment où la voiture atteignait le plus dangereux de plusieurs virages en épingle à cheveux, il n'y avait plus de puissance d'arrêt, et elle passa par-dessus un mur de pierre, heurtant le sol cinquante pieds plus bas dans un fracas écœurant.

Les agents du Comité des 300 ont tout fait pour dissimuler la vérité sur le meurtre de la princesse Grace. À ce jour, la voiture Rover est toujours sous la garde de la police française, dissimulée sous une housse sur une remorque que personne n'est autorisé à approcher, et encore moins à examiner. Le signal de l'exécution de la Princesse Grace a été capté par le poste d'écoute de l'armée britannique à Chypre et une source bien placée pense que le Comité Monte-Carlo et la loge maçonnique P2 en ont donné l'ordre.

Le commerce de la drogue, contrôlé par le Comité des 300, est un crime contre l'humanité, mais ayant été conditionnés et ramollis par des années de bombardement incessant par l'Institut Tavistock, nous avons plus ou moins accepté notre nouvel environnement, considérant le commerce de la drogue comme un problème "trop gros" pour être traité. Ce n'est pas le cas. Si nous avons pu rassembler une nation entière, équiper et envoyer des millions de soldats américains se battre dans une guerre en Europe dans laquelle nous n'avions pas à intervenir, si nous avons pu vaincre une grande puissance en Europe, nous pouvons aussi écraser le commerce de la drogue en utilisant les mêmes tactiques que lors de la Seconde Guerre mondiale. Les problèmes logistiques qui ont dû être résolus lorsque nous sommes entrés dans la Seconde Guerre mondiale sont encore aujourd'hui époustouflants.

Pourtant, nous avons surmonté tous les problèmes avec succès. Pourquoi alors est-il impossible de vaincre un ennemi bien défini, bien plus petit et plus faible que l'Allemagne, avec les armes et les équipements de surveillance immensément améliorés dont nous disposons aujourd'hui ? La véritable raison pour laquelle le problème de la drogue n'est pas éradiqué est qu'il est géré par les plus grandes familles du monde entier dans le cadre d'une gigantesque machine à faire de l'argent coordonnée.

En 1930, les capitaux britanniques investis en Amérique du Sud dépassaient largement les capitaux investis dans les "dominions" britanniques. Graham, une autorité en matière d'investissements britanniques à l'étranger, a déclaré que les investissements britanniques en Amérique du Sud "dépassaient un trillion de livres". N'oubliez pas que nous sommes en 1930 et qu'un trillion de livres étaient une somme faramineuse à l'époque. Quelle était la raison d'un investissement aussi important en Amérique du Sud ? En un mot, c'était la drogue.

La ploutocratie qui contrôlait les banques britanniques tenait les cordons de la bourse et, à l'époque comme aujourd'hui, présentait une façade des plus respectables pour dissimuler ses véritables activités. Personne ne les a jamais surpris avec les mains sales. Ils avaient toujours des hommes de paille, comme aujourd'hui, prêts à porter le chapeau si les choses tournaient mal. À l'époque, comme aujourd'hui, les liens avec le commerce de la drogue étaient au mieux ténus. Personne n'a jamais pu mettre la main sur les respectables et "nobles" familles bancaires de Grande-Bretagne, dont les membres font partie du Comité des 300.

Il est très significatif que seuls 15 membres du Parlement aient été les contrôleurs de ce vaste empire, dont les plus éminents étaient Sir Charles Barry et la famille Chamberlain. Ces seigneurs de la finance étaient actifs dans des pays comme l'Argentine, la Jamaïque et Trinidad, qui sont devenus pour eux des sources d'argent importantes grâce au commerce de la drogue. Dans ces pays, les ploutocrates britanniques maintenaient les "locaux", comme on les appelait avec mépris, à un niveau de subsistance très bas, à peine supérieur à celui de l'esclavage. Les fortunes tirées du commerce de la drogue dans les Caraïbes étaient considérables.

Les ploutocrates se cachaient derrière des visages comme Trinidad Leaseholds Limited, mais la VRAIE MARCHANDISE, à l'époque comme aujourd'hui, était la drogue. C'est le cas aujourd'hui, où l'on constate que le produit national brut (PNB) de la Jamaïque est presque entièrement constitué par les ventes de ganja, une forme très puissante de marijuana. Le mécanisme de gestion du commerce de la ganja a été mis en place par David Rockefeller et Henry Kissinger sous le nom de "Caribbean Basin Initiative".

Jusqu'à il y a relativement peu de temps, la véritable histoire du commerce de l'opium en Chine était tout à fait inconnue, ayant été aussi bien couverte qu'il est possible de l'être. Nombre de mes anciens étudiants, à l'époque où je donnais des cours, venaient me demander pourquoi les Chinois aimaient tant fumer de l'opium ? Ils étaient perplexes, comme beaucoup le sont encore aujourd'hui, devant les récits contradictoires de ce qui s'était réellement passé en Chine. La plupart d'entre eux pensaient que les ouvriers chinois achetaient de l'opium sur le marché et le fumaient, ou qu'ils se rendaient pour le fumer dans les milliers de fumeries d'opium pour oublier pour un temps leur terrible existence. La vérité est que la fourniture d'opium à la Chine était un monopole britannique, un monopole OFFICIEL du gouvernement britannique et de la politique officielle britannique. Le commerce indo-britannique de l'opium en Chine était l'un des secrets les mieux gardés, autour duquel se sont développées de nombreuses légendes trompeuses, telles que "Clive of India" et les histoires de bravoure de l'armée britannique en Inde pour la gloire de "l'Empire", si bien écrites par Rudyard Kipling, et les histoires de "Tea Clippers" traversant les océans avec leurs cargaisons de thé de Chine pour les salons de la haute société de l'Angleterre victorienne. En réalité, l'histoire de l'occupation britannique de l'Inde et les guerres de l'opium comptent parmi les taches les plus ignobles de la civilisation occidentale.

Près de 13% des revenus de l'Inde sous la domination britannique provenaient de la vente d'opium du Bengale de bonne qualité aux distributeurs d'opium dirigés par les Britanniques en Chine. Les "Beatles" de l'époque, la China Inland Mission ("*missionnaires chrétiens*"), avaient fait un excellent travail en faisant proliférer la consommation d'opium parmi les pauvres ouvriers chinois (coolies, comme on les appelait). Ces toxicomanes ne sont pas soudainement apparus comme par enchantement, pas plus que les adolescents toxicomanes aux États-Unis. En Chine, un marché de l'opium a d'abord été créé, puis rempli par l'opium du Bengale. De la même manière, un marché pour la marijuana et le LSD a d'abord été créé aux États-Unis par des méthodes déjà décrites, puis rempli par les ploutocrates britanniques et leurs cousins américains avec l'aide des seigneurs de l'établissement bancaire britannique.

Le commerce lucratif de la drogue est l'un des pires exemples d'exploitation de la misère humaine, l'autre étant le commerce légal de la drogue géré par les maisons pharmaceutiques appartenant aux Rockefeller, aux États-Unis pour la plupart, mais avec des sociétés importantes opérant en Suisse, en France et en Grande-Bretagne et entièrement soutenues par l'American Medical Association (AMA). Les transactions de drogue sale et l'argent qu'elles génèrent passent par la City de Londres, ainsi que par Hong Kong, Dubaï et, plus récemment, le Liban, grâce à l'invasion de ce pays par Israël.

D'aucuns douteront de cette affirmation. "Regardez les rubriques économiques du *Financial Times*", nous diront-ils. "Ne me dites pas que tout cela est lié à l'argent de la drogue ?" Bien sûr que si, mais n'imaginez pas une minute que les nobles seigneurs et dames d'Angleterre vont faire de la publicité pour ce fait. Vous vous souvenez de la Compagnie Britannique des Indes Orientales ? Officiellement, son activité était le commerce du thé !

Le *Times* de Londres n'a jamais osé dire au public britannique qu'il était impossible de réaliser de vastes profits avec le thé, et l'illustre journal n'a même pas fait allusion au commerce de l'opium pratiqué par ceux qui passaient leur temps dans les clubs à la mode de Londres ou à jouer au polo au Royal Windsor Club, ni au fait que les gentlemen-officers qui partaient en Inde au service de l'Empire étaient financés UNIQUEMENT par les énormes revenus tirés de la misère des millions de coolies chinois dépendants de l'opium.

Ce commerce était mené par l'illustre Compagnie Britannique des Indes Orientales, dont l'ingérence dans les affaires politiques, religieuses et économiques des États-Unis nous coûte très cher depuis plus de 200 ans. Les 300 membres du conseil d'administration de la British East India Company étaient bien au-dessus du commun des mortels. Ils étaient si puissants que, comme l'a fait remarquer un jour Lord Bertrand Russell, "ils pouvaient même donner des conseils à Dieu quand il avait des problèmes au paradis". Nous ne devrions pas non plus imaginer que les choses ont changé depuis. C'est exactement la même attitude qui prévaut aujourd'hui parmi les membres du Comité des 300, et c'est pourquoi ils se désignent souvent comme les "Olympiens".

Plus tard, la Couronne britannique, c'est-à-dire la famille royale, s'est jointe au commerce de la Compagnie Britannique des Indes Orientales et l'a utilisé comme véhicule pour produire de l'opium au Bengale et ailleurs en Inde, en contrôlant les exportations par le biais de ce que l'on appelait les "droits de transit", c'est-à-dire que la Couronne prélevait une taxe sur tous les producteurs d'opium dûment enregistrés auprès de l'autorité de l'État, qui envoyaient leur opium en Chine.

Avant 1896, alors que le commerce était encore "illégal" — un mot utilisé pour soutirer un plus grand tribut aux producteurs d'opium — et qu'il n'y a jamais eu la moindre tentative d'arrêter ce commerce, des quantités colossales d'opium étaient expédiées de l'Inde à bord de "China Tea Clippers", ces voiliers autour desquels se sont construites légendes et traditions, qui étaient censés transporter des coffres de thé de l'Inde et de la Chine vers les bourses de Londres.

Les seigneurs et les dames de la Compagnie Britannique des Indes Orientales ont fait preuve d'une telle audace qu'ils ont tenté de vendre cette substance mortelle aux armées de l'Union et des Confédérés sous forme de pilules comme analgésique. Est-il difficile d'imaginer ce qui se serait passé si leur plan avait réussi ? Toutes ces centaines de milliers de soldats auraient quitté les champs de bataille totalement accros à l'opium. Les "Beatles" ont eu beaucoup plus de succès en transformant des millions d'adolescents en toxicomanes dans les années qui ont suivi. (Ils ont tous reçu des O.B.E.[10] de la reine Elizabeth II et Paul McCartney a même été fait chevalier).

Les marchands du Bengale et leurs contrôleurs et banquiers britanniques se sont engraissés et sont devenus intolérants grâce aux énormes sommes d'argent qui se déversaient dans les coffres de la British East India Company en provenance du misérable commerce d'opium des coolies chinois. Les bénéfices de la BEIC, même à cette époque, dépassaient de loin les bénéfices combinés réalisés en une seule année par General Motors, Ford et Chrysler à leur apogée. La tendance à faire d'énormes profits avec les drogues a été poursuivie dans les années 1960 par des marchands de mort de drogues "légales" tels que Sandoz, les fabricants de LSD et Hoffman la Roche, les fabricants de *VALIUM*. Le coût de la matière première et de la fabrication du Valium pour Hoffman la Roche est de 3 dollars par kilo (2,2 livres). Il est vendu à ses distributeurs au prix de 20 000 dollars le kilo. Lorsqu'il arrive au consommateur, le prix du Valium est passé à 50 000 dollars le kilo. Le Valium est utilisé en grande quantité en Europe et aux États-Unis. Il s'agit probablement de la drogue de ce type la plus utilisée (*qui crée une dépendance*) dans le monde.

Hoffman la Roche fait la même chose avec la vitamine C, dont la production leur coûte moins d'un cent par kilo. Elle est vendue avec un bénéfice de 10 000 pour cent. Lorsqu'un de mes amis a dénoncé cette entreprise criminelle, qui avait conclu un accord de monopole avec d'autres producteurs, en violation de la loi sur les brevets, en raison d'une violation des lois de la Communauté économique européenne, il a été arrêté à la frontière italo-suisse et conduit en prison ; sa femme fut menacée par la police suisse jusqu'à ce qu'elle se suicide. En tant que ressortissant britannique, il a été secouru par le consul britannique à Berne dès qu'il a été informé de sa situation, puis sorti de prison et expulsé du pays par avion. Il a perdu sa femme, son emploi et sa pension parce qu'il a osé divulguer les secrets d'Hoffman La Roche. Les Suisses prennent leur loi sur l'espionnage industriel

---

[10] Order of the British Empire, Ndt.

très au sérieux.

Souvenez-vous de cela la prochaine fois que vous verrez ces jolies publicités de pistes de ski suisses, de belles montres, de montagnes vierges et de coucous. La Suisse, ce n'est pas cela. Il s'agit d'une plaque tournante de blanchiment d'argent sale, qui se chiffre en milliards de dollars et qui est effectué par les principaux établissements bancaires suisses. Il s'agit des fabricants de drogues "*légales*" du Comité des 300 (qui créent une dépendance). La Suisse est l'ultime "refuge" du Comité pour l'argent et la protection de leurs personnes en cas de calamité mondiale.

Les autorités suisses pourraient avoir de sérieux problèmes en cas de divulgation d'informations sur ces activités néfastes. Les Suisses considèrent qu'il s'agit d''"espionnage industriel", ce qui entraîne généralement une peine de cinq ans de prison. Il est plus sûr de prétendre que la Suisse est un pays agréable et propre que de regarder sous les couvertures ou à l'intérieur de ses banques poubelles.

En 1931, les directeurs généraux des "cinq grandes" entreprises britanniques ont été récompensés en étant nommés pairs du royaume pour leurs activités de blanchiment d'argent de la drogue. Qui décide de ces questions et décerne de tels honneurs ? C'est la reine d'Angleterre qui décerne les honneurs aux hommes qui occupent les postes les plus élevés dans le commerce de la drogue.

Les banques britanniques engagées dans ce terrible commerce sont trop nombreuses pour être citées, mais voici quelques-unes des plus importantes :

- ➢ The British Bank of the Middle East
- ➢ National and Westminster Bank
- ➢ Royal Bank of Canada
- ➢ Baring Brothers Bank
- ➢ Midland Bank
- ➢ Barclays Bank
- ➢ Hong Kong and Shanghai Bank (HSBC)

De nombreuses banques d'affaires sont impliquées jusqu'au cou dans les profits du commerce de la drogue, des banques comme Hambros par exemple, dirigée par Sir Jocelyn Hambro. Pour une étude majeure vraiment intéressante sur le commerce de l'opium en Chine, il faudrait avoir accès à l'India Office à Londres. J'ai pu y accéder grâce à mon accréditation du service de renseignement et j'ai reçu une aide précieuse de la part de l'administrateur des documents de feu le professeur Frederick Wells Williamson, qui a fourni de nombreuses informations sur le commerce de l'opium pratiqué par la Compagnie Britannique des Indes Orientales en Inde et en Chine aux XVIIIe et XIXe siècles. Si seulement ces documents pouvaient être rendus publics, quelle tempête éclaterait sur la tête des vipères couronnées[11] d'Europe. Aujourd'hui, le commerce s'est quelque peu déplacé dans la mesure où la cocaïne, moins chère, s'est emparée d'une bonne partie du marché nord-américain.

Le marché américain. Dans les années 1960, le flot d'héroïne en provenance de Hong Kong, du Liban et de Dubaï menaçait d'engloutir les États-Unis et l'Europe occidentale. Lorsque la demande a dépassé l'offre, on est passé à la cocaïne. Mais aujourd'hui, à la fin de l'année 1991, la tendance s'est inversée ; aujourd'hui, c'est l'héroïne qui revient en force, même s'il est vrai que la cocaïne jouit toujours d'une grande faveur parmi les classes pauvres.

L'héroïne, nous dit-on, est plus satisfaisante pour les toxicomanes ; les effets sont beaucoup plus intenses et durent plus longtemps que ceux de la cocaïne et l'attention internationale se porte moins sur les producteurs d'héroïne que sur les expéditeurs de cocaïne colombiens. En outre, il est peu probable que les États-Unis fassent un réel effort pour arrêter la production d'opium dans le Triangle d'Or, qui est sous le contrôle de l'armée chinoise, et une guerre sérieuse éclaterait si un pays essayait d'interdire le commerce. Une attaque sérieuse contre le commerce de l'opium entraînerait une intervention militaire chinoise.

Les Britanniques le savent ; ils n'ont aucune querelle avec la Chine,[12]

---

[11] "Remplissez donc la mesure de vos pères. Serpents, race de vipères, comment échapperez-vous à la damnation du feu de l'enfer ?" - Christ, Matthieu 23:32-33.

[12] Le 21 octobre 1999, le président chinois a reçu le "traitement tapis rouge" du palais de Buckingham. Il a été transporté avec style, avec la reine, dans sa voiture royale tirée par des chevaux et dans une limousine Rolls-Royce, avec des arrangements somptueux pour l'impressionner et le divertir. Dans le même temps, la police britannique a empêché toute personne de manifester contre la situation des droits de l'homme en Chine, afin de ne pas le

si ce n'est une querelle occasionnelle pour savoir qui aura la plus grosse part du gâteau. La Grande-Bretagne est impliquée dans le commerce de l'opium en Chine depuis plus de deux siècles. Personne ne sera assez stupide pour faire des vagues lorsque des millions et des millions de dollars afflueront sur les comptes bancaires des oligarques britanniques et qu'il se négociera plus d'or sur le marché de l'or de Hong Kong que le total combiné des échanges à Londres et à New York.

Les personnes qui s'imaginent volontiers pouvoir conclure une sorte d'accord avec un petit seigneur chinois ou birman dans les collines du Triangle d'Or n'ont apparemment aucune idée de ce que cela implique. S'ils l'avaient su, ils n'auraient jamais parlé d'arrêter le commerce de l'opium. De tels propos révèlent une faible connaissance de l'immensité et de la complexité du commerce de l'opium en Chine.

Les ploutocrates britanniques, le KGB russe, la CIA et les banquiers américains sont tous de mèche avec la Chine. Un seul homme pourrait-il arrêter ou même faire une petite entaille à ce commerce ? Il serait absurde de l'imaginer. Qu'est-ce que l'héroïne et pourquoi est-elle préférée à la cocaïne de nos jours ? Selon le professeur Galen, qui fait autorité en la matière, l'héroïne est un dérivé de l'opium, une drogue qui étouffe les sens et provoque de longues périodes de sommeil. C'est ce que la plupart des toxicomanes aiment, on appelle cela "être dans les bras de Morphée". L'opium est la drogue qui crée le plus d'accoutumance chez l'homme. De nombreux médicaments contiennent de l'opium à des degrés divers, et l'on pense que le papier utilisé dans l'industrie de l'opium a été utilisé pour la fabrication des médicaments.

La fabrication des cigarettes est d'abord imprégnée d'opium, ce qui explique pourquoi les fumeurs deviennent si dépendants de leur habitude.

La graine de pavot dont il est dérivé était connue depuis longtemps des Moghols de l'Inde, qui utilisaient les graines mélangées à du thé offert à un adversaire difficile. Il est également utilisé comme un médicament antidouleur qui a largement remplacé le chloroforme et d'autres anesthésiques d'une époque révolue. L'opium était populaire dans tous les clubs à la mode du Londres victorien et ce n'était pas un secret que des hommes comme les frères Huxley en faisaient un usage

contrarier.

intensif. Les membres des cultes d'Orphique-Dionysiens de la Grèce hellénique et des cultes d'Osiris-Horus de l'Égypte ptolémaïque, auxquels la société victorienne a adhéré, fumaient tous de l'opium ; c'était la chose "à la mode" à faire. C'est ce qu'ont fait certains de ceux qui se sont réunis à l'hôtel St Ermins en 1903 pour décider du genre de monde que nous aurions. Les descendants de la foule de St Ermins se retrouvent aujourd'hui dans le Comité des 300. Ce sont ces soi-disant leaders mondiaux qui ont provoqué un tel changement dans notre environnement que la consommation de drogue a pu proliférer au point de ne plus pouvoir être arrêtée par les tactiques et politiques habituelles d'application de la loi. Cela est particulièrement vrai dans les grandes villes où les grandes populations peuvent dissimuler une grande partie de ce qui se passe.

Dans les cercles royaux, nombreux sont ceux qui consomment régulièrement de l'opium. L'un de leurs favoris était l'écrivain Coudenhove-Kalergi, qui a écrit en 1932 un livre intitulé "RÉVOLUTION PAR LA TECHNOLOGIE", qui était un plan pour le retour du monde à une société médiévale. Ce livre est en fait devenu un document de travail pour le plan du Comité des 300 visant à désindustrialiser le monde, en commençant par les États-Unis. Affirmant que la pression de la surpopulation est un problème sérieux, Kalergi conseille un retour à ce qu'il appelle les "espaces ouverts". Cela ressemble-t-il aux Khmers rouges et à Pol Pot ?

Voici quelques extraits du livre :

> "Dans ses aménagements, la ville de l'avenir ressemblera à la ville du Moyen Âge… et celui qui n'est pas condamné à vivre en ville par sa profession, ira à la campagne. Notre civilisation est une culture des grandes villes ; c'est donc une plante marécageuse, née de dégénérés, de malades et de décadents, qui se sont volontairement, ou involontairement, retrouvés dans cette voie sans issue de la vie."

N'est-ce pas très proche de ce qu'"Ankar Wat" a donné comme "ses" raisons pour dépeupler Phnom Penh ?

Les premières expéditions d'opium sont arrivées en Angleterre depuis le Bengale en 1683, transportées par les "Tea Clippers" de la British East India Company. L'opium a été apporté en Angleterre à titre d'essai, d'expérience, pour voir si les gens du peuple, les yeomen et les classes inférieures pouvaient être incités à prendre cette drogue. C'était ce que nous appellerions aujourd'hui un "test marketing" d'un nouveau produit. Mais les robustes yeomen et les "classes inférieures" tant raillées étaient durs à cuire, et l'expérience de marketing-test fut un échec total. Les "classes inférieures" de la société britannique rejetaient fermement le fait de fumer de l'opium.

Les ploutocrates et les oligarques de la haute société londonienne ont commencé à chercher un marché qui ne serait pas aussi résistant, aussi inflexible. Ils ont trouvé un tel marché en Chine. Dans les documents que j'ai étudiés au Bureau des Indes sous la rubrique "Miscellaneous old Records", j'ai trouvé toute la confirmation que j'aurais pu souhaiter pour prouver que le commerce de l'opium en Chine a vraiment décollé après la fondation de la "China Inland Mission" financée par la Compagnie Britannique des Indes Orientales, apparemment une *société missionnaire chrétienne,* mais en réalité la seule mission des hommes et des femmes était de "promouvoir" le nouveau produit introduit sur le marché, l'OPIUM.

Cela a été confirmé plus tard lorsque j'ai eu accès aux documents de Sir George Birdwood dans les archives de l'India Office. Peu après que les missionnaires de la China Inland Mission ont commencé à distribuer leurs paquets d'échantillons et à montrer aux coolies comment fumer de l'opium, de grandes quantités d'opium ont commencé à arriver en Chine. Les "Beatles" n'auraient pas pu faire un meilleur travail. (Dans les deux cas, le commerce était sanctionné par la famille royale britannique, qui soutenait ouvertement les Beatles). Alors que la Compagnie Britannique des Indes Orientales avait échoué en Angleterre, elle réussit au-delà de ses espérances les plus folles en Chine, où des millions de pauvres considéraient la consommation d'opium comme une échappatoire à leur vie de misère.

Les fumeries d'opium ont commencé à proliférer dans toute la Chine et, dans les grandes villes comme Shanghai et Canton, des centaines de milliers de Chinois malheureux ont découvert qu'une pipe d'opium leur rendait apparemment la vie supportable. La Compagnie Britannique des Indes Orientales a eu le champ libre pendant plus de 100 ans avant que le gouvernement chinois ne se rende compte de ce qui se passait. Ce n'est qu'en 1729 que les premières lois contre la consommation d'opium ont été adoptées. Les 300 membres du conseil d'administration de la BEIC n'ont pas apprécié et, ne reculant devant rien, la compagnie s'est rapidement engagée dans une bataille contre le gouvernement chinois.

La BEIC avait mis au point des graines de pavot qui permettaient d'obtenir la meilleure qualité d'opium des champs de pavot de

Bénarès et de Bihar dans le bassin du Gange en Inde, un pays qu'il contrôlait totalement. Ne voulant pas perdre ce marché lucratif, la Couronne britannique s'est engagée dans des batailles rangées avec les forces chinoises et les a vaincues. De la même manière, le gouvernement américain est censé mener une bataille contre les barons de la drogue d'aujourd'hui[13] et, comme les Chinois, il perd lourdement. Il y a cependant une grande différence : Le gouvernement chinois s'est battu pour gagner alors que le gouvernement américain n'a aucune intention de gagner la bataille, ce qui explique pourquoi le taux de rotation du personnel de la Drug Enforcement Agency (DEA) est si élevé.

Dernièrement, de l'opium de haute qualité est sorti du Pakistan via Marka, sur la côte désolée du pays, d'où des navires transportent la cargaison vers Dubaï où elle est échangée contre de l'or. Cela expliquerait en partie pourquoi l'héroïne est aujourd'hui préférée à la cocaïne. Le commerce de l'héroïne est plus discret, il n'y a pas d'assassinats d'éminents fonctionnaires comme c'est devenu le cas presque quotidien en Colombie. L'opium pakistanais ne se vend pas aussi cher que celui du Triangle ou du Croissant d'or (iranien). Cela a fortement stimulé la production et la vente d'héroïne, qui menace de détrôner la cocaïne comme première source de profit.

Pendant de nombreuses années, les cercles huppés de la société anglaise ont parlé du vil commerce de l'opium comme du "butin de l'Empire". Les récits de bravoure dans le col de Khyber couvraient un vaste commerce d'opium. L'armée britannique était stationnée dans le col de Khyber pour protéger les caravanes transportant de l'opium brut contre les pillages des tribus des collines. La famille royale britannique le savait-elle ? Sans doute, car quoi d'autre aurait pu inciter la Couronne à maintenir une armée dans cette région où il n'y avait rien d'autre à faire que le lucratif commerce de l'opium ? Il était très coûteux de garder des hommes sous les armes dans un pays lointain. Sa Majesté a dû se demander pourquoi ces unités militaires étaient là. Certainement pas pour jouer au polo ou au billard dans le mess des officiers. La BEIC était jalouse de son monopole sur l'opium. Les concurrents potentiels n'avaient pas droit à l'erreur. Lors

---

[13] Vous êtes-vous déjà demandé pourquoi on appelle ces gens les barons de la drogue plutôt que les rois de la drogue. Si ces gens ne sont que des barons, qui sont donc les rois de la drogue ?

d'un procès célèbre en 1791, un certain Warren Hastings a été accusé d'avoir aidé un ami à se lancer dans le commerce de l'opium aux dépens du BEIC. Les termes mêmes que j'ai trouvés dans les archives de l'affaire conservées au India Office donnent un aperçu du vaste commerce de l'opium :

> "L'accusation est que Hastings a accordé un contrat de fourniture d'opium pour quatre ans à Stephen Sullivan, sans faire de publicité pour ce contrat, à des conditions manifestement évidentes et gratuitement abondantes, dans le but de créer une FORTUNE INSTANTANÉE pour ledit William Sullivan Esq. (C'est nous qui soulignons.)"

Comme le gouvernement britannique détenait le monopole du commerce de l'opium, les seules personnes autorisées à faire fortune instantanément étaient la "noblesse", l'"aristocratie", les ploutocrates et les familles oligarchiques d'Angleterre, dont beaucoup de descendants siègent au Comité des 300, tout comme leurs ancêtres siégeaient au Conseil des 300 qui dirigeait La BEIC. Les étrangers comme M. Sullivan se sont vite retrouvés en difficulté avec la Couronne s'ils avaient l'audace d'essayer de se lancer dans le commerce de l'opium, qui représente plusieurs milliards de livres sterling.

Les hommes d'honneur du BEIC, avec sa liste de 300 conseillers, étaient membres de tous les clubs de gentlemen réputés de Londres et étaient, pour la plupart, membres du parlement, tandis que d'autres, tant en Inde que dans leur pays, étaient magistrats. Les passeports de la compagnie étaient nécessaires pour débarquer en Chine. Lorsque quelques curieux sont arrivés en Chine pour enquêter sur l'implication de la Couronne britannique dans ce commerce lucratif, les magistrats du BEIC ont rapidement révoqué leurs passeports, leur interdisant ainsi l'entrée en Chine. Les frictions avec le gouvernement chinois étaient monnaie courante. Les Chinois avaient adopté une loi, l'édit de Yung Cheny de 1729, interdisant l'importation d'opium, mais la BEIC a réussi à maintenir l'opium dans les tarifs douaniers chinois jusqu'en 1753, le droit étant de trois taels par paquet d'opium. Même lorsque les services secrets spéciaux britanniques (les 007 de l'époque) veillaient à ce que les fonctionnaires chinois gênants soient achetés, et dans les cas où cela n'était pas possible, ils étaient tout simplement assassinés.

Tous les monarques britanniques depuis 1729 ont énormément profité du commerce de la drogue et il en va de même pour l'actuel occupant du trône. Les ministres veillaient à ce que la richesse afflue dans les coffres de leur famille. Sous le règne de la reine Victoria, Lord Palmerston fut un des plus importants. Il s'accrochait obstinément à la conviction que rien ne devait arrêter le commerce de l'opium de la Grande-Bretagne avec la Chine. Le plan de Palmerston consistait à fournir au gouvernement chinois suffisamment d'opium pour que les membres individuels deviennent avides. Ensuite, les Britanniques restreindraient les livraisons et, lorsque le gouvernement chinois serait à genoux, elles reprendraient — mais à un prix beaucoup plus élevé, conservant ainsi un monopole par le biais du gouvernement chinois lui-même, mais ce plan échoua.

Le gouvernement chinois réagit en détruisant d'importantes cargaisons d'opium stockées dans des entrepôts, et les marchands britanniques durent signer des accords INDIVIDUELS pour ne plus importer d'opium à Canton. La BEIC réagit en envoyant des dizaines de navires chargés d'opium sur les routes de Macao. Des sociétés redevables à la BEIC, plutôt que des particuliers, ont ensuite vendu ces cargaisons. Le commissaire chinois Lin déclara :

> "Il y a tellement d'opium à bord des navires anglais qui se trouvent actuellement sur les routes de cet endroit (Macao) qu'il ne sera jamais rendu au pays d'où il provient, et je ne serai pas surpris d'apprendre qu'il est introduit en contrebande sous des couleurs américaines."

La prophétie de Lin s'est révélée remarquablement exacte.

Les guerres de l'opium contre la Chine avaient pour but de "remettre les Chinois à leur place", comme l'a dit un jour Lord Palmerston, et c'est ce qu'a fait l'armée britannique. Il n'était tout simplement pas possible d'arrêter ce vaste et lucratif commerce qui rapportait aux seigneurs féodaux oligarchiques britanniques des milliards, tout en laissant la Chine avec des millions d'opiomanes. Plus tard, les Chinois ont demandé à la Grande-Bretagne de les aider à résoudre leur immense problème et les deux pays ont conclu des accords. Par la suite, les gouvernements chinois successifs ont compris l'intérêt de coopérer avec la Grande-Bretagne au lieu de se battre avec elle — et cela s'est vérifié pendant le règne sanglant de Mao Tse Tung — de sorte qu'aujourd'hui, comme je l'ai déjà mentionné, les querelles qui surviennent portent uniquement sur la part du commerce de l'opium à laquelle chacun a droit.

Pour passer à une histoire plus moderne, le partenariat sinobritannique a été consolidé par l'accord de Hong Kong qui a établi un partenariat égalitaire dans le commerce de l'opium. Ce commerce s'est déroulé sans heurts, avec quelques soubresauts ici et là, mais alors que la violence et la mort, le vol et le meurtre ont marqué la progression du commerce de la cocaïne en Colombie, aucune bassesse de ce genre n'a été autorisée à perturber le commerce de l'héroïne qui, comme je l'ai dit plus tôt, prend de nouveau l'ascendant en cette fin d'année 1991.

Le principal problème survenu dans les relations sino-britanniques au cours des 60 dernières années concernait la demande de la Chine d'une plus grande part du gâteau de l'opium-héroïne. Ce problème a été réglé lorsque la Grande-Bretagne a accepté de céder Hong Kong au contrôle total du gouvernement chinois, ce qui prendra effet en 1997. À part cela, les partenaires conservent leurs anciennes parts égales du lucratif commerce de l'opium basé à Hong Kong.

Les familles oligarchiques britanniques du Comité des 300 qui étaient retranchées à Canton au plus fort du commerce de l'opium ont laissé leurs descendants en place. Regardez une liste des résidents britanniques éminents en Chine et vous verrez les noms des membres du Comité des 300 parmi eux. La même chose est valable pour Hong Kong. Ces ploutocrates héritiers d'une époque féodale, qu'ils cherchent à imposer au monde entier, contrôlent le commerce de l'or et de l'opium dont Hong Kong est LE centre. Les cultivateurs d'opium birmans et chinois se font payer en or, ils ne font pas confiance au billet de 100 dollars en papier américain. Cela explique le volume très important du commerce de l'or à la bourse de Hong Kong.

Le Triangle d'Or n'est plus le plus grand producteur d'opium. Depuis 1987, ce titre douteux est partagé par le Croissant d'or (Iran), le Pakistan et le Liban. Ce sont les principaux producteurs d'opium, bien que de plus petites quantités proviennent à nouveau d'Afghanistan et de Turquie. Le commerce de la drogue, et plus particulièrement celui de l'opium, ne pourrait fonctionner sans l'aide des banques, comme nous allons le démontrer.

Les banques et le marché de la drogue

C omment les banques, avec leur grand air de respectabilité, s'intègrent-elles dans le commerce de la drogue, avec tout ce qu'il comporte d'immonde ? C'est une histoire très longue et compliquée, qui pourrait faire l'objet d'un livre à elle seule. Les banques y participent notamment en finançant des sociétés-écrans qui importent les produits chimiques nécessaires à la transformation de l'opium brut en héroïne. La Hong Kong and Shanghai Bank, qui a une succursale à Londres, est au cœur de ce commerce par l'intermédiaire d'une société appelée TEJAPAIBUL, qui a un compte à la Hong Kong and Shanghai Bank. Que fait cette société ? Elle importe à Hong Kong la plupart des produits chimiques nécessaires au processus de raffinage de l'héroïne.

Elle est également un important fournisseur d'anhydride acétique pour le Croissant d'Or et le Triangle d'Or, le Pakistan, la Turquie et le Liban. Le financement effectif de ce commerce est confié à la Bangkok Metropolitan Bank. Ainsi, les activités secondaires liées à la transformation de l'opium, bien que n'entrant pas dans la même catégorie que le commerce de l'opium, génèrent néanmoins des revenus substantiels pour les banques. Mais le véritable revenu de la Hong Kong and Shanghai Bank et de toutes les banques de la région est le financement du commerce de l'opium.

Il m'a fallu beaucoup de recherches pour établir un lien entre le prix de l'or et celui de l'opium. J'avais l'habitude de dire à qui voulait l'entendre : "Si vous voulez connaître le prix de l'or, trouvez le prix d'une livre ou d'un kilo d'opium à Hong Kong." À mes détracteurs, je répondais : "Regardez ce qui s'est passé en 1977, une année critique pour l'or." La Banque de Chine a choqué les spécialistes de l'or, et ces prévisionnistes intelligents que l'on trouve en grand nombre en Amérique, en déversant soudainement et sans avertissement 80 tonnes d'or sur le marché.

Cela a fait chuter le prix de l'or à toute vitesse. Tout ce que les experts pouvaient dire, c'était : "Nous ne savions pas que la Chine avait autant d'or ; d'où pouvait-il venir ?" Il provenait de l'or qui est payé à la Chine sur le marché de l'or de Hong Kong pour les gros achats d'opium. La politique actuelle du gouvernement chinois envers l'Angleterre est la même qu'aux 18ème et au 19ème siècle. L'économie chinoise, liée à l'économie de Hong Kong — et je ne parle pas des téléviseurs, des textiles, des radios, des montres, des cassettes vidéo piratées — mais bien de l'opium/héroïne — prendrait un coup terrible s'il n'y avait pas le commerce de l'opium qu'ils partagent avec la Grande-Bretagne. La BEIC n'existe plus, mais les descendants de son Conseil des 300 sont toujours présents au sein du Comité des 300.

Les plus anciennes des familles britanniques oligarchiques qui ont été à la tête du commerce de l'opium au cours des 200 dernières années y sont encore aujourd'hui. Prenez les Matheson, par exemple. Cette famille "noble" est l'un des piliers du commerce de l'opium. Il y a quelques années, lorsque la situation semblait un peu précaire, les Matheson sont intervenus et ont accordé à la Chine un prêt de 300 millions de dollars pour des investissements immobiliers. En fait, ce prêt était présenté comme une "joint-venture entre la République populaire de Chine et la Matheson Bank". En faisant des recherches dans les documents du Bureau des Indes des années 1700, je suis tombé sur le nom de Matheson, qui n'a cessé d'apparaître partout — à Londres, Pékin, Dubaï, Hong Kong, partout où il est question d'héroïne et d'opium.

Le problème du commerce de la drogue est qu'il est devenu une menace pour la souveraineté nationale. Voici ce que l'ambassadeur vénézuélien aux Nations unies a déclaré à propos de cette menace mondiale :

> "Le problème de la drogue a déjà cessé d'être traité comme un simple problème de santé publique ou un problème social. Il s'est transformé en quelque chose de beaucoup plus grave et de grande envergure qui affecte notre souveraineté nationale ; un problème de sécurité nationale, car il porte atteinte à l'indépendance d'une nation. La drogue, dans toutes ses manifestations de production, de commercialisation et de consommation, nous dénature en portant atteinte à notre vie éthique, religieuse et politique, à nos valeurs historiques, économiques et républicaines."

C'est précisément le mode de fonctionnement de la Banque des règlements internationaux et du FMI. Permettez-moi de dire sans hésiter que ces deux banques ne sont rien d'autre que des chambres de compensation pour le commerce de la drogue. La BRI sape tout pays que le FMI veut couler en mettant en place des moyens permettant la sortie facile de capitaux en fuite. La BRI ne reconnaît ni ne fait aucune distinction entre les capitaux en fuite et l'argent de la drogue blanchi.

La BRI fonctionne sur le modèle des gangsters. Si un pays ne se soumet pas au démembrement de ses actifs par le FMI, elle lui dit en fait : "Bien, alors nous allons vous briser au moyen de l'énorme réserve de narcodollars que nous détenons". Il est facile de comprendre pourquoi l'or a été démonétisé et remplacé par le "dollar" en papier comme monnaie de réserve mondiale. Il n'est pas aussi facile de faire chanter un pays qui détient des réserves d'or qu'un pays dont les réserves sont en papier-dollar.

Il y a quelques années, le FMI a tenu une réunion à Hong Kong à laquelle assistait un de mes collègues et il m'a dit que le séminaire portait précisément sur cette question. Il m'a informé que les agents du FMI ont déclaré à la réunion qu'ils pouvaient littéralement provoquer une ruée sur la monnaie de n'importe quel pays, en utilisant des narcodollars, ce qui précipiterait une fuite des capitaux. Rainer-Gut, délégué du Crédit Suisse et membre du Comité des 300, a dit qu'il prévoyait une situation dans laquelle le crédit national et le financement national seraient regroupés au sein d'une seule et même organisation d'ici la fin du siècle. Bien que Rainer-Gut ne l'ait pas explicité, tous les participants au séminaire savaient exactement de quoi il parlait.

De la Colombie à Miami, du Triangle d'Or à la Porte d'Or, de Hong Kong à New York, de Bogota à Francfort, le commerce de la drogue, et plus particulièrement de l'héroïne, est une GRANDE AFFAIRE,[14] dirigée de haut en bas par certaines des familles les plus "intouchables"[15] au monde, et chacune de ces familles a au moins un membre qui fait partie du Comité des 300. Il ne s'agit pas d'un commerce de rue, et il faut beaucoup d'argent et d'expertise pour le maintenir en bon état. Les mécanismes contrôlés par le Comité des 300 y veillent.

On ne trouve pas de tels talents au coin de la rue et les métros de New

---

[14] BIG BUSINESS dans le texte original, NDT.

[15] La famille royale britannique a créé les tribunaux britanniques, établi ses propres lois et son propre système juridique de telle sorte que personne ne peut intenter une action en justice contre le monarque.

York. Bien sûr, les revendeurs et les colporteurs font partie intégrante du commerce, mais seulement en tant que petits vendeurs à temps partiel. Je dis à temps partiel parce qu'ils sont pris et que la rivalité fait que certains d'entre eux sont abattus. Mais qu'est-ce que cela peut faire ? Il y a beaucoup de remplaçants disponibles.

Non, ce n'est pas quelque chose qui intéresserait l'administration des petites entreprises. C'EST UNE GRANDE ENTREPRISE, un vaste empire, ce sale business de la drogue. Par nécessité, il est géré de haut en bas dans chaque pays du monde. C'est, en fait, la plus grande entreprise dans le monde aujourd'hui, transcendant toutes les autres. Le fait qu'il soit protégé par le haut est confirmé par le fait que, comme le terrorisme international, il ne peut être éradiqué, ce qui devrait indiquer à une personne raisonnable que certains des plus grands noms des cercles royaux, de l'oligarchie, de la ploutocratie le dirigent, même si cela se fait par des intermédiaires.

Les principaux pays impliqués dans la culture du pavot et du cocaïer sont la Birmanie, la Chine du Nord, l'Afghanistan, l'Iran, le Pakistan, la Thaïlande, le Liban, la Turquie, le Pérou, l'Équateur et la Bolivie. La Colombie ne cultive pas la coca, mais, après la Bolivie, elle est le principal centre raffineur de cocaïne et le principal centre financier du commerce de la cocaïne qui, depuis que le général Noriega a été enlevé et emprisonné par le président Bush, est concurrencé par le Panama pour la première place en matière de blanchiment d'argent et de financement du commerce de la cocaïne.

Le commerce de l'héroïne est financé par les banques de Hong Kong, les banques de Londres et certaines banques du Moyen-Orient, comme la British Bank of the Middle East. Le Liban est en train de devenir la "Suisse du Moyen-Orient". Les pays impliqués dans la distribution et l'acheminement de l'héroïne sont Hong Kong, la Turquie, la Bulgarie, l'Italie, Monaco, la France (Corse et Marseille), le Liban et le Pakistan. Les États-Unis sont le plus grand consommateur de stupéfiants, la première place revenant à la cocaïne, qui est concurrencée par l'héroïne. L'Europe occidentale et l'Asie du Sud-Ouest sont les plus gros consommateurs d'héroïne. L'Iran a une énorme population d'héroïnomanes — plus de 2 millions en 1991.

Il n'y a pas un seul gouvernement qui ne sache pas précisément ce qui se passe dans le domaine du commerce de la drogue, mais les membres individuels qui occupent des postes puissants sont pris en charge par le Comité des 300 par le biais de son réseau mondial de filiales. Si un membre du gouvernement est "difficile", il est écarté, comme ce fut le cas pour le Pakistanais Ali Bhutto et l'Italien Aldo Moro. Personne n'échappe à ce comité tout-puissant, même si la Malaisie a réussi à résister jusqu'à présent. La Malaisie a les lois anti-drogue les plus strictes du monde. La possession de drogues, même en petites quantités, est passible de la peine de mort.

Comme la société bulgare Kintex, la plupart des petits pays sont directement impliqués dans ces entreprises criminelles. Les camions de Kintex transportent régulièrement de l'héroïne à travers l'Europe occidentale dans leur propre flotte de camions portant la marque CEE Triangle Internationale Routier (TIR). Les camions portant cette marque et le numéro de reconnaissance de la CEE ne sont pas censés être arrêtés aux postes de douane. Les camions TIR ne sont autorisés à transporter que des denrées périssables. Ils sont censés être inspectés dans le pays d'où ils proviennent et chaque conducteur est censé être muni d'un document à cet effet.

C'est ce qui se passe dans le cadre des obligations découlant des traités internationaux ; ainsi, les camions Kintex ont pu charger leurs cargaisons d'héroïne et les certifier comme étant des "fruits et légumes frais", puis se frayer un chemin à travers l'Europe occidentale, pénétrant même dans les bases de haute sécurité de l'OTAN en Italie du Nord. De cette manière, la Bulgarie est devenue l'un des principaux pays par lesquels l'héroïne était acheminée.

La seule façon d'arrêter les énormes quantités d'héroïne et de cocaïne qui trouvent actuellement leur chemin vers les marchés européens est de mettre fin au système *TIR*. Cela n'arrivera jamais. Les obligations internationales en matière de traités que je viens de mentionner ont été mises en place par le Comité des 300, grâce à ses incroyables réseaux et mécanismes de contrôle, pour faciliter le passage de toutes sortes de drogues vers l'Europe occidentale. Oubliez les denrées périssables ! Un ancien agent de la DEA en poste en Italie m'a dit : *"TIR = DOPE"*.[16]

Souvenez-vous de cela la prochaine fois que vous lirez dans les journaux qu'un gros chargement d'héroïne a été trouvé dans une valise à faux fond à l'aéroport Kennedy, et qu'une "mule" malchanceuse paiera le prix de son activité criminelle. Ce genre

---

[16] "Dope" est un terme générique américain dont l'équivalent en français est "came".

d'action n'est que "de la petite bière", histoire de jeter de la poudre aux yeux du public, pour nous faire croire que notre gouvernement fait vraiment quelque chose contre la menace de la drogue. Prenez par exemple "The French Connection", un programme de Nixon lancé à l'insu et sans le consentement du comité des 300.

La quantité totale d'opium et d'héroïne saisie au cours de cet effort massif représente un peu moins d'un quart de ce que transporte un seul camion TIR. Le Comité des 300 a veillé à ce que Nixon paie un lourd tribut pour une saisie d'héroïne relativement faible. Il ne s'agissait pas de la quantité d'héroïne en cause, mais du fait qu'une personne qu'ils avaient aidée à gravir les échelons jusqu'à la Maison-Blanche croyait pouvoir se passer désormais de leur aide et de leur soutien, et aller même à l'encontre des ordres directs venus d'en haut.

Le mécanisme du commerce de l'héroïne est le suivant : les tribus sauvages des collines thaïlandaises et birmanes cultivent le pavot à opium. Au moment de la récolte, la gousse porteuse de graines est coupée avec un rasoir ou un couteau tranchant. Une substance résineuse s'échappe par la coupure et commence à se figer. C'est l'opium brut. La récolte d'opium brut est transformée en boules rondes et collantes. Les membres des tribus sont payés en lingots d'or d'un kilo - appelés 4/10ᵉ — qui sont frappés par le Crédit Suisse. Ces petits lingots sont utilisés UNIQUEMENT pour payer les membres des tribus — les lingots d'or de poids normal sont échangés sur le marché de Hong Kong par les gros acheteurs d'opium brut ou d'héroïne partiellement transformée. Les mêmes méthodes sont utilisées pour payer les membres des tribus des collines en Inde — les Baloutches — qui pratiquent ce commerce depuis l'époque des Moghols. La "Dope Season", comme on l'appelle, voit un afflux d'or négocié sur le marché de Hong Kong. Le Mexique a commencé à produire des quantités relativement faibles d'héroïne appelée "Mexican Brown", très demandée par les stars d'Hollywood. Là encore, le commerce de l'héroïne est dirigé par de hauts fonctionnaires du gouvernement qui ont l'armée de leur côté. Certains producteurs de "Mexican Brown" gagnent un million de dollars par mois en fournissant leurs clients américains. Lorsque quelques policiers fédéraux mexicains sont incités à agir contre les producteurs d'héroïne, ils sont "éliminés" par des unités militaires qui semblent surgir de nulle part.

Un tel incident s'est produit en novembre 1991 sur une piste d'atterrissage isolée dans la région productrice d'opium du Mexique.

Des agents de la police fédérale des stupéfiants ont encerclé la piste et étaient sur le point d'arrêter des personnes qui étaient en train de charger de l'héroïne lorsqu'une escouade de soldats est arrivée. Les soldats ont rassemblé les agents de la police fédérale des stupéfiants et les ont tous systématiquement tués. Cette action constitue une menace sérieuse pour le président mexicain Goltarin, qui doit faire face à de fortes demandes d'enquête sur ces meurtres. Goltarin est dans une situation délicate : il ne peut pas renoncer à demander une enquête et il ne peut pas non plus se permettre d'offenser les militaires. Il s'agit de la première fissure dans la chaîne de commandement au Mexique, qui remonte jusqu'au Comité des 300. L'opium brut du Triangle d'Or est acheminé par pipeline vers la mafia sicilienne et la partie française du business pour être raffiné dans les laboratoires qui infestent les côtes françaises de Marseille à Monte-Carlo. Aujourd'hui, le Liban et la Turquie produisent des quantités croissantes d'héroïne raffinée et un grand nombre de laboratoires ont vu le jour dans ces deux pays au cours des quatre dernières années. Le Pakistan compte également un certain nombre de laboratoires, mais il ne joue pas dans la même cour que la France, par exemple.

La route empruntée par les transporteurs d'opium brut du Croissant d'Or passe par l'Iran, la Turquie et le Liban. Lorsque le Shah d'Iran était à la tête du pays, il a refusé que le commerce de l'héroïne se poursuive et il a été interrompu de force jusqu'à ce qu'il soit "repris en main" par le Comité des 300. L'opium brut de Turquie et du Liban est acheminé en Corse, d'où il est expédié à Monte-Carlo avec la complicité de la famille Grimaldi. Les laboratoires pakistanais, sous couvert de "laboratoires militaires de défense", effectuent une plus grande partie du raffinage qu'il y a deux ans, mais le meilleur raffinage se fait toujours le long du littoral français de la Méditerranée et en Turquie. Là encore, les banques jouent un rôle essentiel dans le financement de ces opérations.

Arrêtons-nous ici un instant. Devons-nous croire qu'avec toutes les techniques de surveillance modernes et largement améliorées, y compris la reconnaissance par satellite, dont disposent les forces de l'ordre dans ces pays, ce commerce infâme ne peut pas être localisé et arrêté ? Comment se fait-il que les forces de l'ordre ne puissent pas entrer et détruire ces laboratoires une fois qu'ils sont découverts ? Si c'est le cas, et que nous ne pouvons toujours pas interdire le commerce de l'héroïne, alors nos services de lutte contre les stupéfiants devraient être connus sous le nom de "gériatrie" et non d'agences de lutte contre la drogue.

Même un enfant pourrait dire à nos prétendus "surveillants de la drogue" ce qu'il faut faire. Il suffit de surveiller toutes les usines fabriquant de l'anhydride acétique, LE composant chimique le plus essentiel dont ont besoin les laboratoires pour raffiner l'héroïne à partir de l'opium brut. ENSUITE, SUIVEZ LA PISTE ! C'est aussi simple que cela ! Je me souviens de Peter Sellers dans la série "La Panthère rose" lorsque je pense aux efforts des forces de l'ordre pour localiser les laboratoires de raffinage de l'héroïne. Même une personne aussi maladroite que l'inspecteur de fiction n'aurait aucun mal à suivre la route empruntée par les cargaisons d'anhydride acétique jusqu'à leur destination finale.

Les gouvernements pourraient adopter des lois qui obligeraient les fabricants d'anhydride acétique à tenir des registres scrupuleux indiquant qui achète le produit chimique et à quelles fins il doit être utilisé. Mais n'y comptez pas, n'oubliez pas que la drogue est synonyme de big business et que les grandes affaires sont le fait des familles oligarchiques d'Europe et de l'establishment libéral de la côte Est des États-Unis. Le commerce de la drogue n'est pas une opération mafieuse ni une opération dirigée par les cartels de cocaïne colombiens. Les familles nobles de Grande-Bretagne et les hauts responsables américains ne vont pas afficher leur rôle dans les vitrines des magasins ; ils ont toujours une armada d'hommes de façade pour faire le sale boulot.

Rappelez-vous que la "noblesse" britannique et américaine ne s'est jamais sali les mains dans le commerce de l'opium en Chine. Les seigneurs et les dames étaient bien trop intelligents pour cela, tout comme l'élite américaine : les Delano, les Forbes, les Appleton, les Bacon, les Boyleston, les Perkins, les Russel, les Cunningham, les Shaw, les Coolidge, les Parkman, les Runnewell, les Cabot et les Codman ; ce n'est pas une liste exhaustive des familles américaines qui se sont enrichies grâce au commerce de l'opium en Chine.

Comme il ne s'agit pas d'un livre sur le commerce de la drogue, je ne peux pas, par nécessité, traiter ce sujet en profondeur. Mais son importance pour le Comité des 300 doit être soulignée. L'Amérique n'est pas dirigée par 60 familles, mais par 300 familles et l'Angleterre par 100 familles et, comme nous le verrons, ces familles sont entrelacées par des mariages, des sociétés, des banques, sans parler des liens avec la noblesse noire, la franc-maçonnerie, l'ordre de Saint-Jean de Jérusalem, etc. Ce sont ces personnes qui, par l'intermédiaire de leurs substituts, trouvent le moyen de protéger d'énormes cargaisons d'héroïne en provenance de Hong Kong, de Turquie, d'Iran et du Pakistan et de s'assurer qu'elles atteignent les marchés des États-Unis et de l'Europe occidentale avec un coût minimal pour faire des affaires.

Des cargaisons de cocaïne sont parfois interceptées et saisies, mais ce n'est que de la poudre aux yeux. Souvent, les cargaisons saisies appartiennent à une nouvelle organisation qui tente de percer dans le commerce. Ces concurrents sont mis hors d'état de nuire en informant les autorités de l'endroit exact où ils vont entrer dans le marché U.S. et qui sont les propriétaires. Les grosses affaires ne sont jamais touchées ; l'héroïne est trop chère. Il convient de noter que les agents de la Drug Enforcement Agency des États-Unis ne sont pas autorisés à entrer à Hong Kong. Ils ne peuvent pas examiner le manifeste d'un navire avant qu'il ne quitte le port. On peut se demander pourquoi, s'il y a tant de "coopération internationale" en cours — ce que les médias aiment à qualifier de "démantèlement du commerce de la drogue". Il est clair que les routes commerciales de l'héroïne sont protégées par "une autorité supérieure". En Amérique du Sud, à l'exception du Mexique, la cocaïne est reine. La production de la cocaïne est très simple, contrairement à l'héroïne, et de grandes fortunes sont à gagner pour ceux qui sont prêts à prendre des risques pour et au nom des "supérieurs". Comme dans le commerce de l'héroïne, les intrus ne sont pas les bienvenus et finissent souvent par être des victimes, ou des victimes de conflits familiaux. En Colombie, la mafia de la drogue est une famille très unie. Mais la mauvaise publicité générée par l'attaque de la guérilla du M19 contre le bâtiment de la justice à Bogota (le M19 est l'armée privée des barons de la cocaïne) et le meurtre de Rodrigo Lara Bonilla, un éminent procureur et juge, a été telle que les "autorités supérieures" ont dû réorganiser les choses en Colombie.

En conséquence, les Ochoas du cartel de Medellín se sont rendus après avoir reçu l'assurance qu'ils ne subiraient aucune perte de fortune, aucun préjudice d'aucune sorte, et qu'ils ne seraient pas extradés vers les États-Unis. Un accord a été conclu selon lequel, à condition qu'ils rapatrient la majeure partie de leurs énormes fortunes en narcodollars dans des banques colombiennes, aucune action punitive ne serait prise à leur encontre. Les Ochoas — Jorge, Fabio et leur chef, Pablo Escobar, seraient détenus dans des prisons privées qui ressemblent à une chambre de motel de luxe, et seraient ensuite condamnés à une peine maximale de deux ans — à purger dans la même prison de motel. Cet accord est en cours. Les Ochoas se sont également vu garantir le droit de continuer à gérer leurs "affaires" depuis leur motel-prison.

Mais cela ne signifie pas que le commerce de la cocaïne s'est arrêté net. Au contraire, il a simplement été transféré au cartel de Cali, qui joue un rôle de second plan, et tout se passe comme d'habitude. Pour une raison étrange, le cartel de Cali, dont la taille est égale à celle du cartel de Medellín, a été — du moins jusqu'à présent - largement ignoré par la DEA. Cali diffère du cartel de Medellín en ce qu'il est dirigé par des HOMMES D'AFFAIRES, qui évitent toute forme de violence et ne rompent jamais les accords.

Ce qui est encore plus significatif, c'est que Cali ne fait pratiquement pas d'affaires en Floride. Ma source m'a dit que le cartel de Cali est dirigé par des hommes d'affaires rusés, comme on n'en a jamais vu dans le commerce de la cocaïne. Il pense qu'ils ont été "spécialement nommés", mais ne sait pas par qui. "Ils n'attirent jamais l'attention sur eux", dit-il. "Ils ne se promènent pas en important des Ferrari rouges comme l'a fait Jorge Ochoa, attirant immédiatement l'attention, car il est interdit d'importer de telles voitures en Colombie."

Les marchés du cartel de Cali se trouvent à Los Angeles, New York et Houston, ce qui correspond étroitement aux marchés de l'héroïne. Cali n'a montré aucun signe d'avancée dans le marché de l'héroïne en Floride. Un ancien agent de la DEA, qui est un de mes collègues, a récemment déclaré :

> "Ces gens de Cali sont vraiment intelligents. Ils sont d'une autre race que les frères Ochoa. Ils agissent comme des hommes d'affaires professionnels. Ils sont maintenant plus importants que le cartel de Medellín et je pense que nous allons voir beaucoup plus de cocaïne entrer aux États-Unis que jamais auparavant. L'enlèvement de Manuel Noriega facilitera le passage de la cocaïne et de l'argent par le Panama, qui compte tant de banques. Voilà pour l'opération "Juste cause" du président George Bush. Tout ce qu'elle a fait, c'est faciliter la vie de Nicolas Ardito Barletta, qui était dirigé par les frères Ochoa et qui s'apprête à servir de couverture au cartel de Cali".

Sur la base de mon expérience du commerce de l'héroïne, je pense que le Comité des 300 est intervenu et a pris le contrôle total du commerce de la cocaïne en Amérique du Sud. Il n'y a pas d'autre explication à la montée en puissance du cartel de Cali qui est couplée à l'enlèvement de Noriega. Bush a-t-il reçu ses ordres de Londres concernant Noriega ? Tout indique qu'il a été littéralement poussé à envahir le

Panama et à kidnapper Noriega, qui était devenu un sérieux obstacle au "commerce" au Panama, notamment dans le secteur bancaire.

Plusieurs anciens agents de renseignements m'ont donné leur avis, qui coïncide avec le mien. Comme pour la guerre du Golfe qui a suivi celle de Panama, ce n'est qu'après plusieurs appels de l'ambassadeur britannique à Washington que Bush a finalement trouvé le courage de faire son coup totalement illégal au général Noriega. Le fait qu'il ait été soutenu par la presse britannique et par le *New York Times*, un journal géré par les services secrets britanniques, en dit long.

Noriega était autrefois la coqueluche de l'establishment de Washington. Il a fréquemment fréquenté William Casey et Oliver North et a même rencontré le président George Bush à deux reprises au moins. Noriega était souvent vu au Pentagone où il était traité comme l'un de ces potentats arabes, et le tapis rouge était toujours déroulé pour lui au siège de la CIA à Langley en Virginie. Les services de renseignement de l'armée américaine et la CIA ont déclaré l'avoir payé 320 000 dollars.

Puis des nuages d'orage ont commencé à apparaître à l'horizon, à peu près au moment où le cartel de Cali reprenait le commerce de la cocaïne aux frères Ochoa et à Pablo Escobar. Sous la houlette du sénateur Jesse Helms, qui s'est vendu à Ariel Sharon et au parti israélien Histradut en 1985, une agitation s'est soudainement déclenchée en faveur de la destitution de Noriega. Jesse Helms et ses semblables ont été soutenus par Simon Hersh, un agent des services de renseignement britanniques travaillant pour le *New York Times*, qui a été un porte-parole des services de renseignements britanniques aux États-Unis depuis l'époque où le patron du MI6, Sir William Stephenson, occupait le bâtiment de la RCA à New York.

Il est très significatif que Helms ait choisi de mener la charge contre Noriega. Helms est le chouchou de la faction Sharon à Washington et Sharon était le principal marchand d'armes en Amérique centrale et en Colombie. De plus, Helms a le respect des fondamentalistes chrétiens qui croient en la maxime : "Israël, mon pays, à tort ou à raison." Ainsi, un puissant élan a été créé pour "attraper Noriega". Il est évident que Noriega pouvait s'avérer un sérieux obstacle pour les marchands de drogue internationaux et leurs banquiers du comité des 300, il devait donc être écarté avant qu'il ne puisse faire des dégâts importants.

Ses maîtres britanniques ont fait pression sur Bush pour qu'il mène une opération illégale de perquisition et de saisie au Panama, qui a entraîné la mort de pas moins de 7000 Panaméens et la destruction gratuite de biens privés. Rien ne permettant d'impliquer Noriega comme "trafiquant de drogue" n'a jamais été trouvé, il a donc été enlevé et amené aux États-Unis dans l'un des exemples les plus flagrants de brigandage international de l'histoire. Cette action illégale correspond probablement le mieux à la philosophie de Bush :

> "Les dimensions morales de la politique étrangère américaine exigent que nous tracions une voie morale à travers un monde du moindre mal. Il s'agit du monde réel, tout n'est pas noir ou blanc. Il y a peu de place pour l'absolu."

C'était un "moindre mal" de kidnapper Noriega, plutôt que de le laisser démanteler les banques du Panama [qui] travaillent pour le Comité des 300. L'affaire Noriega est un prototype des actions monstrueuses du gouvernement du monde unique qui attend dans les coulisses. Un Bush enhardi est sorti au grand jour, sans crainte, parce que nous, le peuple, avons revêtu un manteau spirituel qui s'accommode du MENSONGE et ne veut rien savoir de la VÉRITÉ[17]. C'est le monde que nous avons décidé d'accepter. S'il n'en était pas ainsi, une tempête de colère aurait balayé le pays à propos de l'invasion du Panama, qui n'aurait pas cessé jusqu'à ce que Bush soit chassé du bureau. Les transgressions du Watergate de Nixon sont insignifiantes à côté des nombreuses infractions passibles d'impeachment commises par le président Bush lorsqu'il a ordonné l'invasion du Panama pour kidnapper le général Noriega.

Le dossier du gouvernement contre Noriega est basé sur le faux témoignage d'un groupe d'hommes importants, pour la plupart déjà condamnés et qui mentent comme des arracheurs de dents pour obtenir une réduction de leur propre peine. Leur performance aurait énormément plu à Gilbert et Sullivan, s'ils étaient vivants aujourd'hui. "Ils en ont fait les maîtres de la DEA" pourrait être approprié à la place de "Ils en ont fait les maîtres de la Marine de la Reine", extrait de "HMS Pinafore". C'est une scène tout à fait grotesque que de voir comment ces escrocs se comportent comme des pingouins pas si bien entraînés que ça pour le ministère de la Justice des États-Unis, si tant est que l'on veuille insulter un animal aussi gentil et propre par une

---

[17] Isaïe 30:10 qui disent aux voyants : Ne voyez pas, et aux prophètes : Ne nous prophétisez pas des choses justes, dites-nous des choses douces, prophétisez des tromperies (mensonges).

comparaison aussi indigne.

Les dates clés se contredisent, les détails clés brillent par leur absence, les trous de mémoire sur des points cruciaux, tout cela aboutit au fait évident que le gouvernement n'a pas de dossier contre Noriega, mais cela n'a pas d'importance ; le Royal Institute for International Affairs (RIIA) dit "condamnez-le quand même" et c'est ce que le pauvre Noriega peut espérer. L'un des témoins vedettes du ministère de la Justice est un certain Floyd Carlton Caceres, ancien pilote de la compagnie des frères Ochoa.

Après son arrestation en 1986, Carlton a tenté d'assouplir sa position aux dépens de Noriega.

Il a dit à ses interrogateurs de la DEA que les frères Ochoa avaient payé Noriega 600 000 dollars pour permettre à trois avions chargés de cocaïne d'atterrir et de se ravitailler au Panama. Mais une fois au tribunal de Miami, il est vite apparu que celui qui était annoncé comme le "témoin vedette" de l'accusation était, au mieux, un pétard mouillé. Le contre-interrogatoire a révélé la véritable histoire : loin d'être payé pour autoriser les vols, Noriega n'a même pas été contacté par les Ochoas. Pire encore, en décembre 1983, Noriega avait ordonné que tous les vols à destination du Panama en provenance de Medellín se voient refuser l'autorisation d'atterrir au Panama. Carlton n'est pas le seul témoin discrédité. L'un d'entre eux, encore plus menteur que Carlton, est Carlos Lehder, qui était une cheville ouvrière du cartel de Medellín jusqu'à ce qu'il soit arrêté en Espagne et envoyé aux États-Unis. Qui a donné à la DEA l'information la plus vitale, à savoir que Lehder était à Madrid ? La DEA concède à contrecœur qu'elle doit cette importante prise à Noriega. Aujourd'hui, cependant, le ministère de la Justice utilise Lehder comme témoin contre Noriega. Ce témoin unique démontre, à tout le moins, la misère de l'affaire du gouvernement américain contre Manuel Noriega.

En échange des services rendus, Lehder a bénéficié d'un allègement de sa peine et de locaux beaucoup plus agréables — une chambre avec vue et télévision — et sa famille a obtenu la résidence permanente aux États-Unis.

Le procureur américain qui a poursuivi Lehder en 1988 a déclaré au *Washington Post* :

> "Je ne pense pas que le gouvernement devrait avoir affaire à Carlos Lehder, point final. Ce type est un menteur du début à la fin".

Le ministère de la Justice, dont le nom n'a rien à voir avec ce qu'il est censé représenter, a sorti tous ses sales coups contre Noriega : mise sur écoute illégale de ses conversations avec son avocat ; nomination d'un avocat du gouvernement qui prétendait servir Noriega, mais qui a démissionné en cours de route ; gel de ses comptes bancaires pour que Noriega ne puisse pas se défendre correctement ; enlèvement, perquisitions et saisies illégales. Le gouvernement a enfreint plus de lois que Noriega ne l'a jamais fait.

C'est le ministère de la Justice des États-Unis qui est jugé, dix fois plus que le général Noriega. L'affaire Noriega montre le système manifestement diabolique qui passe pour la "justice" dans ce pays. La "guerre contre la drogue" menée par les États-Unis est en cours de jugement, tout comme la soi-disant politique de l'administration Bush en matière de drogues. Le procès Noriega, bien qu'il se termine par un viol violent et flagrant de la justice, offrira néanmoins une certaine compensation à ceux qui ne sont pas aveugles, sourds et muets. Il prouvera une fois pour toutes que l'Angleterre est à la tête de notre gouvernement et il révélera l'idéologie totalement faillie de l'administration Bush, qui devrait avoir pour devise : "Quoi qu'il arrive, la fin justifie toujours les moyens. Il y a très peu d'absolus moraux". Comme la majorité des politiciens, pour Bush, avoir une norme de MORALITÉ ABSOLUE SERAIT UN SUICIDE. Ce n'est que dans ce climat que nous aurions pu permettre au président Bush de violer au moins six lois des États-Unis et des DOUZIÈMES D'ACCORDS INTERNATIONAUX en partant en guerre contre l'Irak.

Ce à quoi nous assistons en Colombie et à Washington, c'est à une révision complète de la manière dont le commerce de la cocaïne doit être géré ; plus d'armes sauvages, plus d'armes à feu. Laissons les gentlemen du cartel de Cali, en costume à rayures, mener les affaires de manière courtoise. En bref, le Comité des 300 a pris directement en main le commerce de la cocaïne qui se déroulera désormais aussi bien que celui de l'héroïne. Le nouveau gouvernement colombien s'est adapté à ce changement de tactique et de direction. Il est sommé d'agir selon le plan du Comité.

Il est nécessaire de mentionner la participation des États-Unis au commerce de l'opium en Chine, qui a commencé dans le sud des États-Unis avant la guerre entre les États. Comment pouvons-nous lier le commerce de l'opium aux grandes plantations de coton du Sud ? Pour ce faire, nous devons commencer par le Bengale, en Inde, qui produisait l'opium le plus fin (si l'on peut appeler une substance aussi infecte fine), qui était très demandé. Le coton était LE commerce le plus important en Angleterre, après les ventes d'opium par le biais du BEIC. La plupart du coton provenant des plantations du Sud était travaillé dans les usines d'esclaves du nord de l'Angleterre, où les femmes et les enfants gagnaient un salaire de misère pour une journée de travail de 16 heures. Les fabriques de tissu appartenaient aux riches mondains de Londres, les Barings, Palmerstons, Keswicks et surtout les Jardine Mathesons qui possédaient la Blue Star Shipping Line, sur laquelle les produits finis en coton et en tissu étaient expédiés en Inde. Ils ne pouvaient pas se soucier des conditions de vie misérables des sujets de Sa Majesté. Après tout, c'est à cela qu'ils servent, et leurs maris et fils sont utiles pour faire la guerre afin de préserver l'empire lointain de Sa Majesté, comme ils l'ont fait pendant des siècles, et dernièrement, lors de la sanglante guerre des Boers. C'était la tradition britannique, n'est-ce pas ?

Les produits de finition en coton exportés en Inde ont sapé et détruit les producteurs indiens de longue date du commerce de produits de finition en coton. Des milliers d'Indiens ont dû endurer de terribles privations, car les produits britanniques, moins chers, ont conquis leurs marchés. L'Inde est alors devenue totalement dépendante de la Grande-Bretagne pour gagner suffisamment de devises afin de payer ses chemins de fer et ses importations de produits finis en coton. Il n'y avait qu'une seule solution aux difficultés économiques de l'Inde. Produire plus d'opium et le vendre moins cher à la Compagnie Britannique des Indes Orientales. C'était le rocher sur lequel le commerce britannique s'est développé et a prospéré. Sans son commerce d'opium, la Grande-Bretagne aurait été aussi ruinée.

Les propriétaires de plantations du Sud étaient-ils au courant de l'horrible secret des marchandises à base d'opium contre du coton ? Il est peu probable que certains d'entre eux n'aient pas su ce qui se passait. Prenez, par exemple, la famille Sutherland, l'un des plus grands propriétaires de plantations de coton du Sud. Les Sutherland étaient étroitement liés à la famille Matheson — Jardine Matheson — qui, à son tour, avait pour partenaires commerciaux les frères Baring, fondateurs de la célèbre Peninsular and Orient Navigation Line (P&O), la plus grande des nombreuses compagnies maritimes marchandes de Grande-Bretagne.

Les Barings étaient de gros investisseurs dans les plantations du Sud, comme ils l'étaient dans les navires Clipper américains qui sillonnaient les mers entre les ports chinois et tous les ports importants de la côte est des États-Unis. Aujourd'hui, les Barings dirigent un certain nombre d'opérations financières très importantes aux États-Unis. Tous ces noms ont été, et leurs descendants sont toujours, membres du Comité des 300.

La majorité des familles qui composent l'Establishment libéral de la côte Est, parmi lesquelles se trouvent les plus riches de ce pays, ont tiré leur fortune soit du commerce du coton, soit du commerce de l'opium et, dans certains cas, des deux. Les Lehman en sont un exemple remarquable. Lorsqu'il s'agit de fortunes tirées uniquement du commerce de l'opium en Chine, les premiers noms qui viennent à l'esprit sont ceux des Astor et des Delano. La femme du président Franklin D. Roosevelt était une Delano. John Jacob Astor a fait une fortune colossale grâce au commerce de l'opium en Chine, puis il est devenu respectable en achetant de grandes étendues d'immobilier à Manhattan avec son argent sale. De son vivant, Astor a joué un rôle important dans les délibérations du Comité des 300. En fait, c'est le Comité des 300 qui a choisi qui serait autorisé à participer au fabuleux et lucratif commerce de l'opium en Chine, par l'intermédiaire de son monopoleur, la BEIC, et les bénéficiaires de leurs largesses sont restés à jamais liés au Comité des 300.

C'est pourquoi, comme nous allons le découvrir, la plupart des biens immobiliers de Manhattan appartiennent à divers membres du Comité, comme c'est le cas depuis l'époque où Astor a commencé à les acheter. Grâce à l'accès à des dossiers qui seraient fermés à toute personne étrangère aux services secrets britanniques, j'ai découvert qu'Astor était depuis longtemps un atout des services secrets britanniques aux États-Unis. Le financement par Astor d'Aaron Burr, le meurtrier d'Alexander Hamilton, prouve ce point au-delà de tout doute raisonnable.

Le fils de John Jacob Astor, Waldorf Astor, a eu l'honneur supplémentaire d'être nommé au Royal Institute for International Affairs (RIIA), organisation par laquelle le Comité des 300 contrôle tous les aspects de notre vie aux États-Unis. On pense que la famille Astor a choisi Owen Lattimore pour poursuivre son association avec le commerce de l'opium, ce qu'il a fait par le biais de l'Institute for Pacific Relations (IPR), financé par Laura Spelman. C'est l'IPR qui a supervisé l'entrée de la Chine dans le commerce de l'opium en tant que partenaire à part entière et non en tant que simple fournisseur. C'est l'IPR qui a ouvert la voie à l'attaque japonaise sur Pearl

Harbour. Les tentatives de transformer les Japonais en opiomanes se sont soldées par un échec cuisant.

Au début du siècle, les ploutocrates oligarchiques de Grande-Bretagne étaient comme des vautours suralimentés dans la plaine du Serengeti au moment de la marche annuelle des gnous. Les revenus qu'ils tiraient du commerce de l'opium en Chine dépassaient de PLUSIEURS MILLIARDS DE DOLLARS PAR AN les revenus de David Rockefeller. Les documents historiques mis à ma disposition au British Museum de Londres et par l'India Office et d'autres sources — d'anciens collègues occupant des postes bien placés — le prouvent totalement.

En 1905, le gouvernement chinois, profondément préoccupé par l'augmentation du nombre d'opiomanes en Chine, tente d'obtenir l'aide de la communauté internationale. La Grande-Bretagne fait mine de coopérer, mais ne fait absolument rien pour respecter les protocoles de 1905 qu'elle a signés. Plus tard, le gouvernement de Sa Majesté a fait volte-face après avoir montré à la Chine qu'il était préférable de se joindre à elle dans le commerce de l'opium plutôt que d'essayer d'y mettre fin.

Même la Convention de La Haye est bafouée par les Britanniques. Les délégués à la convention avaient convenu que la Grande-Bretagne devait respecter les protocoles qu'elle avait signés, qui consistaient à réduire considérablement la quantité d'opium vendue en Chine et ailleurs. Les Britanniques, tout en se contentant de belles paroles, n'ont aucunement l'intention de renoncer à leur commerce de la misère humaine, qui inclut le "commerce du porc".

Leur serviteur, le président George Bush, dans la poursuite de la cruelle guerre de génocide menée contre la nation irakienne UNIQUEMENT pour et au nom des intérêts britanniques, a également montré son mépris en bafouant les accords de La Haye sur les bombardements aériens et toute une série de conventions internationales dont les États-Unis sont signataires, y compris TOUTES les conventions de Genève.

Lorsque, deux ans plus tard, des preuves furent produites, notamment par les Japonais, de plus en plus préoccupés par la contrebande d'opium britannique dans leur pays, que les ventes d'opium avaient augmenté au lieu de diminuer, le délégué de Sa Majesté à la cinquième convention de La Haye produisit une série de statistiques qui étaient en contradiction avec celles fournies par le Japon. Le délégué britannique retourna la situation en déclarant qu'il s'agissait d'un argument très fort en faveur de la légalisation de la vente d'opium, qui aurait pour effet de supprimer ce qu'il appelait "le marché noir".

Il a suggéré, au nom du gouvernement de Sa Majesté, que le gouvernement japonais aurait alors le monopole et le contrôle total du commerce. Il s'agit précisément du même argument avancé par les hommes de paille des Bronfman et d'autres gros trafiquants de drogue — légaliser la cocaïne, la marijuana et l'héroïne, laisser le gouvernement américain en avoir le monopole et ainsi cesser de gaspiller des milliards pour la fausse guerre contre la drogue et économiser des milliards de dollars aux contribuables.

Au cours de la période 1791-1894, le nombre de fumeries d'opium autorisées dans la colonie internationale de Shanghai est passé de 87 à 663. La circulation de l'opium vers les États-Unis s'intensifie également. Sentant qu'ils risquaient d'avoir des problèmes en Chine avec les projecteurs de l'attention mondiale braqués sur eux, les ploutocrates des Chevaliers de Saint-Jean et de l'Ordre de la Jarretière ont transféré une partie de leur attention en Perse (Iran).

Lord Inchcape, qui a fondé la plus grande compagnie de bateaux à vapeur du monde au début du XIXe siècle, la légendaire Peninsula and Orient Steam Navigation Company, a été le principal artisan de la création de la Hong Kong and Shanghai Bank, qui reste la plus grande et la moins contrôlée des banques de compensation pour le commerce de l'opium, et qui a également financé le "commerce du porc" avec les États-Unis.

Les Britanniques avaient mis en place une escroquerie par laquelle des "coolies" chinois étaient envoyés aux États-Unis en tant que travailleurs sous contrat. La compagnie de chemin de fer de la famille Harriman avait besoin de "coolies" pour pousser la connexion ferroviaire vers l'ouest de la côte californienne, du moins c'est ce qu'on disait. Curieusement, très peu de Noirs se voyaient confier les travaux manuels auxquels ils étaient habitués à l'époque et auraient pu faire un meilleur travail que les opiomanes émaciés qui arrivaient de Chine.

Le problème est qu'il n'y a pas de marché pour l'opium chez les Noirs et que, de plus, Lord Inchcape, fils du fondateur de P&O, avait besoin des "coolies" pour introduire clandestinement des milliers de livres d'opium brut en Amérique du Nord, ce que les Noirs ne peuvent pas faire. C'est le même Lord Inchcape qui, en 1923, avertit qu'il ne faut pas diminuer la culture du pavot à opium au Bengale. "Cette source de revenus la plus importante doit être sauvegardée", a-t-il déclaré à la commission censée enquêter sur la production de gomme d'opium en Inde.

En 1846, quelque 120 000 "coolies" étaient déjà arrivés aux États-Unis pour travailler sur le chemin de fer d'Harriman, poussant vers l'ouest. Le "commerce des cochons" était en pleine rentabilité, car, sur ce nombre, le gouvernement américain estimait que 115 000 étaient des opiomanes. Une fois le chemin de fer terminé, les Chinois ne sont pas retournés d'où ils venaient, mais se sont installés à San Francisco, Los Angeles, Vancouver et Portland. Ils ont créé un énorme problème culturel qui n'a jamais cessé d'exister.

Il est intéressant de noter que Cecil John Rhodes, un membre du Comité des 300 qui représentait les Rothschild en Afrique du Sud, a suivi le modèle d'Inchcape en faisant venir des centaines de milliers de "coolies" indiens pour travailler dans les plantations de canne à sucre de la province du Natal. Parmi eux se trouvait Mahatma Ghandi, un agitateur communiste et un fauteur de troubles. Comme les coolies chinois, ils ne furent pas renvoyés dans leur pays d'origine à l'expiration de leur contrat. Ils ont eux aussi créé un vaste programme social, et leurs descendants sont devenus des avocats qui ont mené la campagne d'infiltration du gouvernement au nom de l'Africa National Congress.

En 1875, les "coolies" chinois opérant à partir de San Francisco avaient mis en place un réseau d'approvisionnement en opium qui comptait 129 000 opiomanes américains. Avec les 115 000 opiomanes chinois connus, Lord Inchcape et sa famille empochaient des centaines de milliers de dollars par an de cette seule source, ce qui, en termes de dollars d'aujourd'hui, représenterait au moins un revenu de 100 millions de dollars par an.

Les mêmes familles britanniques et américaines qui s'étaient associées pour détruire l'industrie textile indienne et promouvoir le commerce de l'opium, et qui avaient amené des esclaves africains aux États-Unis, s'associèrent pour faire du "commerce des porcs" une source précieuse de revenus. Plus tard, ils devaient s'associer pour provoquer et promouvoir la terrible guerre entre les États, également connue sous le nom de guerre civile américaine.

Les familles américaines décadentes du partenariat impie,

complètement corrompues et se vautrant dans le lucre, sont devenues ce que nous connaissons aujourd'hui comme l'Establishment libéral de l'Est dont les membres, sous la direction et les conseils attentifs de la Couronne et par la suite de son bras exécutif en matière de politique étrangère, le Royal Institute of International Affairs (RIIA), dirigeaient ce pays — et le fait encore — de haut en bas par l'intermédiaire de leur gouvernement parallèle secret de haut niveau, étroitement lié au Comité des 300, l'ULTIME société secrète. En 1923, des voix se sont élevées contre cette menace qui avait été autorisée à être importée aux États-Unis. Convaincu que les États-Unis sont une nation libre et souveraine, le membre du Congrès Stephen Porter, président de la commission des affaires étrangères de la Chambre des représentants, présente un projet de loi qui demande aux Britanniques de rendre compte de leurs activités d'exportation et d'importation d'opium pays par pays. La résolution établit des quotas pour chaque pays, qui, s'ils étaient respectés, auraient réduit le commerce de l'opium de 10%. La résolution a été transformée en loi et le projet de loi a été accepté par le Congrès des États-Unis.

Mais le Royal Institute of International Affairs avait d'autres idées. Fondé en 1919 dans le sillage de la Conférence de paix de Paris tenue à Versailles, cet institut a été l'un des premiers exécutants de la "politique étrangère" du Comité des 300. Les recherches que j'ai effectuées dans la maison des archives du Congrès montrent que Porter n'était absolument pas conscient des forces puissantes auxquelles il était confronté. Porter n'était même pas conscient de l'existence du RIIA, et encore moins que son but spécifique était de contrôler toutes les facettes des États-Unis.

Apparemment, le membre du Congrès Porter a reçu une sorte d'intimation de la part de la banque Morgan de Wall Street lui indiquant qu'il devait laisser tomber toute l'affaire. Au lieu de cela, un Porter enragé a porté son affaire devant le Comité de l'opium de la Société des Nations. L'ignorance totale de Porter de l'identité de son adversaire est démontrée dans certaines de ses correspondances avec ses collègues de la Commission des affaires étrangères de la Chambre des représentants en réponse à l'opposition britannique ouverte à ses propositions.

Le représentant de Sa Majesté réprimanda Porter et ensuite, agissant comme un père envers un fils errant, le délégué britannique — sur les instructions du RIIA — présenta les propositions de Sa Majesté d'AUGMENTER les quotas d'opium pour tenir compte d'une augmentation de la consommation d'opium à des fins médicinales. Selon les documents que j'ai pu trouver à La Haye, Porter est d'abord confus, puis étonné et enfin enragé. Rejoint par le délégué chinois, Porter quitta en trombe la session plénipotentiaire du Comité, laissant le champ libre aux Britanniques.

En son absence, le délégué britannique a obtenu de la SDN qu'elle approuve les propositions du gouvernement de Sa Majesté concernant la création d'un Central Narcotics Board, dont la principale fonction était la collecte d'informations, dont les termes étaient volontairement vagues. Ce qui devait être fait avec les "informations" n'a jamais été précisé. Porter est retourné aux États-Unis, ébranlé et beaucoup plus sage.

Un autre atout des services secrets britanniques était le fabuleux William Bingham, une famille par alliance de l'un des Baring. Il a été déclaré dans des papiers et des documents que j'ai pu consulter que les frères Baring dirigeaient les Quakers de Philadelphie et possédaient la moitié de l'immobilier de cette ville, tout cela rendu possible grâce à la fortune que les frères Baring avaient amassée grâce au commerce de l'opium en Chine. Un autre bénéficiaire des largesses du Comité des 300 était Stephen Girard, dont les descendants ont hérité de la Girard Bank and Trust.

Les noms de ces familles, dont l'histoire est intimement liée à celle de Boston et qui ne prêtent guère attention aux gens ordinaires, se sont retrouvés dans les bras du Comité des 300 et de sa très lucrative BEIC, le commerce de l'opium en Chine. De nombreuses familles célèbres se sont associées à la célèbre Hong Kong and Shanghai Bank, qui est toujours la chambre de compensation pour les milliards de dollars provenant du commerce de l'opium en Chine.

Des noms aussi célèbres que Forbes, Perkins et Hathaway apparaissent dans les registres de la British East India Company. Ces authentiques "sangs bleus" américains ont créé la Russell and Company, dont le commerce principal était l'opium, mais qui dirigeait également d'autres entreprises de transport maritime de la Chine à l'Amérique du Sud et à tous les points intermédiaires. En récompense des services rendus à la Couronne britannique et à la BEIC, le Comité des 300 leur accorde le monopole du commerce des esclaves en 1833.

Boston doit son célèbre passé au commerce du coton, de l'opium et des esclaves qui lui a été accordé par le Comité des 300 et il est indiqué dans les documents que j'ai eu le privilège de consulter à

Londres que les familles de marchands de Boston étaient les principaux soutiens de la Couronne britannique aux États-Unis. John Murray Forbes est mentionné comme le majordome des "Boston Blue Bloods" dans les registres de l'India House et dans les registres bancaires de Hong Kong.

Le fils de Forbes a été le premier Américain autorisé par le Comité des 300 à siéger au conseil d'administration de la plus prestigieuse banque du blanchiment d'argent de la drogue au monde — encore aujourd'hui — la Hong Kong and Shanghai Bank Corporation (HSBC). Lorsque j'étais à Hong Kong au début des années 1960 en tant qu'"historien intéressé par la British East India Company", on m'a montré quelques vieux dossiers, notamment les anciens membres du conseil d'administration de cette célèbre banque de la drogue, et bien sûr, le nom de Forbes figurait parmi eux.

La famille Perkins, si illustre que son nom est encore mentionné dans des chuchotements étonnés, était profondément impliquée dans le commerce infâme de l'opium en Chine. En fait, Perkins l'aîné fut l'un des premiers Américains à être élu au Comité des 300. Son fils, Thomas Nelson, était l'homme de Morgan à Boston et, en tant que tel, un agent des services secrets britanniques. Son passé peu recommandable — je dirais même dégoûtant — n'a pas été remis en question lorsqu'il a richement doté l'université de Harvard. Après tout, Canton et Tientsin sont bien loin de Boston, et qui s'en serait soucié de toute façon ?

Ce qui a beaucoup aidé les Perkins, c'est que Morgan était un membre puissant du Comité des 300, ce qui a permis à Thomas N. Perkins de faire rapidement avancer sa carrière dans le commerce de l'opium en Chine. Tous les Morgan et les Perkins étaient francs-maçons, ce qui était un autre lien qui les unissait, car seuls les francs-maçons du plus haut rang ont l'espoir d'être sélectionnés par le Comité des 300. Sir Robert Hart, qui a été pendant près de trois décennies le chef du service impérial des douanes chinoises et l'agent numéro un de la Couronne britannique dans le commerce de l'opium en Chine, a ensuite été nommé au conseil d'administration de la Morgan Guarantee Bank's Far-Eastern Division.

Grâce à l'accès aux archives historiques de Londres et de Hong Kong, j'ai pu établir que Sir Robert a développé une relation étroite avec les opérations de Morgan aux États-Unis. Il est intéressant de noter que les intérêts de Morgan dans le commerce de l'opium et de l'héroïne se sont poursuivis sans interruption, comme en témoigne le fait que

David Newbigging fait partie du conseil consultatif de l'opération de Morgan à Hong Kong, gérée conjointement avec Jardine Matheson.

Pour ceux qui connaissent Hong Kong, le nom de Newbigging sera familier comme étant le nom le plus puissant de Hong Kong. En plus de son appartenance à la banque d'élite Morgan, Newbigging est conseiller du gouvernement chinois. L'opium échangé contre la technologie des missiles, l'opium en échange de l'or, l'opium pour les ordinateurs de haute technologie — c'est du pareil au même pour Newbigging. La façon dont ces banques, ces établissements financiers, ces sociétés commerciales et les familles qui les dirigent sont entrelacés rendrait Sherlock Holmes perplexe, mais d'une manière ou d'une autre, il faut les démêler et les suivre, si nous voulons comprendre leurs liens avec le commerce de la drogue et leur appartenance au Comité des 300.

L'entrée aux États-Unis de l'alcool et de la drogue par voie royale sont les produits d'une même écurie occupée par les mêmes pur-sang. Tout d'abord, la prohibition a dû être introduite aux États-Unis. C'est ce qu'ont fait les héritiers de la Compagnie Britannique des Indes Orientales, qui, forts de l'expérience acquise grâce aux documents bien documentés de la China Inland Mission trouvés à India House, ont créé la Women's Christian Temperance Union (WCTU), censée s'opposer à la consommation d'alcool en Amérique.

On dit que l'histoire se répète et, dans un sens, c'est vrai, sauf qu'elle se répète dans une spirale toujours ascendante. Aujourd'hui, nous constatons que certaines des plus grandes entreprises, censées "polluer" la terre, sont les plus gros contributeurs de fonds au mouvement écologiste. Les "grands noms" font passer leur message. Le prince Philip est l'un de leurs héros, mais son fils, le prince Charles, possède un million d'hectares de terres forestières au Pays de Galles, où le bois est régulièrement récolté. En outre, le prince Charles est l'un des plus grands propriétaires de logements insalubres à Londres, où la pollution prospère.

Dans le cas de ceux qui se sont élevés contre les "méfaits de la boisson", nous constatons qu'ils ont été financés par les Astor, les Rockefeller, les Spelman, les Vanderbilt et les Warburg qui avaient un intérêt direct dans le commerce de l'alcool. Sur les instructions de la Couronne, Lord Beaverbrook est venu d'Angleterre pour dire à ces riches familles américaines qu'elles devaient investir dans la WCTU. (C'est le même Lord Beaverbrook qui est venu à Washington en 1940 et a ORDONNÉ à Roosevelt de s'impliquer dans la guerre de la

Grande-Bretagne).

Roosevelt s'exécuta en stationnant une flottille de la marine américaine au Groenland qui passa les 9 mois précédant Pearl Harbour à chasser et à attaquer les sous-marins allemands.

Comme son successeur, George Bush, Roosevelt considérait le Congrès comme une nuisance confuse. Ainsi, agissant comme un roi — un sentiment qu'il ressentait fortement puisqu'il est apparenté à la famille royale britannique — Roosevelt n'a jamais demandé l'autorisation du Congrès pour son action illégale. C'est ce que les Britanniques aiment le plus appeler leur "relation spéciale avec l'Amérique".

Le commerce de la drogue est lié à l'assassinat du président John F. Kennedy, qui a entaché le caractère national et continuera de le faire tant que les coupables ne seront pas retrouvés et traduits en justice. Il est prouvé que la mafia a été impliquée dans cette affaire par l'intermédiaire de la CIA, ce qui rappelle que tout a commencé avec le vieux réseau de Meyer Lansky qui a évolué vers l'organisation terroriste israélienne de l'Irgun, et que Lansky s'est avéré être l'un des meilleurs véhicules pour colporter la guerre culturelle contre l'Occident.

Par le biais de façades plus respectables, Lansky a été associé aux hautes sphères britanniques pour amener les jeux d'argent et la distribution de drogue à Paradise Island, aux Bahamas, sous le couvert de la Mary Carter Paint Company, une entreprise conjointe de Lansky et du MI6 britannique. Lord Sassoon a ensuite été assassiné parce qu'il détournait de l'argent et menaçait de tout révéler s'il était puni. Ray Wolfe, plus présentable, représentait les Bronfman du Canada. Si les Bronfman n'étaient pas au courant de l'énorme projet de Churchill en Nouvelle-Écosse, ils étaient et sont toujours un atout important de la famille royale britannique dans le domaine du trafic de drogue.

Sam Rothberg, proche associé de Meyer Lansky, a également travaillé avec Tibor Rosenbaum et Pinchas Sapir, tous les caïds du réseau de la drogue de Lansky. Rosenbaum dirigeait une opération de blanchiment d'argent de la drogue à partir de la Suisse par l'intermédiaire d'une banque qu'il avait créée à cet effet, la Banque du Crédit International. Cette banque a rapidement étendu ses activités et est devenue la principale banque utilisée par Lansky et ses associés mafieux pour blanchir l'argent provenant de la prostitution, de la drogue et d'autres rackets mafieux.

Il est intéressant de noter que la banque de Tibor Rosenbaum a été utilisée par l'ombrageux chef des services secrets britanniques, Sir William Stephenson, dont le bras droit, le major John Mortimer Bloomfield, un citoyen canadien, a dirigé la division cinq du FBI pendant toute la Seconde Guerre mondiale. Stephenson a été l'un des premiers membres du Comité des 300 du XXème siècle, bien que Bloomfield ne soit jamais allé aussi loin. Comme je l'ai révélé dans ma série de monographies sur l'assassinat de Kennedy, c'est Stephenson qui a dirigé l'opération qui a été menée comme un projet pratique par Bloomfield. La couverture de l'assassinat de Kennedy s'est faite par le biais d'une autre couverture liée à la drogue, Permanent Industrial Expositions (PERMINDEX), créée en 1957 et centrée sur le bâtiment World Trade Mart dans le centre de La Nouvelle-Orléans.

Bloomfield se trouvait être l'avocat de la famille Bronfman. Le World Trade Mart a été créé par le colonel Clay Shaw et le chef de la division 5 du FBI à La Nouvelle-Orléans, Guy Bannister. Shaw et Bannister étaient des proches de Lee Harvey Oswald, accusé d'avoir tiré sur Kennedy, qui a été assassiné par l'agent contractuel de la CIA Jack Ruby avant de pouvoir prouver qu'il n'était pas l'assassin qui a tiré sur le président Kennedy. En dépit de l'enquête menée par la Warren Commission et de nombreux rapports officiels, il n'a JAMAIS été établi qu'Oswald possédait le fusil Mannlicher supposé être l'arme du crime (ce n'était pas le cas) ni qu'il s'en était servi. Le lien entre le commerce de la drogue, Shaw, Bannister et Bloomfield a été établi à plusieurs reprises, et il est inutile de le développer ici. Dans la période qui a suivi immédiatement la Seconde Guerre mondiale, l'une des méthodes les plus courantes utilisées par Resorts International et d'autres sociétés liées à la drogue pour blanchir de l'argent était le service de messagerie à une banque de blanchiment d'argent. Aujourd'hui, tout cela a changé. Seul le menu fretin utilise encore une méthode aussi risquée. Les "gros poissons" acheminent leur argent via le système CHIPS, acronyme de Clearing House International Payments System, géré par un système informatique Burroughs centré au Clearing-House de New York. Douze des plus grandes banques utilisent ce système. L'une d'entre elles est la Hong Kong and Shanghai Bank Corporation. Une autre est le Crédit Suisse, ce parangon de vertu bancaire si respectable — jusqu'à ce que le couvercle soit soulevé. Combiné au système SWIFT basé en Virginie, l'argent sale de la drogue devient invisible. Seule la négligence gratuite permet au FBI d'avoir de la chance de temps en temps, si et quand on lui dit de ne pas regarder ailleurs.

Seuls les dealers de bas étage sont pris avec de l'argent de la drogue dans les mains. L'élite, Drexel Burnham, Crédit Suisse, Hong Kong and Shanghai Bank, échappe à la détection. Mais cela aussi est en train de changer avec l'effondrement de la *Bank of Credit and Commerce International (BCCI)* qui est susceptible de révéler beaucoup de choses sur le commerce de la drogue si jamais une enquête appropriée est menée.

L'un des principaux actifs du portefeuille du Comité des 300 est American Express (AMEX). Ses présidents occupent régulièrement des postes au sein du Comité des 300. J'ai commencé à m'intéresser à AMEX lorsque je menais une enquête sur place qui m'a conduit à la Banque de développement du commerce à Genève. Plus tard, cela m'a valu beaucoup d'ennuis. J'ai découvert que la Trade Development Bank, alors dirigée par Edmund Safra, homme clé dans le commerce de l'or pour l'opium, fournissait des tonnes d'or au marché de Hong Kong via la Trade Development Bank.

Avant de me rendre en Suisse, je me suis rendu à Pretoria, en Afrique du Sud, où j'ai discuté avec le Dr Chris Stals, à l'époque gouverneur adjoint de la South African Reserve Bank, qui contrôle toutes les transactions en vrac sur l'or produit en Afrique du Sud. Après plusieurs discussions sur une période d'une semaine, on m'a dit que la banque ne pouvait pas me fournir les dix tonnes d'or que j'étais autorisé à acheter au nom des clients que j'étais censé représenter. Mes amis bien placés savaient comment produire les documents qui ont été acceptés sans discussion.

La Reserve Bank m'a orienté vers une société suisse que je ne peux pas nommer, car cela ferait sauter la couverture. On m'a également donné l'adresse de la Trade Development Bank à Genève. Le but de mon exercice était de découvrir les mécanismes du mouvement et du commerce de l'or et, deuxièmement, de tester les faux documents qui avaient été préparés pour moi par d'anciens amis des services de renseignement spécialisés dans ce genre de choses. Vous vous souvenez de "M" dans la série "James Bond" ? Laissez-moi vous assurer que "M" existe bel et bien, mais que son initiale correcte est la suivante "C". Les documents que j'avais consistaient en des "ordres d'achat" de sociétés du Liechtenstein, avec les documents justificatifs correspondants.

Lorsque j'ai contacté la Trade Development Bank, j'ai d'abord été accueilli cordialement, mais, au fur et à mesure que les discussions avançaient, j'étais de plus en plus méfiant jusqu'à ce que, estimant qu'il n'était plus sûr pour moi de visiter la banque, je quitte Genève sans rien dire à personne. Plus tard, la banque a été vendue à American Express. American Express a fait l'objet d'une brève enquête de l'ancien procureur général Edwin Meese, après quoi il a été rapidement démis de ses fonctions et qualifié de "corrompu". J'ai découvert qu'American Express était et reste un canal de blanchiment de l'argent de la drogue et, jusqu'à présent, personne n'a été capable de m'expliquer pourquoi une société privée a le droit d'imprimer des dollars — les chèques de voyage American Express ne sont-ils pas des dollars ? Par la suite, j'ai révélé les liens entre Safra et American Express dans le domaine de la drogue, ce qui a bouleversé beaucoup de monde, comme on peut l'imaginer.

Le membre du Comité des 300, Japhet, contrôle Charterhouse Japhet, qui contrôle à son tour Jardine Matheson, un lien direct avec le commerce de l'opium à Hong Kong. Les Japhet seraient des quakers anglais. La famille Matheson, également membre du Comité des 300, a été l'un des principaux acteurs du commerce de l'opium en Chine, au moins jusqu'en 1943. Les Matheson figurent sur la liste d'honneur de la reine d'Angleterre depuis le début du 19ème siècle.

Les principaux contrôleurs du commerce de la drogue au sein du Comité des 300 n'ont aucune conscience des millions de vies qu'ils détruisent chaque année. Ce sont des gnostiques, des cathares, des membres du culte de Dionysos, d'Osiris, ou pire encore. Pour eux, les gens "ordinaires" sont là pour être utilisés à leurs fins. Leurs grands prêtres, Bulwer-Lytton et Aldous Huxley, ont prêché l'évangile de la drogue comme substance bénéfique.

Pour citer Huxley :

> "Et pour l'usage privé quotidien, il y a toujours eu des intoxicants chimiques. Tous les sédatifs et narcotiques végétaux, tous les euphorisants qui poussent sur les arbres, les hallucinogènes qui mûrissent dans les baies, ont été utilisés par les humains depuis des temps immémoriaux. Et à ces modificateurs de conscience, la science moderne a ajouté son quota de produits synthétiques. L'Occident n'a autorisé que l'alcool et le tabac à être utilisés sans restriction. Toutes les autres portes chimiques sont étiquetées DOPE."

Pour les oligarques et les ploutocrates du Comité des 300, les drogues ont un double objectif : premièrement, rapporter des sommes d'argent colossales et, deuxièmement, transformer éventuellement une grande partie de la population en *zombies drogués sans cervelle qui seront plus faciles à contrôler* que les personnes qui n'ont pas besoin de drogues, puisque la punition d'une rébellion se traduira par la privation d'héroïne, de cocaïne, de marijuana, etc. Pour cela, il est nécessaire de légaliser les drogues afin qu'un système de monopole, qui a été préparé pour être introduit lorsque des conditions économiques sévères, dont la dépression de 1991 est le précurseur, feront proliférer la consommation de drogues alors que des centaines de milliers de travailleurs sans emploi permanent se tourneront vers les drogues pour se consoler.

Dans l'un des documents top secret du Royal Institute of International Affairs, le scénario est exposé comme suit (en partie) :

> "... Ayant été déçus par le christianisme, et avec le chômage qui sévit partout, ceux qui sont sans emploi depuis cinq ans ou plus se détourneront de l'église et chercheront du réconfort dans la drogue. C'est à ce moment-là que le contrôle total du commerce de la drogue doit être achevé afin que les gouvernements de tous les pays qui sont sous notre juridiction aient un MONOPOLE que nous contrôlerons par le biais de l'approvisionnement... Des *bars à drogues s'occuperont des indisciplinés et des mécontents, les révolutionnaires en puissance seront transformés en toxicomanes inoffensifs et sans volonté propre.*"

De nombreux éléments montrent que la CIA et les services secrets britanniques, en particulier le MI6, ont déjà consacré au moins une décennie à la réalisation de cet objectif.

Le Royal Institute of International Affairs a utilisé l'œuvre de toute une vie d'Aldous Huxley et de Bulwer-Lytton comme plan directeur pour créer un état où l'humanité n'aura plus de volonté propre dans le Gouvernement mondial unique — Nouvel ordre mondial du Nouvel âge des ténèbres qui s'approche rapidement. Encore une fois, voyons ce que le grand prêtre Aldous Huxley avait à dire à ce sujet :

> "Dans de nombreuses sociétés, à de nombreux niveaux de civilisation, des tentatives ont été faites pour fusionner l'intoxication par la drogue avec l'intoxication par Dieu. Dans la Grèce antique, par exemple, l'alcool éthylique avait sa place dans les religions établies. Dionysos, Bacchus, comme on l'appelait souvent, était une véritable divinité. L'interdiction totale des modifications chimiques peut être décrétée, mais ne peut être appliquée."

(LE LANGAGE DU LOBBY PRO-DROGUE SUR LA COLLINE DU CAPITOLE.)

> "Considérons maintenant un autre type de drogue — encore non découvert, mais probablement tout proche — une drogue rendant les gens heureux dans des situations où ils se sentiraient normalement misérables. (Y a-t-il quelqu'un de plus malheureux qu'une personne qui a cherché et n'a pas pu trouver de travail). Une telle drogue serait une bénédiction, mais une bénédiction entachée de graves dangers sociaux et politiques. En rendant un produit chimique inoffensif — l'euphorie — librement disponible, un dictateur pourrait réconcilier une population entière avec un état de choses auquel des êtres humains qui se respectent ne devraient pas être réconciliés".

Un véritable chef-d'œuvre dialectique. Ce que Huxley préconisait et qui est la politique officielle du Comité des 300 et de son substitut, la RIIA, peut être tout simplement décrit comme un contrôle mental de masse. Comme je l'ai souvent dit, toutes les guerres sont des guerres pour les âmes de l'humanité. Jusqu'à présent, nous n'avons pas compris que le commerce de la drogue est une guerre irrégulière de faible intensité contre l'ensemble de la race humaine des hommes libres. La guerre irrégulière est la forme la plus terrible de guerre qui, si elle a un début, n'a pas de fin.

Certains s'interrogeront sur l'implication des familles royales britanniques, passées et présentes, dans le commerce de la drogue. Le fait de voir cela dans la presse semble à première vue absurde, et on le voit de plus en plus souvent dans la presse ces jours-ci pour que cela semble exactement cela, absurde. La maxime la plus ancienne dans le domaine du renseignement est la suivante : "Si vous voulez cacher quelque chose, mettez-le là où tout le monde peut le voir". Le livre de F. S. Turner, "BRITISH OPIUM-POLICY", publié en 1876 montre que la monarchie britannique et ses proches parents étaient profondément impliqués dans le commerce de l'opium. Turner était le secrétaire de l'Anglo-Oriental Society of the Suppression of the Opium Trade. Il a refusé d'être réduit au silence par le porte-parole de la Couronne, Sir R. Temple. Turner déclare que le gouvernement, et donc la Couronne, doit se retirer du monopole de l'opium,

> "et s'il prend des revenus, ne prendre que ceux qui proviennent d'une taxation honnête, destinée à avoir une force restrictive".

Turner répond à un porte-parole de la monarchie, Lord Lawrence, qui s'est battu contre la perte du monopole de la BEIC.

"Il serait souhaitable de se débarrasser du monopole, mais je suis moi-même peu enclin à être l'agent du changement. S'il s'agit d'une perte modérée que nous pouvons nous permettre, je n'hésiterais pas à l'entreprendre." (Tiré des Calcutta Papers 1870.)

En 1874, la guerre contre la monarchie et l'aristocratie britanniques en raison de leur implication profonde dans le commerce de l'opium en Chine s'intensifie. La Société pour la suppression du commerce de l'opium s'en prend violemment à l'aristocratie de l'époque et presse ses attaques d'une manière intrépide que nous ferions bien d'imiter. La société affirmait que le traité de Tientsin, qui obligeait la Chine à accepter l'importation d'énormes quantités d'opium, était un crime odieux contre le peuple chinois.

C'est alors que surgi un puissant guerrier, Joseph Grundy Alexander, avocat de profession, qui, en 1866, mène une attaque vigoureuse contre la politique de la Couronne britannique en matière d'opium en Chine, dans laquelle il mentionne ouvertement l'implication de la famille royale et de l'aristocratie. Pour la première fois, Alexander fait intervenir l'Inde, "le joyau de la couronne", dans le tableau. Il blâme directement la monarchie, la soi-disant aristocratie et ses serviteurs au sein du gouvernement britannique.

Sous la direction d'Alexander, la société s'engagea à détruire totalement la culture du pavot à opium au Bengale, en Inde. Alexander s'est révélé être un adversaire redoutable. Grâce à son leadership, l'aristocratie de la drogue commence à vaciller et, face à ses dénonciations ouvertes de la famille royale et de ses acolytes, plusieurs membres du Parlement commencent à se ranger de son côté : conservateurs, unionistes, travaillistes. Alexander a clairement indiqué que le commerce de la drogue n'était pas un problème de parti politique ; tous les partis devaient s'unir pour aider à éradiquer cette menace.

Lord Kimberly, porte-parole de la famille royale et des oligarques enracinés, menaça que toute tentative d'interférer avec ce qu'il appelait "le commerce de la nation se heurterait à une sérieuse opposition du cabinet". Alexander et sa société ont continué à faire face à d'innombrables menaces et, finalement, le Parlement a accepté de nommer une commission royale pour enquêter sur le commerce de l'opium, avec Lord Kimberly, qui était secrétaire des Indes, comme président. Il n'aurait pas été possible de trouver une personne plus inappropriée pour diriger cette commission. C'est un peu comme si Dulles avait été nommé à la Commission Warren. Dans sa première déclaration, Lord Kimberly a clairement indiqué qu'il préférerait démissionner de son auguste poste plutôt que de consentir à une résolution qui rendrait les revenus de l'opium indien. Il est intéressant de noter que "les revenus de l'opium indien" impliquaient un partage de l'argent par la nation. Tout comme l'idée que le peuple d'Afrique du Sud partage les énormes bénéfices de la vente d'or et de diamants, ce n'était tout simplement pas le cas. Les revenus de l'opium indien allaient directement dans les coffres royaux et les poches de la noblesse, des oligarques et des ploutocrates, et les rendaient milliardaires.

Le livre de Rowntree, *The Imperial Drug-Trade,* raconte de manière fascinante comment le Premier ministre Gladstone et ses collègues ploutocrates ont menti, triché, tordu et transformé les faits, pour empêcher que l'étonnante vérité sur l'implication de la monarchie britannique dans le commerce de l'opium ne soit révélée. Le livre de Rowntree est une mine d'informations sur l'implication profonde de la famille royale britannique et des seigneurs et dames d'Angleterre, ainsi que sur l'immense fortune qu'ils ont accumulée grâce à la misère des opiomanes chinois.

Lord Kimberly, secrétaire de la commission d'enquête, étant lui-même profondément impliqué dans le commerce de l'opium, il fit tout ce qui était en son pouvoir pour fermer la procédure à tous ceux qui cherchaient la vérité. Finalement, sous la pression de l'opinion publique, la Commission royale a été obligée d'ouvrir un peu la porte de l'enquête, de sorte qu'il est apparu que les plus hauts responsables du pays géraient le commerce de l'opium et en tiraient d'énormes bénéfices. Mais la porte a été rapidement refermée, et la Commission royale n'a appelé aucun témoin expert, siégeant par la suite pendant une période absurdement courte. La commission n'était rien d'autre qu'une farce et une dissimulation, comme celle à laquelle nous nous sommes habitués dans l'Amérique du 20ème siècle.

Les familles de l'Establishment libéral oriental des États-Unis étaient tout aussi profondément impliquées dans le commerce de l'opium en Chine que les Britanniques, et le sont toujours. L'histoire récente en témoigne, lorsque James Earl Carter a renversé le Shah d'Iran. Pourquoi le Shah a-t-il été déposé puis assassiné par le gouvernement américain ? En un mot, à cause de la DROGUE. Le Shah avait mis un frein et pratiquement mis fin au commerce immensément lucratif de l'opium mené par les Britanniques depuis l'Iran. Au moment où le Shah a pris le pouvoir en Iran, il y avait déjà un million de toxicomanes à l'opium et à l'héroïne.

Les Britanniques ne voulant pas tolérer cela, ils ont envoyé les États-Unis faire le sale boulot pour eux dans le cadre de la "relation spéciale" entre les deux pays. Lorsque Khomeini a pris la tête de l'ambassade des États-Unis à Téhéran, les ventes d'armes par les États-Unis, qui avaient commencé avec le Shah, n'ont pas été interrompues. Pourquoi ? Si les États-Unis l'avaient fait, Khomeini aurait annulé le monopole britannique du commerce de l'opium dans son pays. Pour preuve, après 1984, l'attitude libérale de Khomeini à l'égard de l'opium a fait passer le nombre de toxicomanes à 2 millions, selon les statistiques des Nations unies et de l'Organisation Mondiale de la Santé.

Tant le président Carter que son successeur, Ronald Reagan, ont volontairement et en toute connaissance de cause continué à fournir des armes à l'Iran, alors même que des otages américains languissaient en captivité. En 1980, j'ai écrit une monographie intitulée "What Really Happened in Iran", qui exposait les faits. Le commerce d'armes avec l'Iran a été scellé lors d'une rencontre entre Cyrus Vance, un serviteur du Comité des 300, et le Dr Hashemi, qui a eu lieu à la fin de l'année 1980.

L'armée de l'air américaine a immédiatement commencé à envoyer des armes en Iran, même au plus fort de la crise des otages. Les armes provenaient des stocks de l'armée américaine en Allemagne et certaines étaient même envoyées directement des États-Unis avec des escales de ravitaillement aux Açores.

Avec l'avènement de Khomeini, qui a été mis au pouvoir en Iran par le Comité des 300, la production d'opium est montée en flèche. En 1984, la production iranienne d'opium dépassait 650 tonnes métriques par an. Carter et Reagan ont veillé à ce qu'il n'y ait plus d'ingérence dans le commerce de l'opium et ont exécuté le mandat qui leur avait été confié par les familles oligarchiques britanniques à cet égard. L'Iran rivalise actuellement avec le Triangle d'Or en termes de volume d'opium produit.

Le Shah n'est pas la seule victime du Comité des 300. William Buckley, chef de la station de la CIA à Beyrouth, malgré son manque d'expérience sur les responsables du commerce de l'opium, a commencé à mener des enquêtes en Iran, au Liban et a même passé du temps au Pakistan. Depuis Islamabad, Buckley commence à envoyer des rapports accablants à la CIA de Langley sur le commerce florissant de l'opium dans le Croissant d'Or et au Pakistan. L'ambassade des États-Unis à Islamabad est la cible d'une bombe incendiaire, mais Buckley échappe à l'attaque de la foule et rentre à Washington, sa couverture ayant été découverte par des forces inconnues.

Puis une chose très étrange s'est produite. Contrairement à toutes les procédures établies par la CIA lorsque la couverture d'un agent est compromise, Buckley est renvoyé à Beyrouth. Buckley est en fait condamné à mort par la CIA pour le faire taire, et cette fois la sentence est exécutée. William Buckley est enlevé par des agents du Comité des 300. Il a été brutalement interrogé par le général Mohammed el Khouili, des services de renseignements syriens, pour le forcer à révéler les noms de tous les agents de terrain de la DEA dans ces pays, et a été brutalement assassiné. Ses efforts pour révéler l'énorme trafic d'opium qui se développe au Pakistan, au Liban et en Iran ont coûté la vie à Buckley.

Si les derniers hommes libres de ce monde croient qu'à eux seuls ou en petits groupes, ils peuvent écraser le commerce de la drogue, ils se trompent lourdement. Ils peuvent couper les tentacules du commerce de l'opium et de la cocaïne ici et là, mais jamais la tête. Les cobras couronnés d'Europe et leur famille de l'Establishment libéral oriental ne le toléreront pas. La guerre contre les drogues que l'administration Bush est censée combattre, mais qu'elle ne combat pas, vise la légalisation TOTALE de TOUS les types et classes de drogues. Ces drogues ne sont pas seulement une aberration sociale, mais une tentative à grande échelle de prendre le contrôle de l'esprit des habitants de cette planète, ou comme le disent les auteurs de la "Conspiration du Verseau", "d'apporter des changements radicaux aux États-Unis". C'est la tâche principale du Comité des 300, l'ultime société secrète.

Rien n'a changé dans le commerce de l'opium, de l'héroïne et de la cocaïne. Il est toujours dirigé par les mêmes familles de la "classe supérieure" en Grande-Bretagne et aux États-Unis. Il s'agit toujours d'un commerce fabuleusement rentable où les pertes apparemment importantes dues aux saisies effectuées par les autorités sont passées par pertes et profits dans les salles de réunion lambrissées de New York, Hong Kong et Londres, autour d'un porto et de cigares, comme "le simple coût des affaires, mon vieux".

Le capitalisme colonial britannique a toujours été le pilier du système oligarchique féodal de privilèges en Angleterre et l'est encore aujourd'hui. Lorsque les pauvres populations pastorales sans instruction d'Afrique du Sud, connues sous le nom de Boers, sont tombées entre les mains ensanglantées de l'aristocratie britannique en 1899, elles n'avaient aucune idée que la guerre révoltante et cruelle menée sans relâche par la reine Victoria était financée par les incroyables sommes d'argent provenant des "fortunes instantanées" du commerce de l'opium de la BEIC en Chine dans les poches des ploutocrates.

Les membres du Comité des 300, Cecil John Rhodes, Barney Barnato et Alfred Beit, furent les instigateurs et organisateurs de la guerre. Rhodes était l'agent principal des Rothschild, dont les banques étaient inondées d'argent provenant du commerce de l'opium. Ces voleurs et menteurs — Rhodes, Barnato, Oppenheimer, Joel et Beit — ont dépossédé les Boers sud-africains de leur droit de naissance, l'or et les diamants qui se trouvaient sous leur sol. Les Boers d'Afrique du Sud n'ont rien reçu des milliards de dollars provenant de la vente de leur or et de leurs diamants.

Le Comité des 300 a rapidement pris le contrôle total de ces vastes trésors, contrôle qu'il conserve encore aujourd'hui par l'intermédiaire de l'un de ses membres, Sir Harry Oppenheimer. L'Afrique du Sud moyenne reçoit 100 dollars par an et par habitant de l'industrie de l'or et du diamant. Les milliards qui sortent chaque année vont aux banquiers du Comité des 300. C'est l'une des histoires les plus immondes et les plus viles de cupidité, de vol et de meurtre d'une nation jamais enregistrées dans les annales de l'histoire.

Comment la Couronne britannique a-t-elle pu réussir à mettre en place cette fraude stupéfiante aux proportions gigantesques ? Pour accomplir une telle tâche herculéenne, il faut une organisation habile et des agents dévoués sur place pour exécuter les instructions quotidiennes transmises par la hiérarchie des conspirateurs. La première étape a été une campagne de propagande dans la presse décrivant les Boers comme des barbares non civilisés, à peine humains, qui refusaient aux citoyens britanniques le droit de vote dans la République des Boers. Ensuite, des exigences ont été posées à Paul Kruger, dirigeant de la République du Transvaal, qui n'ont bien sûr pas pu être satisfaites. Après cela, une série d'incidents ont été mis en scène pour inciter les Boers à se venger, mais cela n'a pas fonctionné non plus. C'est alors qu'a lieu le tristement célèbre raid de Jameson, au cours duquel un certain Jameson dirige un groupe de plusieurs centaines d'hommes armés dans une attaque contre le Transvaal. La guerre s'ensuivit immédiatement.

La reine Victoria a monté l'armée la plus grande et la mieux équipée que le monde ait jamais vue à cette époque (1898). Victoria pensait que la guerre serait terminée en deux semaines, puisque les Boers n'avaient pas d'armée permanente ni de milice entraînée et qu'ils ne feraient pas le poids face à ses 400 000 soldats issus des rangs des classes défavorisées de Grande-Bretagne. Les Boers n'ont jamais compté plus de 80 000 fermiers et leurs fils — certains n'avaient que quatorze ans — Rudyard Kipling pensait également que la guerre serait terminée en moins d'une semaine.

Au lieu de cela, le fusil dans une main et la Bible dans l'autre, les Boers ont tenu bon pendant trois ans.

> "Nous sommes allés en Afrique du Sud en pensant que la guerre serait terminée en une semaine", a déclaré Kipling. "Au lieu de cela, les Boers nous ont donné une sacrée leçon."

Cette même "leçon" pourrait être enseignée au Comité des 300 aujourd'hui si seulement nous pouvions rassembler 10 000 leaders, authentiques hommes de bien pour mener cette nation dans la bataille contre le monstre gargantuesque qui menace de dévorer tout ce que notre Constitution représente.

Après la fin de la guerre en 1902, la Couronne britannique a dû consolider son emprise sur l'inimaginable fortune en or et en diamants qui se trouvait sous le veldt stérile des républiques boers du Transvaal et de l'État libre d'Orange. Cela s'est fait par le biais de la Table ronde de la légende du roi Arthur et de ses chevaliers. La Table ronde est strictement une opération de renseignement du MI6 britannique établie par le Comité des 300 qui, avec le programme de bourses Rhodes, est un poignard dans le cœur de l'Amérique.

La Table ronde a été créée en Afrique du Sud par Cecil Rhodes et financée par la branche anglaise des Rothschild. Son objectif était de former des chefs d'entreprise loyaux à la Couronne britannique, capables de mettre en sécurité les vastes trésors d'or et de diamants de la Couronne britannique. Les Sud-Africains se sont fait voler leur droit d'aînesse lors d'un coup d'État tellement massif et généralisé qu'il était évident que seul un commandement central unifié aurait pu le réaliser. Ce commandement unifié était le Comité des 300.

Le fait que cela ait été accompli n'est pas contesté. Au début des années 1930, la Couronne britannique avait la mainmise sur les plus grandes réserves d'or et de diamants jamais découvertes dans le monde. Maintenant, le comité des 300 avait à sa disposition à la fois la vaste fortune provenant du commerce de la drogue et les ressources tout aussi immenses de la ricHisse minérale de l'Afrique du Sud. Le contrôle financier du monde était complet.

La Table ronde a joué un rôle central dans le coup d'État. L'objectif explicite de la Table ronde, après avoir absorbé l'Afrique du Sud, était d'atténuer les avantages de la guerre d'indépendance américaine pour les États-Unis, et de les placer une fois de plus sous contrôle britannique. La capacité d'organisation était essentielle pour une telle entreprise et elle a été fournie par Lord Alfred Milner, protégé de la famille Rothschild de Londres. En utilisant les principes de la franc-maçonnerie écossaise pour sélectionner les membres de la Table Ronde, les personnes choisies ont suivi une période de formation intense aux universités de Cambridge et d'Oxford, sous l'œil attentif de John Ruskin, un "communiste de la vieille école" avoué, et T. H. Green, un agent du MI6.

C'est Green, le fils d'un chrétien Évangéliste, qui a engendré Rhodes, Milner, John Wheeler Bennet, A. D. Lindsay, George Bernard Shaw et Hjalmar Schacht, le ministre des Finances d'Hitler. Je m'arrête ici pour rappeler aux lecteurs que la Table Ronde ne constitue qu'un seul secteur de ce vaste et englobant Comité des 300. Pourtant, la Table Ronde elle-même est constituée d'un dédale d'entreprises, d'institutions, de banques et d'établissements d'enseignement qui, à lui seul, prendrait une année à des actuaires d'assurance qualifiés pour faire le tri.

Les membres de la Table Ronde se sont déployés dans le monde entier pour prendre le contrôle des politiques fiscales et monétaires et de la direction politique dans tous les pays où ils ont opéré. En Afrique du Sud, le général Smuts, qui s'était battu contre les Britanniques dans la guerre des Boers, a été "transformé" et est devenu un agent de renseignement, militaire et politique britannique de premier plan qui a épousé la cause de la Couronne britannique. Aux États-Unis, dans les années qui suivirent, la tâche de pénétrer les États-Unis de l'intérieur revint à William Yandell Elliot, l'homme qui donna naissance à Henry Kissinger et qui fut responsable de son ascension fulgurante au pouvoir en tant que conseiller américain en chef du Comité des 300.

William Yandell Elliot était "un Américain d'Oxford" (le président William Jefferson Clinton était également "un Américain d'Oxford") qui avait déjà bien servi le Comité des 300, ce qui est une condition préalable à l'obtention d'un poste plus élevé au service du comité.

Après avoir obtenu son diplôme de l'université Vanderbilt en 1917, Elliot est recruté par le réseau bancaire Rothschild-Warburg. Il travaille à la Federal Reserve Bank de San Francisco et devient directeur. De là, il a agi en tant qu'agent de renseignements de Warburg-Rothschild, faisant des rapports sur les régions importantes des États-Unis qu'il supervisait. Les découvreurs de talents "francs-maçons" d'Elliot le recommandent pour une bourse Rhodes et, en 1923, il entre au Balliol College de l'université d'Oxford dont les "flèches rêveuses" cachent un réseau d'intrigues et de futurs traîtres à l'Occident.

Balliol College était, et est toujours, le centre de recrutement de la Table Ronde. Après un lavage de cerveau approfondi mené par le représentant du Tavistock Institute of Human Relations, A.D. Lindsay, qui avait succédé au maître de Balliol T. H. Green, Elliot a été reçu à la Table Ronde et envoyé au Royal Institute of International Affairs pour recevoir sa mission, qui était de retourner aux États-Unis pour devenir un leader dans la communauté universitaire.

La philosophie de la Table Ronde consistait à placer ses membres en position de formuler et de mettre en œuvre des politiques sociales par le biais d'institutions permettant de manipuler ce que Ruskin appelait "les masses". Les membres ont infiltré les plus hauts niveaux de la banque après avoir suivi un cours à l'Institut Tavistock. Ce cours a été élaboré par Lord Leconsfield, un proche de la famille royale britannique, puis dirigé par Robert Brand, qui a ensuite dirigé Lazard Frères. Le Royal Institute of International Affairs était et reste totalement interfacé avec la monarchie britannique. Parmi les dérivés de la Table ronde, citons les Bilderbergers, créés et dirigés par Duncan Sandys, un homme politique de premier plan et gendre de feu Winston Churchill, la Ditchley Foundation, un club secret de banquiers que j'ai révélé dans mon ouvrage de 1983, *International Banker's Conspiracy : The Ditchley Foundation*, la Commission Trilatérale, le Conseil Atlantique des États-Unis et l'Aspen Institute for Humanistic Studies, dont le fondateur bien caché, dans les coulisses, était Lord Bullock du RIIA pour lequel Robert Anderson faisait office de façade.

La manière dont Henry Kissinger, le principal agent du RIIA aux États-Unis, est arrivé au pouvoir est une histoire du triomphe de l'institution de la monarchie britannique sur la République des États-Unis d'Amérique. C'est un récit d'horreur, trop long pour être repris ici. Néanmoins, ne pas mentionner quelques-uns des faits marquants de l'ascension de Kissinger vers la gloire, la fortune et le pouvoir serait faire preuve d'une négligence coupable.

Après un passage dans l'armée américaine, où il commença par diriger le général Fritz Kraemer dans l'Allemagne déchirée par la guerre, Kissinger est choisi, grâce à la famille Oppenheimer, pour suivre une formation complémentaire à Wilton Park. À l'époque, il avait le grade de soldat de première classe. En 1952, Kissinger est envoyé à l'Institut Tavistock où R. V. Dicks le prend en main et le forme. Par la suite, plus rien ne pourra retenir Kissinger. Il est plus tard, appelé à servir sous George Franklin et Hamilton Fish au bureau new-yorkais du Council on Foreign Relations.

On pense que la politique nucléaire officielle adoptée par les États-Unis a été transmise à Kissinger pendant son séjour à Tavistock et qu'elle a été façonnée par sa participation à "Nuclear Weapons and Foreign Policy", un séminaire de la Table ronde qui a donné naissance à la doctrine connue sous le nom de "réponse flexible", une irrationalité totale, qui est devenue connue sous l'acronyme MAD. Grâce à William Yandell Elliot et sous la tutelle de John Wheeler Bennett, directeur des renseignements de la Table ronde et chef des opérations du MI6 aux États-Unis, Kissinger devient le "fils préféré" d'Elliot, comme il l'explique dans son livre *The Pragmatic Revolt in Politics*. Kissinger a été coopté au sein de la Table ronde pour promouvoir les politiques monétaristes qu'il avait étudiées aux séminaires internationaux de Harvard.

Kissinger absorba avidement les enseignements d'Elliot et ne fut bientôt plus reconnaissable comme l'homme que le général Kraemer avait un jour décrit comme "mon petit chauffeur juif". Kissinger s'est vu inculquer l'esprit du Maître de Balliol, devenant un ardent disciple de l'aristocratie britannique décadente. Adoptant les philosophies de Toynbee, directeur du renseignement pour le MI6, à l'Institut Royal des Affaires Internationales, Kissinger a utilisé ses documents pour rédiger sa "dissertation" de premier cycle. Au milieu des années 1960, Kissinger avait prouvé sa valeur à la Table ronde et au RIIA, et donc à la monarchie britannique. En guise de récompense et pour tester ce qu'il avait appris, Kissinger a été placé à la tête d'un petit groupe composé de James Schlessinger, Alexander Haig et Daniel Ellsberg, que la Table Ronde utilisait pour mener une série d'expériences. Le théoricien en chef de l'Institute of Policy Studies, Noam Chomsky, coopérait avec ce groupe. Haig, comme Kissinger, a travaillé pour le général Kraemer, bien que pas en tant que chauffeur, et le général a trouvé un certain nombre d'ouvertures variées au sein du ministère de la Défense pour son protégé. Une fois que Kissinger a été installé comme conseiller à la sécurité nationale, Kraemer a obtenu pour Haig le poste d'adjoint. Ellsberg, Haig et Kissinger mettent alors en branle le plan Watergate de la RIIA visant à évincer le président Nixon pour désobéissance à des instructions directes.

Haig a joué le rôle principal dans le lavage de cerveau et la confusion du président Nixon, et en fait, c'est Kissinger qui a dirigé la Maison-Blanche pendant cet adoucissement du président. Comme je l'ai mentionné en 1984, Haig était l'intermédiaire de la Maison-Blanche connu sous le nom de "Gorge Profonde",[18] qui transmettait des informations à l'équipe de Woodward et Bernstein du *Washington Post*.

Le Watergate de Nixon était le plus grand coup jamais réalisé par la Table Ronde en tant qu'agence et bras de la RIIA. Tous les fils emmêlés remontaient à la Table Ronde, puis à la RIIA, et enfin à la Reine d'Angleterre. L'humiliation de Nixon était une leçon, un cas d'école et un avertissement aux futurs présidents des États-Unis de ne pas s'imaginer qu'ils pourraient aller à l'encontre du Comité des 300 et gagner. Kennedy a été brutalement assassiné sous les yeux du peuple américain pour la même raison ; Nixon n'était pas considéré comme suffisamment important pour subir le même sort que John F. Kennedy.

Mais, quelle que soit la méthode utilisée, le Comité des 300 a veillé à ce que tous les aspirants à la Maison-Blanche reçoivent le message suivant : "*Personne* n'est hors de notre portée". Le fait que ce message reste aussi fort qu'il l'était lorsque Kennedy a été assassiné et Nixon chassé du pouvoir, est mis en évidence par le caractère du président George Bush, dont l'empressement à plaire à ses maîtres devrait susciter une vive inquiétude parmi ceux qui se préoccupent de l'avenir des États-Unis.

Le but de l'exercice est apparu clairement lors de l'épisode des Pentagon Papers et de l'entrée de Schlessinger dans l'administration Nixon pour jouer le rôle de trouble-fête dans l'établissement de la défense et de contre-offensive dans le développement de l'énergie atomique, rôle que Schlessinger a assumé à l'abri de son poste au sein

---

[18] Deep throat, Ndt.

de la Commission de l'énergie atomique, l'un des facteurs clés de la désindustrialisation des États-Unis dans le cadre des stratégies de croissance zéro post-industrielle prévues par le Club de Rome. C'est à partir de là que nous pouvons retracer les racines de la récession/dépression de 1991, qui a jusqu'à présent coûté leurs emplois à 30 millions d'Américains.

Il est pratiquement impossible de pénétrer le Comité des 300 et les familles oligarchiques qui le composent. Le camouflage dont ils se couvrent comme un masque protecteur est très difficile à arracher. Ce fait devrait être noté par tout Américain épris de liberté : Le Comité des 300 dicte ce qui passe pour la politique étrangère et intérieure des États-Unis, et ce, depuis plus de 200 ans. Cela n'a jamais été illustré de manière aussi frappante que lorsque le président Truman, plein d'assurance, s'est fait couper l'herbe sous le pied par Churchill, qui a enfoncé la "doctrine Truman" dans la gorge du petit homme d'Independence, dans le Missouri.

Parmi leurs anciens membres, dont les descendants ont comblé les vacances causées par les décès, et leurs membres actuels figurent Sir Mark Turner, Gerald Villiers, Samuel Montague, les Inchcapes, Keswicks, Peases, Schroeders, Airlies, Churchills, Frasers, Lazars et Jardine Mathesons. La liste complète des membres est présentée ailleurs dans ce livre ; ces membres du Comité ont ORDONNÉ au président Wilson d'entrer en guerre contre l'Allemagne lors de la Première Guerre mondiale ; ce Comité a ordonné à Roosevelt d'organiser l'attaque japonaise sur Pearl Harbour dans le but de faire entrer les États-Unis dans la Deuxième Guerre mondiale.

Ces personnes, ce Comité, ont ordonné à cette nation de faire la guerre en Corée, au Vietnam et dans le Golfe Persique. La simple vérité est que les États-Unis ont participé à 5 guerres au cours de ce siècle pour et au nom de l'infâme Comité des 300.

Il semble qu'à part quelques-uns, personne n'ait pris le temps de se demander "POURQUOI Faisons-NOUS CES GUERRES ?". Le grand tambour du "patriotisme", la musique martiale et l'agitation des drapeaux et des rubans jaunes ont, semble-t-il, fait perdre la raison à une grande nation.

À l'occasion du 50ème anniversaire de Pearl Harbour, une nouvelle campagne de "haine du Japon" est menée, non pas par l'Institut des relations du Pacifique (IPR), mais de la manière la plus directe et la plus effrontée par l'administration Bush et le Congrès. L'objectif est le même que lorsque Roosevelt a inspiré l'attaque de Pearl Harbour : dépeindre les Japonais comme des agresseurs et mener une guerre économique, puis préparer nos forces pour la phase suivante — l'agression armée contre le Japon.

C'est déjà en cours ; ce n'est qu'une question de temps avant que d'autres de nos fils et filles ne soient envoyés au massacre au service des seigneurs féodaux du Comité des 300. Nous devrions crier sur tous les toits :

> "Ce n'est pas pour la liberté ni pour l'amour de la patrie que nous allons mourir, mais pour un système de tyrannie qui enveloppera bientôt le monde entier".

L'emprise de cette organisation sur la Grande-Bretagne est si forte que 95% des citoyens britanniques ont, depuis les années 1700, été contraints d'accepter comme part moins de 20% de la ricHisse nationale du pays. C'est ce que les seigneurs féodaux oligarchiques d'Angleterre aiment appeler "démocratie". Ce qu'ils ont fait en Inde, au Soudan, en Égypte, en Irak, en Iran et en Turquie sera répété dans chaque pays sous le Nouvel Ordre Mondial — un gouvernement mondial. Ils utiliseront chaque nation et ses richesses pour protéger leur mode de vie privilégié. C'est cette classe de l'aristocratie britannique dont les fortunes sont inextricablement liées au commerce de la drogue, de l'or, des diamants et des armes, aux banques, au commerce et à l'industrie, au pétrole, aux médias et à l'industrie du divertissement.

À l'exception de la base du parti travailliste (mais pas de ses dirigeants), la majorité des dirigeants politiques britanniques sont des descendants de familles titrées, les titres étant héréditaires et transmis du père au fils aîné. Ce système garantit qu'aucun "étranger" n'aspire au pouvoir politique en Angleterre. Néanmoins, certains étrangers ont réussi à se faufiler.

Prenez le cas de Lord Halifax, ancien ambassadeur britannique à Washington et l'homme qui a transmis les ordres du Comité des 300 à notre gouvernement pendant la Seconde Guerre mondiale. Le fils de Halifax, Charles Wood, a épousé une certaine Miss Primrose, une parente de Lord Rothschild. Derrière des noms tels que Lord Swaythling se cache le nom de Montague, directeur de la Banque d'Angleterre et conseiller et confident de l'actionnaire majoritaire de la Shell Oil Company, la reine Elizabeth II. Tous sont membres du Comité des 300. Certaines des anciennes barrières ont été brisées.

Aujourd'hui, le titre n'est plus le seul critère d'admission au Club de Rome.

Il convient de donner une vue d'ensemble de ce que le Comité des 300 espère réaliser, de ses buts et objectifs, avant de passer à son vaste réseau de banques, de compagnies d'assurances, d'entreprises, etc. Les informations suivantes ont nécessité des années d'enquête et de recherche passées à rassembler des centaines de documents provenant de sources m'ayant donné accès à certains détails soigneusement dissimulés aux yeux du public.

Le Comité des 300 est composé de certains individus, spécialistes dans leur propre domaine, notamment le Cultus Diabolicus, les drogues altérant l'esprit, et des spécialistes du meurtre par empoisonnement, du renseignement ; de la banque, et de toutes les facettes de l'activité commerciale. Il sera nécessaire de mentionner les anciens membres depuis décédés, en raison de leurs anciens rôles et parce que leurs places ont été données à des membres de la famille de nouveaux membres jugés dignes de l'honneur.

Parmi les membres figurent les anciennes familles de la noblesse noire européenne, l'Establishment libéral de la côte Est américaine (dans la hiérarchie franc-maçonne et l'Ordre du crâne et des os),[19] les Illuminati, ou comme il est connu par le Comité "MORIAH CONQUERING WIND", le Groupe Mumma, le Conseil national et mondial des églises, le Cercle des initiés, les Neuf inconnus, le Lucis Trust, les théologiens jésuites de la libération, l'Ordre des sages de Sion, les Princes Nasi, le Fonds monétaire international (FMI), la Banque des règlements internationaux (BRI), les Nations unies (U.N.), le Quatuor Coronati central et britannique, la maçonnerie P2 italienne — en particulier ceux qui font partie de la hiérarchie du Vatican — la Central Intelligence Agency, le personnel sélectionné de l'Institut Tavistock, divers membres des principales fondations et compagnies d'assurance citées dans les listes qui suivent, la Hong Kong and Shanghai Bank, le Milner Group-Round Table, la Cini Foundation, le German Marshall Fund, la Ditchley Foundation, l'OTAN, le Club de Rome, les écologistes, l'Ordre de St John of Jerusalem, One World Government Church, Socialist International, Black Order, la Thule Society, Anenherbe-Rosicrucianists, The Great Superior Ones et

---

[19] Skulls and Bones, Ndt.

littéralement des CENTAINES d'autres organisations.

Que constate-t-on alors ? Un rassemblement de personnes aux idées bizarres ? Certainement pas. Dans le Comité des 300, qui a 150 ans d'histoire, nous avons quelques-uns des plus brillants esprits rassemblés pour former une "nouvelle" société complètement totalitaire et absolument contrôlée, sauf qu'elle n'est pas nouvelle, ayant puisé la plupart de ses idées dans les Clubs du Cultus Diabolicus. Il s'efforce d'instaurer un gouvernement mondial unique, assez bien décrit par l'un de ses membres défunts, H. G. Wells, dans son ouvrage commandé par le Comité, que Wells a intitulé : *La conspiration ouverte — plans pour une révolution mondiale.* C'était une déclaration d'intention intrépide, mais pas vraiment audacieuse puisque personne ne croyait Wells, sauf les Grands Supérieurs,[20] les Anenherbes et ceux que nous appellerions aujourd'hui les "initiés".

Voici un extrait de ce que Wells a proposé :

> "La Conspiration Ouverte apparaîtra d'abord, je crois, comme une organisation consciente d'hommes intelligents et, dans certains cas, riches, comme un mouvement ayant des objectifs sociaux et politiques distincts, ignorant, de l'aveu général, la plupart des appareils de contrôle politique existants, ou ne les utilisant qu'accessoirement au cours des étapes, un simple mouvement d'un certain nombre de personnes dans une certaine direction, qui découvriront bientôt, avec une sorte de surprise, l'objet commun vers lequel ils se dirigent tous. De toutes sortes de façons, ils influenceront et contrôleront ostensiblement le gouvernement."

Comme *1984* de George Orwell, le récit de Wells est un appel massif pour un gouvernement mondial unique. En résumé, l'intention et le but du Comité des 300 sont de faire passer les conditions suivantes :

Un gouvernement mondial unique et un système monétaire centralisé sous la direction d'oligarques héréditaires permanents non élus qui se sélectionnent eux-mêmes parmi leurs membres sous la forme d'un système féodal tel qu'il existait au Moyen Âge. Dans cette entité mondiale unifiée, la population sera limitée par des restrictions sur le nombre d'enfants par famille, les maladies, les guerres, les famines, jusqu'à ce qu'un milliard (1.000.000.000) de personnes utiles à la classe dirigeante, dans des zones qui seront strictement et clairement

---

[20] Les « supérieurs inconnus » de la franc-maçonnerie internationale. NDÉ.

définies, reste la population mondiale totale.

Il n'y aura pas de classe moyenne, seulement des dirigeants et des serviteurs. Toutes les lois seront uniformes dans le cadre d'un système juridique de tribunaux mondiaux appliquant le même code de lois unifié, soutenu par une force de police du gouvernement mondial unique et une armée mondiale unique pour faire respecter les lois dans tous les anciens pays où aucune frontière nationale n'existera. Le système sera basé sur un État-providence ; ceux qui seront obéissants et soumis au gouvernement mondial unique seront récompensés par des moyens de subsistance ; ceux qui seront rebelles seront simplement affamés ou déclarés hors-la-loi, devenant ainsi une cible pour quiconque souhaitera les tuer. Les armes à feu ou les armes de toutes sortes détenues par des particuliers seront interdites.

Une seule religion sera autorisée et ce sera sous la forme d'une Église du Gouvernement Mondial Unique, qui existe depuis 1920 comme nous le verrons. Le satanisme, le luciférianisme et la sorcellerie seront reconnus comme des programmes légitimes du gouvernement mondial unique, sans écoles privées ou confessionnelles. *Toutes les* églises chrétiennes ont *déjà* été subverties et le christianisme fera partie du passé dans le Gouvernement Mondial Unique.

Pour induire un état où il n'y a pas de liberté individuelle ou de concept de liberté survivant, il n'y aura rien de tel que le républicanisme, la souveraineté ou les droits appartenant au peuple. La fierté nationale et l'identité raciale seront supprimées et, dans la phase de transition, le simple fait de mentionner son origine raciale sera passible des peines les plus sévères.

Chaque personne sera entièrement endoctrinée pour savoir qu'elle est une créature du gouvernement mondial unique et qu'elle possède un numéro d'identification clairement marqué sur sa personne afin d'être facilement accessible, ce numéro d'identification sera dans le fichier principal de l'ordinateur de l'OTAN à Bruxelles, en Belgique, et pourra être récupéré instantanément par n'importe quelle agence du gouvernement mondial unique à tout moment. Les fichiers maîtres de la CIA, du FBI, des agences de police locales et d'état, de l'IRS, de la FEMA, de la Sécurité Sociale seront largement étendus et formeront la base des dossiers personnels de tous les individus aux États-Unis.

Le mariage sera interdit et il n'y aura plus de vie de famille telle que nous la connaissons. Les enfants seront retirés à leurs parents dès leur plus jeune âge et élevés par des pupilles comme propriété de l'État.

Une telle expérience a été menée en Allemagne de l'Est sous Erich Honnecker, lorsque des enfants ont été retirés à des parents considérés par l'État comme des citoyens déloyaux. Les femmes seront dégradées par le processus continu des mouvements de "libération des femmes". Le sexe libre sera obligatoire.

Si elle n'obtempère pas au moins une fois avant l'âge de 20 ans, elle sera punie par de sévères représailles contre sa personne. L'auto-avortement sera enseigné et pratiqué après que deux enfants soient nés d'une femme ; ces données seront contenues dans le dossier personnel de chaque femme dans les ordinateurs régionaux du Gouvernement Mondial Unique. Si une femme tombe enceinte après avoir donné naissance à deux enfants, elle sera emmenée de force dans une clinique d'avortement pour y subir un avortement et une stérilisation.

La pornographie sera encouragée et sa diffusion sera obligatoire dans toutes les salles de cinéma, y compris la pornographie homosexuelle et lesbienne. L'utilisation de drogues "récréatives" sera obligatoire, chaque personne se voyant attribuer des quotas de drogues qu'elle pourra acheter dans les magasins du gouvernement mondial unique partout dans le monde. Les drogues de contrôle de l'esprit seront développées et leur usage deviendra obligatoire. Ces drogues de contrôle de l'esprit seront administrées dans la nourriture et/ou l'eau à l'insu de la population et sans son consentement. Des bars à drogues seront mis en place, dirigés par des employés du Gouvernement Mondial Unique, où la classe des esclaves pourra passer son temps libre. De cette manière, les masses non élites seront réduites au niveau et au comportement d'animaux contrôlés, sans volonté propre et facilement contrôlables.

Le système économique sera basé sur la classe oligarchique dirigeante qui permettra de produire juste assez de nourriture et de services pour faire fonctionner les camps de travail des esclaves de masse. Toutes les richesses seront concentrées entre les mains des membres de l'élite du Comité des 300. Chaque individu sera endoctriné pour comprendre qu'il ou elle est totalement dépendant de l'État pour sa survie. Le monde sera dirigé par les décrets exécutifs du Comité des 300 qui deviendront des lois instantanées. Boris Eltsine a utilisé les décrets du Comité des 300 pour imposer la volonté du Comité à la Russie à titre d'essai. Il y aura des tribunaux de punition et non des tribunaux de justice. L'industrie doit être totalement détruite ainsi que les systèmes d'énergie nucléaire. Seuls les 300 membres du Comité et leurs élites auront droit à toutes les ressources de la terre. L'agriculture sera uniquement entre les mains du Comité des 300 et la production alimentaire sera strictement contrôlée. Lorsque ces mesures commenceront à prendre effet, les grandes populations des villes seront déplacées de force vers des régions éloignées et ceux qui refuseront de partir seront exterminés à la manière de l'expérience du Gouvernement Mondial Unique menée par Pol Pot au Cambodge.

L'euthanasie pour les malades en phase terminale et les personnes âgées sera obligatoire. Aucune ville ne sera plus grande qu'un nombre prédéterminé comme décrit dans le travail de Kalergi. Les travailleurs essentiels seront déplacés vers d'autres villes si celle où ils se trouvent devient surpeuplée. D'autres travailleurs non essentiels seront choisis au hasard et envoyés dans des villes sous-peuplées pour remplir des "quotas".

Au moins 4 milliards de "mangeurs inutiles" seront éliminés d'ici 2050 par des guerres limitées, des épidémies organisées de maladies mortelles à action rapide et la famine. L'énergie, la nourriture et l'eau seront maintenues au niveau de subsistance pour les non-élites, en commençant par les populations blanches d'Europe occidentale et d'Amérique du Nord, puis en s'étendant aux autres races. La population du Canada, de l'Europe occidentale et des États-Unis sera décimée plus rapidement que celle des autres continents, jusqu'à ce que la population mondiale atteigne un niveau gérable d'un milliard d'habitants, dont 500 millions seront des Chinois et des Japonais, sélectionnés parce que ce sont des gens qui ont été enrégimentés pendant des siècles et qui ont l'habitude d'obéir à l'autorité sans poser de questions.

De temps en temps, il y aura des pénuries artificielles de nourriture et d'eau et des soins médicaux pour rappeler aux masses que leur existence même dépend de la bonne volonté du Comité des 300.

Après la destruction des habitations, des automobiles, de l'acier et des industries lourdes, il y aura un nombre limité d'habitations, et les industries de toute sorte autorisées à perdurer seront sous la direction du Club de Rome de l'OTAN, tout comme le développement de l'exploration scientifique et spatiale, limité à l'élite sous le contrôle du Comité des 300. Les armes spatiales de toutes les anciennes nations seront détruites en même temps que les armes nucléaires.

Tous les produits pharmaceutiques essentiels et non essentiels, les médecins, les dentistes et les travailleurs de la santé seront enregistrés dans la banque de données informatique centrale et aucun médicament ou soin médical ne sera prescrit sans l'autorisation expresse des contrôleurs régionaux responsables de chaque ville et village.

Les États-Unis seront envahis par des peuples de cultures étrangères qui finiront par submerger l'Amérique blanche ; des gens qui n'ont aucune idée de ce que représente la Constitution des États-Unis et qui, par conséquent, ne feront rien pour la défendre, et dans l'esprit desquels les concepts de liberté et de justice sont si faibles qu'ils importent peu. La nourriture et le logement seront la principale préoccupation. Aucune banque centrale, à l'exception de la Banque des règlements internationaux et de la Banque mondiale, ne sera autorisée à fonctionner. Les banques privées seront interdites. La rémunération pour le travail effectué se fera selon une échelle prédéterminée uniforme dans l'ensemble du gouvernement mondial unique. Aucun conflit salarial ne sera autorisé ni aucun écart par rapport aux barèmes uniformes standard établis par le gouvernement mondial unique. Ceux qui enfreignent la loi seront exécutés sur-le-champ.

Il n'y aura pas d'argent liquide ou de pièces de monnaie entre les mains des non-élites. Toutes les transactions seront effectuées au moyen d'une carte de débit portant le numéro d'identification du titulaire. Toute personne qui, d'une manière ou d'une autre, enfreint les règles et règlements du Comité des 300 verra l'utilisation de sa carte suspendue pour une durée variable selon la nature et la gravité de l'infraction.

Ces personnes constateront, au moment de faire des achats, que leur carte est sur la liste noire et qu'elles ne pourront pas obtenir de services d'aucune sorte. Les tentatives d'échange de pièces "anciennes", c'est-à-dire de pièces d'argent d'anciennes nations aujourd'hui disparues, seront traitées comme un crime capital passible de la peine de mort. Toutes ces pièces de monnaie devront être rendues dans un délai donné, de même que les armes, les fusils, les explosifs et les automobiles. Seules l'élite et les hauts fonctionnaires du gouvernement seront autorisés à utiliser des moyens de transport, des armes, des pièces de monnaie et des automobiles privés.

Si l'infraction est grave, la carte sera saisie au point de contrôle où elle est présentée. Par la suite, cette personne ne pourra plus se procurer de la nourriture, de l'eau, un abri et des services médicaux pour l'emploi, et sera officiellement inscrite sur la liste des hors-la-loi. De grandes bandes de hors-la-loi seront ainsi créées et elles vivront dans les régions qui permettent le mieux de subsister, sous réserve d'être traquées et abattues à vue. Les personnes aidant les hors-la-loi de quelque manière que ce soit seront également abattues. Les hors-la-loi qui ne se rendent pas à la police ou à l'armée après une période déterminée verront un ancien membre de leur famille choisi au hasard pour purger une peine de prison à leur place.

Les factions et groupes rivaux tels que les Arabes, les Juifs et les tribus africaines verront leurs différences amplifiées et seront autorisés à mener des guerres d'extermination les uns contre les autres, sous les yeux de l'OTAN et des observateurs de l'ONU. Les mêmes tactiques seront utilisées en Amérique centrale et du Sud. Ces guerres d'usure auront lieu AVANT la prise de pouvoir du gouvernement mondial unique et seront organisées sur tous les continents où vivent de grands groupes de personnes ayant des différences ethniques et religieuses, comme les Sikhs, les Pakistanais musulmans et les Indiens hindous. Les différences ethniques et religieuses seront amplifiées et exacerbées et les conflits violents comme moyen de "régler" leurs différends seront encouragés et favorisés.

Tous les services d'information et les médias imprimés seront sous le contrôle du gouvernement mondial unique. Les mesures régulières de contrôle par lavage de cerveau seront présentées comme un "divertissement", de la même manière qu'elles ont été pratiquées et sont devenues un art aux États-Unis. Les jeunes retirés aux "parents déloyaux" recevront une éducation spéciale destinée à les brutaliser. Les jeunes des deux sexes recevront une formation pour devenir des gardiens de prison pour le système de camps de travail du monde unique. Il est évident, au vu de ce qui précède, qu'il reste beaucoup de travail à faire avant que l'aube du Nouvel Ordre Mondial puisse se produire. Le Comité des 300 a depuis longtemps mis au point des plans pour déstabiliser la civilisation telle que nous la connaissons, certains de ces plans étant connus de Zbigniew Brzezinski dans son ouvrage classique *L'ère technotronique* et des travaux d'Aurellio Peccei qui a fondé le Club de Rome, notamment dans son livre *The Chasm Ahead*.

Dans *The Chasm Ahead*, Peccei expose en détail les 300 plans du Comité pour dompter l'homme, qu'il appelle "THE ENEMY". Peccei a cité ce que Felix Dzerjinski a dit un jour à Sydney Reilly au plus fort de la Terreur rouge, alors que des millions de Russes étaient assassinés :

> "Pourquoi devrais-je me préoccuper du nombre de morts ? Même la Bible chrétienne dit : "Qu'est-ce que l'homme pour que Dieu se

> soucie de lui ? Pour moi, les hommes ne sont rien d'autre qu'un
> cerveau à un bout et une usine à merde à l'autre. "

C'est à partir de cette vision brutale de l'homme qu'Emmanuel le Christ est venu sauver le monde. Sydney Reilly était l'agent du MI6 envoyé pour surveiller les activités de Dzerjinski. Reilly aurait été abattu par son ami Felix alors qu'il tentait de fuir la Russie. Le complot élaboré a été conçu lorsque certains membres du Parlement britannique poussèrent des cris d'orfraie et commencèrent à réclamer à cor et à cri un compte rendu des activités de Reilly en Russie, ce qui risquait d'exposer le rôle du Comité des 300 dans la prise de contrôle des champs pétrolifères de Bakou et son rôle majeur dans l'aide apportée à Lénine et Trotsky pendant la révolution bolchevique. Plutôt que de faire éclater la vérité sur Reilly, le MI6 a jugé opportun de mettre en scène sa mort. Reilly a vécu la fin de ses jours dans le plus grand luxe dans une villa russe habituellement réservée à l'élite bolchevique.

Soutenant que le chaos s'ensuivrait si l'"Alliance atlantique", un euphémisme pour le Comité des 300, ne gouvernait pas l'Amérique post-industrielle, Peccei a proposé un triage malthusien à l'échelle mondiale. Il envisageait une collision entre l'appareil scientifique-technologique-militaire de l'Union soviétique et le monde occidental. Ainsi, les pays du Pacte de Varsovie devaient se voir offrir une convergence avec l'Occident dans un gouvernement mondial unique pour gérer les affaires mondiales sur la base de la gestion des crises et de la planification mondiale.

Les événements qui se déroulent dans ce qui était autrefois l'URSS et l'émergence de plusieurs États indépendants au sein d'une fédération souple en Russie sont exactement ce qui était envisagé par Peccei et le Club de Rome, et cela est clairement expliqué dans les deux livres que j'ai mentionnés. Il sera plus facile de faire face à une URSS ainsi divisée qu'à une nation soviétique forte et unie. Les plans élaborés par le Comité des 300 pour un gouvernement mondial unique, qui incluaient la perspective d'une Russie divisée, approchent maintenant d'un point d'escalade rapide. Les événements qui se déroulent en Russie à la fin de 1991 sont d'autant plus dramatiques lorsqu'on les compare aux plans à long terme du Comité des 300 élaborés depuis 1960.

En Europe occidentale, les gens travaillent à la création d'une fédération d'États dans le cadre d'un gouvernement unique avec une monnaie unique. De là, le système de la CEE sera transféré petit à petit aux États-Unis et au Canada. Les Nations Unies se transforment lentement mais sûrement en un gouvernement mondial unique, dont les politiques lui sont dictées par les États-Unis, comme nous l'avons vu dans le cas de la guerre du Golfe. C'est exactement la même chose qui se passe avec le Parlement britannique. La discussion sur la participation de la Grande-Bretagne à la guerre du Golfe a été maintenue à un niveau ridiculement minimal et n'a eu lieu que tardivement, lors d'une motion d'ajournement de la Chambre. Cela ne s'était jamais produit auparavant dans l'histoire ancienne du Parlement, où une décision aussi importante devait être prise et où si peu de temps était accordé à la discussion. L'un des événements les plus notables de l'histoire parlementaire est passé pratiquement inaperçu.

Nous sommes proches du point où les États-Unis enverront leurs forces militaires pour régler tous les différends portés devant les Nations Unies. Le secrétaire général sortant, Pérez de Cuéllar, lourdement chargé de pots-de-vin, a été le dirigeant de l'ONU le plus docile de l'histoire en accédant sans discussion aux demandes des États-Unis. Son successeur sera encore plus enclin à se plier à tout ce que le gouvernement américain lui soumettra. Il s'agit d'une étape importante sur la voie d'un gouvernement mondial unique.

La Cour internationale de justice de La Haye sera de plus en plus utilisée au cours des deux prochaines années pour régler des différends juridiques de tous types. Il s'agit bien entendu du prototype du système juridique du gouvernement mondial unique qui supplantera tous les autres. Quant aux banques centrales, essentielles dans la planification du Nouvel Ordre Mondial, c'est déjà un fait accompli avec la Banque des Règlements Internationaux qui domine la scène à la fin de 1991. Les banques privées disparaissent rapidement pour laisser la place aux dix grandes banques qui contrôleront le secteur bancaire dans le monde entier sous la direction de la BRI et du FMI.

Les États-providence abondent en Europe, et les États-Unis sont en passe de devenir le plus grand État-providence du monde. Une fois que les gens en viennent à dépendre du gouvernement pour leur subsistance, il sera très difficile de les en sevrer, comme nous l'avons vu dans les résultats des dernières élections de mi-mandat aux États-Unis, où 98% des titulaires ont été renvoyés à Washington pour profiter de la belle vie malgré leurs résultats tout à fait déplorables.

L'abolition des armes à feu détenues par des particuliers est déjà en vigueur dans les trois quarts du monde. Il n'y a qu'aux États-Unis que la population peut encore posséder des armes à feu de tous types, mais ce droit légal est réduit à une vitesse alarmante par des lois locales et étatiques qui violent le droit constitutionnel de tous les citoyens de porter des armes. La propriété privée d'armes à feu sera devenue une chose du passé aux États-Unis d'ici 2010.

De même, l'éducation est érodée à un rythme alarmant. Les écoles privées sont obligées de fermer leurs portes pour diverses raisons légales, des stratagèmes et le manque de financement. Le niveau de l'éducation aux États-Unis est déjà descendu à un niveau si déplorable qu'aujourd'hui, on peut à peine parler d'éducation. Ceci est conforme au plan ; comme je l'ai décrit précédemment, le gouvernement mondial unique ne veut pas que nos jeunes soient correctement éduqués et instruits.

La destruction de l'identité nationale avance à grands pas. Il n'est plus bon d'être patriote, à moins que ce ne soit pour la cause d'un projet servant les vues du gouvernement mondial unique, comme la guerre de génocide menée contre la nation irakienne ou la destruction imminente de la Libye. La fierté raciale est maintenant mal vue et considérée comme un acte illégal dans de nombreuses parties du monde, y compris aux États-Unis, en Grande-Bretagne, en Europe de l'Ouest et au Canada, tous les pays ayant les plus grandes concentrations de race blanche.

Sous l'impulsion des sociétés secrètes américaines, la destruction des formes républicaines de gouvernement s'est poursuivie à un rythme soutenu depuis la fin de la Seconde Guerre mondiale. La liste de ces gouvernements détruits par les États-Unis est longue, et il est difficile pour les personnes non informées d'accepter que le gouvernement d'un pays, prétendument attaché au républicanisme en vertu d'une constitution unique, s'engage dans une telle conduite, mais les faits parlent d'eux-mêmes.

Il s'agit d'un objectif fixé, il y a plus d'un siècle, par le Comité des 300. Les États-Unis ont mené les attaques contre ces gouvernements et continuent de le faire, alors même que la base républicaine des États-Unis est constamment sapée. En commençant par le conseiller juridique de James Earl Carter, Lloyd Cutler, un comité de juristes constitutionnels a travaillé pour transformer le Congrès américain en un système parlementaire non représentatif. Le travail est en cours depuis 1979 sur le plan d'un tel changement, et en raison de son dévouement à la cause, Cutler a été nommé membre du Comité des

300. Le projet final d'un gouvernement de type parlementaire doit être présenté au Comité des 300 à la fin de 1993.

Dans le nouveau système parlementaire, les députés ne seront pas responsables devant leurs électeurs, mais devant les parlementaires, et ils voteront comme on leur dira de le faire. Ainsi, par la subversion judiciaire et bureaucratique, la Constitution disparaîtra, tout comme la liberté individuelle. L'avilissement planifié de l'homme par des pratiques sexuelles licencieuses sera intensifié. De nouvelles sectes sexuellement dégénérées sont même actuellement mises en place par la Couronne britannique — par l'intermédiaire des services SIS et MI6. Comme nous le savons déjà, tous les cultes opérant dans le monde aujourd'hui sont le produit des services secrets britanniques, agissant pour le compte des dirigeants oligarchiques.

Nous pouvons penser que cette phase de création d'un tout nouveau culte spécialisé dans le comportement sexuel dégénéré est encore lointaine, mais selon mes informations, elle devrait s'intensifier en 1992. En 1994, il sera tout à fait courant d'organiser des "spectacles vivants" dans les clubs et les lieux de divertissement les plus prestigieux. L'image de ce type de "divertissement" est déjà en train de s'assainir et de s'éclaircir.

Bientôt, les grands noms d'Hollywood et du monde du spectacle recommanderont tel ou tel club comme un "must" des sex-shows en direct. Le lesbianisme et l'homosexualité ne seront pas à l'honneur. Ce nouveau "divertissement" socialement acceptable sera constitué de spectacles hétérosexuels et fera l'objet de critiques comme celles que l'on trouve dans les journaux d'aujourd'hui sur les spectacles de Broadway ou le dernier film à succès.

Un assaut sans précédent contre les valeurs morales va passer à la vitesse supérieure en 1992. La pornographie ne sera plus appelée "pornographie", mais "divertissement sexuel pour adultes". Les discours prendront la forme de "pourquoi le cacher alors que tout le monde le fait". Supprimons l'image selon laquelle l'étalage public du sexe est laid et sale". Les amateurs de ce type de désir sexuel débridé ne seront plus obligés de se rendre dans des salons pornographiques miteux. Au lieu de cela, les dîners de la haute société et les lieux préférés des riches et des célébrités feront des exhibitions sexuelles publiques une forme de divertissement hautement "artistique". Pire encore, certains "leaders" de l'église vont même le recommander.

Le volumineux et énorme appareil socio-psychiatrique mis en place par l'Institut Tavistock et son énorme réseau de capacités connexes a été sous le contrôle d'une seule entité, et cette entité est toujours aux commandes en ce début d'année 1992. Cette entité unique, la hiérarchie des conspirateurs, s'appelle le Comité des 300. C'est une structure de commandement et un centre de pouvoir qui opèrent bien au-delà de la portée de n'importe quel leader mondial ou de n'importe quel gouvernement, y compris le gouvernement des États-Unis et ses présidents — comme l'a découvert feu John F. Kennedy. Le meurtre de Kennedy était une opération du Comité des 300 et nous y reviendrons.

Le Comité des 300 est la société secrète ultime composée d'une classe dirigeante intouchable, qui comprend la reine d'Angleterre, la reine des Pays-Bas, la reine du Danemark et les familles royales d'Europe. Ces aristocrates ont décidé, à la mort de la reine Victoria, la matriarche des Guelfes noirs vénitiens, que, pour obtenir le contrôle mondial, il serait nécessaire pour ses membres aristocratiques de "faire des affaires" avec les dirigeants non aristocratiques, mais extrêmement puissants des entreprises commerciales à l'échelle mondiale, et ainsi les portes du pouvoir suprême ont été ouvertes à ce que la reine d'Angleterre aime appeler "les roturiers".

Ayant travaillé dans le domaine du renseignement, je sais que les chefs de gouvernements étrangers appellent cet organe tout-puissant "les magiciens". Staline a inventé sa propre expression pour les décrire : "Les forces obscures", et le président Eisenhower, qui n'a jamais pu dépasser le grade de "hofjuden" (juif de la cour), l'a appelé, dans un euphémisme colossal, "le complexe militaro-industriel". Staline a maintenu l'URSS lourdement armée de forces conventionnelles et nucléaires parce qu'il ne faisait pas confiance à ce qu'il appelait "la famille". La méfiance et la peur qu'il éprouvait à l'égard du Comité des 300 se sont avérées fondées.

Le divertissement populaire, en particulier le cinéma, a été utilisé pour discréditer ceux qui ont tenté de mettre en garde contre cette menace des plus dangereuses pour la liberté individuelle et la liberté de l'humanité. La liberté est une loi donnée par Dieu que l'homme a constamment cherché à subvertir et à miner ; pourtant, le désir de liberté de chaque individu est si grand que, jusqu'à présent, aucun système n'a pu arracher ce sentiment du cœur de l'homme. Les expériences menées en URSS, en Grande-Bretagne et aux États-Unis pour émousser et émousser le désir de liberté de l'homme se sont jusqu'à présent révélées infructueuses.

Mais avec l'avènement du Nouvel Ordre Mondial — un gouvernement mondial — des expériences de grande envergure seront menées pour chasser de l'esprit, du corps et de l'âme de l'homme le désir de liberté que Dieu lui a donné. Ce que nous vivons déjà n'est rien, une simple bagatelle, comparé à ce qui est à venir. L'attaque de l'âme est l'axe d'une foule d'expériences en préparation, et j'ai le regret de dire que les institutions des États-Unis joueront un rôle de premier plan dans les terribles expériences qui ont déjà été menées à petite échelle au niveau local, dans des endroits comme l'hôpital naval de Bethesda et la prison de Vacaville en Californie.

Les films que nous avons vus jusqu'à présent incluent la série des James Bond, le "Bureau des assassinats", le "Cercle Matarese", etc. Il s'agissait de films de fiction, conçus pour cacher la vérité, à savoir que de telles organisations existent bel et bien, et à une échelle bien plus grande que ce que les cerveaux fertiles d'Hollywood ont pu imaginer.

Pourtant, le Bureau des Assassinats est absolument réel. Il existe en Europe et aux États-Unis dans le seul but d'exécuter les ordres du Comité des 300 et de procéder à des assassinats de haut niveau lorsque tous les autres moyens ont échoué. C'est PERMINDEX qui a dirigé l'assassinat de Kennedy sous la direction de Sir William Stephenson, qui a été pendant des années l'agent de contrôle des nuisibles le plus important de la Reine d'Angleterre.

Clay Shaw, un agent contractuel de la CIA, dirigeait PERMINDEX depuis le Trade Mart Centre de La Nouvelle-Orléans. L'ancien procureur du district de La Nouvelle-Orléans, Jim Garrison, a été très près de percer le complot d'assassinat de Kennedy au niveau de Clay Shaw, jusqu'à ce que Garrison soit "pris en main" et que Shaw soit déclaré non coupable d'implication dans le complot d'assassinat de Kennedy. Le fait que Shaw ait été éliminé de la même manière que Jack Ruby, un autre agent contractuel de la CIA — tous deux sont morts d'un cancer à évolution rapide — montre bien que Garrison était sur la bonne voie. (Jack Ruby est mort d'un cancer en prison, en janvier 1967).

Un deuxième bureau d'assassinat est situé en Suisse et était, jusqu'à récemment, dirigé par un personnage de l'ombre dont il n'existe aucune photographie après 1941. Les opérations étaient et sont probablement encore financées par la famille Oltramaire — la noblesse noire suisse, propriétaire de la banque Lombard Odier de Genève, une succursale du Comité des 300. L'homme de contact principal était Jacques Soustelle — selon les fichiers de renseignement du G2 de l'armée américaine.

Ce groupe était également étroitement lié à Allen Dulles et à Jean de Menil, un membre important du Comité des 300 et un nom très en vue dans l'industrie pétrolière du Texas. Les dossiers de Army-G2 montrent que le groupe était fortement impliqué dans le commerce des armes au Moyen-Orient, mais plus encore, le bureau d'assassinat a fait pas moins de 30 tentatives d'assassinat du Général de Gaulle, dans lesquelles Jacques Soustelle était directement impliqué. Ce même Soustelle était l'homme de contact du groupe de guérilla Sendero Luminosa-Shining Pathway qui protégeait les producteurs péruviens de cocaïne du Comité.

Après l'échec de tout ce que le bureau d'assassinat pouvait faire de mieux, grâce à l'excellent travail de la DGSE (services de renseignements français — anciennement SDECE), la mission a été confiée au MI6 — Military Intelligence Department Six, également connu sous le nom de service de renseignements secrets (SIS), sous le nom de code "Jackal". La SDECE employait de jeunes diplômés intelligents et n'était pas infiltrée par le MI6 ou le KGB dans une mesure mesurable. Ses résultats dans la traque des agents étrangers en font l'envie des services secrets de toutes les nations, et c'est ce groupe qui suivit l'opération "Jackal" jusqu'à sa destination finale et le tua avant qu'il ne puisse tirer sur le cortège du général de Gaulle.

C'est le SDECE qui a découvert une taupe soviétique dans le cabinet de De Gaulle, qui était aussi un agent de liaison avec la CIA à Langley. Afin de discréditer le SDECE, Allen Dulles, qui détestait de Gaulle (le sentiment était réciproque), a fait arrêter l'un de ses agents, Roger de Louette, en possession de 12 millions de dollars d'héroïne. Après un grand nombre d'"interrogatoires" d'experts, de Louette a "avoué", mais n'a pas été capable de dire pourquoi il faisait entrer de la drogue aux États-Unis. Tout cela sentait le coup monté à plein nez.

Sur la base d'un examen des méthodes du SDECE pour protéger de Gaulle, notamment dans les cortèges, le FBI, les services secrets et la CIA savaient exactement comment dépouiller le président Kennedy de sa sécurité et faciliter la tâche des trois tireurs du PERMINDEX pour l'assassiner sur Dealey Plaza en novembre 1963.

Un autre exemple de faits déguisés en fiction est le roman de Leon

Uris, *Topaz*.[21] Dans *Topaz*, nous trouvons un compte rendu factuel des activités de Thyraud de Vosjoli, le même agent du KGB découvert par le SDECE et dénoncé comme étant l'agent de liaison du KGB avec la CIA. Il existe de nombreux récits romancés des activités du MOSSAD, qui sont presque tous basés sur des faits réels.

Le MOSSAD est également connu sous le nom de "l'Institut". Beaucoup d'écrivains en herbe font des déclarations absurdes à son sujet, notamment un écrivain qui a la faveur de la droite chrétienne, ce qui est accepté comme une vérité. On peut pardonner au contrevenant de n'avoir aucune formation en matière de renseignement, mais cela ne l'empêche pas de lâcher des "noms du Mossad" un peu partout.

De tels exercices de désinformation sont couramment menés contre les groupes patriotiques de droite américains. À l'origine, le MOSSAD était composé de trois groupes, le Bureau du renseignement militaire, le Département politique du Foreign Office et le Département de la sécurité (Sherut Habitachon). David Ben Gurion, membre du Comité des 300, a reçu une aide considérable du MI6 pour le mettre sur pied.

Mais ce ne fut pas un succès et, en 1951, Sir William Stephenson, du MI6, le restructure en une seule unité, en tant que branche du département politique du ministère israélien des Affaires étrangères, avec un groupe d'opérations spéciales pour l'espionnage et les opérations "noires". Les services de renseignements britanniques apportent une aide supplémentaire en formant et en équipant le Sarayet Maktal, également connu sous le nom d'unité de reconnaissance de l'état-major général, sur le modèle du Special Air Service (SAS) britannique. Cette unité de service du MOSSAD n'est jamais mentionnée par son nom et est simplement connue sous le nom de "The Guys".

Les "Guys" ne sont qu'une extension de l'unité SAS des services secrets britanniques, qui les forment et les mettent à jour en permanence à de nouvelles méthodes. Ce sont les "Guys" qui ont tué les dirigeants de l'O.L.P. et kidnappé Adolph Eichmann. "The Guys" et en fait TOUS les agents du MOSSAD, opèrent sur un pied de guerre. Le MOSSAD a un avantage considérable sur les autres services de renseignements, car chaque pays du monde possède une

---

[21] Dont Alfred Hitchcock a tiré un film, NDT.

importante communauté juive.

En étudiant les dossiers sociaux et criminels, le MOSSAD est capable de choisir des agents parmi les juifs locaux sur lesquels il peut avoir une emprise et les faire travailler pour lui sans les payer. Le MOSSAD a également l'avantage d'avoir accès aux dossiers de toutes les agences de maintien de l'ordre et des services de renseignement des États-Unis. L'Office of Naval Intelligence (OM) ELINT fournit des services au Mossad sans frais pour Israël. Les citoyens des États-Unis seraient choqués, furieux et consternés si jamais on découvrait tout ce que le Mossad sait sur la vie de millions d'Américains, dans tous les domaines, même ceux qui ne font pas de politique.

Le premier chef du MOSSAD, Reuben Shiloach, a été nommé membre du Comité des 300, mais on ne sait pas si son successeur a bénéficié du même privilège. Il y a de fortes chances que ce soit le cas. Le MOSSAD dispose d'un habile service de désinformation. La quantité de désinformation qu'il fournit au "marché" américain est embarrassante, mais ce qui est encore plus embarrassant, c'est la façon dont elle est avalée, hameçon, ligne et plomb, et tout le reste.

Ce dont nous sommes réellement témoins dans le microcosme du MOSSAD, c'est de l'étendue du contrôle exercé par les "Olympiens" par le biais des services de renseignement, du divertissement, de l'édition, des sondages d'opinion et des médias d'information télévisés à l'échelle mondiale. Ted Turner a récemment obtenu un siège au Comité des 300 en reconnaissance de ses émissions d'"information" (making) sur CNN. Le Comité a le pouvoir et les moyens de dire aux gens de ce monde N'IMPORTE QUOI, et il sera cru par la grande majorité.

Chaque fois qu'un chercheur tombe sur cet étonnant groupe de contrôle central, soit il est acheté avec succès, soit il suit une "formation spécialisée" à l'Institut Tavistock, après quoi il devient un collaborateur de plus de fiction, du type James Bond, c'est-à-dire qu'il est retourné et bien récompensé. Si une personne comme John F. Kennedy découvre par hasard la vérité sur ceux qui dirigent les événements mondiaux et qu'elle ne peut être achetée, elle est assassinée.

Dans le cas de John F. Kennedy, l'assassinat a été perpétré avec une grande publicité et avec la plus grande brutalité afin de servir d'avertissement aux dirigeants du monde pour qu'ils ne sortent pas du rang. Le pape Jean-Paul Ier a été assassiné discrètement parce qu'il se rapprochait du Comité des 300 par l'intermédiaire des francs-maçons de la hiérarchie du Vatican. Son successeur, le pape Jean-Paul II, a été humilié publiquement pour l'avertir de cesser et de se désister — ce qu'il a fait. Comme nous le verrons, certains dirigeants du Vatican siègent aujourd'hui au Comité des 300.

Il est facile de détourner les chercheurs sérieux de la piste du Comité des 300, car le MI6 (SIS) britannique promeut une grande variété de folies, telles que le New Age, le yoga, le bouddhisme zen, la sorcellerie, le sacerdoce d'Apollon de Delphes (Aristote en était membre) et des centaines de petits "cultes" de toutes sortes. Un groupe d'agents du renseignement britannique "retraités" qui sont restés sur la piste a baptisé la hiérarchie des conspirateurs "Force X" et a déclaré qu'elle possédait un super service de renseignement qui a corrompu le KGB, les services de renseignement du Vatican, la CIA, l'ONI, la DGSE, les services de renseignement militaires américains, les services de renseignement du département d'État et même la plus secrète de toutes les agences de renseignement américaines, l'Office of National Reconnaissance.

L'existence du National Reconnaissance Office (NRO) n'était connue que d'une poignée de personnes en dehors du Comité des 300, jusqu'à ce que Truman la découvre par hasard. Churchill a participé à la mise en place du NRO et il aurait été livide lorsque Truman a découvert son existence. Churchill, plus que tout autre serviteur du Comité des 300, considérait Truman, son petit homme d'Indépendance "sans indépendance du tout". Cela faisait référence au fait que chaque mouvement de Truman était contrôlé par la franc-maçonnerie. Même aujourd'hui, le budget annuel du NRO n'est pas connu du Congrès des États-Unis, et il n'est responsable que devant une poignée de personnes sélectionnées au Congrès. Mais c'est une créature du Comité des 300 à qui ses rapports sont envoyés régulièrement toutes les heures.

Ainsi, les spoliations fictives que l'on voit à propos des différentes branches et des différents bras de contrôle du Comité ont été conçues pour détourner les soupçons de la Commission.

Mais nous ne devrions jamais douter que la réalité existe bel et bien. Prenons un autre exemple de ce que je veux dire : le livre *Le Jour du Jackal*, à partir duquel un film à grand succès a été créé. Les événements relatés dans le livre sont factuels. Bien que, pour des raisons évidentes, les noms de certains acteurs et les lieux aient été modifiés, l'idée maîtresse de l'histoire, à savoir qu'un seul agent du

MI6 a été chargé de se débarrasser du général Charles de Gaulle, est absolument exacte. Le général de Gaulle était devenu ingérable, refusant de coopérer avec le Comité — dont il connaissait très bien l'existence, puisqu'il avait été invité à en faire partie — ce refus a atteint son paroxysme lorsque de Gaulle a retiré la France de l'OTAN et a immédiatement commencé à construire sa propre force nucléaire — la "force de frappe".

Cela met tellement en danger le Comité que l'assassinat de De Gaulle est ordonné. Mais les services secrets français ont réussi à intercepter les plans de "Jackal" et à protéger de Gaulle. Au vu des résultats du MI6, qui est d'ailleurs la principale ressource du Comité des 300 en matière de renseignement, le travail accompli par les services de renseignement français relève du miracle.

L'origine du MI6 remonte à Sir Francis Walsingham, stratège de la reine Elizabeth I pour les opérations de ruse. Depuis des centaines d'années, le MI6 a établi un record qu'aucune autre agence de renseignement ne peut égaler. Les agents du MI6 ont recueilli des informations aux quatre coins du monde et ont mené des opérations secrètes qui stupéfieraient même les plus avertis si elles devaient être rendues publiques, c'est pourquoi il est considéré comme le service principal du Comité des 300.

Officiellement, le MI6 n'existe pas, son budget provient de la bourse de la Reine et de "fonds privés", et serait de l'ordre de 350 à 500 millions de dollars par an, mais personne ne connaît avec certitude le montant exact. Dans sa forme actuelle, le MI6 remonte à 1911, lorsqu'il était dirigé par Sir Mansfield Cumming, un capitaine de la Royal Navy, qui était toujours identifié par la lettre "C", dont est tiré le nom de "M" dans la série des James Bond.

Il n'existe pas de registre officiel des échecs et des succès du MI6 — c'est un secret, bien que les désastres de Burgess-Maclean-Blake-Blunt aient fortement entamé le moral des agents du MI6. Contrairement à d'autres services, les futurs membres sont recrutés dans les universités et d'autres domaines d'apprentissage par des "découvreurs de talents" hautement qualifiés, comme nous l'avons vu dans le cas des boursiers Rhodes intronisés à la Table ronde. L'une des exigences est la capacité de parler des langues étrangères. Les candidats sont soumis à une "formation" rigoureuse.

Avec le soutien d'une force aussi redoutable, le Comité des 300 n'a guère craint d'être démasqué, et ce pendant des décennies. Ce qui rend le Comité intouchable, c'est l'incroyable secret qui y règne. Aucun média n'a jamais fait mention de cette hiérarchie conspiratrice ; par conséquent, comme on peut s'y attendre, les gens doutent de son existence.

La structure du Comité

L e Comité des 300 est en grande partie sous le contrôle du monarque britannique, en l'occurrence, Elizabeth II. On pense que la reine Victoria était assez paranoïaque pour garder le secret et qu'elle s'est donné beaucoup de mal pour dissimuler des écrits maçonniques laissés sur les lieux des meurtres de "Jack l'Éventreur" qui faisaient allusion aux liens du Comité des 300 avec des "expériences" menées par un membre de la famille qui était également un membre haut placé du Rite écossais de la franc-maçonnerie. Le Comité des 300 est composé de membres de l'aristocratie britannique qui a des intérêts et des associés dans tous les pays du monde, y compris l'URSS.

La structure du comité est la suivante :

Le Tavistock Institute de l'université du Sussex et des sites de Londres est détenu et contrôlé par le Royal Institute for International Affairs dont le "hofjuden" en Amérique est Henry Kissinger. Le GROUPE EAGLE STAR, qui a changé de nom pour devenir le GROUPE STAR après la fin de la Seconde Guerre mondiale, est composé d'un groupe de grandes sociétés internationales impliquées dans des domaines qui se chevauchent et s'interfacent : (1) l'assurance (2) la banque (3) l'immobilier (4) le divertissement (5) la haute technologie, y compris la cybernétique, les communications électroniques, etc.

Le secteur bancaire, même s'il n'est pas le pilier principal, est d'une importance vitale, en particulier dans les régions où les banques servent de centres de compensation et de blanchiment de l'argent de la drogue. Les principales "grandes banques" sont la Banque d'Angleterre, la Réserve fédérale, la Banque des règlements internationaux, la Banque mondiale et la Banque de Hong Kong et de Shanghai. La banque American Express est un moyen de recycler l'argent de la drogue. Chacune de ces banques est affiliée à et/ou contrôle des centaines de milliers de grandes et petites banques à travers le monde.

Des milliers de banques, grandes et petites, font partie du réseau du Comité des 300, dont la Banca Commerciale d'Italia, la Banca Privata, la Banco Ambrosiano (Roberto Calvi — lire *In God's Name* de David Yallop), la Netherlands Bank, la Barclays Bank, la Banco del Colombia, la Banco de Ibero-America. La Banca del la Svizzeria Italiana (BSI) est particulièrement intéressante, car elle gère des investissements de capitaux de fuite vers et depuis les États-Unis — principalement en dollars et en obligations américaines - situés et isolés dans la ville "neutre" de Lugano, le centre du capital concentré de la noblesse noire vénitienne. Lugano n'est ni en Italie ni en Suisse, et constitue une sorte de zone d'ombre pour les opérations douteuses de détournement de capitaux. George Ball, qui possède un gros bloc d'actions de la BSI, est un "initié" de premier plan et le représentant de la banque aux États-Unis.

BCCI, BNL, Banco Mercantil de Mexico, Banco Nacional de Panama, Bangkok Metropolitan Bank, Bank Leumi, Bank Hapoalim, Standard Bank, Bank of Geneva, Bank of Ireland, Bank of Scotland, Bank of Montreal, Bank of Nova Scotia, Banque de Paris et Pays-Bas, British Bank of the Middle-East et Royal Bank of Canada, pour ne citer qu'un très petit nombre de banques "spécialisées".

Les Oppenheimer d'Afrique du Sud sont des "poids lourds" bien plus importants que les Rockefeller. Par exemple, en 1981, Harry Oppenheimer, président du géant Anglo American Corporation qui contrôle l'extraction, la vente et la distribution de l'or et des diamants dans le monde, a déclaré qu'il était sur le point de se lancer sur le marché bancaire nord-américain. Oppenheimer s'est empressé d'investir 10 milliards de dollars dans un véhicule spécialement créé dans le but d'acheter des grandes banques aux États-Unis, dont Citicorp. Le véhicule d'investissement d'Oppenheimer s'appelle Minorco et s'installe aux Bermudes, une réserve de la famille royale britannique. Au conseil d'administration de Minorco se trouvaient Walter Wriston de Citicorp et Robert Clare, son conseiller juridique principal.

La seule autre société à rivaliser avec Oppenheimer dans le domaine des métaux et minéraux précieux est la Consolidated Gold Fields d'Afrique du Sud, mais Oppenheimer en prend le contrôle avec une participation de 28% — le plus grand actionnaire unique. C'est ainsi que l'or, les diamants, le platine, le titane, la tantalite, le cuivre, le minerai de fer, l'uranium et l'uranium ont été acquis par Oppenheimer.

52 autres métaux et minéraux, dont beaucoup ont une valeur stratégique absolument vitale pour les États-Unis, sont passés entre les mains du Comité des 300.

C'est ainsi que la vision de l'un des premiers membres sud-africains du Comité des 300, Cecil John Rhodes, s'est pleinement réalisée ; une vision qui a commencé par le versement du sang de milliers et de milliers de fermiers blancs et de leurs familles en Afrique du Sud, que l'histoire appelle les "Boers". Pendant que les États-Unis, comme le reste du monde, se tenaient les bras croisés, cette petite nation a été soumise à la guerre de génocide la plus vicieuse de l'histoire. Les États-Unis seront soumis au même traitement par le Comité des 300 lorsque notre tour viendra, et il ne tardera pas à arriver.

Les compagnies d'assurance jouent un rôle clé dans les activités du Comité des 300. Parmi elles, on trouve des compagnies d'assurance de premier plan comme Assicurazioni Generali de Venise et Riunione Adriatica di Sicurta, les plus grandes et les deuxièmes plus grandes compagnies d'assurance du monde, qui tiennent leurs comptes bancaires à la Banque des règlements internationaux en francs suisses. Toutes deux contrôlent une multiplicité de banques d'investissement dont le chiffre d'affaires en actions à Wall Street est le double de celui des investisseurs américains.

Parmi les membres du conseil d'administration de ces deux géants de l'assurance, on trouve les membres du Comité des 300 : la famille Giustiniani, la noblesse noire de Rome et de Venise, dont la lignée remonte à l'empereur Justianian ; Sir Jocelyn Hambro de la Hambros (Merchant) Bank ; Pierpaolo Luzzatti Fequiz, dont la lignée remonte à six siècles, jusqu'aux plus anciens Luzzato, la noblesse noire de Venise, et Umberto Ortolani de l'ancienne famille de la noblesse noire du même nom.

Les autres membres de l'ancienne noblesse noire Vénitienne du Comité des 300 et les membres du conseil d'administration de l'ASG et de la RAS sont la famille Doria, les financiers des Habsbourg espagnols, Élie de Rothschild de la branche française de la famille Rothschild, le baron August von Finck (Finck, le deuxième homme le plus riche d'Allemagne est aujourd'hui décédé), Franco Orsini Bonacassi de l'ancienne noblesse noire Orsini qui remonte à un ancien sénateur romain du même nom, les Alba dont la lignée remonte au grand-duc d'Albe, et le baron Pierre Lambert, un cousin de la famille belge des Rothschild.

Les sociétés anglaises contrôlées par la famille royale britannique sont Eagle Star, Prudential Assurance Company, la Prudential Insurance Company, qui possèdent et contrôlent la plupart des assureurs américains, dont Allstate Insurance. En tête de liste se trouve Eagle Star, probablement la "façade" la plus puissante du sixième département de renseignement militaire (MI6). Eagle Star, bien qu'elle soit loin d'être aussi importante qu'Assicurazioni Generale, l'est peut-être tout autant simplement parce qu'elle appartient à des membres de la famille de la Reine d'Angleterre et, en tant que chef titulaire du Comité des 300, Eagle Star a un impact énorme. Eagle Star est plus qu'une importante "façade" pour le MI6, c'est aussi une "devanture" pour les principales banques britanniques, notamment Hill-Samuels, N. M. Rothschild and Sons (l'un des "fixeurs" de prix de l'or qui se réunissent quotidiennement à Londres), et la Barclays Bank (l'un des bailleurs de fonds de l'African National Congress-ANC). On peut dire avec un grand degré d'exactitude que les familles oligarchiques britanniques les plus puissantes ont créé Eagle Star comme un véhicule pour des "opérations noires" contre ceux qui s'opposent aux politiques du Comité des 300.

Contrairement à la CIA, la loi britannique considère comme un délit grave le fait de nommer des fonctionnaires du MI6. La liste suivante n'est donc qu'une liste partielle des "hauts gradés" du MI6, qui sont (ou étaient) également membres du Comité des 300 :

➤ Lord Hartley Shawcross.

➤ Sir Brian Edward Mountain.

➤ Sir Kenneth Keith.

➤ Sir Kenneth Strong.

➤ Sir William Stephenson.

➤ Sir William Wiseman.

Toutes les personnes susmentionnées sont (ou étaient) fortement impliquées dans les activités clés du Comité des 300 entreprises qui sont en interface avec des milliers d'entreprises engagées dans toutes les branches de l'activité commerciale, comme nous allons le voir.

Parmi ces entreprises figurent Rank Organisation, Xerox Corporation, ITT, IBM, RCA, CBS, NBC, BBC et CBC dans le domaine des communications, Raytheon, Textron, Bendix, Atlantic Richfield, British Petroleum, Royal Dutch Shell, Marine Midland Bank, Lehman

Brothers, Kuhn Loeb, General Electric, Westinghouse Corporation, United Fruit Company et bien d'autres encore.

Le MI6 dirigeait un grand nombre de ces sociétés par l'intermédiaire des services de renseignement britanniques postés dans l'immeuble de la RCA à New York, qui était le siège de son directeur général, Sir William Stephenson. La Radio Corporation of America (RCA) a été créée par G.E., Westinghouse, Morgan Guarantee and Trust (agissant pour la Couronne britannique) et United Fruit, en 1919, en tant que centre de renseignement britannique. Le premier président de RCA était Owen Young de J.P. Morgan, qui a donné son nom au plan Young. En 1929, David Sarnoff est nommé à la tête de RCA. Sarnoff avait été l'assistant de Young à la Conférence de paix de Paris en 1919, où l'Allemagne déchue avait été poignardée dans le dos par les "alliés" victorieux.

Un réseau de banques et de maisons de courtage de Wall Street s'occupe du marché boursier pour le Comité, et parmi les plus importantes figurent Blyth, Eastman Dillon, les groupes Morgan, Lazard Frères et Kuhn Loeb Rhodes. Rien ne se passe à Wall Street qui ne soit contrôlé par la Banque d'Angleterre, dont les instructions sont relayées par les groupes Morgan, puis mises en œuvre par les principales maisons de courtage dont les cadres supérieurs sont responsables en dernier ressort de l'exécution des directives du Comité.

Avant de dépasser les limites fixées par Morgan Guarantee, Drexel Burnham Lambert était l'un des favoris du Comité des 300. En 1981, presque toutes les grandes maisons de courtage de Wall Street s'étaient vendues au Comité, Phibro fusionnant avec Salomon Brothers. Phibro est le bras commercial des Oppenheimers de l'Anglo American Corporation. Par ce mécanisme de contrôle, le Comité des 300 s'assure que ses membres et leurs sociétés commerciales éloignées réalisent leurs investissements à Wall Street à un taux double de celui des investisseurs étrangers "non-initiés".

N'oubliez pas que certaines des familles les plus riches du monde vivent en Europe, il est donc naturel qu'elles aient une prépondérance de membres au sein du Comité. La famille Von Thurn et Taxis, qui possédait autrefois la franchise postale allemande, fait passer David Rockefeller pour un parent très pauvre. La dynastie Von Thurn und Taxis remonte à 300 ans et les membres de cette famille ont occupé, génération après génération, des sièges au Comité où ils sont encore présents aujourd'hui. Nous avons déjà cité le nom de plusieurs des plus riches membres de la noblesse noire vénitienne du Comité des 300 et d'autres noms seront ajoutés au fur et à mesure que nous les rencontrerons dans leurs différents domaines d'activité. Nous allons maintenant inclure certains membres américains du Comité des 300 et tenter de retracer leurs affiliations et leurs liens avec la Couronne britannique.

Comment ces faits peuvent-ils être vérifiés ? Certains d'entre eux ne peuvent justement pas être vérifiés parce que les informations proviennent directement de fichiers de renseignements, mais avec beaucoup de travail, il existe de nombreuses sources qui peuvent vérifier au moins une partie des faits. Ce travail impliquerait une recherche diligente dans le livre de référence des sociétés de Dun et Bradstreet, Standard and Poors, le "Who's Who" britannique et américain, avec de longues heures de travail acharné pour recouper les noms avec leurs affiliations aux sociétés.

Le Comité, composé de 300 sociétés, banques et compagnies d'assurance, opère sous un commandement unifié couvrant tous les aspects imaginables de la stratégie et de l'action cohésive. Le Comité est la SEULE hiérarchie de pouvoir organisée dans le monde qui transcende tous les gouvernements et les individus, aussi puissants et sûrs qu'ils puissent se sentir. Cela couvre la finance, les questions de défense et les partis politiques de toutes couleurs et de tous types.

Il n'y a aucune entité que le Comité ne puisse atteindre et contrôler, et cela inclut les religions organisées du monde. Il s'agit donc du tout puissant GROUPE OLYMPIEN dont la base du pouvoir se trouve à Londres et dans les centres financiers de la City de Londres, avec sa mainmise sur les minéraux, les métaux et les pierres précieuses, la cocaïne, l'opium et les médicaments, les banquiers rentiers-financiers, les promoteurs de culte et les fondateurs de la musique rock. La Couronne britannique est le point de contrôle d'où tout rayonne. Comme le dit le proverbe, "Ils ont un doigt dans chaque tarte."

Il est évident que le domaine des communications est étroitement contrôlé. Pour en revenir à RCA, nous constatons que sa direction est composée de figures de l'establishment britannico-américain qui occupent une bonne place dans d'autres organisations telles que le CFR, l'OTAN, le Club de Rome, la Commission trilatérale, la franc-maçonnerie, Skull and Bones, les Bilderbergers, la Table ronde, la Milner Society et la Jesuits-Aristotle Society. Parmi eux, David Sarnoff s'est installé à Londres au moment où Sir William Stephenson s'est installé dans le bâtiment de la RCA à New York.

Les trois grands réseaux de télévision sont tous issus de RCA, en particulier la National Broadcasting Company (NBC) qui a été la première, suivie de près par l'American Broadcasting Company (ABC) en 1951. Le troisième grand réseau de télévision était Columbia Broadcasting System (CBS) qui, comme ses sociétés sœurs, était, et est toujours, dominé par les services secrets britanniques. William Paley a été formé aux techniques de lavage de cerveau de masse à l'Institut Tavistock avant d'être considéré comme qualifié pour diriger CBS. Ainsi, si nous, les citoyens des États-Unis, ne le savions pas, tous nos principaux réseaux de télévision sont soumis à la surveillance britannique, et les informations qu'ils fournissent vont d'abord à Londres pour être autorisées. Il est intéressant de noter que le document de renseignement Tavistock écrit par l'Institut de Recherche de Stanford, communément appelé "La Conspiration du Verseau" a été financé par des dons des trois principaux réseaux de télévision.

Les trois grands réseaux sont représentés au Comité des 300 et sont affiliés au géant de la communication de masse, la Xerox Corporation de Rochester, New York, dont Robert M. Beck occupe un siège au Comité. Beck est également directeur de la Prudential Life Insurance Company, qui est une filiale de la London Prudential Assurance Company Limited.

Parmi les autres membres du conseil d'administration de Xerox figurent Howard Clark, de l'American Express Company, l'un des principaux canaux de transfert de l'argent de la drogue par le biais des "travellers-checks", William Simon, ancien secrétaire au Trésor, et Sol Linowitz, qui a négocié les traités du canal de Panama pour le Comité. Linowitz est important pour le Comité en raison de son expertise de longue date dans le blanchiment de l'argent de la drogue par le biais de Marine Midland et de la Hong Kong and Shanghai Bank.

Un autre membre du conseil d'administration de Xerox est Robert Sproull, qui présente un réel intérêt, car, en tant que président de l'université de Rochester, il a permis à l'institut Tavistock, par l'intermédiaire de la CIA, d'utiliser les installations de l'université pour les expériences MK-Ultra sur le LSD, qui ont duré 20 ans. Quelque 85 autres universités des États-Unis ont également permis que leurs installations soient utilisées de cette manière. Aussi gigantesque que soit Xerox, elle est éclipsée par l'Organisation Rank, un conglomérat basé à Londres et entièrement contrôlé par des membres de la famille proche de la Reine Elizabeth.

Les membres notables du conseil d'administration de Rank Organisation qui sont également membres du Comité des 300 sont les suivants :

Lord Helsby, président de la Midland Bank, la chambre de compensation de l'argent de la drogue. Les autres fonctions de Helsby comprennent un poste de directeur au sein du géant Imperial Group et de la Industrial and Commercial Finance Corporation.

Sir Arnold France, un directeur de Tube Investments qui gère le service de métro de Londres. France est aussi un directeur de la BANQUE D'ANGLETERRE qui a tant de contrôle sur les banques de la Réserve fédérale.

Sir Dennis Mountain, président du puissant groupe Eagle Star et directeur d'English Property Corp, l'une des sociétés rentières et financières de la famille royale britannique. L'un de ces membres est l'honorable Angus Ogilvie, "Prince des sociétés", qui est marié à Son Altesse Royale la princesse Alexandria, sœur du duc de Kent, chef du rite écossais de la franc-maçonnerie et qui remplace la reine lorsqu'elle est hors de Grande-Bretagne. Ogilvie est directeur de la Banque d'Angleterre et président du conglomérat géant LONRHO. C'est LONRHO qui a mis fin au règne de Ian Smith en Rhodésie, afin qu'il puisse être remplacé par Robert Mugabe. L'enjeu était les mines de chrome de Rhodésie, qui produisent le meilleur minerai de chrome de haute qualité au monde.

Cyril Hamilton, président de la Standard and Chartered Bank (l'ancienne banque de Lord Milner-Cecil Rhodes) et membre du conseil d'administration de la Banque d'Angleterre. Hamilton est également membre du conseil d'administration de la Xerox Corporation, de la Malta International Banking Corporation (une banque des Chevaliers de Malte), administrateur de la Standard Bank of South Africa — la plus grande banque de ce pays, et administrateur de la Banque Belge d'Afrique.

Lord O'Brien of Lotherby, ancien président de la British Bankers Association, directeur de Morgan Grenfell — une banque puissante, directeur de Prudential Assurance, directeur de J. P. Morgan, directeur de la Banque d'Angleterre, membre du conseil d'administration de la Banque des règlements internationaux, directeur du conglomérat géant Unilever.

Sir Reay Geddes, président des géants du pneu Dunlop et Pirelli, directeur des banques Midland et Internationales, directeur de la

Banque d'Angleterre. Notez combien de ces hommes puissants sont directeurs de la Banque d'Angleterre, ce qui facilite le contrôle des politiques fiscales américaines.

Nombre de ces organisations et institutions, entreprises et banques sont tellement liées et imbriquées les unes dans les autres qu'il est presque impossible de les démêler. Au conseil d'administration de RCA siège Thornton Bradshaw, président d'Atlantic Richfield et membre de l'OTAN, du World Wildlife Fund, du Club de Rome, de l'Aspen Institute for Humanistic Studies et du Council on Foreign Relations. Bradshaw est également président de NBC. La fonction la plus importante de RCA reste son service aux renseignements britanniques.

On ignore généralement à quel point le Comité des 300 a joué un rôle important dans l'arrêt de l'enquête sur la CIA, que le sénateur McCarthy a presque réussi à mettre en place. Si McCarthy avait réussi, il est très probable que le président John F. Kennedy serait encore en vie aujourd'hui.

Lorsque McCarthy a annoncé qu'il allait citer William Bundy à comparaître devant sa commission d'enquête, la panique a gagné Washington et Londres. Bundy, s'il avait été appelé à témoigner, aurait très probablement craqué et ouvert la porte aux "relations spéciales" qui existaient entre les milieux oligarchiques britanniques et leurs cousins du gouvernement des États-Unis.

Une telle possibilité ne pouvait être envisagée. On a fait appel au Royal Institute of International Affairs pour mettre fin à McCarthy. Le RIIA choisit Allen Dulles, un homme totalement épris de la société britannique décadente, pour attaquer McCarthy de front. Dulles a chargé Patrick Lyman et Richard Helms de s'occuper de l'affaire McCarthy. Helms a été récompensé plus tard pour ses services contre McCarthy en étant nommé à la tête de la CIA.

Le général Mark Clark, membre du CFR et militaire apprécié dans les cercles londoniens, a été nommé par le général Eisenhower pour repousser l'attaque en règle de McCarthy contre la CIA. McCarthy a été devancé lorsque Clark a annoncé qu'un comité spécial allait être nommé pour examiner l'agence. Clark, sur les instructions de la RIIA, recommande la création d'un comité de surveillance du Congrès pour "examiner périodiquement le travail des agences de renseignement du gouvernement". Tout cela a été une super tragédie pour l'Amérique et une victoire pour les Britanniques, qui craignaient que McCarthy ne tombe accidentellement sur le Comité des 300 et son contrôle sur tous les aspects des affaires des États-Unis.

L'ancien président de Lehman Brothers-Kuhn Loeb, Peter G. Peterson, a servi sous les ordres de l'ancien chef du MI6, Sir William Wiseman, et n'était donc pas étranger à la royauté britannique. Peterson est lié à l'Aspen Institute, une autre branche des services secrets britanniques.

John R. Petty est président de la Marine Midland Bank — une banque dont les liens avec le commerce de la drogue étaient établis bien avant qu'elle ne soit rachetée par la Hong Kong and Shanghai Bank, probablement la première banque dans le commerce de l'opium, position qu'elle occupe depuis 1814.

Mais la meilleure preuve que je puisse offrir de l'existence du Comité des 300 est l'organisation Rank qui, conjointement avec Eagle Star, est la couronne britannique. C'est aussi le centre des opérations noires du MI6 (SIS). À elles deux, ces sociétés du Comité des 300 contrôlent le Dominion du Canada de Sa Majesté, en utilisant la famille Bronfman, "hofjuden", pour exécuter leurs ordres.

Trizec Holdings, qui appartient ostensiblement à la famille Bronfman, est en réalité le principal actif de la Reine d'Angleterre au Canada. L'ensemble du commerce de l'opium en Asie du Sud-Est est relié à l'empire Bronfman et constitue l'un des moyens par lesquels l'héroïne est introduite en Amérique. En un sens, le Canada est comme la Suisse : des paysages enneigés immaculés, de grandes villes, un lieu d'une grande beauté, mais sous lequel se cache une profonde couche de crasse et de saleté provenant de son commerce massif d'héroïne.

La famille Bronfman est constituée de "silhouettes", ce que le MI6 appelle des "hommes de paille" contrôlés depuis Londres par les "deskmen"[22] du MI6, le jargon du renseignement désignant les contrôleurs du quartier général. Edgar Bronfman, le chef de la famille, a été envoyé à de nombreuses reprises au "Centre de Moscou" — nom de couverture pour le siège du KGB au 2, place Dzerjinsk, à Moscou.

À un niveau inférieur, Bronfman était probablement très utile en tant qu'homme de contact avec Moscou. Bronfman n'a jamais été un agent contractuel du MI6 et n'a donc jamais porté le titre de "Paroles", un

---

[22] Fonctionnaires, NDT.

mot clé du renseignement pour l'identification mutuelle entre agents, ce qui a beaucoup déçu le chef de la famille Bronfman. À un moment donné, lorsqu'on pense que certains membres de la famille agissent de manière suspecte, des "observateurs" — le jargon du renseignement désignant les agents de renseignements qui surveillent les personnes — sont placés sur la famille Bronfman, mais ils découvrent seulement que l'un des Bronfman s'est vanté auprès d'un "cousin" américain (le terme utilisé par le MI6 pour désigner la CIA) qui ne connaissait pas le rôle d'Edgar Bronfman. Cela a été rapidement corrigé.

Deux directeurs d'Eagle Star, qui étaient également les deux principaux agents du MI6, ont pris le contrôle de la famille Bronfman environ six mois après la fin de la guerre. Sir Kenneth Keith et Sir Kenneth Strong, que nous avons déjà rencontrés, ont légitimé la famille Bronfman en créant Trizec Holdings. Il n'y a personne au monde qui puisse faire un meilleur travail de "façade", par le biais de sociétés, que le MI6...

Pourtant, comme la Suisse, le Canada a un côté sale qui a été bien caché par le Comité des 300 sous le couvert de l'Official Secrets Act, une copie conforme de la loi britannique adoptée en 1913. La drogue, le blanchiment d'argent sale, le crime et le racket sont tous couverts par cette loi infâme.

Nombreux sont ceux qui ignorent que, s'ils sont accusés en vertu de la Loi sur les secrets officiels, qui peut être interprétée comme bon leur semble par les représentants de la Couronne, ils risquent la peine de mort. Comme je l'ai dit à maintes reprises depuis 1980, le Canada n'est pas une nation comme l'Afrique du Sud, la Hollande ou la Belgique ; il a toujours été et demeure lié aux cordons du tablier de la reine d'Angleterre. Le Canada, nous le constatons, est toujours le premier à exécuter les souhaits de la reine Elizabeth. Les troupes canadiennes ont participé à toutes les guerres de Sa Majesté, y compris la guerre des Boers (1899-1903).

Comme son homologue américain, l'Institut Canadien des Affaires Internationales est un enfant du Royal Institute for International Affairs (RIIA) et dirige la politique canadienne. Ses membres ont occupé le poste de secrétaire d'État depuis sa fondation en 1925. L'Institute for Pacific Relations, l'organisme qui a favorisé l'attaque de Pearl Harbour, a été accueilli au Canada après qu'Owen Lattimore et ses confrères ont vu leurs activités de trahison exposées en 1947 et ont quitté les États-Unis avant de pouvoir être inculpés.

L'Institut Canadien des Affaires Internationales est lié à l'organisation Rank par l'intermédiaire de Sir Kenneth Strong, qui était responsable adjoint du MI6 à la fin de la Seconde Guerre mondiale. En tant que membre de l'Ordre de Saint-Jean de Jérusalem, Strong est le numéro deux au Canada pour Rank et les intérêts commerciaux de la Couronne britannique. Il fait partie du conseil d'administration de la Banque de Nouvelle-Écosse, l'une des banques de drogue les plus prolifiques au monde après la Banque de Hong Kong et de Shanghai, par laquelle transitent les recettes du commerce de l'héroïne au Canada.

Le premier en lice est Sir Brian Edward Mountain, le membre le plus haut placé des Chevaliers de l'Ordre de Saint-Jean de Jérusalem. Il est bon de rappeler que, lorsque la Couronne britannique a voulu que les États-Unis entrent dans la Seconde Guerre mondiale, elle a envoyé Lord Beaverbrook et Sir Brian Mountain rencontrer le président Roosevelt pour lui transmettre les ordres de la Couronne à cet égard. Roosevelt s'est exécuté en ordonnant à la marine américaine d'opérer à partir d'une base au Groenland, d'où des attaques contre des sous-marins allemands ont été menées neuf mois avant Pearl Harbour. Cela a été fait à l'insu et sans le consentement du Congrès.

Un autre grand nom de l'interface Rank-Canadien était Sir Kenneth Keith, un directeur de l'équivalent canadien de la Banque de Hong Kong et de Shanghai, la Banque de Nouvelle-Écosse, trempée dans le blanchiment d'argent de la drogue. Il faisait également partie du conseil d'administration de la plus ancienne et de la plus vénérable institution de presse britannique, le *London Times* et le *Sunday Times*. Depuis plus de 100 ans, le *Times* est la voix de la Couronne sur les affaires étrangères, les questions financières et la vie politique en Angleterre.

Comme tant de membres du Comité des 300, Sir Kenneth circulait entre le MI6 et la chaîne d'approvisionnement en opium, la chaîne de commandement à Hong Kong et en Chine, ostensiblement pour le compte de l'Institut canadien des affaires internationales, dont il était membre. En outre, en tant que directeur de la maison de banque Hill Samuel, sa présence en Chine et à Hong Kong pouvait s'expliquer sans problème. L'un de ses plus proches associés en dehors des cercles du MI6 était Sir Philip de Zuleta, le contrôleur direct de tous les Premiers ministres britanniques, tant conservateurs que travaillistes, par le Comité des 300. Sir Kenneth Strong a relié tous les rayons de la roue de la drogue, y compris le terrorisme, la production d'opium, les marchés de l'or, le blanchiment d'argent sale et les banques à son noyau central, la Couronne britannique.

Au sommet du contrôle du Canada par la Couronne britannique se trouve Walter Gordon. Ancien membre du comité de surveillance de la Reine, également connu sous le nom de Conseil privé, Gordon a parrainé l'Institut des relations du Pacifique via l'Institut canadien des affaires internationales. En tant qu'ancien ministre des Finances, Gordon a pu placer un comité de 300 comptables et avocats sélectionnés au sein des trois principales banques à charte : la Banque de Nouvelle-Écosse, la Banque Canadienne Impériale et la Banque Toronto Dominion.

Par l'intermédiaire de ces trois "banques de la Couronne", un réseau de 300 agents responsables devant Gordon supervisait la deuxième plus grande opération de blanchiment d'argent et de drogue du monde, avec une porte ouverte directe sur la Chine. Avant sa mort, Gordon contrôlait James Endicott, Chester Ronning et Paul Linn, identifiés par le MI6 comme les meilleurs "spécialistes de la Chine" du Canada. Les trois hommes travaillaient en étroite collaboration avec Chou-En-lai, qui avait dit un jour à Gamal Abdul Nasser qu'il ferait à la Grande-Bretagne et aux États-Unis ce qu'ils avaient fait à la Chine, c'est-à-dire les transformer en nations d'héroïnomanes. Chou-En-lai a tenu sa promesse, en commençant par les GI's américains au Vietnam. D'autres proches collaborateurs dans le réseau de drogue de l'héroïne canadienne étaient John D. Gilmer et John Robert Nicholson, tous deux membres de l'Ordre des Chevaliers de Saint-Jean de Jérusalem. Lord Hartley Shawcross, dont on pense qu'il rendait directement compte à la reine Elizabeth II, faisait partie du conseil d'administration du Royal Institute for International Affairs et était chancelier de l'université de Sussex, où se trouve le tristement célèbre Tavistock Institute for Human Relations, qui a de nombreuses relations au Canada.

Dans le cadre des activités de Rank aux États-Unis, aucune autre entreprise n'a connu autant de succès pour Rank que le groupe Corning, propriétaire de la Metropolitan Life Insurance Company et de la New York Life Insurance Company. Les membres du Comité des 300, Amory Houghton et son frère James Houghton ont longtemps servi la Couronne britannique par le biais des compagnies d'assurance susmentionnées, et de Corning Glass, Dow Corning et Corning International. Tous deux siègent au conseil d'administration d'IBM et de Citicorp. James Houghton est directeur du Princeton Institute for

Advanced Studies, directeur de la J. Pierpont Morgan Library, un bastion de la RIIA et du CFR, et il est également directeur de CBS.

Ce sont les frères Houghton qui ont fait don de centaines d'acres connus sous le nom de Wye Plantation dans le Maryland à l'Institut Aspen de la Couronne britannique. L'évêque de l'archidiocèse de l'église anglicane (épiscopalienne) de Boston siège également au conseil d'administration de Corning Glass. Tout cela donne au groupe son air de respectabilité tant vanté, que les cadres des compagnies d'assurance doivent porter, et comme nous le verrons, outre James Houghton, Keith Funston et John Harper, tous deux membres du conseil de Corning, dirigent la Metropolitan Life Insurance Company.

Le maillage et l'interfaçage MASSIFS de cette seule unité du Comité des 300 nous donneront une bonne indication du vaste pouvoir dont dispose la hiérarchie des conspirateurs, devant laquelle tous les genoux sont pliés, y compris celui du président des États-Unis, quel qu'il soit.

Ce qu'il est important de noter, c'est la façon dont cette société américaine, l'une des centaines, est en relation avec les services secrets britanniques, le Canada, l'Extrême-Orient et l'Afrique du Sud, sans parler de son réseau de fonctionnaires et de directeurs d'entreprise qui touche tous les aspects des affaires et de la politique aux États-Unis.

Si la Metropolitan Life Insurance Company n'est pas comparable au géant Assicurazioni Generale du Comité des 300, elle est néanmoins un bon indicateur de la façon dont le pouvoir des Houghton s'étend sur tout le spectre des affaires aux États-Unis et au Canada. En commençant par R. H. Macy (dont les employés ne portent plus d'œillets rouges en l'honneur de l'affiliation de l'entreprise avec le communisme), la Banque Royale du Canada, la National and Westminster Bank, Intertel (une agence de renseignement privée virulente et vile), Canadian Pacific, The Reader's Digest, RCA, AT&T, la Harvard Business School, W. R. Grace Shipping Company, Ralston Purina Company, U.S. Steel, Irving Trust, Consolidated Edison of New York et l'ABC, le réseau électrique des Houghton s'étend jusqu'à la Hong Kong and Shanghai Bank.

Une autre société de Rank qui a réussi aux États-Unis est le Reliance Insurance Group. En tant que partie intégrante du Strategic Bombing Survey, Reliance a établi la base structurelle initiale pour le lavage de cerveau, la formation de l'opinion, les sondages, les enquêtes et l'analyse des systèmes utilisés par l'Institut Tavistock aux États-Unis. La Reliance Insurance Company, basée à Philadelphie, a mis en place la structure d'entreprise qui a permis de retourner le Strategic Bombing Survey contre le peuple des États-Unis, qui, bien qu'il ne le sache pas, a été soumis à une guerre psychologique sauvage au cours des 45 dernières années.

L'un des principaux acteurs de cet assaut contre les États-Unis était David Bialkin, du cabinet d'avocats Wilkie, Farr et Gallagher, le Comité des 300. Bialkin a dirigé la Ligue anti-diffamation (ADL) pendant de nombreuses années. L'ADL est une opération de renseignement britannique fondée aux États-Unis par le MI6 et dirigée par Saul Steinberg et Eric Trist de Tavistock. Saul Steinberg est le représentant américain et le partenaire commercial de la famille Jacob de Rothschild de Londres.

La Reliance Corporation est le siège de Carl Lindner qui a succédé à Eli Black lorsque celui-ci est "tombé" d'une fenêtre du 44ème étage d'un gratte-ciel de New York. La Reliance Company est en relation avec la puissante United Fruit Company de Boston et de La Nouvelle-Orléans, dirigée par Max Fisber qui, avant d'être victime d'un vol de mouton, était une figure bien connue de la pègre de Detroit. La United Fruit Company est depuis longtemps un transporteur d'héroïne et de cocaïne vers les États-Unis, grâce à l'expertise de Misbulam Riklis, de la Rapid American Corporation, qui organise les expéditions du Canada vers les États-Unis. N'oubliez pas que tout cela se passe sous l'égide d'une seule société, qui est reliée à une myriade de sociétés et d'opérations plus petites, afin de donner au Comité des 300 le contrôle total d'une multitude d'opérations, chacune étant soigneusement intégrée dans la grille.

Reliance Group est un spin-off de la société mère dont la fonction est de laver le cerveau du peuple américain par le biais d'un réseau d'enquêteurs et de faiseurs d'opinions et s'appuie sur la recherche opérationnelle pour établir des liens directs avec l'Institut Tavistock. Une autre société associée est Leasco, qui est étroitement liée à AT&T, Disclosure Incorporated, Western Union International, Imbucon Ltd et Yankelovich, Skelly and White.

Daniel Yankelovich est l'empereur de la structure corporative des sondages/opinions aux États-Unis, un vaste appareil qui fournit des "opinions publiques sur les questions sociales, économiques et politiques de fond", pour citer Edward Bernays. C'est ce vaste appareil qui a transformé la majorité des Américains, qui n'avaient jamais entendu parler de Saddam Hussein et savaient vaguement que l'Irak était un pays quelque part au Moyen-Orient, en un peuple hurlant pour son sang et l'extermination de l'Irak en tant que nation.

Yankelovich a utilisé à fond toutes les connaissances acquises pendant la Seconde Guerre mondiale. En tant que guerrier de la deuxième génération, Yankelovich n'a pas d'égal, c'est pourquoi les sondages ABC, réalisés par sa société, sont toujours à la pointe de "l'opinion publique". La population des États-Unis a été ciblée de la même manière que les logements ouvriers allemands en s'attaquant au sens de la réalité. Cette technique est, bien sûr, une formation standard pour certains groupes de renseignement, dont la CIA.

La tâche de Yankelovich était de détruire les valeurs traditionnelles américaines et de les remplacer par les valeurs de la nouvelle ère et de l'ère du Verseau. En tant que plus haut responsable de l'opinion publique du Comité des 300, personne ne peut douter que Yankelovich a fait un superbe travail.

La meilleure façon d'expliquer les méthodes utilisées et les résultats escomptés est probablement de citer le travail de John Naisbitt, tel qu'il est expliqué dans son "Trend Report". Naisbitt a été conseiller de Lyndon Johnson, d'Eastman Kodak, d'IBM, d'American Express, du Centre for Policy Study, de Chase Manhattan, de General Motors, des sondages Louis Harris, de la Maison-Blanche, de l'Institute of Life Insurance, de la Croix Rouge américaine, de Mobil Oil, de B.P. et d'une foule d'entreprises et d'institutions du Comité des 300. Sa méthodologie, dérivée des procédures Tavistock du MI6, n'est bien sûr pas unique :

> "Je vais vous présenter brièvement notre méthodologie. Pour élaborer le rapport sur les tendances pour nos clients, nous nous appuyons principalement sur un système de suivi des événements et des comportements locaux. Nous sommes très impressionnés par la mesure dans laquelle cette société est ascendante, et nous suivons donc ce qui se passe localement, plutôt que ce qui se passe à Washington ou à New York. Les choses commencent à Los Angeles, à Tampa, à Hartford, à Wichita, à Portland, à San Diego et à Denver. C'est une société qui part du bas vers le haut.

> "Le concept de suivi utilisé pour déterminer ces tendances trouve son origine dans la Seconde Guerre mondiale. Pendant la guerre, les experts du renseignement ont cherché à trouver une méthode pour obtenir des informations sur les nations ennemies que les sondages d'opinion publique auraient normalement fournies. Sous

la direction de Paul Lazarsfeld et Harold Laswell, une méthode a été mise au point pour surveiller ce qui se passait dans ces sociétés, en analysant le contenu de la presse quotidienne.

"Bien que cette méthode de surveillance de la pensée publique continue d'être le choix de la communauté du renseignement, la nation dépense chaque année des millions de dollars pour faire des analyses de contenu de journaux dans toutes les parties du monde.

La raison pour laquelle ce système de suivi des changements dans la société fonctionne si bien est que les "trous d'informations" dans les journaux sont un système fermé. Pour des raisons économiques, la quantité d'espace consacrée aux informations dans un journal ne change pas au fil du temps.

"Ainsi, lorsque quelque chose de nouveau est introduit dans ce trou d'information, quelque chose ou une combinaison de choses doit en sortir ou être omis. Le principe impliqué ici est classé comme un choix forcé dans un système fermé. Dans cette situation forcée, les sociétés ajoutent de nouvelles préoccupations et oublient les anciennes. Nous gardons la trace de celles qui sont ajoutées et de celles qui sont abandonnées.

"De toute évidence, les sociétés sont comme les êtres humains. Je ne sais pas quel est le nombre, mais une personne ne peut garder qu'un certain nombre de problèmes et de préoccupations dans sa tête à un moment donné. Si de nouveaux problèmes ou préoccupations s'ajoutent, il faut en abandonner certains. Nous gardons la trace de ce que les Américains ont abandonné et de ce qu'ils ont repris.

"Les États-Unis sont en train de passer rapidement d'une société industrielle de masse à une société de l'information et l'impact final sera plus profond que le passage au XIXème siècle d'une société agricole à une société industrielle. À partir de 1979, la profession numéro un aux États-Unis est devenue celle d'employé de bureau, remplaçant les ouvriers et les agriculteurs. Dans cette dernière affirmation se trouve une brève histoire des États-Unis."

Ce n'est pas un hasard si Naisbitt est membre du Club de Rome et, à ce titre, un "senior staffer" du Comité des 300. Il est également l'un des principaux vice-présidents de Yankelovich, Skelly and White. Ce que Naisbitt fait, ce n'est pas prévoir les tendances, mais les FAIRE. Nous avons vu comment la base industrielle des États-Unis a été détruite, en commençant par l'industrie de l'acier. En 1982, j'ai écrit un ouvrage intitulé *Death of the Steel Industry* (*La mort de l'industrie sidérurgique*), dans lequel j'affirmais que, d'ici le milieu des années 1990, la production d'acier aux États-Unis aura décliné jusqu'à un point de non-retour, et que les industries de l'automobile et du logement suivront le même chemin.

Tout cela s'est produit, et ce à quoi nous assistons aujourd'hui (1992), c'est à une récession économique due non seulement à des politiques économiques peu judicieuses, mais aussi à la destruction délibérément planifiée de notre base industrielle — et avec elle, la destruction de l'unique classe moyenne américaine — l'épine dorsale du pays — qui dépend d'une expansion industrielle progressive pour la croissance et l'emploi stable.

C'est l'une des raisons pour lesquelles la récession, qui a commencé pour de bon en janvier 1991, s'est transformée en une dépression dont les États-Unis, tels que nous les avons connus dans les années 1960-1970, ne réapparaîtront probablement jamais. L'économie ne sortira pas de la dépression de 1991 avant au moins 1995-1996, date à laquelle les États-Unis seront devenus une société entièrement différente de celle qu'elle était au début de la récession.[23]

Les faiseurs d'opinions ont joué un rôle non négligeable dans cette guerre contre les États-Unis ; nous devons examiner le rôle du Comité des 300 dans la mise en place de ces changements profonds et la manière dont les ingénieurs sociaux ont utilisé les analyses des systèmes centraux pour empêcher l'opinion publique d'exprimer autre chose que les politiques du gouvernement invisible. Comment et où tout cela a-t-il commencé ?

D'après les documents relatifs à la Première Guerre mondiale que j'ai pu rassembler et examiner au War Office de Whitehall, à Londres, il apparaît que le Royal Institute for International Affairs a été chargé par le Comité des 300 de réaliser une étude sur la manipulation des informations de guerre. Cette tâche a été confiée à Lord Northcliffe, Lord Rothmere et Arnold Toynbee, qui était l'agent du MI6 au RIIA. La famille de Lord Rothmere possédait un journal qui était utilisé pour soutenir diverses positions du gouvernement, et l'on pensait donc que les médias pourraient changer la perception du public, en particulier dans les rangs de l'opposition croissante à la guerre.

---

[23] La prédiction du Dr Coleman s'est réalisée. Regardez le commerce électronique. NDÉ.

Le projet était hébergé dans la Wellington House, nommée d'après le duc de Wellesly. Les spécialistes américains recrutés pour aider les lords Rothmere et Northcliffe incluaient Edward Bernays et Walter Lippmann. Le groupe tenait des séances de "remue-méninges" afin d'élaborer des techniques pour mobiliser les masses en faveur de la guerre, en particulier au sein de la classe ouvrière dont les fils étaient censés se rendre en nombre record sur les champs de bataille des Flandres.

En utilisant le journal de Lord Rothmere, de nouvelles techniques de manipulation ont été testées et, après une période d'environ 6 mois, il est apparu qu'elles étaient un succès. Les chercheurs ont découvert que seul un très petit groupe de personnes comprenait le processus de raisonnement et la capacité d'observer le problème au lieu d'émettre une opinion à son sujet. Selon Lord Rothmere, c'est de cette manière que 87% du public britannique a abordé la guerre, et le même principe s'applique non seulement à la guerre, mais à tous les problèmes imaginables de la société en général.

De cette manière, l'irrationalité a été élevée à un haut niveau de conscience publique. Les manipulateurs en ont ensuite profité pour saper et détourner l'attention du public de la réalité qui régit toute situation donnée et, plus les problèmes d'une société industrielle moderne devenaient complexes, plus il était facile d'apporter des distractions de plus en plus grandes, de sorte qu'au bout du compte, les opinions absolument sans conséquence de masses de gens, créées par des manipulateurs habiles, ont pris la place de faits scientifiques.

Ayant littéralement trébuché sur une conclusion aussi profonde, les manipulateurs l'ont mise à l'épreuve l'une après l'autre pendant la guerre, de sorte que, malgré les centaines de milliers de jeunes Britanniques massacrés sur les champs de bataille de France, il n'y avait pratiquement aucune opposition à cette guerre sanglante. Les archives de l'époque montrent qu'en 1917, juste avant l'entrée en guerre des États-Unis, 94% de la classe ouvrière britannique qui subissait le gros de la guerre n'avait pas la moindre idée de ce pour quoi elle se battait, si ce n'est l'image créée par les médias manipulateurs selon laquelle les Allemands étaient une race horrible, déterminée à détruire leur monarque et leur pays, et qui devait être effacée de la surface de la Terre.

Il est certain que rien n'a changé, car, en 1991, nous avons connu exactement la même situation créée par les médias d'information qui a permis au président Bush de violer de manière flagrante la

Constitution en menant une guerre de génocide contre la nation irakienne avec le plein consentement de 87% du peuple américain. Woodrow Wilson peut être crédité — si c'est l'expression appropriée — d'avoir sauté dans le wagon des manipulateurs de l'opinion publique et de l'avoir utilisé pour faire avancer les causes murmurées à son oreille par son contrôleur, le colonel House.

Sur les instructions du président Wilson, ou plutôt du colonel House, la commission Creel a été créée et, pour autant que l'on puisse en juger, la commission Creel a été la première organisation aux États-Unis à utiliser les techniques et la méthodologie des sondages et de la propagande de masse du RIIA. Les expériences de guerre psychologique perfectionnées à Wellington House ont été utilisées pendant la Seconde Guerre mondiale avec le même succès, et ont été utilisées en permanence dans la guerre psychologique massive contre les États-Unis qui a commencé en 1946. Les méthodes n'ont pas changé, seule la cible a changé. Désormais, ce n'est plus le logement ouvrier allemand, mais la classe moyenne des États-Unis qui est au centre de l'attaque.

Comme souvent, les conspirateurs ne purent contenir leur joie. Après la Première Guerre mondiale, en 1922 pour être précis, Lippmann a détaillé le travail effectué par la RIIA dans un livre intitulé "*OPINION PUBLIQUE*" :

> "L'opinion publique traite de faits indirects, invisibles et déroutants, et il n'y a rien d'évident à leur sujet. Les situations auxquelles l'opinion publique se réfère ne sont connues que sous le nom d'opinions, les images dans la tête des êtres humains, images d'eux-mêmes, des autres, de leurs besoins, de leurs buts et de leurs relations, sont leurs opinions publiques. Ces images, sur lesquelles agissent des groupes de personnes ou des individus agissant au nom de groupes, constituent l'OPINION PUBLIQUE avec une majuscule. L'image intérieure présente dans leur tête induit souvent en erreur les hommes dans leurs relations avec le monde extérieur."

Il n'est pas étonnant que Lippmann ait été choisi pour faire en sorte que le peuple des États-Unis "aime" les Beatles lorsqu'ils sont arrivés sur nos côtes et ont été imposés à un pays sans méfiance. Si l'on ajoute à cela la propagande diffusée nuit et jour par la radio et la télévision, il n'a fallu qu'un temps relativement court pour que les Beatles deviennent "populaires". La technique consistant pour les stations de radio à recevoir des centaines de demandes de musique des

Beatles de la part d'auditeurs imaginaires a conduit à l'établissement de tableaux et de cotes d'écoute pour le "top 10", puis à une escalade progressive jusqu'à atteindre, en 1992, le "top 40 des palmarès".

En 1928, le compatriote de Lippmann, Edward Bernays, a écrit un livre intitulé *Crystallising Public Opinion* et en 1928, un deuxième livre de lui a été publié, intitulé simplement *PROPAGANDA*. Dans ce livre, Bernays décrit ses expériences à la Wellington House. Bernays était un ami proche du maître manipulateur H.G. Wells, dont les nombreux quasi-romans étaient utilisés par Bernays pour l'aider à formuler des techniques de contrôle mental de masse.

Wells n'était pas gêné par son rôle de leader dans le changement de la société de la classe inférieure, principalement parce qu'il était un ami proche des membres de la famille royale britannique et qu'il passait beaucoup de temps avec certains des politiciens les plus haut placés de l'époque, des hommes comme Sir Edward Grey, Lord Haldane, Robert Cecil, de la famille juive Cecil qui contrôlait la monarchie britannique depuis qu'un Cecil était devenu le secrétaire particulier et l'amant de la reine Elizabeth I, Leo Amery, Halford Mackinder, du MI6 et plus tard directeur de la London School of Economics, dont l'élève, Bruce Lockhart, deviendrait le contrôleur MI6 de Lénine et Trotsky pendant la révolution bolchevique, et même le grand homme lui-même, Lord Alfred Milner. L'un des endroits préférés de Wells était le prestigieux hôtel St Ermins, lieu de rencontre du Coefficient Club, un club où seuls les gentlemen certifiés étaient admis et où ils se réunissaient une fois par mois. Tous les hommes mentionnés ci-dessus en étaient membres, ainsi que les membres du Club des âmes. Wells affirmait que toute nation pouvait être vaincue, non pas par une confrontation directe, mais en comprenant l'esprit humain — ce qu'il appelait "l'arrière-plan mental caché derrière la personnalité".

Avec un soutien aussi puissant, Bernays se sentait suffisamment en confiance pour lancer son *PROPAGANDA* :

> "Au fur et à mesure que la civilisation devient plus complexe, et *que la nécessité d'un gouvernement invisible est de plus en plus démontrée* (souligné par nous) les moyens techniques ont été inventés et développés *par lesquels l'opinion publique peut être régimentée* (souligné par nous). Avec la presse écrite et les journaux, le téléphone, le télégraphe, la radio et les avions, les idées peuvent être diffusées rapidement, et même instantanément, dans toute l'Amérique."

Bernays n'avait pas encore vu à quel point la télévision, qui allait suivre, ferait mieux le travail.

> "La manipulation consciente et intelligente des habitudes organisées et des opinions des masses est un élément important dans une société démocratique. Ceux qui manipulent ce mécanisme invisible de la société constituent un GOUVERNEMENT INVISIBLE QUI EST LE VRAI POUVOIR RÉGENT DE NOTRE PAYS."

Pour étayer sa position, Bernays cite l'article de H. G. Wells publié dans le *New York Times* dans lequel Wells soutient avec enthousiasme l'idée que les moyens de communication modernes "ouvrent un Nouveau Monde de processus politiques qui permettront de documenter et de soutenir le dessein commun contre la perversion et la trahison" (du gouvernement invisible).

Pour continuer avec les révélations contenues dans *PROPAGANDA* :

> "Nous sommes gouvernés, nos esprits sont modelés, nos goûts formés, nos idées suggérées, en grande partie par des hommes dont nous n'avons jamais entendu parler. Quelle que soit l'attitude que l'on choisisse d'adopter à l'égard de cette situation, il n'en demeure pas moins que dans presque tous les actes de notre vie quotidienne, que ce soit dans le domaine de la politique ou des affaires, de notre conduite sociale ou de notre pensée éthique, nous sommes dominés par un nombre relativement restreint de personnes, une fraction insignifiante de nos cent vingt millions (en 1928), qui comprennent les processus mentaux et les modèles sociaux des masses. Ce sont elles qui tirent les fils qui contrôlent l'esprit du public, et qui exploitent les anciennes forces sociales et inventent de nouvelles façons de lier et de guider le monde"

Bernays n'a pas eu l'audace de dire au monde qui sont "CEUX" qui "tirent les fils qui contrôlent l'esprit du public...", mais dans ce livre, nous allons compenser son oubli intentionnel en révélant l'existence de ce "nombre relativement faible de personnes", le Comité des 300. Bernays a été applaudi pour son travail par le CFR dont les membres ont voté pour le placer à la tête de CBS. William Paley devint son "étudiant" et finit par remplacer Bernays, après avoir acquis une connaissance approfondie de la nouvelle science de la prise d'opinion publique, ce qui fit de CBS le leader dans ce domaine, un rôle que la télévision et la radio du réseau CBS n'ont jamais abandonné.

Le contrôle politique et financier exercé par le "nombre relativement restreint", comme les appelait Bernays, se fait par l'intermédiaire d'un certain nombre de sociétés secrètes, notamment le Rite écossais de la franc-maçonnerie, et ce qui est peut-être encore plus important, par l'intermédiaire de l'Ordre vénérable des Chevaliers de Saint-Jean de Jérusalem, un ordre ancien composé de cadres triés sur le volet par le monarque britannique et choisis pour leur expertise dans des domaines vitaux pour le maintien du contrôle du Comité.

Dans mon ouvrage *L'Ordre de Saint-Jean de Jérusalem* publié en 1986, j'ai décrit l'Ordre de la manière suivante :

> "...Il ne s'agit donc pas d'une société secrète, sauf lorsque ses objectifs ont été pervertis dans les conseils internes, comme l'Ordre de la Jarretière, qui est une création oligarchique prostituée de la famille royale britannique, qui se moque de ce que représente l'Ordre Souverain de Saint-Jean de Jérusalem.

> "À titre d'exemple, nous trouvons l'athée Lord Peter Carrington, qui prétend être un chrétien anglican, mais qui est membre de l'Ordre d'Osiris et d'autres sectes démoniaques, y compris la franc-maçonnerie, intronisé comme chevalier de la Jarretière à la chapelle Saint-Georges, au château de Windsor, par Sa Majesté, la reine Elizabeth II d'Angleterre, de la Noblesse noire Guelfe, également chef de l'Église anglicane, qu'elle méprise profondément."

Carrington a été choisi par le Comité des 300 pour faire tomber le gouvernement de Rhodésie, faire passer les richesses minières de l'Angola et du Sud-Ouest africain sous le contrôle de la City de Londres, détruire l'Argentine et transformer l'OTAN en une organisation politique de gauche à la solde du Comité des 300.

Un autre visage étrange que nous voyons s'attacher au Saint Ordre chrétien de Saint-Jean de Jérusalem, et j'utilise le mot étrange comme il est utilisé dans l'hébreu original de l'Ancien Testament pour désigner la lignée d'un individu, est celui du Major Louis Mortimer Bloomfield, l'homme qui a aidé à planifier le meurtre de John F. Kennedy. Nous voyons des photos de cet homme "étrange" portant avec fierté la Croix de Malte, la même croix que celle portée sur la manche des chevaliers de l'Ordre de la Jarretière.

Nous avons subi un tel lavage de cerveau que nous croyons que la famille royale britannique n'est qu'une institution sympathique, inoffensive et haute en couleur, et nous ne réalisons pas à quel point cette institution appelée la monarchie britannique est corrompue et donc très dangereuse. Les Chevaliers de l'Ordre de la Jarretière sont le cercle le plus intime des fonctionnaires les plus corrompus qui ont totalement trahi la confiance placée en eux par leur nation, leur peuple.

Les chevaliers de l'Ordre de la Jarretière sont les chefs du Comité des 300, le "Conseil privé" le plus fiable de la reine Elizabeth II. Lorsque j'ai effectué mes recherches sur l'ordre de Saint-Jean de Jérusalem il y a quelques années, je me suis rendu à Oxford pour m'entretenir avec l'un des maîtres, spécialiste des traditions britanniques anciennes et modernes. Il m'a dit que les Chevaliers de la Jarretière sont l'inner-sanctum, l'élite de l'élite de l'Ordre très vénérable de Saint-Jean de Jérusalem de Sa Majesté. Permettez-moi de dire que ce *n'est pas* l'ordre original fondé par le vrai guerrier chrétien, Peter Gerard, mais elle est typique de beaucoup de belles institutions qui sont reprises et détruites de l'intérieur, tout en *apparaissant* aux non-initiés comme étant l'original.

D'Oxford, je me suis rendu au musée Victoria et à l'Albert Museum et j'ai eu accès aux papiers de Lord Palmerston, l'un des fondateurs de la dynastie de l'opium en Chine. Palmerston, comme tant d'autres de son espèce, était non seulement franc-maçon, mais aussi un serviteur dévoué du gnosticisme... Comme l'actuelle "famille royale", Palmerston faisait semblant d'être chrétien, mais était en fait un serviteur de Satan. De nombreux satanistes sont devenus des dirigeants de l'aristocratie britannique et ont fait fortune grâce au commerce de l'opium en Chine.

J'ai appris, grâce aux documents du musée portant le nom de Victoria, qu'elle a changé le nom de l'Ordre de Saint-Jean de Jérusalem en 1885 afin de rompre avec le lien catholique du fondateur de l'Ordre, Peter Gerard, et l'a rebaptisé "Ordre protestant le plus vénérable de Jérusalem". L'adhésion était ouverte à toutes les familles oligarchiques qui avaient fait fortune dans le commerce de l'opium en Chine et toutes les familles complètement décadentes ont reçu une place dans le "nouvel ordre".

Nombre de ces vénérables gentlemen étaient chargés de superviser l'ère de la prohibition aux États-Unis depuis le Canada, où plusieurs de ses membres fournissaient le whisky, acheminé aux États-Unis. Parmi ce groupe, il convient de citer le membre du Comité des 300, Earl Haig, qui a donné sa franchise de whisky au vieux Joe Kennedy. Tant la prohibition que les distilleries qui répondaient à la demande d'alcool étaient des créations de la Couronne britannique agissant par l'intermédiaire du Comité des 300. C'était une expérience qui est devenue le précurseur du commerce de la drogue d'aujourd'hui, et les leçons tirées de l'époque de la prohibition sont appliquées au commerce de la drogue qui sera bientôt légalisé.

Le Canada est la route la plus utilisée par les fournisseurs d'héroïne d'Extrême-Orient. La monarchie britannique veille à ce que cette information ne soit jamais rendue publique. Grâce à ses pouvoirs, la reine Elizabeth règne sur le Canada par l'intermédiaire du gouverneur général (on peut se demander comment les Canadiens modernes peuvent accepter un arrangement aussi archaïque), qui est le représentant PERSONNEL de la reine, puis du Conseil privé (autre vestige archaïque de l'époque coloniale) et des Chevaliers de Saint-Jean de Jérusalem, qui contrôlent le commerce canadien sous toutes ses facettes. L'opposition à la domination britannique est supprimée. Le Canada possède certaines des lois les plus restrictives au monde, y compris des lois dites de "crime haineux" imposées au pays par des membres juifs de la Chambre des Lords en Angleterre. À l'heure actuelle, quatre grands procès en sont à diverses étapes au Canada, impliquant des personnes accusées de "crimes haineux". Il s'agit des affaires Finta, Keegstra, Zundel et Ross. Toute personne qui ose essayer de montrer la preuve du contrôle juif du Canada (que les Bronfman exercent) est immédiatement arrêtée et accusée de soi-disant "crimes haineux". Cela nous donne une idée de l'ampleur de la portée du Comité des 300, qui est littéralement assis au sommet de tout dans ce monde.

Cette affirmation est confirmée par le fait que le Comité des 300 a créé l'Institut International d'Études Stratégiques (IISS) sous l'égide de la Table Ronde. Cet institut est le véhicule de la propagande noire du MI6 et du Tavistock et des wet-jobs (nom de couverture des services de renseignements désignant une opération nécessitant une effusion de sang),[24] nucléaire et terroriste, qui sont diffusés dans la presse mondiale, ainsi qu'auprès des gouvernements et des institutions militaires.

L'IISS compte parmi ses membres des représentants de 87 grandes agences et associations de presse, ainsi que 138 rédacteurs en chef et chroniqueurs de journaux et magazines internationaux. Vous savez maintenant d'où votre chroniqueur préféré tire toutes ses informations

---

[24] Littéralement les jobs où il faut se mouiller... NDT.

et opinions. Rappelez-vous Jack Anderson, Tom Wicker, Sam Donaldson, John Chancellor, Mary McGrory, Seymour Hersh, Flora Lewis et Anthony Lewis, etc. Les informations fournies par l'IISS, en particulier les scénarios tels que ceux préparés pour noircir le président Hussein, justifier l'attaque à venir contre la Libye et condamner l'OLP, sont tous spécialement taillés pour l'occasion. L'histoire du massacre de Mai Lai publiée par Seymour Hersh est sortie tout droit de l'IISS, au cas où nous supposerions à tort que des hommes comme Hersh font leurs propres recherches.

L'Institut International d'Études Stratégiques n'est rien d'autre qu'un faiseur d'opinions d'échelon supérieur tel que défini par Lippmann et Bernays. Au lieu d'écrire des livres, les journaux rapportent des opinions présentées par des chroniqueurs choisis, et l'IISS a été créé pour être un centre de coordination non seulement pour créer des opinions, mais aussi pour diffuser ces opinions et ces scénarios beaucoup plus rapidement et à un public plus large que celui qui pourrait être atteint par un livre. IISS est un bon exemple du maillage et de l'interfaçage des institutions du Comité des 300.

L'idée de faire naître l'IISS est née lors de la réunion des Bilderberger en 1957. On se souviendra que la conférence Bilderberger est une création du MI6 sous la direction du Royal Institute of International Affairs. L'idée est venue d'Alastair Buchan, fils de Lord Tweedsmuir. Buchan était président à l'époque, membre du conseil d'administration du RIIA et membre de la Table ronde, qui serait très proche de la famille royale britannique. C'est cette même conférence qui a accueilli dans ses rangs le leader du parti travailliste Dennis Healey. Parmi les autres participants figurait François Duchene, dont le mentor, Jean Monet Duchenes, dirigeait la Commission trilatérale sous la tutelle de H. V. Dicks du Columbus Centre de Tavistock.

Parmi les membres du conseil d'administration de ce gigantesque appareil de propagande et d'opinion, on trouve les personnes suivantes :

➢ Frank Kitson, un ancien contrôleur de l'IRA PROVISIONALS, l'homme qui a lancé l'insurrection Mau-Mau au Kenya.

➢ Lazard Frères, représentés par Robert Ellsworth.

➢ N. M. Rothschild, représenté par John Loudon.

➢ Paul Nitze, représentant de la Banque Schroeder.

Nitze a joué un rôle très important et substantiel dans les questions d'accord de contrôle des armes, qui ont TOUJOURS été sous la direction de la RIIA.

> C. L. Sulzberger du *New York Times*.

> Stansfield Turner, ancien directeur de la CIA.

> Peter Calvocoressi, représentant de Penguin Books.

> Royal Institute for International Affairs, représenté par Andrew Schoenberg.

> Chroniqueurs et reporters, représentés par Flora Lewis, Drew Middleton, Anthony Lewis, Max Frankel.

> Daniel Ellsberg.

> Henry Kissinger.

> Robert Bowie, ancien directeur des estimations nationales de renseignement de la CIA.

Suite à la réunion des Bilderberger de 1957, Kissinger a reçu l'ordre d'ouvrir un bureau de la Table Ronde à Manhattan, dont le noyau était composé de Haig, Ellsberg, Halperin, Schlessinger, McNamara et des frères McBundy. Kissinger a reçu l'ordre de remplir tous les postes de direction de l'administration Nixon avec des membres de la Table Ronde, loyaux au RIIA et donc à la Reine d'Angleterre. Ce n'est pas un hasard si Kissinger a choisi l'ancien repaire du président Nixon, l'Hôtel Pierre, comme centre d'opérations.

La signification de l'opération Round Table-Kissinger était la suivante : Sur ordre du président de la RIIA, Andrew Schoeberg, toutes les agences impliquées dans le renseignement ont été bloquées, les empêchant de donner des informations au président Nixon. Cela signifiait que Kissinger et son équipe recevaient TOUS les services de renseignement, étrangers et nationaux, de maintien de l'ordre et de sécurité, y compris la division 5 du FBI, avant qu'elle ne soit divulguée au Président. Cela garantissait que toutes les opérations terroristes contrôlées par le MI6 aux États-Unis n'auraient aucune chance d'être divulguées. C'était le domaine de Halperin.

En utilisant cette méthodologie, Kissinger a immédiatement établi son hégémonie sur la présidence de Nixon, et après que Nixon ait été disgracié par le groupe Kissinger et chassé de son poste, Kissinger a émergé avec des pouvoirs sans précédent tels qu'ils n'ont jamais été égalés avant ou depuis le Watergate. Certains de ces pouvoirs rarement énumérés sont les suivants :

Kissinger ordonna que le mémorandum de décision de sécurité nationale n° 1 soit rédigé par Halperin, qui reçut la formulation réelle directement du RIIA par le biais des cercles de la Table ronde. Le mémorandum désignait Kissinger comme l'autorité suprême des États-Unis, président du groupe de vérification. Toutes les négociations liées aux accords SALT ont été dirigées par les mêmes instances, pilotées par Paul Nitze, Paul Warnke et un groupe de traîtres au sein de la mission de contrôle des armements à Genève.

En outre, Kissinger a été nommé au Groupe d'études spéciales sur le Vietnam, qui supervisait et évaluait tous les rapports, civils et militaires, y compris les rapports des services de renseignement en provenance du Vietnam. Kissinger a également exigé et obtenu la supervision du "Comité 40", une agence super secrète qui a pour tâche de décider quand et où lancer des activités de couverture et qui surveille ensuite le déroulement des opérations qu'elle met en branle.

Entre-temps, Kissinger a ordonné une avalanche d'écoutes téléphoniques par le FBI, même sur ses plus proches assistants, afin de donner l'impression qu'il était au courant de tout. La plupart des membres de son entourage ont été informés de la mise en place d'écoutes sur eux. Cela a failli se retourner contre lui lorsqu'un agent du MI6 du nom de Henry Brandon a reçu l'ordre d'être mis sur écoute, mais n'en a pas été informé par Kissinger. Brandon se faisait passer pour un reporter du *London Times* et Kissinger a bien failli se faire éjecter parce que personne ne fait ça au *London Times*.

L'histoire complète du cambriolage d'Ellsberg et du scandale du Watergate de Nixon qui a suivi est trop longue pour être incluse ici. Il suffit de dire que Kissinger avait le contrôle d'Ellsberg depuis le jour où ce dernier a été recruté alors qu'il était à Cambridge. Ellsberg a toujours été un partisan acharné de la guerre du Vietnam, mais il a été progressivement "converti" en militant de la gauche radicale. Sa "conversion" était à peine moins miraculeuse que l'expérience du chemin de Damas de saint Paul.

L'ensemble du spectre de la nouvelle gauche aux États-Unis était l'œuvre des services secrets britanniques (MI6) agissant par le biais des agents de la Table ronde et de l'Institute for Policy Studies (IPS). Comme il l'a fait avec tous les pays ayant une base républicaine, dont les politiques devaient être changées, l'IPS a joué un rôle de premier plan, comme il le fait aujourd'hui en Afrique du Sud et en Corée du Sud. Une grande partie des activités de l'IPS est expliquée dans mon ouvrage *IPS Revisited* publié en 1990.

L'IPS avait une fonction principale, celle de semer la discorde et de répandre des informations erronées, provoquant ainsi le chaos. Un tel programme, destiné à la jeunesse américaine, était centré sur la drogue. Par le biais d'une série de façades de l'IPS, d'actes tels que le caillassage du cortège de Nixon et d'un grand nombre d'attentats à la bombe, un climat de tromperie a été efficacement créé, amenant une majorité d'Américains à croire que les États-Unis étaient menacés par le KGB, le GRU et la DGI cubaine. Le bruit courut qu'un grand nombre de ces agents imaginaires avaient des liens étroits avec les démocrates par l'intermédiaire de George McGovern. Il s'agissait en fait d'une campagne de désinformation modèle pour laquelle le MI6 est justement célèbre.

Haldeman, Ehrlichman et les plus proches collaborateurs de Nixon n'avaient aucune idée de ce qui se passait, d'où une avalanche de déclarations émanant de la Maison-Blanche selon lesquelles l'Allemagne de l'Est, l'Union soviétique, la Corée du Nord et Cuba formaient des terroristes et finançaient leurs opérations aux États-Unis. Je doute que Nixon ait su grand-chose de l'IPS, et encore moins qu'il ait soupçonné ce que cela faisait à sa présidence. Nous avons souffert du même genre de désinformation pendant la guerre du Golfe, lorsque le bruit a couru que des terroristes de tous bords étaient sur le point d'envahir les États-Unis et de faire exploser tout ce qu'ils voyaient.

Le président Nixon fut littéralement laissé dans l'ignorance. Il ne savait même pas que David Young, un élève de Kissinger, travaillait dans les sous-sols de la Maison-Blanche, supervisant les "fuites". Young était diplômé d'Oxford et associé de longue date de Kissinger par le biais d'actifs de la Table ronde tels que le cabinet d'avocats Milbank Tweed. Le président Nixon n'a pas fait le poids face aux forces déployées contre lui sous la direction du MI6 pour le compte du Royal Institute for International Affairs et donc de la famille royale britannique. La seule chose dont Nixon ait été coupable, en ce qui concerne le Watergate, est son ignorance de ce qui se passait autour de lui. Lorsque James McCord a "avoué" au juge John Sirica, Nixon aurait dû se rendre compte en un clin d'œil que McCord jouait un double jeu. Il aurait dû interpeller Kissinger sur sa relation avec McCord sur-le-champ. Cela aurait jeté un bâton dans les roues et déraillé toute l'opération MI6-Watergate.

Nixon n'a pas abusé de ses pouvoirs présidentiels. Son crime a été de ne pas défendre la Constitution des États-Unis d'Amérique et de ne pas accuser Mme Katherine Meyer Graham et Ben Bradley de conspiration en vue de commettre une insurrection. Le pedigree de Mme Katherine Meyer Graham est des plus douteux, comme l'aurait vite découvert "Jessica Fletcher" de "Murder She Wrote". Mais même en sachant cela, les contrôleurs de Mme Graham à la Table Ronde se seraient battus avec acharnement pour garder le secret. Le rôle du *Washington Post* était de maintenir la marmite en ébullition en générant une "révélation" après l'autre, engendrant ainsi un climat de méfiance du public à l'égard du président Nixon, même s'il n'y avait pas l'ombre d'une preuve d'une mauvaise action de sa part.

Pourtant, cela montre l'immense pouvoir de la presse, comme Lippmann et Bernays l'avaient très justement anticipé, en ce que Mme Graham, longtemps soupçonnée du meurtre de son mari, Philip L. Graham — officiellement classé comme "suicide" — aurait dû conserver une quelconque crédibilité. D'autres traîtres qui auraient dû être inculpés pour insurrection et trahison étaient Kissinger, Haig, Halperin, Ellsberg, Young, McCord, Joseph Califano et Chomsky de l'IPS et ces agents de la CIA qui se sont rendus au domicile de McCord et ont brûlé tous ses papiers. Une fois encore, il convient de répéter que le Watergate, comme de nombreuses autres opérations que nous n'avons pas la place d'inclure ici, a démontré le CONTRÔLE COMPLET exercé sur les États-Unis par le Comité des 300.

Bien que Nixon ait fréquenté des gens comme Earl Warren et quelques mafieux qui avaient construit la maison de Warren, cela ne signifie pas qu'il aurait dû être disgracié par l'affaire du Watergate. Mon aversion pour Nixon découle de sa volonté de signer le tristement célèbre traité ABM en 1972 et de sa relation trop intime avec Leonid Brejnev. L'une des erreurs les plus regrettables du Conseil de la minorité a été son échec lamentable à dénoncer le sale rôle joué par INTERTEL, l'horrible agence de renseignement privée du groupe Corning, que nous avons déjà rencontrée, qui a "divulgué" de nombreux éléments du Watergate à Edward Kennedy. Les agences de renseignement privées comme INTERTEL n'ont aucun droit d'exister aux États-Unis. Elles sont une MENACE à notre droit à la vie privée et une insulte à tous les hommes libres du monde entier.

La faute en incombe également à ceux qui étaient censés protéger le président Nixon de la sorte de filet à mailles d'acier qui a été jeté autour de lui pour l'isoler. Le personnel des services de renseignement qui entourait Nixon n'avait aucune connaissance de la rigueur des opérations de renseignement britanniques ; en fait, il ne se doutait pas que le Watergate était une opération de renseignement britannique dans son intégralité. Le complot du Watergate était un coup d'État contre les États-Unis d'Amérique, tout comme l'assassinat de John F. Kennedy. Bien que ce fait ne soit pas reconnu comme tel aujourd'hui, je suis convaincu que lorsque tous les documents secrets seront enfin ouverts, l'histoire retiendra que deux coups d'État, l'un contre Kennedy et l'autre contre Nixon, ont effectivement eu lieu, et qu'ils ont entraîné dans leur sillage le viol et l'attaque les plus violents des institutions sur lesquelles repose la République des États-Unis.

L'individu qui mérite le plus le titre de traître et qui est le plus coupable de sédition est le général Alexander Haig. Ce colonel de bureau, dont la carrière de gratte-papier n'a pas inclus le commandement de troupes au combat, a été soudainement propulsé sur la scène par le gouvernement parallèle invisible de niveau supérieur. Le président Nixon l'a un jour décrit comme un homme qui devait demander la permission à Kissinger pour aller aux toilettes.

Haig est un produit de la Table Ronde. Il a été remarqué par le membre éminent Joseph Califano, l'un des représentants les plus fiables de Sa Majesté aux États-Unis. Joseph Califano, conseiller juridique de la Convention nationale démocrate, avait en fait interviewé Alfred Baldwin, l'un des plombiers, un mois avant que le cambriolage n'ait lieu. Califano a été assez stupide pour rédiger un mémorandum sur son entretien avec Baldwin, dans lequel il donnait des détails sur les antécédents de McCord et la raison pour laquelle McCord avait choisi Baldwin pour faire partie de l'"équipe".

Plus grave encore, le mémorandum de Califano contenait tous les détails des transcriptions des écoutes téléphoniques des conversations entre Nixon et le comité de réélection, tout cela AVANT que l'effraction ne se produise. Califano aurait dû être inculpé pour une multitude d'infractions fédérales ; au lieu de cela, il s'est sorti indemne de son activité criminelle. Le moralisateur Sam Ervin a refusé d'autoriser Fred Thompson, conseiller de la minorité, à présenter cette preuve hautement préjudiciable lors des audiences du Watergate — au motif fallacieux qu'elle était "trop spéculative".

Sur les ordres de la Table ronde, Kissinger a fait passer Haig de colonel à général quatre étoiles, dans le cadre de l'ascension la plus fulgurante jamais enregistrée dans les annales de l'histoire militaire des États-Unis, au cours de laquelle Haig a dépassé 280 généraux et officiers supérieurs de l'armée américaine.

Pendant la "promotion" de Haig, et à la suite de celle-ci, 25 généraux de haut rang ont été contraints de démissionner. En récompense de sa trahison envers le président Nixon et les États-Unis, Haig s'est ensuite vu confier le poste de commandant général des forces de l'Organisation du traité de l'Atlantique Nord (OTAN), alors qu'il était le commandant le moins qualifié à avoir jamais occupé ce poste. Là encore, il a été devancé par 400 généraux de haut rang des pays de l'OTAN et des États-Unis.

Lorsque la nouvelle de sa nomination est parvenue au haut commandement des forces armées soviétiques, le maréchal Orgakov a rappelé ses trois principaux généraux du Pacte de Varsovie de Pologne et d'Allemagne de l'Est, et il y a eu beaucoup de réjouissances, de tintements de verres et de consommation de champagne jusqu'à tard dans la nuit. Tout au long du mandat de Haig en tant que commandant des forces de l'OTAN, les cadres d'élite professionnels des forces armées soviétiques, des hommes qui n'ont jamais été autre chose que des soldats professionnels, ont tenu Haig dans le plus grand mépris et l'ont ouvertement qualifié de "chef de bureau de l'OTAN". Ils savaient que Haig devait sa nomination au RIIA et non à l'armée américaine.

Mais avant que sa promotion militaire ne le conduise hors de Washington, il faut savoir qu'Alexander Haig, conjointement avec Kissinger, a pratiquement détruit la fonction de président des États-Unis et son gouvernement. Le chaos laissé par Kissinger et Haig dans le sillage du Watergate n'a jamais été relaté, à ma connaissance. Sur l'insistance du RIIA, Haig a pratiquement pris en charge la gestion du gouvernement des États-Unis après le coup d'État d'avril 1973. En faisant venir 100 agents de la Table ronde choisis à la Brookings Institution, à l'Institute Policy Studies et au Council on Foreign Relations, Haig a rempli les cent postes les plus importants de Washington avec des hommes qui, comme lui, étaient redevables à une puissance étrangère. Dans la débâcle qui s'ensuit, l'administration Nixon est mise à mal et les États-Unis avec elle.

Au-delà des platitudes pieuses et des postures de défense de la Constitution, le sénateur Sam Ervin a fait plus pour changer les États-Unis que tout ce que le président Nixon aurait fait, et les États-Unis ne se sont pas encore remis de la blessure quasi mortelle du Watergate, une opération parrainée par le Comité des 300 et menée par le Royal

Institute for International Affairs, la Table ronde et des agents du MI6 basés aux États-Unis.

La façon dont le président Nixon a d'abord été isolé, entouré de traîtres et ensuite confondu a suivi à la lettre la méthode Tavistock qui consiste à prendre le contrôle total d'une personne selon la méthodologie établie par le théoricien en chef de Tavistock, le Dr Kurt Lewin. J'ai déjà donné des détails sur la méthodologie de Lewin ailleurs dans ce livre, mais au vu du cas d'école du président Richard M. Nixon, je pense qu'il vaut la peine de le répéter :

> "L'une des principales techniques pour briser le moral, par le biais d'une stratégie de terreur, consiste exactement en cette tactique : maintenir la personne dans le flou quant à sa situation et à ce qu'elle peut attendre. De plus, si de fréquentes oscillations entre des mesures disciplinaires sévères et des promesses de bon traitement, ainsi que la diffusion de nouvelles contradictoires, rendent la structure cognitive de cette situation totalement floue, l'individu peut même cesser de savoir si un plan particulier le mènerait vers son objectif ou l'en éloignerait. Dans ces conditions, même les individus qui ont des objectifs précis et sont prêts à prendre des risques sont paralysés par un grave conflit intérieur quant à ce qu'ils doivent faire".

Kissinger et Haig ont suivi à la lettre les manuels d'entraînement de Tavistock. Le résultat a été un président Nixon désemparé, confus, effrayé et démoralisé, dont la seule ligne de conduite — lui a dit Haig — était de démissionner. En 1983, j'ai écrit deux ouvrages, *The Tavistock Institute : Sinister and Deadly* et *The Tavistock Institute : Britain's Control of U.S. Policy*,[25] basés sur les manuels secrets de Tavistock qui étaient tombés entre mes mains. Les méthodes et les actions de l'Institut Tavistock sont exposées en détail dans ces deux ouvrages.

Les méthodes de Tavistock ont été appliquées avec tant de succès pour évincer le président Nixon que le peuple de cette nation a pleinement cru à la calomnie des mensonges, des déformations et des situations inventées par le conspirateur comme étant la vérité, alors qu'en fait le Watergate était un mensonge diabolique de bout en bout. Il est important de le souligner, car nous n'avons certainement pas vu

---

[25] Voir la mise à jour de ces ouvrages dans *L'Institut Tavistock des relations humaines*, Omnia Veritas Ltd, www.omnia-veritas.com.

la fin des opérations du type Watergate.

Quelles étaient les infractions présumées possibles d'impeachment commises par le président Nixon, et les preuves dites "fumantes" qui étaient censées étayer ces accusations ? Tout d'abord, le "pistolet fumant". Cette pièce de FICTION a été créée par Kissinger et Haig autour de la cassette du 23 juin, que Haig a contraint Nixon à remettre à Leon Jaworski.

Haig a passé des heures à convaincre le président Nixon que cet enregistrement allait le couler, car il prouvait "au-delà de tout doute" que Nixon était coupable de fautes graves et qu'il était un co-conspirateur dans l'effraction du Watergate. La première réaction du président Nixon a été de dire à Haig : "C'est complètement absurde d'en faire toute une histoire", mais Haig a continué à travailler jusqu'à ce que Nixon soit convaincu qu'il ne pourrait pas se défendre avec succès devant le Sénat, uniquement sur la base de cet enregistrement particulier du 23 juin !

Comment Haig avait-il accompli sa mission ? En jouant un scénario préparé pour lui par ses contrôleurs de la Table ronde, Haig avait une transcription non éditée de la cassette "smoking gun"[26] tapée par son personnel. En réalité, il n'y avait rien dans la bande que le président Nixon n'aurait pas pu expliquer. Sentant cela, Haig a ensuite fait circuler sa transcription non autorisée et non éditée de la bande parmi les plus fervents partisans de Nixon à la Chambre et au Sénat et le haut commandement du parti républicain. Parsemée de réflexion sur le "pistolet fumant" et de l'effet "dévastateur" qu'elle ne manquerait pas de produire. Émanant de l'aide de confiance de Nixon, la transcription a eu l'effet d'un faucon frappant une volée de pigeons ; les partisans de Nixon ont paniqué et se sont mis à l'abri.

Suite à sa sédition et à son insurrection, Haig a convoqué dans son bureau le député Charles Wiggins, un fervent partisan de Nixon qui avait accepté de mener le combat à la Chambre des représentants pour éviter une procédure de destitution. Dans un mensonge éhonté, Wiggins a été informé par Haig, "Le combat est perdu". Après cela, Wiggins a perdu tout intérêt à défendre Nixon, croyant que Nixon lui-même avait accepté d'abandonner. Haig a ensuite traité de la même manière le sénateur Griffin, un des principaux partisans du président

---

[26] "Pistolet fumant", terme anglophone synonyme de preuve irréfutable, NDT.

au Sénat. À la suite des activités séditieuses et de trahison de Haig, le sénateur Griffin a immédiatement écrit une lettre au président Nixon pour lui demander de démissionner.

TROIS MOIS PLUS TÔT, l'Institute for Policy Studies, contrôlé par la Table Ronde, l'enfant de James Warburg, fondateur et membre, Marcus Raskin, a lancé EXACTEMENT le même ultimatum au Président Nixon pour qu'il démissionne, en utilisant le journal de propagande des services secrets britanniques, le *New York Times* du 25 mai. La tragédie du Watergate a été une étape dans la transition irréversible vers la barbarie qui enveloppe les États-Unis, et qui nous conduit vers le Gouvernement Mondial Unique/Nouvel Ordre Mondial. Les États-Unis se trouvent maintenant au même stade que l'Italie lorsque Aldo Moro a essayé de la sauver de l'instabilité créée.

De quels actes répréhensibles Nixon a-t-il été accusé ? John Doar, dont le caractère brutal convenait parfaitement à sa tâche consistant à présenter des articles de mise en accusation contre le président, était l'auteur et le finisseur de l'une des plus vastes opérations ILLÉGALES de surveillance intérieure et de contre-espionnage jamais menées aux États-Unis.

À la tête de l'Interdepartmental Intelligence Unit (IDIU), Doar a recueilli des informations auprès de toutes les agences imaginables du gouvernement fédéral, y compris l'Internal Revenue Service. Le programme était lié à l'Institute for Policy Studies. L'un des faits marquants de la carrière de John Doar a été de fournir à la CIA — à qui la loi interdit de se livrer à la surveillance intérieure – 10 000 à 12 000 noms de citoyens qu'il soupçonnait d'être des dissidents politiques, afin qu'ils fassent l'objet d'une enquête plus approfondie.

Le 18 juillet 1974, ce grand défenseur de la loi, avec une pompe mesurée, a prononcé les "charges" contre le président Nixon, épisode qui a été télévisé au niveau national. Il n'y avait pourtant pas une seule preuve que Nixon ait fait quelque chose de répréhensible pouvant conduire à sa destitution ; en fait, la pathétique litanie de Doar sur les prétendus "crimes" de Nixon était si triviale qu'il est étonnant que la procédure soit allée au-delà de ce point. La falsification de l'impôt sur le revenu, le bombardement non autorisé du Cambodge et une vague accusation d'"'abus de pouvoir", qui n'aurait jamais été retenue par une cour de justice, est le mieux que Doar ait pu faire. Les États-Unis étaient aussi instables qu'ils le furent jamais lorsque le président Nixon démissionna le 8 août 1974.

Nulle part ailleurs que dans nos politiques économiques et fiscales. En 1983, les banquiers internationaux se sont réunis à Williamsburg, en Virginie, pour élaborer une stratégie visant à préparer les États-Unis à une désintégration totale de leur système bancaire. Cet événement planifié devait pousser le Sénat américain à accepter le contrôle de nos politiques monétaires et fiscales par le Fonds Monétaire International (FMI). Dennis Weatherstone de Morgan Guarantee à Wall Street a déclaré qu'il était convaincu que c'était la seule façon pour les États-Unis de se sauver.

Cette proposition a été approuvée par le groupe Ditchley, qui a vu le jour en mai 1982 à Ditchley Park, à Londres. Les 10 et 11 janvier 1983, ce groupe d'étrangers s'est réuni à Washington D.C., en violation du Sherman Anti-Trust Act et du Clayton Act, et a conspiré pour renverser la souveraineté des États-Unis d'Amérique dans sa liberté monétaire et financière. Le procureur général des États-Unis était au courant de la réunion et de son objectif. Au lieu d'accuser les membres du groupe de conspiration en vue de commettre un crime fédéral, il a simplement détourné le regard.

En vertu des lois susmentionnées, la preuve d'une conspiration est tout ce qui est nécessaire pour une condamnation pour crime, et il y avait de nombreuses preuves qu'une conspiration avait bien eu lieu. Mais comme la Fondation Ditchley s'était réunie à la demande de l'Institut Royal des Affaires Internationales et était accueillie par la Table ronde, personne au ministère de la Justice n'a eu le courage d'agir comme l'exigeaient ceux qui avaient juré de faire respecter les lois des États-Unis.

Le plan Ditchley, qui visait à prendre le contrôle des politiques fiscales et monétaires des États-Unis, était l'idée de Sir Harold Lever, un fervent partisan du sionisme, proche confident des membres de la famille royale britannique et membre du Comité des 300. Sir Harold Lever était un directeur du conglomérat géant UNILEVER, une importante société du Comité des 300. Le plan de Lever demandait que l'influence du FMI soit élargie afin qu'il puisse influencer les banques centrales de toutes les nations, y compris les États-Unis, et les guider entre les mains d'une banque gouvernementale mondiale unique.

Il s'agissait d'une étape essentielle pour que le FMI devienne l'arbitre suprême du système bancaire mondial. La réunion ultra-secrète de janvier a été précédée d'une autre réunion, en octobre 1982, à laquelle ont participé les représentants de 36 des plus grandes banques du monde, réunis à l'hôtel Vista de New York. La sécurité du séminaire des 26 et 27 octobre était aussi stricte que tout ce que l'on a jamais vu dans la Grosse Pomme. Cette réunion antérieure du groupe Ditchley a également violé la loi américaine.

S'adressant à l'assemblée, Sir Harold Lever a déclaré qu'il était essentiel de mettre fin à la souveraineté nationale en tant que vestige archaïque avant l'an 2000.

> "Les États-Unis devront bientôt se rendre compte qu'ils ne seront pas mieux que n'importe quel pays du tiers-monde lorsque le FMI en prendra le contrôle", a déclaré Sir Harold.

Les délégués ont appris par la suite que des plans visant à désigner le FMI comme contrôleur de la politique fiscale des États-Unis étaient en cours de préparation pour être présentés au Sénat américain d'ici l'an 2000.

Rimmer de Vries, s'exprimant au nom de Morgan Guarantee, a déclaré qu'il était grand temps que les États-Unis deviennent membre de la Banque des Règlements Internationaux. "Il faut reconsidérer les hésitations des États-Unis au cours des 50 dernières années", a déclaré M. de Vries. Certains banquiers britanniques et allemands, craignant d'éventuelles violations de la loi américaine, ont déclaré que le groupe Ditchley n'était rien d'autre qu'un comité chargé d'aplanir les problèmes de taux de change. Felix Rohatyn a également parlé de la grande nécessité de changer les lois bancaires américaines afin que le FMI puisse jouer un plus grand rôle dans ce pays. Rohatyn dirigeait Lazard Frères, une banque du Club de Rome qui fait partie de l'Eagle Star Group que nous avons déjà rencontrée.

Les représentants de la table ronde William Ogden et Werner Stang ont parlé avec enthousiasme en faveur de l'abandon de la souveraineté fiscale des États-Unis au Fonds Monétaire International et à la Banque des Règlements Internationaux. Les délégués représentant l'Alpha ranking Group, une banque de la franc-maçonnerie P2, ont déclaré que les États-Unis doivent être contraints de se soumettre à "l'autorité supérieure d'une banque mondiale", avant que tout progrès vers le Nouvel Ordre Mondial puisse être réalisé.

Le 8 janvier 1983, avant leur grande réunion des 10-11 janvier, Hans Vogel, membre éminent du Club de Rome, est reçu à la Maison-Blanche. Le président Ronald Reagan avait invité George Schultz, Caspar Weinberger, George Kennan et Lane Kirkland à assister à sa rencontre avec Vogel, qui expliqua au président Reagan quels étaient les buts et objectifs du groupe Ditchley. À partir de ce jour, le président Reagan a fait volte-face et a travaillé avec les différentes agences du Comité des 300 pour faire avancer le Fonds Monétaire International et la Banque des Règlements Internationaux comme autorité en matière de politiques monétaires intérieures et extérieures des États-Unis.

Le gouvernement invisible du Comité des 300 a exercé une pression énorme sur l'Amérique pour qu'elle change ses habitudes — pour le pire. L'Amérique est le dernier bastion de la liberté et, à moins que nos libertés ne nous soient retirées, la progression vers un gouvernement mondial unique sera considérablement ralentie. Une entreprise telle qu'un Gouvernement Mondial Unique est une entreprise massive, qui requiert beaucoup de compétences, de capacités d'organisation, de contrôle des gouvernements et de leurs politiques. La seule organisation qui aurait pu entreprendre cette tâche gigantesque avec un quelconque espoir de succès est le Comité des 300, et nous avons vu jusqu'où il est allé vers un succès total.

Il s'agit avant tout d'un combat spirituel. Malheureusement, les églises chrétiennes sont devenues à peine plus que des clubs sociaux dirigés par l'infiniment mauvais Conseil Œcuménique des Églises (COE), dont les origines ne se trouvent pas à Moscou, mais dans la City de Londres, comme nous le voyons dans le tableau à la fin du livre qui donne la structure de l'Église du Gouvernement Mondial Unique. Cet organisme a été créé dans les années 1920 pour servir de véhicule aux politiques du gouvernement mondial unique, et constitue un monument aux capacités de planification à long terme du Comité des 300.

Un autre organisme corrompu similaire au COE par sa structure et sa conception est l'Union of Concerned Scientists, créé par la Commission trilatérale et financé par le Carnegie Endowment Fund, la Fondation Ford et l'Aspen Institute. C'est ce groupe qui a mené la lutte pour empêcher les États-Unis de mettre en place une dissuasion efficace contre les Cosmosphères soviétiques, des armes à rayon laser basées dans l'espace qui peuvent détruire des cibles sélectionnées aux États-Unis ou ailleurs depuis l'espace.

Le programme SDI des États-Unis a été conçu pour contrer la menace posée par les Cosmosphères soviétiques, une menace qui existe toujours malgré les assurances que "le communisme est mort". Le porte-parole soviétique Georgi Arbatov a déclaré lors d'une réunion de l'Union of Concerned Scientists qu'il était important pour eux de s'opposer au programme SDI, car si le programme SDI devenait opérationnel, "ce serait une catastrophe militaire". Année après année, l'Union of Concerned Scientists s'est opposée à tous les budgets qui incluaient des fonds pour le programme vital SDI, jusqu'à ce qu'à la fin de 1991, il n'y ait même pas assez d'argent pour financer les recherches supplémentaires encore nécessaires, sans parler de la mise en orbite du système. L'Union des Concerned Scientists est dirigée par le Royal Institute for International Affairs et est fortement infiltrée par des agents du MI6, le service de renseignement britannique.

Il n'y a pas un seul aspect de la vie en Amérique qui ne soit pas surveillé, orienté dans la "bonne" direction, manipulé et contrôlé par le gouvernement invisible du Comité des 300. Il n'y a pas un seul élu ou dirigeant politique qui ne soit pas soumis à son autorité. Jusqu'à présent, personne n'a réussi à défier nos gouvernants secrets, qui n'hésitent pas à faire de quiconque un "exemple horrible", y compris le président des États-Unis d'Amérique.

De 1776, lorsque Jeremy Bentham et William Petty, le comte de Shelburne, tout juste sorti du triomphe de la Révolution française qu'ils avaient planifiée et dirigée, ont été recrutés par la Couronne britannique pour mettre leur expérience combinée au service des colons ; à 1812, lorsque les Britanniques ont saccagé et brûlé Washington, détruisant des documents secrets qui auraient révélé la trahison dont étaient victimes les jeunes États-Unis d'Amérique ; au Watergate du président Nixon et à l'assassinat du président Kennedy ; la main du Comité des 300 est clairement visible. Ce livre est une tentative d'ouvrir les yeux du peuple américain sur cette terrible vérité : nous *ne* sommes *pas* une nation indépendante, et nous ne pourrons *jamais* l'être, tant que nous serons dirigés par un gouvernement invisible, le Comité des 300.

Institutions/organisations passées et actuelles sous influence directe du comité des 300

- ➢ Academy for Contemporary Problems.
- ➢ Africa Fund.
- ➢ Agency of International Development.
- ➢ Albert Previn Foundation.
- ➢ Alliance Israelite Universelle.
- ➢ American Civil Liberties Union
- ➢ American Council of Race Relations.
- ➢ American Defence Society.
- ➢ American Press Institute.
- ➢ American Protective League.
- ➢ Anti-Defamation League.
- ➢ Institute for Social Research.
- ➢ Institute for the Future.
- ➢ Institute for World Order.
- ➢ Institute on Drugs, Crime and Justice.
- ➢ Inter-Alpha.
- ➢ Inter-American Social Development Institute.
- ➢ International Institute for Strategic Studies.
- ➢ Interreligious Peace Colloquium.
- ➢ Irgun.
- ➢ Knights of Malta.
- ➢ League of Nations.
- ➢ Logistics Management Institute.
- ➢ London Board of

- Arab Bureau.
- Arab Higher Committee.
- ARCA Foundation.
- Armour Research Foundation.
- Arms Control and Foreign Policy
- Caucus.
- Arthur D. Little, Inc.
- Asian Research Institute.
- Aspen Institute.
- Association for Humanistic Psychology.
- Augmentation Research Centre.
- Baron de Hirsh Fund.
- Battelle Memorial Institute.
- Berger National Foundation.
- Berlin Centre for Future Research.
- Bilderbergers.
- Black Order.
- Boycott Japanese Goods Conference.
- British Newfoundland Corporation.
- Deputies of British Jews.
- London School of Economics.
- Mary Carter Paint Company.
- Massachusetts Institute of Technology.
- Mellon Institute. Metaphysical Society.
- Milner Group.
- Mocatto Metals.
- Mont Pelerin Society.
- NAACP.
- National Action Research on Military/Industrial Complex.
- National Centre for Productivity Institute.
- National Council of Churches.
- National Opinion Research Centre.
- National Training Laboratories.
- New Democratic Coalition.
- New World Foundation.
- New York Rand

- British Royal Society.
- Brotherhood of Co-operative Bureau of International Commonwealth.
- Revolutionary Propaganda.
- Canadian Jewish Congress.
- Cathedral of St. John the Divine, New York.
- Centre for Advanced Studies in the Behavioural Sciences.
- Centre for Constitutional Rights.
- Centre for Cuban Studies.
- Centre for Democratic Institutions.
- Centre for International Policy.
- Centre for the Study of Responsive Law.
- Christian Socialist League.
- Cini Foundation.
- Club of Rome. Cominform.
- Committee for the

- Institute.
- NORML. North Atlantic Treaty Organisation (NATO).
- Odd Fellows. Order of St. John of Jerusalem.
- Order of The Golden Dawn. OXFAM.
- Oxford Univac.
- Pacific Studies Centre.
- Palisades Foundation.
- Peninsula and Orient Navigation Company (P&O.).
- PERMINDEX.
- Princeton University.
- Rand Corporation.
- Rand School of Social Sciences.
- Research Triangle Institution.
- Rhodes Scholarship Committee.
- Rio Tinto Zinc Company.
- Riverside Church Disarmament Program.
- Round Table.
- Royal Institute for

Next Thirty Years.

- Committee of Fourteen.
- Committee on National Morale.
- Committee to Frame A World Constitution.
- Communist League.
- Congress of Industrial Organisations.
- Council on Foreign Relations.
- David Sassoon Company.
- De Beers Consolidated Mines.
- Democratic League of Brussels.
- East India The Committee of 300.
- Economic and Social Control (ECOSOC).
- Environmental Fund.
- Environmetrics Inc.
- Esalen Institute.
- Fabian Society.
- Federation of American Zionists.
- Fellowship for a Christian Social

International Affairs.

- Russell Sage Foundation.
- San Francisco Foundation.
- Sharps Pixley Ward.
- Social Science Research Council.
- Socialist International.
- Socialist Party of the United States.
- Society for Promotion of Study of Religions.
- Society of Heaven (TRIADS).
- Soviet State Committee for Science and Technology.
- Stanford Research Institute.
- Stockholm International Peace Research Institute.
- Sun Yat Sen Society.
- Systems Development Corporation.
- Tavistock Institute of Human Relations.
- Tempo Corporation.

Order.

➤ Fellowship of Reconciliation.

➤ Ford Foundation.

➤ Fordham University Institution

➤ Educational Research.

➤ Foundation for National Progress.

➤ Garland Fund.

➤ German Marshall Fund.

➤ Governing Body of the Israelite

➤ Religious Community.

➤ Gulf South Research Institute.

➤ Haganah. Harvard University.

➤ Hells Fire Club.

➤ Horace Mann League.

➤ Hudson Guild.

➤ Hudson Institute.

➤ Hudson Bay Company.

➤ Imperial College, University of London.

➤ Industrial Christian

➤ The High Twelve International.

➤ The Public Agenda Foundation.

➤ The Quality of Life Institute.

➤ Theosophist Society.

➤ Thule Society.

➤ Trans-Atlantic Council.

➤ Trilateral Commission.

➤ U.S. Association of the Club of Rome.

➤ U.S. Institute for Peace.

➤ Union of Concerned Scientists.

➤ UNITAR.

➤ University of Pennsylvania Wharton School.

➤ Warburg, James P. and Family.

➤ Western Training Laboratories.

➤ Wilton Park.

➤ Women's Christian Temperance Union.

➤ Wong Hong Hon Company.

➤ Work in America

Fellowship.

- Institute for Brain Research.
- Institute for Pacific Relations.
- Institute for Policy Studies.

Institute.

- World Council of Churches.

Fondations spéciales et groupes d'intérêts

- Arab Bureau.
- Aristotelian Society.
- Asian Research Institute.
- Bertrand Russell Peace Foundation.
- British American Canadian Corporation.
- Brotherhood of Eternal Love.
- Cambridge Apostles.
- Canadian Histadrut Campaign.
- Canadian Pacific Ltd.
- Caribbean-Central American Action Group.
- China Everbright Holdings Ltd.
- Chinese People's Institute of Foreign

- Endangered Peoples' Society.
- English Property Corporation Ltd.
- Hospice Inc.
- International Brotherhood of Teamsters.
- International Red Cross.
- Jerusalem Foundation, Canada.
- Kissinger Associates.
- Kowloon Chamber of Commerce.
- Organisation of American States.
- Overseas Chinese Affairs Committee.
- Radio Corporation of America (RCA).
- Royal Police of Hong

Affairs.

➤ Council of South America.

Kong. YMCA.

BANQUES

➤ American Express.

➤ Banca de la Svizzera d'Italia.

➤ Banca Andioino.

➤ Banca d'America d'Italia.

➤ Banca Nazionale del Lavoro.

➤ Banca Privata.

➤ Banco Ambrosiano.

➤ BCCI.[27] Canadian Imperial Bank of Commerce.

➤ Centrust Bank.

➤ Chartered Bank.

➤ Charterhouse Japhet Bank.

➤ Chase Manhattan Bank.

➤ Chemical Bank.

---

[27] BCCI. Cette banque a été accusée à plusieurs reprises d'être fortement impliquée dans le blanchiment de l'argent de la drogue dans le monde entier. Sa structure englobe toutes les opérations du Comité des 300. Sa structure d'entreprise est intéressante. Middle East Interests, 35% des actions détenues par :

➤ Famille régnante de Bahreïn.

➤ Famille régnante de Sharjah.

➤ Famille régnante de Dubaï.

➤ Famille régnante d'Arabie Saoudite.

➤ Famille régnante d'Iran.

➤ Groupe d'hommes d'affaires du Moyen-Orient.

➤ BCCI Cayman Islands 41%.

➤ Bank of America 24%.

BCCI Cayman Islands et BCCI Luxembourg ont établi des bureaux d'agence à Miami, Boca Raton, Tampa, New York, San Francisco et Los Angeles.

- Banco Caribe.
- Banco Commercial Mexicana.
- Banco Consolidato.
- Banco d'Espana.
- Banco de Colombia.
- Banco de Commercio.
- Banco de Iberio-America.
- Banco de la Nacion.
- Banco del Estada.
- Banco Internacional.
- Banco Latino.
- Banco Mercantile de Mexico.
- Banco Nacional de Cuba.
- Banco Nacional de Panama and smaller Panamanian banks.
- Bangkok Commercial d'Italian.
- Bangkok Metropolitan Bank.
- Bank al Meshreq.
- Bank America.
- Bank for International Settlements.
- Citibank.
- Citizens and Southern Bank of Atlanta.
- City National Bank of Miami.
- Claridon Bank.
- Cleveland National City Bank.
- Corporate Bank and Trust Company.
- Credit and Commerce American Holdings.
- Credit and Commerce Holdings,
- Netherlands Antilles.
- Credit Suisse.
- Crocker National Bank. de'Neuflize, Schlumberger, Mallet Bank.
- Dresdener Bank.
- Dusseldorf Global Bank.
- Litex Bank.
- Ljubljanska Bank.
- Lloyds Bank.
- Marine Midland Bank.
- Midland Bank.
- Morgan Bank.

- Bank Hapoalim.
- Bank Leu.
- Bank Leumi.
- Bank of Bangkok.
- Bank of Boston.
- Bank of Canada.
- Bank of Credit and Commerce
- Bank of East Asia.
- International.
- Bank of England.
- Bank of Escambia.
- Bank of Geneva.
- Bank of Ireland.
- Bank of London and Mexico.
- Bank of Montreal.
- Bank of Norfolk.
- Bank of Nova Scotia.
- Bank Ohio.
- Banque Bruxelles-Lambert.
- Banque Commerciale Arabe.
- Banque du Crédit International.
- Banque de Paris et Pays-Bas.
- Banque Française et Italienne pour

- Morgan Et Cie.
- Morgan Grenfell Bank.
- Narodny Bank.
- National Bank of Cleveland.
- National Bank of Florida.
- National Westminster Bank.
- Orion Bank.
- Paravicini Bank Ltd.
- Republic National Bank.
- Royal Bank of Canada.
- Schroeder Bank.
- Seligman Bank.
- Shanghai Commercial Bank.
- Soong Bank.
- Standard and Chartered Bank.
- Standard Bank.
- Swiss Bank Corporation.
- Swiss Israel Trade bank.
- Trade Development Bank.
- Unibank.

l'Amérique du Sud.

➢ Banque Louis Dreyfus de Paris.

➢ Banque Privée.

➢ Banques Sud Ameris.

➢ Barclays Bank.

➢ Baring Brothers Bank.

➢ Barnett Banks.

➢ Baseler Handeslbank.

➢ Basel Committee on Bank Supervision.

➢ Union Bank of Israel.

➢ Union Bank of Switzerland.

➢ Vanying Bank.

➢ White Weld Bank.

➢ World Bank.

➢ World Commerce Bank of Nassau.

➢ World Trade Bank.

➢ Wozchod Handelsbank.

Remarque : à l'exception du Comité de Bâle sur les banques, chacune des banques mentionnées ci-dessus a été, et peut encore être impliquée dans le commerce de la drogue, des diamants, de l'or et des armes.

Associations juridiques et avocats

➢ American Bar Association.

➢ Clifford and Warnke.

➢ Coudert Brothers.

➢ Cravaith, Swain and Moore.

➢ Wilkie, Farr and Gallagher.

Comptables/auditeurs

➢ Price, Waterhouse.

Institutions Tavistock aux États-Unis

Obtient des contrats de l'Institut national de la santé.

➢ MERLE THOMAS CORPORATION

Obtient des contrats de l'U.S. Navy, analyse les données des satellites.

➢ WALDEN RESEARCH

Travaille dans le domaine de la lutte contre la pollution.

➢ PLANNING RESEARCH CORPORATION, ARTHUR D. LITTLE, G.E. "TEMPO", OPERATIONS RESEARCH INC.

Elles font partie des quelque 350 entreprises qui mènent des recherches et des enquêtes, et font des recommandations au gouvernement. Elles font partie de ce que le président Eisenhower a appelé "un danger possible pour la politique publique qui pourrait elle-même devenir captive d'une élite scientifico-technologique".

➢ BROOKINGS INSTITUTION

Consacre ses travaux à ce qu'il appelle un "programme national". A rédigé le programme du président Hoover, le "New Deal" du président Roosevelt, le programme "New Frontiers" de l'administration Kennedy (s'en écarter a coûté la vie à John F. Kennedy), et la "Great Society" du président Johnson. Brookings a dit au gouvernement des États-Unis comment conduire ses affaires au cours des 70 dernières années et continue de le faire au nom du Comité des 300.

➢ INSTITUT HUDSON

Sous la direction d'Herman Khan, cette institution a davantage contribué à façonner la manière dont les Américains réagissent aux événements politiques et sociaux, pensent, votent et se comportent en général, que n'importe quelle autre institution, à l'exception des CINQ GRANDES. Hudson est spécialisé dans la recherche sur la politique de défense et les relations avec l'URSS. La plupart de ses travaux militaires sont classés SECRET. (Certains de ses premiers articles s'intitulaient "Stability and Tranquillity Among Older Nations" et "Analytical Summary of U.S. National Security Policy Issues". Hudson est fier de sa diversité ; il a aidé la NASA dans ses programmes spatiaux et a contribué à promouvoir les nouvelles modes et idées des jeunes, la rébellion et l'aliénation des jeunes pour le Comité des 300, ostensiblement financé par *Coca Cola*. Hudson peut être classé à juste titre comme l'un des établissements de lavage de cerveau du Comité des 300. Certains de ses scénarios de guerre nucléaire constituent une lecture très intéressante et, si vous pouvez vous les procurer, je vous recommande "The 6 Basic Thermonuclear Threats" and Possible Outcomes of Thermonuclear War" et l'un de ses documents les plus effrayants intitulé "Israeli-Arab Nuclear War". Hudson conseille également les entreprises du Comité des 300, Rank,

Xerox, General Electric, IBM et General Motors, pour n'en citer que quelques-unes, mais son plus gros client reste le ministère de la Défense des États-Unis, qui s'occupe des questions de défense civile, de sécurité nationale, de politique militaire et de contrôle des armements. À ce jour, elle ne s'est pas encore lancée dans la "NASA humide", c'est-à-dire l'Agence océanographique nationale.

> NATIONAL TRAINING LABORATORIES

NTL est également connu sous le nom d'Institut international des sciences comportementales appliquées. Cet institut est sans aucun doute un centre de lavage de cerveau basé sur les principes de Kurt Lewin, qui comprend ce que l'on appelle les T-Groups (groupes de formation), une formation au stress artificiel dans laquelle les participants se retrouvent soudainement plongés pour se défendre contre des accusations vicieuses. Le NTL accueille la National Education Association, le plus grand groupe d'enseignants des États-Unis.

Tout en décriant officiellement le "racisme", il est intéressant de noter que NTL, en collaboration avec NEA, a produit un document proposant des bons d'éducation qui sépareraient les enfants difficiles à enseigner des enfants plus brillants, et les fonds seraient alloués en fonction du nombre d'enfants difficiles qui seraient séparés de ceux qui progressent à un rythme normal. Cette proposition n'a pas été retenue.

> UNIVERSITÉ DE PENNSYLVANIE, WHARTON SCHOOL OF FINANCE & COMMERCE

Fondée par Eric Trist, l'un des "cerveaux" de Tavistock, Wharton est devenue l'une des institutions les plus importantes de Tavistock aux États-Unis en ce qui concerne la "recherche comportementale". Wharton attire des clients tels que le Département américain du travail — il enseigne comment produire des statistiques "cuisinées" au Wharton Econometric Forecasting Associates Incorporated. Cette méthode est très demandée alors que nous arrivons à la fin de 1991 avec des millions de chômeurs de plus que ce que reflètent les statistiques du USDL.

La modélisation économique de Wharton est utilisée par toutes les grandes entreprises des États-Unis et d'Europe occidentale, ainsi que par le Fonds Monétaire International, les Nations unies et la Banque Mondiale. Wharton a produit des personnes aussi remarquables que George Schultz et Alan Greenspan.

> ➤ INSTITUTE FOR SOCIAL RESEARCH

Il s'agit de l'institut créé par les "brain trusters" de Tavistock —
Rensis Likert, Dorwin Cartwright et Ronald Lippert. Parmi ses études,
citons "The Human Meaning of Social Change", "Youth in
Transition" et "How Americans View Their Mental Health". Parmi les
clients de l'institut figurent la Fondation Ford, le ministère de la
Défense des États-Unis, le service postal des États-Unis et le ministère
de la Justice des États-Unis.

> ➤ INSTITUTE FOR THE FUTURE

Il ne s'agit pas d'une institution Tavistock typique, car elle est
financée par la Fondation Ford, mais elle tire sa méthodologie de
prévision à long terme de la mère de tous les groupes de réflexion.
L'Institute for the Future projette ce qu'il croit être des changements
qui auront lieu dans des délais de cinquante ans. L'institut est censé
être capable de prévoir les tendances socio-économiques et de
dénoncer tout écart par rapport à ce qu'il considère comme normal.
L'Institut du Futur estime qu'il est possible et normal d'intervenir dès
maintenant et de prendre des décisions pour l'avenir. Les "panels
Delphi" décident de ce qui est normal et de ce qui ne l'est pas, et
préparent des documents de synthèse pour "orienter" le gouvernement
dans la bonne direction afin d'éviter que des groupes ne créent des
troubles civils. [Il peut s'agir de groupes patriotiques demandant
l'abolition des impôts progressifs ou exigeant que leur "droit de porter
des armes" ne soit pas violé]. L'institut recommande des actions telles
que la libéralisation des lois sur l'avortement, la consommation de
drogues et le paiement d'un péage pour les voitures entrant dans une
zone urbaine, l'enseignement de la contraception dans les écoles
publiques, l'obligation d'enregistrer les armes à feu, la légalisation de
l'homosexualité, la rémunération des étudiants pour leurs résultats
scolaires, le contrôle du zonage par l'État, l'octroi de primes pour le
planning familial et, enfin et surtout, la proposition, à la manière de
Pol Pot au Cambodge, de créer de nouvelles communautés dans les
zones rurales. Comme on pourra le constater, de nombreux objectifs
de l'Institut du futur ont déjà été plus que réalisés.

> ➤ INSTITUTE FOR POLICY STUDIES (IPS)

L'un des "trois grands", l'IPS a façonné et remodelé la politique
américaine, étrangère et intérieure, depuis sa fondation par James P.
Warburg et les entités Rothschild aux États-Unis, soutenu par
Bertrand Russell et les socialistes britanniques par le biais de ses

réseaux en Amérique qui comprennent la Ligue pour la Démocratie Industrielle dans laquelle Leonard Woodcock a joué un rôle de premier plan, bien que depuis les coulisses. Les principaux acteurs locaux de la League for Industrial Democracy comprenaient la "conservatrice" Jeane Kirkpatrick, Irwin Suall (de l'ADL), Eugene Rostow (négociateur du contrôle des armes), Lane Kirkland (leader travailliste) et Albert Shanker.

Pour mémoire uniquement ; IPS a été constitué en 1963 par Marcus Raskin et Richard Barnett, tous deux diplômés de l'Institut Tavistock. La plupart des fonds provenaient d'associés Rothschild en Amérique comme la famille James Warburg, la fondation de la famille Stern et la fondation Samuel Rubin. Samuel Rubin était un membre enregistré du parti communiste qui a volé le nom Fabergé [Fabergé était le "joaillier de la cour impériale russe"] et a fait fortune avec le nom Fabergé.

Les objectifs de l'IPS provenaient d'un programme établi par la Table Ronde britannique, qui provenait à son tour de l'Institut Tavistock, l'un des plus remarquables étant de créer la "Nouvelle Gauche" en tant que mouvement populaire aux États-Unis. L'IPS devait engendrer des conflits et des troubles et répandre le chaos comme une traînée de poudre incontrôlable, faire proliférer les "idéaux" du socialisme nihiliste de gauche, soutenir la consommation illimitée de drogues de tous types et être le "gros bâton" avec lequel battre l'establishment politique des États-Unis.

Barnett et Raskin contrôlaient des éléments aussi divers que les Black Panthers, Daniel Ellsberg, Halperin, membre du Conseil de sécurité nationale, les Weathermen Underground, les Venceramos et le personnel de campagne du candidat George McGovern. Aucun projet n'était trop important pour que l'IPS et ses contrôleurs puissent l'entreprendre et le gérer.

Prenez le complot visant à "kidnapper" Kissinger, qui était entre les mains d'Eqbal Ahmed, un agent de renseignements du MI6 britannique d'origine pakistanaise, blanchi par l'intermédiaire de "TROTS" (terroristes trotskistes basés à Londres). Le "complot" a été "découvert" par le FBI afin qu'il ne puisse pas aller trop loin. Ahmed est ensuite devenu le directeur de l'une des agences les plus influentes de l'IPS, l'Institut Transnational qui, tel un caméléon, a changé son ancien nom, l'Institut des Relations Raciales, lorsque les agents de renseignements du BOSS (Bureau of State Security) en Afrique du Sud ont démasqué le fait qu'il était directement lié à la bourse

Rhodes-Harry Oppenheimer et aux intérêts miniers anglo-américains-britanniques en Afrique du Sud. Le BOSS a également discrédité la South Africa Foundation à la même époque.

Grâce à ses nombreux et puissants groupes de pression au Capitole, l'IPS a utilisé sans relâche son "gros bâton" pour battre le Congrès. L'IPS dispose d'un réseau de lobbyistes, tous censés opérer de manière indépendante, mais agissant en fait de manière cohésive, de sorte que les membres du Congrès sont assaillis de toutes parts par des lobbyistes apparemment différents et variés. De cette manière, l'IPS était, et est toujours capable d'influencer avec succès les représentants et sénateurs individuels pour qu'ils votent en faveur de "la tendance, la façon dont les choses se passent". En utilisant des hommes clés au Capitole, l'IPS a pu s'introduire dans l'infrastructure même de notre système législatif et de son fonctionnement.

Pour ne donner qu'un seul exemple concret de ce dont je parle : en 1975, un responsable de l'IPS a persuadé le représentant John Conyers (D-Michigan) et quarante-sept membres de la Chambre de demander à l'IPS de préparer une étude budgétaire qui s'opposerait au budget préparé par le président Gerald Ford. Bien qu'elle n'ait pas été adoptée, la demande a été réintroduite en 1976, 1977 et 1978, avec de nouveaux sponsors.

Puis en 1978, cinquante-six membres du Congrès ont signé pour parrainer une étude budgétaire de l'IPS. Celle-ci a été préparée par Marcus Raskin. Le budget de Raskin demandait une réduction de 50% du budget de la défense, un programme de logement socialiste "qui concurrencerait et remplacerait progressivement le logement privé et les marchés hypothécaires", un service national de santé, "des changements radicaux dans le système éducatif qui perturberaient le contrôle capitaliste sur la distribution de la connaissance", et plusieurs autres idées radicales.

L'influence de l'IPS sur les négociations concernant le contrôle des armements a été un facteur majeur pour amener Nixon à signer le traité ABM de trahison en 1972, qui a laissé les États-Unis pratiquement sans défense contre les attaques ICBM pendant près de 10 ans. L'IPS est devenu, et reste à ce jour, l'un des plus prestigieux "think tanks" contrôlant les décisions de politique étrangère, que nous, le peuple, croyons bêtement être celles de nos législateurs.

En parrainant le militantisme chez nous et en entretenant des liens avec des révolutionnaires à l'étranger, en organisant des victoires telles que les "Pentagon Papers", en assiégeant la structure des entreprises, en comblant le fossé de crédibilité entre les mouvements clandestins et le militantisme politique acceptable, en pénétrant les organisations religieuses et en les utilisant pour semer la discorde en Amérique, comme la politique raciale radicale sous le couvert de la religion, en utilisant les médias établis pour diffuser les idées de l'IPS, puis en les soutenant, l'IPS s'est montré à la hauteur du rôle qu'il a été fondé pour jouer.

➤ STANFORD RESEARCH INSTITUTE

Jesse Hobson, le premier président de l'Institut de recherche de Stanford, dans un discours prononcé en 1952, a clairement indiqué les lignes que l'institution devait suivre. Stanford peut être décrit comme l'un des "joyaux" de la couronne de Tavistock dans son règne sur les États-Unis. Fondé en 1946, immédiatement après la fin de la Seconde Guerre mondiale, il était présidé par Charles A. Anderson et mettait l'accent sur la recherche sur le contrôle de l'esprit et les "sciences du futur". La Fondation Charles F. Kettering, qui a développé les "Images changeantes de l'homme" sur lesquelles repose la Conspiration du Verseau, a été incluse dans le cadre de Stanford.

Certains des principaux clients et contrats de Stanford étaient initialement centrés sur l'industrie de la défense, mais, au fur et à mesure que Stanford s'est développé, la diversité de ses services s'est accrue :

➤ Applications des sciences comportementales à la gestion de la recherche

➤ Office of Science and Technology.

➤ Programme d'intelligence économique du SRI.

➤ Direction de la recherche et de l'ingénierie de la défense du ministère de la Défense des États-Unis.

➤ Bureau de la recherche aérospatiale du ministère de la Défense des États-Unis.

Parmi les sociétés qui ont fait appel aux services de Stanford figurent la Wells Fargo Bank, Bechtel Corporation, Hewlett Packard, Bank of America, McDonnell-Douglas Corporation, Blyth, Eastman Dillon et TRW Company. L'un des projets les plus secrets de Stanford était un travail approfondi sur les armes de guerre chimique et bactériologique (CAB). Stanford Research est connecté à au moins 200 petits "groupes de réflexion" qui effectuent des recherches sur tous les aspects de la vie en Amérique. C'est ce qu'on appelle la mise en réseau ARPA et cela représente l'émergence de l'effort probablement le plus poussé pour contrôler l'environnement de chaque individu dans le pays. À l'heure actuelle, les ordinateurs de Stanford sont reliés à 2500 consoles de recherche "sœurs", dont la Central Intelligence Agency (CIA), les Bell Telephone Laboratories, les services de renseignement de l'armée américaine, l'Office of Naval Intelligence (ONI), RANI, le MIT, Harvard et UCLA. Stanford joue un rôle clé dans la mesure où elle est la "bibliothèque", cataloguant toute la documentation de l'ARPA.

Les "autres agences" — et l'on peut ici faire preuve d'imagination — sont autorisées à rechercher des mots clés et des phrases dans la "bibliothèque" du SRI, à consulter les sources et à mettre à jour leurs propres fichiers maîtres avec ceux du Centre de recherche de Stanford. Le Pentagone, par exemple, utilise largement les "master-files" de SRI, et il ne fait guère de doute que d'autres agences du gouvernement américain font de même. Les problèmes de "commandement et de contrôle" du Pentagone sont résolus par Stanford.

Bien que ces recherches ne s'appliquent ostensiblement qu'aux armes et aux soldats, il n'y a absolument aucune garantie que les mêmes recherches ne puissent pas, et ne soient pas, orientées vers des applications civiles. Stanford est connu pour être prêt à faire n'importe quoi pour n'importe qui, et je suis convaincu que si le SRI devait être pleinement exposé, l'hostilité qui résulterait des révélations sur ce qu'il fait réellement obligerait très probablement le SRI à fermer.

➢ MASSACHUSETTS INSTITUTE OF TECHNOLOGY, ALFRED P. SLOAN SCHOOL OF MANAGEMENT

Ce grand institut n'est généralement pas reconnu comme faisant partie de Tavistock. La plupart des gens le considèrent comme une institution purement américaine, mais c'est loin d'être le cas. Le MIT-Alfred Sloan peut être divisé grossièrement en plusieurs groupes :

➢ Technologie contemporaine.

➢ Relations industrielles.

➢ Psychologie de groupe Lewin.

➢ NASA-ERC Computer Research Laboratories.

➢ Groupe de l'Office of Naval Research, Psychologie.

La dynamique des systèmes. Forrestor et Meadows ont rédigé l'étude sur la croissance zéro du Club de Rome intitulée "Les limites de la croissance".

Parmi les clients du MIT, citons les suivants :

- American Management Association.
- American Red Cross.
- Committee for Economic Development.
- GTE.
- Institute for Defence Analysis
- (IDA).
- NASA.
- National Academy of Sciences.
- National Council of Churches.
- Sylvania.
- TRW.
- U.S. Army.
- U.S. Department of State.
- U.S. Navy.
- U.S. Treasury.
- Volkswagen Company.

Le champ d'action d'IDA est si vaste qu'il faudrait des centaines de pages pour décrire les activités dans lesquelles elle est engagée.

- RAND RESEARCH AND DEVELOPMENT CORPORATION

Sans aucun doute, RAND est LE "think-tank" le plus redevable à l'Institut Tavistock et certainement le véhicule le plus prestigieux de la RIIA pour le contrôle des politiques des États-Unis à tous les niveaux. Les politiques spécifiques de RAND qui sont devenues opérationnelles comprennent notre programme ICBM, les analyses principales pour la politique étrangère des États-Unis, l'instigateur des programmes spatiaux, les politiques nucléaires des États-Unis, les analyses d'entreprises, des centaines de projets pour l'armée, la Central Intelligence Agency (CIA) en relation avec l'utilisation de drogues altérant l'esprit comme le peyotl, le LSD (l'opération secrète MK-Ultra qui a duré 20 ans).

Parmi les clients de RAND, citons les suivants :

- American Telephone and Telegraph Company (AT&T).
- International Business Machines (IBM).
- Chase Manhattan Bank.
- National Science Foundation.
- Parti républicain.
- TRW.
- Armée de l'air des États-Unis.
- Département de l'énergie des États-Unis.
- Département de la santé des États-Unis.

Il existe littéralement des MILLIERS d'entreprises, d'institutions gouvernementales et d'organisations très importantes qui font appel aux services de RAND, et les énumérer toutes serait une tâche impossible. Parmi les "spécialités" de RAND figure un groupe d'étude qui prédit le moment et la direction d'une guerre thermonucléaire et élabore les nombreux scénarios basés sur ses conclusions. La RAND a été un jour accusée d'avoir été mandatée par l'URSS pour élaborer les conditions de reddition du gouvernement des États-Unis, une accusation qui est allée jusqu'au Sénat des États-Unis, où elle a été reprise par le sénateur Symington et a ensuite été victime des articles de mépris déversés par la presse de l'establishment. Le lavage de cerveau reste la fonction principale de RAND.

Pour résumer, les principales institutions de Tavistock aux États-Unis qui se livrent au lavage de cerveau à tous les niveaux, y compris le gouvernement, l'armée, les entreprises, les organisations religieuses et l'éducation sont les suivantes :

- Brookings Institution.
- Hudson Institute.
- Institute for Policy Studies.
- Massachusetts Institute of Technology.
- National Training Laboratories.
- Rand Research and Development Corporation.
- Stanford Research Institute.
- Wharton School at University of

Pennsylvania.

Selon certaines de mes sources, le nombre total de personnes employées par ces institutions est de l'ordre de 50 000, pour un financement proche de 10 milliards de dollars.

Quelques grandes institutions et organisations mondiales du Comité des 300

- Americans for a Safe Israel.
- Biblical Archaeology Review.
- Bilderbergers.
- British Petroleum.
- Canadian Institute of Foreign Relations.
- Christian Fundamentalism.
- Council on Foreign Relations, New York.
- Egyptian Exploration Society.
- Imperial Chemical Industries.
- International Institute for Strategic Studies.
- Order of Skull and Bones.
- Palestine Exploration Fund.
- Poor Knights of the Templars.
- Royal Dutch Shell
- Temple Mount Foundation.
- The Atheist Club.
- The Fourth State of Consciousness Club.
- The Hermetic Order of the Golden Dawn.
- The Milner Group.
- The Nasi Princes.
- The Order of Magna Mater.
- The Order of the Divine Disorder.
- The RIIA.
- The Round Table.
- Trilateral Commission.
- Universal Freemasonry.
- Universal Zionism.
- Vickers Armament Company.
- Warren Commission.
- Watergate

Company.

➤ Socialist International.

➤ South Africa Foundation.

➤ Tavistock Institute of Human Relations.

Committee.

➤ Wilton Park.

➤ World Council of Churches.

Membres passés et actuels du comité des 300

➤ Abergavemy, Marquis de.

➤ Acheson, Doyen.

➤ Adeane, Lord Michael.

➤ Agnelli, Giovanni.

➤ Alba, Duc d'Aldington, Lord.

➤ Aleman, Miguel.

➤ Allihone, Professeur T. E.

➤ Héritier de la famille Alsop.

➤ Amory, Houghton.

➤ Anderson, Charles A.

➤ Anderson, Robert O.

➤ Andreas, Dwayne.

➤ Asquith, Lord.

➤ Astor, John Jacob et son successeur, Waldorf.

➤ Keswick, William Johnston.

➤ Keynes, John Maynard.

➤ Kimberly, Lord.

➤ King, Dr. Alexander.

➤ Kirk, Grayson L.

➤ Kissinger, Henry.

➤ Kitchener, Lord Horatio.

➤ Kohnstamm, Max.

➤ Korsch, Karl.

➤ Lambert, Baron Pierre.

➤ Lawrence, G.

➤ Lazar. Lehman, Lewis.

➤ Lever, Sir Harold.

➤ Lewin, Dr. Kurt.

➤ Linowitz, S.

- Aurangzeb, descendants de.
- Austin, Paul.
- Baco, Sir Ranulph
- Balfour, Arthur.
- Balogh, Lord.
- Bancroft, Baron Stormont.
- Baring.
- Barnato, B.
- Barran, Sir John.
- Baxendell, Sir Peter.
- Béatrice de Savoie, princesse.
- Beaverbrook, Lord.
- Beck, Robert.
- Beeley, Sir Harold.
- Beit, Alfred.
- Benn, Anthony Wedgewood.
- Bennet, John W.
- Benetton, Gilberto ou Carlo en alternance.
- Bertie, Andrew.
- Besant, Sir Walter.
- Bethal, Lord Nicholas.
- Bialkin, David.
- Biao, Keng.
- Bingham, William.
- Lippmann, Walter.
- Livingstone, Robert R. représentant de la famille.
- Lockhart, Bruce.
- Lockhart, Gordon.
- Loudon, Sir John.
- Luzzatto, Pieipaolo.
- Mackay, Lord, de Clashfern.
- Mackay-Tallack, Sir Hugh.
- Mackinder, Halford.
- MacMillan, Harold.
- Matheson, Jardine.
- Mazzini, Gueseppi.
- McClaughlin, W. E.
- McCloy, John J.
- McFadyean, Sir Andrew.
- McGhee, George.
- McMillan, Harold.
- Mellon, Andrew.
- Mellon, William Larimer ou représentant de la famille.
- Meyer, Frank.
- Michener, Roland.
- Mikovan, Anastas.

Binny, J. F.

➤ Blunt, Wilfred.

➤ Bonacassi, Franco Orsini.

➤ Bottcher, Fritz.

➤ Bradshaw, Thornton.

➤ Brandt, Willy.

➤ Brewster, Kingman.

➤ Buchan, Alastair.

➤ Buffet, Warren.

➤ Bullitt, William C.

➤ Bulwer-Lytton, Edward.

➤ Bundy, McGeorge.

➤ Bundy, William.

➤ Bush, George.

➤ Cabot, John. Représentant de la famille.

➤ Caccia, Baron Harold Anthony.

➤ Cadman, Sir John.

➤ Califano, Joseph.

➤ Carrington, Lord.

➤ Carter, Edward.

➤ Catlin, Donat.

➤ Catto, Lord.

➤ Cavendish, Victor C. W., duc de Devonshire.

➤ Milner, Lord Alfred.

➤ Mitterand, François.

➤ Monet, Jean.

➤ Montague, Samuel.

➤ Montefiore, Lord Sebag ou évêque Hugh.

➤ Morgan, John P.

➤ Mott, Stewart.

➤ Mountain, Sir Brian Edward.

➤ Mountain, Sir Dennis.

➤ Mountbatten, Lord Louis.

➤ Munthe, A., ou représentant de la famille.

➤ Naisbitt, John.

➤ Neeman, Yuval.

➤ Newbigging, David.

➤ Nicols, Lord Nicholas of Bethal.

➤ Norman, Montague.

➤ O'Brien de Lotherby, Lord.

➤ Ogilvie, Angus.

➤ Okita, Saburo.

➤ Oldfield, Sir Morris.

➤ Oppenheimer, Sir Earnest, et son

- Chamberlain, Houston Stewart. Chang, V. F.
- Chechirin, Georgi ou la famille désignée.
- Churchill, Winston.
- Cicireni, V. ou Famille désignée.
- Cini, comte Vittorio.
- Clark, Howard.
- Cleveland, Amory.
- Cleveland, Harland.
- Clifford, Clark.
- Cobold, Lord.
- Coffin, le révérend William Sloane.
- Constanti, Maison d'Orange.
- Cooper, John. Famille désignée.
- Coudenhove-Kalergi, Comte.
- Cowdray, Lord.
- Cox, Sir Percy.
- Cromer, Lord Evelyn Baring.
- Crowther, Sir Eric.
- Cumming, Sir Mansfield.
- Curtis, Lionel.
- d'Arcy, William K.

- successeur, Harry.
- Ormsby Gore, David (Lord Harlech).
- Orsini, Franco Bonacassi.
- Ortolani, Umberto.
- Ostiguy, J.P.W.
- Paley, William S. Pallavacini.
- Palme, Olaf.
- Palmerston.
- Palmstierna, Jacob.
- Pao, Y.K.
- Pease, Richard T.
- Peccei, Aurellio.
- Peek, Sir Edmund.
- Pellegreno, Michael, Cardinal.
- Perkins, Nelson.
- Pestel, Eduard.
- Peterson, Rudolph.
- Petterson, Peter G.
- Petty, John R.
- Philip, Prince, Duc d'Édimbourg.
- Piercy, George.
- Pinchott, Gifford.
- Pratt, Charles.
- Price Waterhouse,

➤ D'Avignon, comte Étienne.

➤ Danner, Jean Duroc.

➤ Davis, John W. de Benneditti, Carlo.

➤ De Bruyne, Dirk.

➤ De Gunzberg, Baron Alain.

➤ De Lamater, Major Général Walter.

➤ De Menil, Jean.

➤ De Vries, Rimmer.

➤ de Zulueta, Sir Philip.

➤ d'Aremberg, Marquis Charles Louis.

➤ Delano. représentant de la famille.

➤ Dent, R.

➤ Deterding, Sir Henri.

➤ di Spadaforas, comte Guitierez (héritier)

➤ Douglas-Home, Sir Alec.

➤ Drake, Sir Eric.

➤ Duchêne, François.

➤ DuPont. Edward, Duc de Kent.

➤ Eisenberg, Shaul.

➤ Elliott, Nicholas.

➤ Elliott, William

représentant désigné.

➤ Radziwall.

➤ Rainier, Prince.

➤ Raskob, John Jacob.

➤ Recanati.

➤ Rees, John.

➤ Reese, John Rawlings.

➤ Rennie, Sir John.

➤ Rettinger, Joseph.

➤ Rhodes, Cecil John.

➤ Rockefeller, David.

➤ Role, Lord Eric of Ipsden.

➤ Rosenthal, Morton.

➤ Rostow, Eugène.

➤ Rothmere, Lord.

➤ Rothschild Élie de ou Edmond de et/ou Baron de Rothschild

➤ Runcie, Dr Robert.

➤ Russell, Lord John.

➤ Russell, Sir Bertrand.

➤ Saint Gouers, Jean.

➤ Salisbury, Marquise de

➤ Robert Gascoigne Cecil.

➤ Shelburne, Les Salisbury, Lord.

Yandel.

- Elsworthy, Lord.
- Farmer, Victor.
- Forbes, John M.
- Foscaro, Pierre.
- France, Sir Arnold.
- Fraser, Sir Hugh.
- Frederik IX, roi du Danemark représentant de la famille.
- Frères, Lazard.
- Frescobaldi, Lamberto.
- Fribourg, Michael.
- Gabor, Dennis.
- Gallatin, Albert. Représentant de la famille
- Gardner, Richard.
- Geddes, Sir Auckland.
- Geddes, Sir Reay.
- George, Lloyd.
- Giffen, James.
- Gilmer, John D.
- Giustiniani, Justin.
- Gladstone, Lord.
- Gloucester, Le Duc de.

- Samuel, Sir Marcus.
- Sandberg, M. G.
- Sarnoff, Robert.
- Schmidheiny, Stephan ou frères alternatifs Thomas, Alexander.
- Schoenberg, Andrew.
- Schroeder.
- Schultz, George.
- Schwartzenburg, E.
- Shawcross, Sir Hartley.
- Sheridan, Walter.
- Shiloach, Rubin.
- Silitoe, Sir Percy.
- Simon, William.
- Sloan, Alfred P.
- Smutts, Jan.
- Spelman.
- Sproull, Robert.
- Stals, Dr. C.
- Stamp, Lord représentant de la famille.
- Steel, David.
- Stiger, George.
- Strathmore, Lord.
- Strong, Sir Kenneth.

- Gordon, Walter Lockhart.
- Grace, Peter J.
- Greenhill, Lord Dennis Arthur.
- Greenhill, Sir Dennis.
- Grey, Sir Edward.
- Gyllenhammar, Pierres.
- Haakon, roi de Norvège.
- Haig, Sir Douglas.
- Hailsham, Lord.
- Haldane, Richard Burdone.
- Halifax, Lord.
- Hall, Sir Peter Vickers.
- Hambro, Sir Jocelyn.
- Hamilton, Cyril.
- Harriman, Averill.
- Hart, Sir Robert.
- Hartman, Arthur H.
- Healey, Dennis.
- Helsby, Lord.
- Sa Majesté la reine Elizabeth II.
- Sa Majesté la reine Juliana.
- Son Altesse Royale

- Strong, Maurice.
- Sutherland.
- Swathling, Lord.
- Swire, J. K.
- Tasse, G. ou la famille désignée.
- Temple, Sir R.
- Thompson, William Boyce.
- Thompson, Lord.
- Thyssen-Bornamisza, Baron Hans Henrich.
- Trevelyn, Lord Humphrey.
- Turner, Sir Mark.
- Turner, Ted.
- Tyron, Lord.
- Urquidi, Victor.
- Van Den Broek, H.
- Vanderbilt.
- Vance, Cyrus.
- Verity, William C.
- Vesty, Lord Amuel.
- Vickers, Sir Geoffrey.
- Villiers, Gerald Hyde famille alternée.
- Volpi, comte.
- von Finck, baron

la Princesse Beatrix.

- Son Altesse Royale la Reine Margaretha.
- Hesse, descendants du grand-duc, représentant de la famille.
- Heseltine, Sir William.
- Hoffman, Paul G.
- Holland, William.
- Maison de Bragance.
- Maison de Hohenzollern.
- Maison, Colonel Mandel.
- Howe, Sir Geoffrey.
- Hughes, Thomas H.
- Hugo, Thieman.
- Hutchins, Robert M.
- Huxley, Aldous.
- Inchcape, Lord.
- Jamieson, Ken.
- Japhet, Ernst Israël.
- Jay, John. Représentant de la Famille.
- Jodry, J. J.
- Joseph, Sir Keith.
- Katz, Milton.

August.

- von Hapsburg, Archiduc Otto, Maison de Hapsburg-Lorraine.
- Wallenberg, Peter ou représentant de la famille.
- Von Thurn et Taxis, Max.
- Wang, Kwan Cheng, Dr.
- Warburg, S. C.
- Ward Jackson, Lady Barbara.
- Warner, Rawleigh.
- Warnke, Paul.
- Warren, Earl.
- Watson, Thomas.
- Webb, Sydney.
- Weill, David.
- Weill, Dr. Andrew.
- Weinberger, Sir Caspar.
- Weizman, Chaim.
- Wells, H. G.
- Wheetman, Pearson (Lord Cowdray).
- White, Sir Dick Goldsmith.
- Whitney, Straight.

- Kaufman, Asher.
- Keith, Sir Kenneth.
- Keswick, Sir William Johnston, ou Keswick, H.N.L.

- Wiseman, Sir William.
- Wittelsbach.
- Wolfson, Sir Isaac.
- Wood, Charles.
- Young, Owen.

Bibliographie

1980's PROJECT, Vance, Cyrus et Yankelovich, Daniel.

1984, Orwell, George.

AFTER TWENTY YEARS: THE DECLINE OF NATO AND THE SEARCH FOR A NEW POLICY IN EUROPE, Raskin, Marcus et Barnett, Richard.

AIR WAR AND STRESS, Janus, Irving.

UNE ENTREPRISE AMÉRICAINE ; LA TRAGÉDIE DE UNITED FRUIT, Scammel, Henry et McCann, Thomas.

AN INTRODUCTION TO THE PRINCIPLES AND MORALS OF LEGISLATION, Bentham, Jeremy. Dans cet ouvrage de 1780, Bentham affirme que "la nature a placé l'humanité sous la gouvernance de deux maîtres souverains, la douleur et le plaisir.... Ils nous gouvernent dans tout ce que nous faisons". Bentham a ensuite justifié les horreurs des terroristes jacobins de la Révolution française.

ANNUAL REPORT OF BANK LEUMI, 1977.

AT THAT POINT IN TIME: THE INSIDE STORY OF THE SENATE WATERGATE COMMITTEE, Thompson, Fred. Bernard Barker, l'un des cambrioleurs du Watergate, m'a dit où trouver Thompson, qui était le conseiller de la minorité au sein du comité Ervin. Ma rencontre avec Barker a eu lieu à l'extérieur d'un supermarché A&P assez proche du Coral Gables Country Club à Coral Gables, Floride. Barker a dit que Thompson était avec son partenaire juridique qui rendait une courte visite à sa mère à Coral Gables, qui n'est qu'à cinq minutes du supermarché A&P. Je me suis rendu sur place et j'ai rencontré Thompson. Je m'y suis rendu et j'ai rencontré Thompson qui m'a fait part de sa déception quant à la façon dont Ervin avait imposé des restrictions aussi sévères sur les preuves que lui, Thompson, pouvait admettre.

BAKU AN EVENTFUL HISTORY, Henry, J. D.

BEASTS OF THE APOCALYPSE, O'Grady, Olivia Maria. Ce livre remarquable donne des détails sur un grand nombre de personnages historiques, dont William C. Bullitt, qui a conspiré avec Lloyd George pour couper l'herbe sous le pied de l'Union européenne.

Les généraux russes blancs Denekin et Rangle à un moment où ils tenaient l'Armée rouge bolchevique au bord de la défaite. Il fournit également de nombreuses informations sur l'industrie pétrolière, totalement corrompue. Les informations qu'il fournit sur Sir Moses Montefiore, de l'ancienne noblesse noire vénitienne Montefiores, sont particulièrement intéressantes.

BRAVE NEW WORLD, Aldous Huxley.

BRITISH OPIUM POLICY IN CHINA, Owen, David Edward.

BRITISH OPIUM POLICY, F. S. Turner.

CECIL RHODES, Flint, John.

CECIL RHODES, THE ANATOMY OF AN EMPIRE, Marlow, John.

CONFERENCE ON TRANSATLANTIC IMBALANCE AND COLLABORATION, Rappaport, Dr Anatol.

CONVERSATIONS WITH DZERZHINSKY, Reilly, Sydney. Sur Documents des services secrets britanniques non publiés.

CREATING A PARTICULAR BEHAVIOURAL STRUCTURE, Cartwright, Dorwin.

CRYSTALLISING PUBLIC OPINION, Bernays, Edward.

DEMOCRATIC IDEALS AND REALITY, Mackinder, Halford.

ERVIN, SENATOR SAM. Outre l'obstruction à l'introduction de preuves vitales lors des audiences sur le Watergate, Ervin, à mon avis, tout en se présentant comme une autorité constitutionnelle, a constamment trahi cette nation en s'opposant à l'aide aux écoles confessionnelles, citant les avis judiciaires dans l'affaire Everson. Ervin, franc-maçon de rite écossais — ce qui, à mon avis, explique pourquoi on lui a confié la présidence du comité du Watergate — a finalement été honoré, recevant le prestigieux prix du rite écossais "Individual Right's Support". En 1973, Ervin a organisé un déjeuner dans la salle à manger du Sénat en l'honneur du Souverain Grand Commandant Clausen.

EVERSON VS. BOARD OF EDUCATION, 33 O U.S. I, 1947.

FRANKFURTER PAPERS, Box 99 and Box 125, *"HUGO BLACK CORRESPONDENCE."*

GNOSTICISM, MANICHEISM, CATHARISM, The New Columbia Encyclopaedia

GOALS OF MANLL, Lazlo, Ernin.

GOD'S BANKER, Cornwell, Rupert. Ce livre donne un aperçu de la P2 et du meurtre de Roberto Calvi — P2 Masonry.

HUMAN QUALITY, Peccei, A.

INTERNATIONAL JOURNAL OF ELECTRONICS.

INTRODUCTION TO THE SOCIOLOGY OF MUSIC, Adorno, Theo. Adorno était viré d'Allemagne par Hitler à cause de ses expériences musicales sur le culte de Dionysos. Il a été transféré en Angleterre par les Oppenheimers, où la famille royale britannique lui a offert des installations à l'école Gordonstoun et son soutien. C'est là qu'Adorno a perfectionné le "Beatlemusic Rock", le "Punk Rock", le "Heavy Metal Rock" et toute cette clameur décadente qui passe pour de la musique aujourd'hui. Il est intéressant de noter que le nom "The Beatles" a été choisi pour montrer un lien entre le rock moderne, le culte d'Isis et le scarabée, symbole religieux de l'Égypte ancienne.

INVASION FROM MARS, Cantril. Dans cet ouvrage, Cantril analyse les modèles de comportement des personnes qui ont fui dans la panique après l'expérience d'Orson Wells sur l'hystérie de masse, en utilisant "WAR OF THE WORLDS" de H.G Wells.

INVESTIGATION OF THE KENNEDY ASSASSINATION, THE UNCOMMISSIONED REPORT ON JIM GARRISON FINDINGS. Paris, Flammonde.

IPS REVISITED, Coleman, Dr John.

ISIS UNVEILED, A MASTER KEY TO THE ANCIENT AND MODERN SCIENCE AND THEOLOGY, Blavatsky, Madame Helena.

JOHN JACOB ASTOR, BUSINESSMAN, Porter, Kenneth Wiggins.

JUSTICE BLACK'S PAPERS, Boîte 25, Correspondance générale, Davies.

KING MAKERS, KING BREAKERS, THE STORY OF THE CECIL FAMILY, Coleman, Dr John.

LIBERATION THEOLOGY. Les informations ont été tirées des travaux de Juan Luis Segundo, qui à son tour s'est fortement inspiré des écrits de Karl Marx. Segundo a sauvagement attaqué les instructions de l'Église catholique contre la théologie de la libération, telles qu'elles figurent dans l'"Instruction sur certains aspects de la 'Théologie de la libération'" publiée le 6 août 1984.

LIES CLEARER THAN TRUTH, Barnett, Richard (membre fondateur de l'IPS). Magazine McCalls, janvier 1983.

McGRAW HILL GROUP, ASSOCIATED PRESS. Parties de rapports de 28 magazines appartenant à McGraw Hill, et articles de l'AP.

MEMOIRS OF A BRITISH AGENT, Lockhart, Bruce. Dans ce livre, on nous explique comment la révolution bolchevique a été contrôlée à partir de Londres. Lockhart était le représentant de Lord Milner qui se rendit en Russie pour surveiller les investissements de Milner dans Lénine et Trotsky. Lockhart avait accès à Lénine et à Trotsky au pied levé, même si Lénine avait souvent une salle d'attente remplie de hauts fonctionnaires et de délégués étrangers, certains attendant de le voir depuis cinq jours. Pourtant, Lockhart n'a jamais eu à attendre plus de quelques heures pour voir l'un ou l'autre de ces hommes. Lockhart portait une lettre signée par Trotsky informant tous les fonctionnaires bolcheviks que Lockhart jouissait d'un statut spécial et qu'il devait bénéficier de la plus grande coopération à tout moment.

MIND GAMES, Murphy, Michael.

MISCELLANEOUS OLD RECORDS, India House Documents, Londres.

MK ULTRA LSD EXPERIMENT, CIA Files 1953-1957.

MR. WILLIAM CECIL AND QUEEN ELIZABETH, Read, Conyers.

MURDER, Anslinger, Henry. Anslinger était à une époque l'agent numéro 1 de la Drug Enforcement Agency et son livre est très critique à l'égard de la soi-disant guerre contre les drogues prétendument menée par le gouvernement américain.

MY FATHER, A REMEMBRANCE, Black, Hugo L., Jr.

NATIONAL COUNCIL OF CHURCHES, Josephson, Emmanuel dans son livre "ROCKEFELLER, INTERNATIONALIST."

OIL IMPERIALISM, THE INTERNATIONAL STRUGGLE FOR PETROLEUM, Fischer, Louis.

PAPERS OF SIR GEORGE BIRDWOOD, India House Documents, Londres.

PATTERNS IN EASDEA TITLE I READING ACHIEVEMENT TESTS, Stanford. Institut de recherche.

POPULATION BOMB, Erlich, Paul.

PROFESSOR FREDERICK WELLS WILLIAMSON, Documents de la Maison des Indes, Londres.

PUBLIC AGENDA FOUNDATION. Fondée en 1975 par Cyrus Vance et Daniel Yankelovich.

PUBLIC OPINION, Lippmann, Walter.

REVOLUTION THROUGH TECHNOLOGY, Coudenhove Kalergi, comte.

ROCKEFELLER, INTERNATIONALIST. Josephson détaille comment les Rockefeller ont utilisé leur richHisse pour pénétrer l'Église chrétienne en Amérique et comment ils ont ensuite utilisé leur agent numéro 1, John Foster Dulles — qui leur était apparenté — pour maintenir leur emprise sur tous les aspects de la vie de l'Église dans ce pays.

ROOM 3603, Hyde, Montgomery. Le livre donne quelques détails sur les opérations des services de renseignement britanniques du MI6, dirigées par Sir William Stephenson depuis le RCA Building à New York ; mais, comme il est habituel avec les "histoires de couverture", les événements réels ont été omis.

SPECIAL RELATIONSHIPS: AMERICA IN PEACE AND WAR, Wheeler-Bennet, Sir John.

STEPS TO THE ECOLOGY OF THE MIND, Bateson, Gregory. Bateson était l'un des cinq scientifiques les plus importants de Tavistock dans le domaine des nouvelles sciences. Plus tard, il a beaucoup contribué à formuler et à gérer la guerre de 46 ans menée par Tavistock contre l'Amérique.

STERLING DRUG. William C. Bullitt a fait partie de son conseil d'administration et a également fait partie du conseil d'administration de I.G. Farben.

TECHNOTRONIC ERA, Brzezinski, Z.

TERRORISM IN THE UNITED STATES INCLUDING ATTACKS ON

U.S. INTELLIGENCE AGENCIES: FBI Files #100–447935, #100–447735, and #100–446784.

THE CAIRO DOCUMENTS, Haikal, Mohammed. Haikal était le grand-père du journalisme égyptien, et il était présent lors de l'interview donnée par Nasser à Chou En-lai, au cours de laquelle le leader chinois a juré de se venger de la Grande-Bretagne et des États-Unis au sujet de leur commerce d'opium en Chine.

THE CHASM AHEAD, Peccei, A.

THE DIARIES OF SIR BRUCE LOCKHART, Lockhart, Bruce.

THE ENGINEERING OF CONSENT, Bernays. Dans ce livre publié en 1955, Bernays expose le modus operandi permettant de persuader des groupes ciblés de changer d'avis sur des questions importantes qui peuvent modifier et modifient effectivement l'orientation nationale d'un pays. Le livre traite également du déclenchement de troupes de choc psychiatriques telles que celles que l'on trouve dans les organisations de lesbiennes et d'homosexuels, les groupes environnementaux, les groupes de défense du droit à l'avortement, etc. "Les troupes de choc psychiatriques" est un concept développé par John Rawlings Reese, le fondateur de l'Institut Tavistock des relations humaines.

THE FEDERAL BUDGET AND SOCIAL RECONSTRUCTION, les boursiers de l'IPS Raskin et Barnett. La liste des membres du Congrès qui ont demandé à IPS de produire l'étude sur le budget alternatif et/ou qui l'ont soutenue est trop longue pour être incluse ici, mais elle contient des noms éminents tels que Tom Harkness, Henry Ruess, Patricia Schroeder, Les Aspin, Ted Weiss, Don Edwards, Barbara Mikulski, Mary Rose Oakar, Ronald Dellums et Peter Rodino.

THE HUXLEYS, Clark.

THE IMPERIAL DRUG TRADE, Rowntree.

THE JESUITS, Martin, Malachi.

THE LATER CECILS, Rose, Kenneth.

THE LEGACY OF MALTHUS, Chase, Allan.

THE MANAGEMENT OF SUSTAINABLE GROWTH, Cleveland, Harlan. Cleveland a été chargé par l'OTAN de faire un rapport sur le degré de réussite du projet de société post-industrielle à croissance zéro du Club de Rome visant à détruire la base industrielle des États-

Unis. Ce document choquant devrait être lu par tout Américain patriote qui ressent un besoin urgent d'explication quant à la raison pour laquelle les États-Unis se trouvent dans une profonde dépression économique depuis 1991.

THE MEN WHO RULED INDIA, Woodruff, Philip.

THE OPEN CONSPIRACY, Wells, H. G. Dans cet ouvrage, Wells décrit comment, dans le Nouvel Ordre Mondial (qu'il appelle la Nouvelle République), on se débarrassera des "mangeurs inutiles", c'est-à-dire de la population excédentaire :

> "Les hommes de la Nouvelle République n'auront pas peur d'affronter ou d'infliger la mort... Ils auront un idéal qui fera que tuer vaille la peine ; comme Abraham, ils auront la foi de tuer, et ils n'auront pas de superstitions sur la mort..... Ils tiendront, je le prévois, qu'une certaine partie de la population n'existe que par souffrance, par pitié et par patience, et, étant entendu qu'ils ne se propagent pas, et je ne prévois aucune raison de s'y opposer, ils n'hésiteront pas à tuer quand cette souffrance sera abusée... Tous ces meurtres se feront avec un opiacé... Si des peines dissuasives sont utilisées dans le code du futur, la dissuasion ne sera ni la mort, ni la mutilation du corps... mais une bonne douleur causée scientifiquement".

Les États-Unis comptent un très important contingent de convertis de Wells qui n'hésiteraient pas à suivre les diktats de Wells, une fois que le Nouvel Ordre Mondial sera devenu une réalité. Walter Lippmann était l'un des plus ardents disciples de Wells.

THE POLITICS OF EXPERIENCE, Laing, R.D. Laing était le psychologue du personnel à Tavistock et, sous Andrew Schofield, un membre du Conseil d'administration.

THE POLITICS OF HEROIN IN SOUTH EAST ASIA, McCoy, Alfred W., Read, C.B. et Adams, Leonard P.

THE PROBLEM OF CHINA, Russell, Bertrand.

THE PUGWASH CONFEREES, Bertrand Russell. Au début des années 1950, Russell a pris la tête d'un mouvement prônant une attaque nucléaire contre la Russie. Lorsqu'elle a été découverte, Staline a prévenu qu'il n'hésiterait pas à riposter en nature. Russell se ravisa et devint pacifiste du jour au lendemain ; c'est ainsi que naît la campagne pour le désarmement nucléaire "Ban the Bomb" (CND), dont sont issus les scientifiques antinucléaires de Pugwash. En 1957, le premier groupe se réunit au domicile de Cyrus Eaton en Nouvelle-Écosse, un communiste américain de longue date. Les confrères de Pugwash se sont consacrés aux questions antinucléaires et environnementales et ont été une épine dans le pied des efforts américains pour développer des armes nucléaires.

THE ROUND TABLE MOVEMENT AND IMPERIAL UNION, Kendle, John.

THE STRUCTURE OF THE POPULAR MUSIC INDUSTRY; THE FILTERING PROCESS WHEREBY RECORDS ARE SELECTED FOR PUBLIC CONSUMPTION, Institut de recherche sociale. Cet ouvrage explique comment les "Hit Parades", "The Top Ten" — désormais élargi au "Top Forty" — et autres charades construites pour tromper les auditeurs et les convaincre que ce qu'ils entendent est ce qu'"ILS" aiment !

THE WORKS OF JEREMY BENTHAM, Bowering, John. Bentham était le libéral de son temps et l'agent de Lord Shelburne, Premier ministre britannique à la fin de la guerre d'indépendance américaine. Bentham croyait que l'homme n'était rien de plus qu'un animal ordinaire, et les théories de Bentham ont été reprises plus tard par son protégé, David Hume. À propos de l'instinct chez les animaux, Hume a écrit :

> "... que nous sommes si prompts à admirer comme étant extraordinaire et inexplicable. Mais notre étonnement cessera ou diminuera peut-être si nous considérons que le raisonnement expérimental lui-même, que nous possédons en commun avec les bêtes, et dont dépend toute la conduite de la vie, n'est rien d'autre qu'une espèce d'instinct, ou de puissance mécanique qui agit en nous à l'insu de nous-mêmes... Bien que les instincts soient différents, il s'agit toujours d'un instinct."

TIME PERSPECTIVE AND MORALE, Levin B.

TOWARD A HUMANISTIC PSYCHOLOGY, Cantril.

TREND REPORT, Naisbitt, John.

U.S. CONGRESS, HOUSE COMMITTEE ON INTERNAL SECURITY, REPORTING ON THE INSTITUTE FOR POLICY STUDIES (IPS) AND THE PENTAGON PAPERS. Au printemps 1970, William McDermott, agent du FBI, est allé voir Richard Best, qui était à l'époque le principal responsable de la sécurité de Rand, pour l'avertir de la possibilité qu'Ellsberg ait retiré des documents d'étude sur le

Vietnam réalisés par Rand et les ait copiés en dehors des locaux de Rand. Best a emmené McDermott voir le Dr Harry Rowan qui dirigeait la Rand et qui était aussi l'un des plus proches amis d'Ellsberg. Rowan a dit au FBI qu'une enquête du ministère de la Défense était en cours et sur son assurance, le FBI a apparemment abandonné son enquête sur Ellsberg. En fait, aucune enquête n'était en cours, et le DOD n'en a jamais mené une. Ellsberg a conservé son habilitation de sécurité à la Rand et a continué de façon flagrante à retirer et à copier des documents sur la guerre du Vietnam jusqu'au moment où il a été démasqué dans l'affaire des Pentagon Papers, qui a ébranlé l'administration Nixon jusque dans ses fondements.

UNDERSTANDING MAN'S SOCIAL BEHAVIOUR, Cantril. Cantril est le principal responsable de la création de l'Association for Humanistic Psychology, basée à San Francisco, qui enseigne les méthodes de Tavistock. C'est dans les institutions de ce type que la frontière entre la science pure et l'ingénierie sociale s'efface totalement. Le terme "social-engineering" couvre tout aspect des méthodes utilisées par Tavistock pour provoquer des changements massifs dans l'orientation des groupes vis-à-vis des événements sociaux, économiques, religieux et politiques et le lavage de cerveau des groupes cibles qui croient alors que les opinions exprimées et les points de vue adoptés sont les leurs. Des individus sélectionnés ont subi le même traitement tavistockien, entraînant des changements majeurs dans leur personnalité et leur comportement. L'effet de cette situation sur la scène nationale a été, et est toujours, dévastateur, et constitue l'un des principaux facteurs qui ont amené les États-Unis à l'état crépusculaire, de déclin et de chute, dans lequel le pays se trouve à la fin de 1991. J'ai fait un rapport sur cette condition nationale sous le titre : "Crépuscule, déclin et chute des États-Unis d'Amérique", publié en 1987. L'Association pour la Psychologie Humaine a été fondée par Abraham Maselov en 1957 comme un projet du Club de Rome. Risis Likhert et Ronald Lippert, qui l'ont appelé le Centre de recherche sur l'utilisation de la connaissance scientifique, ont créé un autre centre de recherche sur la prise de décision, commandé par le Club de Rome à Tavistock. Le centre était placé sous la direction de Donald Michael, du Club de Rome. Le centre s'inspire largement de l'Office of Public Opinion Research créé à l'université de Princeton en 1940. C'est là que Cantril a enseigné bon nombre des techniques utilisées par les sondeurs d'aujourd'hui.

UNPUBLISHED LETTERS, Kipling, Rudyard. Kipling était un disciple de Wells et, comme lui, il croyait au fascisme comme moyen de contrôler le monde. Kipling a adopté la croix pattée comme emblème personnel. Cette croix a ensuite été adoptée par Hitler et, après de légères modifications, elle est devenue la croix gammée.

UNPUBLISHED LETTERS, Wells, H. G. Donne des détails intéressants sur la façon dont Wells a vendu les droits de *WAR OF THE WORLDS* à RCA.

WHO OWNS MONTREAL, Aubin, Henry.

Les Illuminati et le conseil des relations étrangères (CFR)

Par MYRON C. FAGAN.

(Une transcription)

À propos de l'Auteur

Le guide "*Qui est Qui au théâtre*"[28] a toujours été la Bible autorisée du monde du théâtre. Il n'encense jamais les favoris, il ne raconte pas de mensonges et ne glorifie personne. Il a toujours dressé une histoire impartiale des hommes et des femmes de théâtre. Il ne répertorie que ceux qui ont prouvé leur valeur dans le seul — et l'unique — lieu de test du théâtre. BROADWAY : Ce "Who's Who" recense les pièces que Myron C. Fagan a écrites, mises en scène et produites... Des drames, des comédies, des mélodrames, des mystères, des allégories, des farces — beaucoup d'entre eux ont été les "hits"[29] les plus retentissants de leur époque. Il est arrivé à Broadway en 1907, à l'âge de 19 ans, le plus jeune dramaturge de l'histoire du théâtre américain. Dans les années qui suivirent, il écrivit et mit en scène des pièces pour la plupart des grands de l'époque... Mrs. Leslie Carter, Wilton Lackaye, Fritz Leiber, Alla Nazimova, Jack Barrymore, Douglas Fairbanks, Sr., E.H. Southern, Julia Marlowe, Helen Morgan, etc, etc. Il a dirigé Charles M. Frohman, Belasco, Henry W. Savage, Lee Shubert, Abe Erlanger, George M. Cohan, etc. Entre 1925 et 1930, il a

---

[28] *Who's Who in the Theater*, dans l'original Ndt.

[29] "succès" NDT.

écrit, dirigé personnellement et produit douze pièces de théâtre : "La rose blanche", "Les pouces en bas", "Deux étrangers venus de nulle part", "Mal assorti", "Le diable fascinant". "La petite fusée", "Les femmes de Jimmy", "Le grand pouvoir", "Indiscrétion", "L'affaire privée de Nancy", "La femme intelligente" et "Peter plane".[30]

Au cours de ses premières années, M. Fagan a également été "éditeur dramatique" pour *The Associated Newspapers*, y compris le *New York Globe* et divers journaux de Hearst. Mais en 1916, il a pris une année "sabbatique" du théâtre et a servi comme "Directeur des relations publiques" pour Charles Evens Hughes, le candidat républicain à la présidence — il a refusé un poste similaire qui lui était offert pour la campagne de Hoover en 1928 ; ainsi, la carrière de M. Fagan a englobé le théâtre, le journalisme et la politique nationale, et il est un expert reconnu dans tous ces domaines.

En 1930, M. Fagan est venu à Hollywood où il a occupé le poste de "scénariste-directeur" chez "Pathé Pictures, Inc.", alors propriété de Joseph P. Kennedy, père de feu le président Jack Kennedy, ainsi qu'à la 20th Century Fox et dans d'autres studios de cinéma d'Hollywood. Mais il a également continué à travailler dans le domaine des légendes de Broadway.

En 1945, à la demande pressante de John T. Flynn, le célèbre auteur de "The Roosevelt Myth", "While We Slept", "The True Story of Pearl", le journaliste de l'agence de presse de l'Université de Californie du Sud (U.S.A.S.S.), a écrit un article sur le sujet.

M. Fagan a assisté à une réunion à Washington D.C. où on lui a montré un ensemble de microfilms et d'enregistrements des réunions secrètes de Yalta auxquelles n'ont assisté que Franklin Roosevelt, Alger Hiss, Harry Hopkins, Staline, Molotov et Vishinsky lorsqu'ils ont mis au point le complot visant à livrer les Balkans, l'Europe de l'Est et Berlin à Staline. À la suite de cette rencontre, M. Fagan a écrit deux pièces de théâtre : "Red Rainbow" (dans laquelle il a révélé tout le complot) et "Thieves Paradise" (dans laquelle il a révélé comment ces hommes ont comploté pour créer les "NATIONS UNIES" pour

---

[30] "The White Rose," "Thumbs Down," "Two Strangers From Nowhere," "Mismates," "The Fascinating Devil," "The Little Spitfire," "Jimmy's Women," "The Great Power," "Indiscretion," "Nancy's Private Affair," "Smart Woman," and "Peter Flies High, Ndt.

être le "véhicule" d'un soi-disant gouvernement mondial communiste).

Au même moment, M. Fagan a lancé une croisade à lui tout seul pour démasquer la conspiration rouge à Hollywood et produire des films qui aideraient à la révélation du complot du "GOUVERNEMENT MONDIAL UNIQUE". C'est ainsi qu'est né le "CINEMA EDUCATIONAL GUILD". Le résultat du travail de cette organisation "C.E.G." (dirigée par M. Fagan, en 1947) furent les audiences du Congrès au cours desquelles plus de 300 des stars, scénaristes et réalisateurs les plus célèbres d'Hollywood (ainsi que de la radio et de la télévision) furent démasqués comme étant les principaux activistes de la conspiration rouge. C'est alors que les tristement célèbres "Hollywood Ten"[31] ont été envoyés en prison. C'était l'événement le plus sensationnel de cette décennie !

Depuis lors, M. Fagan a consacré tout son temps et tous ses efforts à la rédaction de "BULLETINS DE NOUVELLES"[32] mensuels pour le "C.E.G." dans lesquels il a poursuivi la lutte pour alerter le peuple américain sur le complot visant à détruire la souveraineté des États-Unis d'Amérique et l'asservissement du peuple américain dans un "Gouvernement mondial unique" des NATIONS UNIES.

Dans son enregistrement sensationnel (cette transcription) ; il révèle le début du complot d'asservissement d'un monde unifié qui a été lancé il y a deux siècles par un certain Adam Weishaupt, un prêtre catholique apostat qui, financé par la MAISON ROTHSCHILD, a créé ce qu'il a appelé : "LES ILLUMINATI". M. Fagan décrit (avec des preuves documentaires) comment cet ILLUMINATI est devenu l'instrument de la Maison Rothschild pour réaliser le projet d'un "Gouvernement Mondial Unique" et comment chaque guerre au cours des deux derniers siècles a été fomentée par ces ILLUMINATI. Il décrit comment un certain Jacob H. Schiff a été envoyé aux États-Unis par les Rothschild pour faire avancer le complot des ILLUMINATI et comment Schiff a œuvré pour prendre le contrôle des partis démocrate et républicain. Comment Schiff a séduit notre Congrès et nos Présidents pour obtenir le contrôle de l'ensemble de notre système monétaire et créer le cancer de l'impôt sur le revenu, et comment

---

[31] "Les dix d'Hollywood", NDT.

[32] "News Bulletin", NDT.

Schiff et ses co-conspirateurs ont créé le "CONSEIL DES RELATIONS ÉTRANGÈRES"[33] pour contrôler nos élus afin d'amener progressivement l'impôt sur le revenu à un niveau supérieur.

Les États-Unis sont ainsi devenus une entité asservie d'un monde unifié sous l'égide du Gouvernement des "NATIONS UNIES".

En bref, cet enregistrement (transcription) est l'histoire la plus intéressante et la plus horrifiante — et factuelle — du complot le plus sensationnel de l'histoire du monde. Tous ceux qui aiment notre pays, qui aiment Dieu, qui veulent sauver le christianisme, que l'ILLUMINATI s'est donné pour mission de détruire, qui veulent éviter à nos fils de mourir en Corée, au Vietnam, en Afrique du Sud et maintenant sur les champs de bataille du Moyen-Orient, devraient entendre cet enregistrement. Il n'y a absolument aucun doute que quiconque entend (lit) cette histoire étonnante se joindra à la lutte pour sauver notre pays et la jeunesse de notre nation.

L'enregistrement de Myron Fagan a eu lieu dans les années 1960. Veuillez prendre le temps de "vérifier" les déclarations faites dans ce document. Nous n'attendons pas de vous que vous preniez la parole de M. Fagan pour argent comptant. Nous vous suggérons de visiter les bibliothèques de droit et de dépôt qui se trouvent dans votre État. Les numéros de téléphone et les adresses indiqués dans ce document sont probablement périmés, car M. Fagan n'est plus parmi nous.

---

[33] CFR, Council on Foreign Relations, Ndt.

"La question de savoir comment et pourquoi les Nations Unies sont au cœur de la grande conspiration visant à détruire la souveraineté des États-Unis et à asservir le peuple américain au sein d'une dictature mondiale unique de l'ONU est un mystère complet et inconnu pour la grande majorité du peuple américain. La raison de cette méconnaissance du danger effrayant qui menace notre pays et le monde libre tout entier est simple. Les cerveaux derrière cette grande conspiration ont le contrôle absolu de tous nos moyens de communication de masse, en particulier la télévision, la radio, la presse et Hollywood. Nous savons tous que notre Département d'État, le Pentagone et la Maison-Blanche ont proclamé effrontément qu'ils ont le droit et le pouvoir de gérer les informations, de nous dire non pas la vérité, mais ce qu'ils veulent que nous croyions. Ils se sont emparés de ce pouvoir sur les ordres de leurs maîtres de la grande conspiration et l'objectif est de laver le cerveau des gens pour qu'ils acceptent l'appât de la paix bidon afin de transformer les États-Unis en une unité asservie du gouvernement mondial unique des Nations unies.

"Tout d'abord, n'oubliez pas que la soi-disant action de police de l'ONU en Corée, combattue par les États-Unis et au cours de laquelle 150 000 de nos fils ont été tués et mutilés, faisait partie du complot ; tout comme la guerre non déclarée par le Congrès au Vietnam ; ainsi que le complot contre la Rhodésie et l'Afrique du Sud, fait également partie de la conspiration ourdie par l'ONU. Cependant, la chose la plus importante pour tous les Américains, toutes les mères des garçons qui sont morts en Corée et qui meurent maintenant au Vietnam, est de savoir que nos soi-disant dirigeants à Washington, que nous avons élus pour sauvegarder notre nation et notre Constitution, sont les traîtres et que derrière eux se trouve un groupe relativement petit d'hommes dont le seul objectif est d'asservir le monde entier et l'humanité dans leur plan satanique de gouvernement mondial unique.

"Afin de vous donner une image très claire de ce complot satanique, je vais remonter à son début, au milieu du XVIIIème siècle, et nommer les hommes qui ont mis ce complot en action, puis je vous ramènerai au présent, à l'état actuel de ce complot. Maintenant, à titre de renseignement supplémentaire, un terme utilisé par le FBI, laissez-moi clarifier le sens de l'expression "il est libéral". L'ennemi, c'est-à-dire les conspirateurs d'un seul monde, s'est emparé de ce mot "libéral" pour dissimuler leurs activités. Cela semble si innocent et si humanitaire d'être libéral. Eh bien, assurez-vous que la personne qui se dit libérale ou qui est décrite comme telle n'est pas, en vérité, un "rouge".

"Ce complot satanique a été lancé dans les années 1760, lorsqu'il a vu le jour sous le nom d'"Illuminati". Ces Illuminati ont été organisés par un certain Adam Weishaupt, né juif, qui s'est converti au catholicisme et est devenu prêtre catholique, puis, sur l'ordre de la Maison Rothschild, alors nouvellement organisée, a défroqué et a organisé les Illuminati. Naturellement, les Rothschild ont financé cette opération et, depuis lors, toutes les guerres, à commencer par la Révolution française, ont été encouragées par les Illuminati, qui opèrent sous des noms et des déguisements divers. Je dis "sous divers noms" et "sous diverses formes" parce qu'après que les Illuminati ont été exposés et sont devenus célèbres, Weishaupt et ses co-conspirateurs ont commencé à opérer sous divers autres noms. Aux États-Unis, immédiatement après la Première Guerre mondiale, ils ont créé ce qu'ils ont appelé le "Council on Foreign Relations", communément appelé le CFR, et ce CFR est en fait le véhicule des Illuminati aux États-Unis et leur hiérarchie. Les cerveaux qui contrôlaient les conspirateurs Illuminati originaux étaient des étrangers, mais pour dissimuler ce fait, la plupart d'entre eux ont changé leurs noms de famille originaux pour des noms à consonance américaine. Par exemple, le véritable nom des Dillon, Clarence et Douglas Dillon (un secrétaire du département du Trésor américain), est Laposky. Je reviendrai sur tout cela plus tard.

"Il existe un établissement similaire des Illuminati en Angleterre opérant sous le nom de "Royal Institute of International Affairs". (Il existe des organisations secrètes Illuminati similaires en France, en Allemagne et dans d'autres pays, qui opèrent sous des noms différents, et toutes ces organisations, y compris le CFR, créent continuellement de nombreuses filiales ou organisations de façade qui sont infiltrées dans chaque phase des affaires des diverses nations. Mais à tout moment, les opérations de ces organisations étaient et sont dirigées et contrôlées par les banquiers internationalistes, qui à leur tour étaient et sont contrôlés par les Rothschild. (L'un des principaux agents de ce contrôle est l'International BAR Association et ses groupes dissidents tels que l'America BAR Association. Il est important de noter qu'il y a des associations d'avocats dans presque toutes les nations du monde maintenant, en poussant toujours les Nations Unies. J'ai une copie de l'accord de 1947 que le BAR américain a soumis et qui engage le BAR à soutenir et à promouvoir les Nations Unies dans toute l'Amérique.)

"Une branche de la famille Rothschild avait financé Napoléon ; une autre branche des Rothschild a financé la Grande-Bretagne, l'Allemagne et les autres nations dans les guerres napoléoniennes.

"Immédiatement après les guerres napoléoniennes, les Illuminati ont supposé que toutes les nations étaient si démunies et si lasses des guerres qu'elles seraient heureuses de trouver n'importe quelle solution. Les laquais des Rothschild ont donc organisé ce qu'ils ont appelé le Congrès de Vienne et, lors de cette réunion, ils ont essayé de créer la première Société des Nations, leur première tentative de gouvernement mondial unique, en partant du principe que toutes les têtes couronnées des gouvernements européens étaient si profondément endettées envers eux qu'elles serviraient, volontairement ou non, de larbins. Mais le tsar de Russie a senti l'odeur du complot et l'a complètement torpillé. Le furieux Nathan Rothschild, alors à la tête de la dynastie, a juré qu'un jour lui ou ses descendants détruiraient le tsar et toute sa famille, et ses descendants ont accompli cette menace en 1917. À ce stade, il faut garder à l'esprit que les Illuminati n'ont pas été créés pour fonctionner à court terme. Normalement, un conspirateur, quel qu'il soit, s'engage dans une conspiration avec l'espoir d'atteindre son objectif de son vivant. Mais ce n'était pas le cas des Illuminati. Certes, ils espéraient atteindre leur objectif de leur vivant, mais en paraphrasant "The show must go on", les Illuminati opèrent à très long terme. Que cela prenne des dizaines d'années ou même des siècles, ils ont dédié leurs descendants à maintenir la marmite en ébullition jusqu'à ce qu'ils espèrent que la conspiration soit réalisée.

"Maintenant, revenons à la naissance des Illuminati. Adam Weishaupt était un professeur de droit canonique formé par les Jésuites, enseignant à l'université d'Ingolstadt, lorsqu'il a quitté le christianisme pour embrasser la conspiration luciférienne. C'est en 1770 que les prêteurs professionnels, la Maison Rothschild, alors récemment organisée, l'ont engagé pour réviser et moderniser les protocoles séculaires du sionisme, qui, dès le départ, a été conçu pour donner à la "Synagogue de Satan", ainsi nommée par Jésus-Christ [et qui sont "ceux qui se disent juifs et ne le sont pas" — *Apocalypse 2:9*], la domination ultime du monde afin d'imposer l'idéologie luciférienne à ce qui resterait de la race humaine après le cataclysme social final, par le biais du despotisme satanique. Weishaupt a accompli sa tâche le 1er mai 1776. Vous savez maintenant pourquoi le 1er mai est le grand jour de toutes les nations communistes jusqu'à aujourd'hui [le 1er mai est aussi le "Jour du droit" déclaré par l'American Bar Association]. [La célébration du 1er mai [Baal/Bealtaine] remonte bien plus loin dans l'histoire que cela, et le jour a été choisi pour des raisons anciennes, qui proviennent du paganisme ; le culte de Baal et tourne autour du culte de Satan.] C'est ce jour-là, le 1er mai 1776, que Weishaupt a achevé son plan et organisé officiellement les Illuminati pour le mettre à exécution. Ce plan exigeait la destruction de tous les gouvernements et religions existants. Cet objectif devait être atteint en divisant les masses de personnes, que Weishaupt appelait : "goyim" [les membres des nations] ou bétail humain en camps opposés en nombre toujours croissant sur des questions politiques, sociales, économiques et autres — les conditions mêmes que nous connaissons dans notre pays aujourd'hui. Les camps opposés devaient ensuite être armés et des incidents devaient les amener à se battre, à s'affaiblir et à détruire progressivement les gouvernements nationaux et les institutions religieuses. Je le répète, les conditions mêmes du monde d'aujourd'hui.

"Et à ce stade, permettez-moi de souligner une caractéristique essentielle des plans des Illuminati. Lorsque et si leur plan de contrôle du monde, les *Protocoles des Sages de Sion*, est découvert et exposé, ils effaceront tous les Juifs de la surface de la Terre afin de détourner les soupçons d'eux-mêmes. Si vous pensez que cela est tiré par les cheveux, n'oubliez pas qu'ils ont permis à Hitler, lui-même un socialiste libéral, financé par des Kennedy corrompus, les Warburg et les Rothschild, d'incinérer 600 000 Juifs.

"Pourquoi les conspirateurs ont-ils choisi le mot "Illuminati" pour désigner leur organisation satanique ? Weishaupt lui-même a dit que le mot est dérivé de Lucifer et signifie : "détenteur de la lumière". En utilisant le mensonge que son objectif était de mettre en place un gouvernement mondial unique pour permettre à ceux qui ont la capacité mentale de gouverner le monde et d'empêcher toutes les guerres dans le futur. En bref, en utilisant les mots : "paix sur la terre" comme appât, exactement comme ce même appât que : "paix" a été utilisé par les conspirateurs de 1945 pour nous imposer les Nations Unies, Weishaupt financé, je le répète, par les Rothschild, a recruté quelque 2000 adeptes rémunérés. Parmi eux se trouvaient les hommes les plus intelligents dans le domaine des arts et des lettres, de l'éducation, des sciences, de la finance et de l'industrie. Il a ensuite établi des Loges du Grand Orient, des Loges maçonniques qui seraient leur quartier général secret, et je répète encore une fois que, dans tout cela, il agissait sous les ordres de la Maison Rothschild. Les caractéristiques principales du plan d'opération que Weishaupt exigeait de ses Illuminati étaient de faire les choses suivantes pour les aider à accomplir leur but :

➢ Utiliser la corruption monétaire et sexuelle pour obtenir le contrôle des hommes déjà haut placés dans les différents niveaux de tous les gouvernements et autres domaines d'activité. Une fois que les personnes influentes étaient tombées dans le piège des mensonges, des tromperies et des tentations des Illuminati, elles devaient être maintenues en esclavage par l'application de chantage politique et d'autres formes de pression, de menaces de ruine financière, d'exposition publique et de préjudice fiscal, voire de mort pour elles-mêmes et les membres de leur famille qui leur sont chers.

Réalisez-vous combien de hauts fonctionnaires actuels de notre gouvernement actuel à Washington sont contrôlés de cette façon par le CFR ? Réalisez-vous combien d'homosexuels au Département d'État, au Pentagone, dans toutes les agences fédérales et même à la Maison-Blanche sont contrôlés de cette façon ?

➢ Les Illuminati et les facultés des collèges et des universités devaient repérer les étudiants possédant des capacités mentales exceptionnelles et appartenant à des familles bien élevées ayant des penchants internationaux et les recommander pour une formation spéciale à l'internationalisme. Cette formation devait être assurée par l'octroi de bourses d'études aux personnes sélectionnées par les Illuminati.

"Cela vous donne une idée de ce que signifie une "bourse Rhodes". Cela signifie l'endoctrinement pour accepter l'idée que seul un gouvernement mondial unique peut mettre fin aux guerres et aux conflits récurrents. C'est ainsi que les Nations Unies ont été vendues au peuple américain.

"L'un des plus remarquables boursiers Rhodes que nous ayons dans notre pays est le sénateur William J. Fulbright, parfois appelé half-bright.[34] Tous les votes qu'il a enregistrés sont des votes Illuminati.

---

[34] Jeux de mot, "demi-intelligent/éclairé", NDT.

Tous ces érudits devaient d'abord être persuadés et ensuite convaincus que les hommes dotés d'un talent et d'un cerveau particuliers ont le droit de diriger ceux qui sont moins doués, au motif que les masses ne savent pas ce qui est le mieux pour elles sur le plan fiscal, mental et spirituel. En plus des bourses Rhodes et autres bourses similaires, il existe aujourd'hui trois écoles spéciales Illuminati situées à Gordonstown en Écosse, à Salem en Allemagne et à Annavrighta en Grèce. Ces trois écoles sont connues, mais il en existe d'autres qui sont gardées secrètes. Le prince Philip, l'époux de la reine Elizabeth de Grande-Bretagne, a été éduqué à Gordonstown (*tout comme le prince Charles*) à l'instigation de Lord Louis Mountbatten, son oncle, un parent des Rothschild, qui est devenu l'amiral de la flotte britannique après la fin de la Seconde Guerre mondiale.

➢ Toutes les personnes influentes qui ont été piégées pour passer sous le contrôle des Illuminati, ainsi que les étudiants qui ont été spécialement éduqués et formés, devaient être utilisés comme agents et placés dans les coulisses de tous les gouvernements en tant qu'experts et spécialistes, afin de conseiller aux dirigeants d'adopter des politiques qui, à long terme, serviraient les plans secrets de la conspiration mondiale des Illuminati et entraîneraient la destruction des gouvernements et des religions pour lesquels ils ont été élus ou nommés.

"Savez-vous combien d'hommes de ce genre opèrent dans notre gouvernement en ce moment même ? Rusk, McNamara, Hubert Humphrey, Fulbright, Keekle, et beaucoup d'autres.

➢ La directive la plus vitale du plan de Weishaupt était peut-être d'obtenir le contrôle absolu de la presse, à l'époque le seul moyen de communication de masse, pour distribuer des informations au public de sorte que toutes les nouvelles et informations puissent être déformées pour convaincre les masses qu'un gouvernement mondial unique est la seule solution à nos problèmes nombreux et variés.

"Savez-vous qui possède et contrôle nos médias de communication de masse ? Je vais vous le dire. Pratiquement toutes les salles de cinéma d'Hollywood appartiennent aux Lehman, Kuhn, Loeb et Compagnie, Goldman Sachs et autres banquiers internationalistes. Toutes les chaînes de radio et de télévision nationales sont détenues et contrôlées par ces mêmes banquiers internationalistes. Il en va de même pour toutes les chaînes de journaux et de magazines métropolitains, ainsi que pour les agences de presse, telles que Associated Press, United

Press, International, etc. Les prétendus dirigeants de tous ces médias ne sont que des façades pour les banquiers internationalistes, qui à leur tour composent la hiérarchie du CFR, les Illuminati d'aujourd'hui en Amérique.

"Maintenant pouvez-vous comprendre pourquoi l'agent de presse du Pentagone, Sylvester, a si effrontément proclamé que le gouvernement a le droit de mentir au peuple. Ce qu'il voulait vraiment dire, c'est que notre gouvernement contrôlé par le CFR avait le pouvoir de mentir au peuple américain dont le cerveau avait été lavé et d'être cru par lui.

"Revenons encore une fois aux premiers jours des Illuminati. Parce que la Grande-Bretagne et la France étaient les deux plus grandes puissances mondiales à la fin du 18ème siècle, Weishaupt a ordonné aux Illuminati de fomenter les guerres coloniales, y compris notre guerre révolutionnaire, afin d'affaiblir l'Empire britannique et d'organiser la Révolution française qui devait commencer en 1789. Cependant, en 1784, un véritable acte de Dieu a placé le gouvernement bavarois en possession de preuves de l'existence des Illuminati et ces preuves auraient pu sauver la France si le gouvernement français n'avait pas refusé de les croire. Voici comment cet acte de Dieu s'est produit. C'est en 1784 que Weishaupt a donné ses ordres pour la Révolution française. Un écrivain allemand, nommé Zweig, l'a mis sous forme de livre. Il contenait toute l'histoire des Illuminati et les plans de Weishaupt. Une copie de ce livre a été envoyée aux illuministes en France dirigés par Robespierre que Weishaupt avait délégués pour fomenter la Révolution française. Le messager a été frappé et tué par la foudre alors qu'il traversait Ratisbonne sur son chemin de Francfort à Paris. La police a trouvé les documents subversifs sur son corps et les a remis aux autorités compétentes. Après une étude approfondie du complot, le gouvernement bavarois ordonne à la police de faire une descente dans les Loges du "Grand Orient" nouvellement organisées par Weishaupt et dans les maisons de ses associés les plus influents. Toutes les preuves supplémentaires ainsi découvertes ont convaincu les autorités que les documents étaient des copies authentiques de la conspiration par laquelle les Illuminati prévoyaient d'utiliser les guerres et les révolutions pour aboutir à l'établissement d'un gouvernement mondial unique, dont ils avaient l'intention, avec les Rothschild à leur tête, d'usurper les pouvoirs dès qu'il serait établi, exactement comme le complot des Nations Unies d'aujourd'hui.

"En 1785, le gouvernement bavarois a mis les Illuminati hors la loi et a fermé les Loges du "Grand Orient". En 1786 ; ils ont publié tous les détails de la conspiration. Le titre anglais de cette publication est : "The Original Writings of the Order and the Sect of the Illuminati".[35] Des copies de toute la conspiration ont été envoyées à tous les chefs d'église et d'état en Europe. Mais le pouvoir des Illuminati, qui était en fait le pouvoir des Rothschild, était si grand que cet avertissement a été ignoré. Néanmoins, les Illuminati[36] sont devenus un gros mot et sont entrés dans la clandestinité.

"En même temps, Weishaupt a ordonné aux Illuminati de s'infiltrer dans les loges de la "Maçonnerie bleue" et de former leurs propres sociétés secrètes au sein de toutes les sociétés secrètes. Seuls les Maçons qui se montraient internationalistes et ceux dont la conduite prouvait qu'ils avaient fait défection à Dieu étaient initiés aux Illuminati. Dès lors, les conspirateurs ont revêtu le manteau de la philanthropie et de l'humanitarisme pour dissimuler leurs activités révolutionnaires et subversives. Afin de s'infiltrer dans les loges maçonniques de Grande-Bretagne, Weishaupt a invité John Robison en Europe. Robison était un maçon de haut degré du "Rite écossais". Il était professeur de philosophie naturelle à l'université d'Édimbourg et secrétaire de la Royal Society of Edinburgh. Robison ne s'est pas laissé prendre au mensonge selon lequel l'objectif des Illuminati était de créer une dictature bienveillante ; mais il a si bien gardé ses réactions pour lui qu'on lui a confié une copie de la conspiration révisée de Weishaupt pour qu'il l'étudie et la garde.

Quoi qu'il en soit, parce que les chefs d'État et d'Église en France ont été trompés et ont ignoré les avertissements qui leur ont été donnés, la révolution a éclaté en 1789 comme prévu par Weishaupt. Afin d'alerter les autres gouvernements du danger qu'ils couraient, Robison a publié en 1798 un livre intitulé : "Preuve d'une conspiration visant à détruire tous les gouvernements et toutes les religions", mais ses avertissements ont été ignorés exactement comme le peuple américain a ignoré tous les avertissements concernant les Nations Unies et le Council on Foreign Relations (CFR).

"Voici quelque chose qui va stupéfier et très probablement indigner

---

[35] "Les écrits originaux de l'ordre et de la secte des Illuminati", NDT.

[36] Connu à l'époque sous le nom "d'illuminés", terme qui est passé dans le langage courant. NDÉ.

beaucoup de ceux qui entendent cela ; mais il existe des preuves documentaires que nos propres Thomas Jefferson et Alexander Hamilton sont devenus des étudiants de Weishaupt. Jefferson a été l'un des plus ardents défenseurs de Weishaupt lorsqu'il a été mis hors la loi par son gouvernement et c'est Jefferson qui a infiltré les Illuminati dans les loges du "Rite Ecossais" nouvellement organisées en Nouvelle-Angleterre. En voici la preuve.

"En 1789, John Robison a averti tous les dirigeants maçonniques d'Amérique que les Illuminati s'étaient infiltrés dans leurs loges. Le 19 juillet 1789, David Papen, président de l'université de Harvard, a lancé le même avertissement à la classe des diplômés et leur a expliqué comment l'influence des Illuminati s'exerçait sur la politique et la religion américaines. Il a écrit trois lettres au colonel William L. Stone, un franc-maçon de premier plan, dans lesquelles il exposait comment Jefferson utilisait les loges maçonniques à des fins subversives et illuministes. Ces trois lettres se trouvent actuellement à la Wittenberg Square Library de Philadelphie. En bref, Jefferson, fondateur du parti démocrate, était membre des Illuminati, ce qui explique, du moins en partie, l'état du parti à cette époque et, grâce à l'infiltration du parti républicain, nous n'avons plus rien de l'américanisme loyal aujourd'hui. Cette rebuffade désastreuse au Congrès de Vienne créé par le tsar de Russie n'a en aucun cas détruit la conspiration des Illuminati. Elle les a simplement obligés à adopter une nouvelle stratégie en réalisant que l'idée d'un seul monde était, pour le moment, impossible. Les Rothschild ont décidé que pour maintenir le complot en vie, ils devaient le faire en renforçant leur contrôle sur le système monétaire des nations européennes.

"Auparavant, par une ruse, l'issue de la bataille de Waterloo avait été falsifiée, Rothschild avait répandu une histoire selon laquelle Napoléon avait eu une mauvaise bataille, ce qui a précipité une terrible panique sur le marché boursier en Angleterre. Toutes les actions ont chuté jusqu'à pratiquement zéro et Nathan Rothschild a acheté toutes les actions pour pratiquement un penny sur leurs valeurs en dollars. Cela lui a donné le contrôle complet de l'économie de la Grande-Bretagne et pratiquement de toute l'Europe. Donc, immédiatement après que le Congrès de Vienne ait capoté, Rothschild a forcé la Grande-Bretagne à mettre en place une nouvelle "Banque d'Angleterre", sur laquelle il avait un contrôle absolu, exactement, comme plus tard à travers Jacob Schiff ; il a conçu notre propre "Loi sur la Réserve Fédérale" qui a donné à la Maison Rothschild un contrôle secret de l'économie aux États-Unis. Mais maintenant, pour un moment, attardons-nous sur les activités des Illuminati aux États-Unis.

"En 1826, le capitaine William Morgan a décidé qu'il était de son devoir d'informer tous les francs-maçons et le grand public de la vérité sur les Illuminati, leurs plans secrets, leurs objectifs et de révéler l'identité des cerveaux de la conspiration. Les Illuminati ont rapidement jugé Morgan par contumace et l'ont condamné pour trahison. Ils ont ordonné à un certain Richard Howard, un illuministe anglais, d'exécuter leur sentence d'exécution en tant que traître. Morgan a été prévenu et il a essayé de s'enfuir au Canada, mais Howard l'a rattrapé près de la frontière, près des gorges du Niagara pour être exact, où il l'a assassiné. Ceci a été vérifié dans une déclaration sous serment faite à New York par un certain Avery Allen, selon laquelle il a entendu Howard faire son rapport sur l'exécution lors d'une réunion des "Templiers" à St. John's Hall à New York. Il a également raconté comment des dispositions avaient été prises pour renvoyer Howard en Angleterre. Cette déclaration sous serment d'Allen figure dans les archives de la ville de New York. Très peu de francs-maçons et de membres du grand public savent que la désapprobation générale suscitée par cet incident meurtrier a provoqué la sécession d'environ la moitié des francs-maçons de la juridiction nord des États-Unis. Des copies du procès-verbal de la réunion qui s'est tenue pour discuter de cette question existent toujours en des mains sûres et tout ce secret souligne le pouvoir des cerveaux des Illuminati d'empêcher que des événements historiques aussi terribles soient enseignés dans nos écoles.

"Au début des années 1850, les Illuminati ont tenu une réunion secrète à New York à laquelle a participé un illuministe britannique nommé Wright. Les personnes présentes ont appris que les Illuminati s'organisaient pour unir les Nihilistes et les Athées avec tous les autres groupes subversifs en un groupe international connu sous le nom de communistes. C'est à ce moment-là que le mot "communiste" est apparu pour la première fois, et il était destiné à être l'arme suprême et le mot d'effroi pour terrifier le monde entier et pousser les peuples terrorisés à participer au projet Illuminati d'un monde unifié. Ce projet : Le "communisme" devait être utilisé pour permettre aux Illuminati de fomenter de futures guerres et révolutions. Clinton Roosevelt, un ancêtre direct de Franklin Roosevelt, Horace Greeley et Charles Dana, les principaux éditeurs de journaux de l'époque, ont été nommés à la tête d'un comité chargé de collecter des fonds pour cette nouvelle entreprise. Bien sûr, la plupart des fonds ont été fournis par les Rothschild et ce fonds a été utilisé pour financer Karl Marx et Engels lorsqu'ils ont écrit "Das Kapital" et le "Manifeste communiste" à Soho, en Angleterre. Et ceci révèle clairement que le communisme n'est pas une soi-disant idéologie, mais une arme secrète ; un mot-valise pour servir le but des Illuminati.

"Weishaupt est mort en 1830 ; mais avant sa mort, il a préparé une version révisée de la conspiration séculaire, les Illuminati, qui, sous divers pseudonymes, devaient organiser, financer, diriger et contrôler toutes les organisations et tous les groupes internationaux en faisant travailler leurs agents à des postes de direction au sommet. Aux États-Unis, nous avons Woodrow Wilson, Franklin Roosevelt, Jack Kennedy, Johnson, Rusk, McNamara, Fulbright, George Bush, etc. comme exemples principaux. En outre, alors que Karl Marx écrivait le "Manifeste Communiste" sous la direction d'un groupe d'illuministes, le professeur Karl Ritter de l'Université de Francfort écrivait l'antithèse sous la direction d'un autre groupe. L'idée était que ceux qui dirigent la conspiration globale pourraient utiliser les différences entre ces deux soi-disant idéologies pour leur permettre de diviser un nombre de plus en plus grand de la race humaine en camps opposés afin de les armer et de leur faire subir un lavage de cerveau pour qu'ils se battent et se détruisent mutuellement. Et surtout, de détruire toutes les institutions politiques et religieuses. Le travail commencé par Ritter a été poursuivi après sa mort et complété par le soi-disant philosophe allemand Freidrich Wilhelm Nietzsche qui a fondé le Nietzschéisme. Ce nietzschéisme s'est ensuite développé en fascisme puis en nazisme et a été utilisé pour fomenter la première et la Deuxième Guerre mondiale.

"En 1834, le leader révolutionnaire italien, Guiseppe Mazzini, a été choisi par les Illuminati pour diriger leur programme révolutionnaire dans le monde entier. Il a occupé cette fonction jusqu'à sa mort en 1872, mais quelques années avant sa mort, Mazzini avait attiré un général américain nommé Albert Pike dans les rangs des Illuminati. Pike était fasciné par l'idée d'un gouvernement mondial unique et il est finalement devenu le chef de cette conspiration luciférienne. Entre 1859 et 1871, Pike a élaboré un plan militaire pour trois guerres mondiales et diverses révolutions à travers le monde qui, selon lui, permettraient à la conspiration d'atteindre sa phase finale au 20ème siècle. Je vous rappelle à nouveau que ces conspirateurs n'ont jamais été préoccupés par un succès immédiat. Ils opéraient également dans une perspective à long terme. Pike a fait la plupart de son travail dans sa maison de Little Rock, Arkansas. Mais quelques années plus tard, lorsque les Loges du Grand Orient des Illuminati devinrent suspectes et répudiées à cause des activités révolutionnaires de Mazzini en Europe, Pike organisa ce qu'il appela le Nouveau rite palladien réformé. Il mit en place trois Suprêmes Conseils : un à Charleston, en Caroline du Sud, un à Rome, en Italie, et un troisième à Berlin, en Allemagne. Il a demandé à Mazzini de créer 23 conseils subordonnés dans des endroits stratégiques du monde entier. Ceux-ci ont été les quartiers généraux secrets du mouvement révolutionnaire mondial depuis lors.

"Bien avant que Marconi n'invente la radio, les scientifiques des Illuminati avaient trouvé le moyen pour Pike et les chefs de ses Conseils de communiquer secrètement. C'est la découverte de ce secret qui a permis aux agents de renseignements de comprendre comment des incidents apparemment sans rapport, comme l'assassinat d'un prince autrichien en Serbie, ont eu lieu simultanément dans le monde entier et se sont transformés en une guerre ou une révolution. Le plan de Pike était aussi simple qu'il s'est avéré efficace. Il prévoyait que le communisme, le nazisme, le sionisme politique et d'autres mouvements internationaux soient organisés et utilisés pour fomenter trois guerres mondiales et au moins deux révolutions majeures.

"La Première Guerre mondiale devait être menée pour permettre aux Illuminati de détruire le tsarisme en Russie, comme l'avait promis Rothschild après que le tsar ait torpillé son projet au Congrès de Vienne, et de transformer la Russie en un bastion du communisme athée. Les divergences attisées par les agents des Illuminati entre les empires britannique et allemand devaient être utilisées pour fomenter cette guerre. Une fois la guerre terminée, le communisme devait être développé et utilisé pour détruire d'autres gouvernements et affaiblir l'influence des religions sur la société (notamment la religion catholique).

"La Seconde Guerre mondiale, quand et si nécessaire, devait être fomentée en utilisant les controverses entre les fascistes et les sionistes politiques, et ici, notons que Hitler a été financé par Krupp, les Warburg, les Rothschild et d'autres banquiers internationalistes et que le massacre des supposés 6.000.000 de juifs par Hitler n'a pas du tout dérangé les banquiers internationalistes juifs. Ce massacre était nécessaire pour susciter la haine du peuple allemand dans le monde entier et provoquer ainsi une guerre contre lui. En bref, cette seconde guerre mondiale devait être menée pour détruire le nazisme et accroître le pouvoir du sionisme politique afin que l'État d'Israël puisse être établi en Palestine.

"Au cours de cette Seconde Guerre mondiale, le communisme international devait être développé jusqu'à ce qu'il égale en force celle de la chrétienté unie. Une fois ce point atteint, il devait être contenu et maintenu en échec jusqu'à ce qu'il soit nécessaire pour le cataclysme social final. Comme nous le savons maintenant, Roosevelt, Churchill et Staline ont mis en œuvre cette politique exacte et Truman, Eisenhower, Kennedy, Johnson et George Bush ont poursuivi cette même politique.

"La troisième guerre mondiale doit être fomentée, en utilisant les soi-disant controverses, par les agents des Illuminati opérant sous n'importe quel nouveau nom, qui sont maintenant polarisés entre les sionistes politiques et les dirigeants du monde musulman. Cette guerre sera dirigée de telle manière que l'Islam et le sionisme politique (les Israéliens) se détruiront mutuellement, tandis qu'au même moment, les nations restantes, une fois de plus divisées sur cette question, seront forcées de se battre jusqu'à un état d'épuisement complet, physiquement, mentalement, spirituellement et économiquement.

"Toute personne réfléchie peut-elle douter que l'intrigue qui se déroule actuellement au Proche-Orient et en Extrême-Orient soit conçue pour atteindre cet objectif satanique ?

Pike lui-même a prédit tout cela dans une déclaration qu'il a faite à Mazzini le 15 août 1871. Pike a déclaré qu'après la fin de la troisième guerre mondiale, ceux qui aspirent à une domination mondiale incontestée provoqueront le plus grand cataclysme social que le monde ait jamais connu. Citant ses propres mots tirés de la lettre qu'il a écrite à Mazzini et qui est maintenant cataloguée dans le British Museum à Londres, Angleterre ; il a dit :

> "Nous déchaînerons les nihilistes et les athées et nous provoquerons un grand cataclysme social qui, dans toute son horreur, montrera clairement à toutes les nations l'effet de l'athéisme absolu, les origines de la sauvagerie et des troubles les plus sanglants. Alors, partout, les peuples seront obligés de se défendre contre la minorité des révolutionnaires mondiaux et extermineront ces destructeurs de la civilisation, et les multitudes désabusées du christianisme, dont l'esprit sera dès lors sans direction ni encadrement et anxieux d'un idéal, mais sans savoir où envoyer son adoration, recevront la vraie lumière par la manifestation universelle de la pure doctrine de Lucifer, enfin

exposée au grand jour. Une manifestation qui résultera d'un mouvement réactionnaire général qui suivra la destruction du christianisme et de l'athéisme ; tous deux conquis et exterminés en même temps."

"Lorsque Mazzini est mort en 1872, Pike a fait d'un autre leader révolutionnaire, Adriano Lemi, son successeur. Lemi, à son tour, a été succédé par Lénine et Trotsky, puis par Staline. Les activités révolutionnaires de tous ces hommes ont été financées par les banquiers internationaux britanniques, français, allemands et américains, tous dominés par la Maison Rothschild. Nous sommes censés croire que les banquiers internationaux d'aujourd'hui, comme les changeurs de monnaie du temps du Christ, ne sont que les outils ou les agents de la grande conspiration, mais en réalité ils sont les cerveaux derrière tous les médias de communication de masse qui nous font croire que le communisme est un mouvement des soi-disant travailleurs ; le fait est que les agents de renseignements britanniques et américains ont des preuves documentaires authentiques que les libéraux internationaux, opérant par l'intermédiaire de leurs maisons bancaires internationales, en particulier la maison Rothschild, ont financé les deux côtés de chaque guerre et révolution depuis 1776.

"Ceux qui composent aujourd'hui la conspiration (le CFR aux États-Unis et le RIIA en Grande-Bretagne) dirigent nos gouvernements qu'ils maintiennent dans l'usure par des méthodes telles que le Système de la Réserve Fédérale en Amérique pour provoquer des guerres, comme celle du Vietnam (créée par les Nations Unies), afin de faire avancer les plans Illuminati de Pike pour amener le monde à ce stade de la conspiration où le communisme athée et l'ensemble de la chrétienté peuvent être forcés à une troisième guerre mondiale totale dans chaque nation restante ainsi qu'à l'échelle internationale.

"Le siège de la grande conspiration à la fin du XVIIIème siècle se trouvait à Francfort, en Allemagne, où la maison Rothschild avait été fondée par Mayer Amschel Bauer, qui a adopté le nom Rothschild et s'est associé à d'autres financiers internationaux qui avaient littéralement vendu leur âme au diable. Après la révélation de l'affaire par le gouvernement bavarois en 1786, les conspirateurs ont transféré leur siège en Suisse, puis à Londres. Depuis la Seconde Guerre mondiale (après la mort de Jacob Schiff, le protégé des Rothschild en Amérique) ; le siège de la branche américaine se trouve dans le Harold Pratt Building à New York et les Rockefeller, à l'origine des protégés de Schiff, ont pris en charge la manipulation des finances en

Amérique pour le compte des Illuminati.

"Dans les phases finales de la conspiration ; le gouvernement d'un monde unifié sera composé du roi-dictateur ; du chef des Nations Unies, du CFR, et de quelques milliardaires, économistes et scientifiques qui ont prouvé leur dévotion à la grande conspiration. Tous les autres doivent être intégrés dans un vaste conglomérat d'humanité métisse ; en fait des esclaves. Laissez-moi maintenant vous montrer comment notre gouvernement fédéral et le peuple américain ont été aspirés dans le complot de prise de contrôle du monde par la grande conspiration des Illuminati et gardez toujours à l'esprit que les Nations Unies ont été créées pour devenir l'instrument de cette conspiration totalitaire. Les véritables fondations du complot de la prise de contrôle des États-Unis ont été posées pendant la période de notre guerre civile. Non pas que Weishaupt et les premiers cerveaux aient jamais négligé le Nouveau Monde, comme je l'ai déjà indiqué ; Weishaupt avait implanté ses agents ici dès la guerre d'Indépendance.

"C'est pendant la guerre civile que les conspirateurs ont lancé leurs premiers efforts concrets. Nous savons que Judah Benjamin, conseiller principal de Jefferson Davis, était un agent de Rothschild. Nous savons également qu'il y avait des agents Rothschild dans le cabinet d'Abraham Lincoln qui ont essayé de le convaincre de conclure un accord financier avec la Maison Rothschild. Mais le vieil Abe a vu clair dans ce plan et l'a rejeté sans ménagement, s'attirant ainsi l'inimitié éternelle des Rothschild, exactement comme le tsar russe l'a fait en torpillant la première Société des Nations au Congrès de Vienne. L'enquête sur l'assassinat de Lincoln a révélé que l'assassin Booth était membre d'un groupe conspirateur secret. Comme un certain nombre de hauts fonctionnaires étaient impliqués, le nom du groupe n'a jamais été révélé et l'affaire est devenue un mystère, exactement comme l'assassinat de Jack (John F.) Kennedy l'est toujours. Mais je suis sûr qu'il ne restera pas longtemps un mystère. Quoi qu'il en soit, la fin de la guerre civile a détruit temporairement toutes les chances de la Maison Rothschild de s'emparer de notre système monétaire, comme elle l'avait fait en Grande-Bretagne et dans d'autres pays d'Europe. Je dis temporairement, car les Rothschild et les cerveaux de la conspiration n'ont jamais abandonné, ils ont donc dû recommencer à zéro, mais ils n'ont pas perdu de temps pour s'y mettre.

"Peu après la guerre civile, un jeune immigrant, qui se fait appeler

Jacob H. Schiff, est arrivé à New York. Jacob était un jeune homme avec une mission confiée par la maison Rothschild. Jacob était le fils d'un rabbin qui est né dans l'une des maisons Rothschild à Francfort, en Allemagne. Je vais approfondir son histoire. Le point important est que Rothschild a reconnu en lui, non seulement un magicien de l'argent potentiel, mais plus important encore, il a également vu les qualités machiavéliques latentes en Jacob, qui pourrait, comme il l'a fait, faire de lui un fonctionnaire inestimable dans la grande conspiration mondiale. Après une période de formation relativement brève dans la banque Rothschild de Londres, Jacob est parti pour l'Amérique avec des instructions pour acheter une maison de banque qui devait être le tremplin pour acquérir le contrôle du système monétaire des États-Unis. En fait, Jacob est venu ici pour mener à bien quatre missions spécifiques.

1.   Et le plus important, était d'acquérir le contrôle du système monétaire américain.

2.   Trouver des hommes capables, qui pour un prix, seraient prêts à servir de larbins pour la grande conspiration et les promouvoir à des postes élevés dans notre gouvernement fédéral, notre Congrès, et la Cour suprême des États-Unis, et toutes les agences fédérales.

3.   Créer des conflits entre groupes minoritaires dans toutes les nations, en particulier entre les Blancs et les Noirs.

4.   Créer un mouvement visant à détruire la religion aux États-Unis ; mais le christianisme était la cible principale.

"Au moment où Schiff est arrivé sur la scène, "Kuhn and Loeb" était une société de banque privée bien connue et c'est dans cette société que Jacob a acheté des parts. Peu après être devenu associé de "Kuhn and Loeb", Schiff a épousé la fille de Loeb, Teresa, puis il a racheté les intérêts de Kuhn et a transféré la société à New York. "Kuhn and Loeb" est devenu "Kuhn, Loeb, and Company", des banquiers internationaux dont Jacob Schiff, agent des Rothschild, est ostensiblement le seul propriétaire. Et tout au long de sa carrière, ce mélange de Judas et de Machiavel, le premier héritier de la grande conspiration des Illuminati en Amérique, s'est fait passer pour un philanthrope généreux et un homme de grande piété ; la politique de dissimulation mise en place par les Illuminati.

"Comme je l'ai dit, la première grande étape de la conspiration devait être la capture de notre système monétaire. Pour atteindre cet objectif, Schiff devait obtenir la pleine coopération des éléments de la grande banque américaine de l'époque, ce qui était plus facile à dire qu'à faire. Même dans ces années-là, Wall Street était le cœur du marché de l'argent américain et J.P. Morgan en était le dictateur. Ensuite, il y avait les Drexel et les Biddle de Philadelphie. Tous les autres financiers, grands et petits, dansaient sur la musique de ces trois maisons, mais surtout sur celle de Morgan. Ces trois-là étaient des potentats fiers, hautains, arrogants.

"Pendant les premières années, ils ont considéré le petit homme à la moustache des ghettos allemands avec un mépris total, mais Jacob savait comment surmonter cela. Il leur a jeté quelques os de Rothschild. Lesdits os étant la distribution en Amérique d'émissions d'actions et d'obligations européennes souhaitables. Puis il a découvert qu'il avait une arme encore plus puissante dans ses mains.

"C'est dans les décennies qui ont suivi notre guerre civile que nos industries ont commencé à se développer. Nous avions de grands chemins de fer à construire. Les industries pétrolières, minières, sidérurgiques et textiles ont poussé comme des champignons. Tout cela nécessitait un financement considérable, dont une grande partie devait venir de l'étranger, principalement de la maison Rothschild et c'est là que Schiff s'est distingué. Il a joué un jeu très rusé. Il est devenu le saint patron de John D. Rockefeller, Edward R. Harriman, et Andrew Carnegie. Il a financé la Standard Oil Company pour Rockefeller, l'empire ferroviaire pour Harriman et l'empire sidérurgique pour Carnegie. Mais au lieu de s'accaparer toutes les autres industries pour Kuhn, Loeb, et Compagnie, il a ouvert les portes de la Maison Rothschild à Morgan, Biddle, et Drexel. À son tour, Rothschild a arrangé la mise en place de Londres, Paris, l'Europe et d'autres branches pour ces trois-là, mais toujours en partenariat avec des subordonnés de Rothschild et Rothschild a fait comprendre à tous ces hommes que Schiff devait être le patron à New York.

"Ainsi, au tournant du siècle, Schiff contrôlait étroitement toute la fraternité bancaire de Wall Street qui, avec l'aide de Schiff, comprenait les frères Lehman, Goldman Sachs et d'autres banques internationalistes dirigées par des hommes choisis par les Rothschild. En bref, cela signifiait le contrôle des pouvoirs monétaires de la nation et il était alors prêt pour le pas de géant — le piège de notre système monétaire national.

"Selon notre Constitution, le contrôle de notre système monétaire est dévolu uniquement à notre Congrès. La prochaine étape importante de Schiff était de séduire notre Congrès pour qu'il trahisse cet édit constitutionnel en cédant ce contrôle à la hiérarchie de la grande conspiration des Illuminati. Afin de légaliser cette reddition et de rendre le peuple impuissant à y résister, il serait nécessaire que le Congrès adopte une législation spéciale. Pour ce faire, Schiff devrait infiltrer des larbins dans les deux chambres du Congrès. Des laquais assez puissants pour pousser le Congrès à adopter une telle législation. Tout aussi important, voire plus important encore, il devait placer un larbin à la Maison-Blanche, un président sans intégrité et sans scrupules, qui signerait cette législation. Pour y parvenir, il devait prendre le contrôle du parti républicain ou du parti démocrate. Le parti démocrate était le plus vulnérable, il était le plus ambitieux des deux partis. À l'exception de Grover Cleveland, les démocrates n'avaient pas réussi à placer un de leurs hommes à la Maison-Blanche depuis la guerre civile. Il y a deux raisons à cela :

1.La pauvreté du parti.

2.Il y avait beaucoup plus d'électeurs d'esprit républicain que de démocrates.

"La question de la pauvreté n'était pas un grand problème, mais le problème des électeurs était une autre histoire. Mais comme je l'ai déjà dit, Schiff était un petit malin. Voici la méthode atroce et meurtrière qu'il a employée pour résoudre ce problème d'électeurs. Sa solution souligne le peu de cas que les banquiers juifs internationalistes font de leurs propres frères de race, comme vous le verrez. Soudainement, vers 1890, une série de pogroms a éclaté dans toute la Russie. Plusieurs milliers de Juifs innocents, hommes, femmes et enfants, ont été massacrés par les Cosaques et autres paysans. Des pogroms similaires avec des massacres similaires de Juifs innocents ont éclaté en Pologne, en Roumanie et en Bulgarie. Tous ces pogroms ont été fomentés par des agents de Rothschild. En conséquence, les réfugiés juifs terrifiés, de toutes ces nations, ont afflué aux États-Unis et cela a continué pendant les deux ou trois décennies suivantes, parce que les pogroms étaient continus pendant toutes ces années. Tous ces réfugiés ont été aidés par des comités humanitaires autoproclamés, mis en place par Schiff, les Rothschild, et tous leurs affiliés.

"Dans l'ensemble, les réfugiés affluaient à New York, mais les comités humanitaires de Schiff et Rothschild ont trouvé le moyen d'en transférer beaucoup dans d'autres grandes villes comme Chicago, Boston, Philadelphie, Detroit, Los Angeles, etc. Tous ont été rapidement transformés en "citoyens naturalisés" et éduqués pour s'inscrire comme démocrates. Ainsi, tous ces groupes dits minoritaires sont devenus des groupes d'électeurs démocrates solides dans leurs communautés, tous contrôlés et manœuvrés par leurs soi-disant bienfaiteurs. Et peu après le tournant du siècle, ils sont devenus des facteurs vitaux dans la vie politique de notre nation. C'était l'une des méthodes employées par Schiff pour implanter des hommes comme Nelson Aldrich dans notre Sénat et Woodrow Wilson à la Maison-Blanche.

"À ce stade, permettez-moi de vous rappeler une autre des tâches importantes qui ont été assignées à Schiff lorsqu'il a été envoyé en Amérique. Je veux parler de la tâche de détruire l'unité du peuple américain en créant des groupes minoritaires et fomentant des conflits raciaux. En faisant entrer en Amérique des réfugiés juifs chassés par les pogroms, Schiff créait un groupe minoritaire prêt à l'emploi dans ce but. Mais on ne pouvait pas compter sur le peuple juif dans son ensemble, rendu craintif par les pogroms, pour créer la violence nécessaire à la destruction de l'unité du peuple américain. Mais à l'intérieur même de l'Amérique, il y avait un groupe minoritaire déjà constitué, bien qu'encore endormi, les Noirs, qui pouvait être incité à des manifestations, des émeutes, des pillages, des meurtres, et tout autre type d'anarchie — tout ce qui était nécessaire était de les inciter et de les réveiller. Ensemble, ces deux groupes minoritaires, correctement manœuvrés, pouvaient être utilisés pour créer exactement la "discorde" en Amérique dont les Illuminati auraient besoin pour accomplir leur objectif.

"Ainsi, au moment même où Schiff et ses co-conspirateurs élaboraient leurs plans pour piéger notre système monétaire, ils mettaient au point des plans pour frapper le peuple américain sans méfiance avec un bouleversement racial explosif et terrifiant qui déchirerait le peuple en fractions haineuses et créerait le chaos dans toute la nation ; en particulier sur tous les campus des collèges et universités ; le tout protégé par les décisions d'Earl Warren et de nos soi-disant dirigeants à Washington D.C. (Rappelez-vous la commission Warren sur l'assassinat du président John F. Kennedy)[37].

---

[37] Kennedy, pendant son mandat de Président des États-Unis, est devenu chrétien. Dans sa tentative de "repentir", il a essayé d'informer le peuple de cette Nation (au moins deux fois) que le Bureau du Président des États-Unis était manipulé par les Illuminati/CFR. Dans le même temps, il a mis un terme aux "emprunts" de billets de la Réserve fédérale auprès de la Banque de la Réserve fédérale et a commencé à émettre des billets des États-Unis (sans

Bien sûr ; le perfectionnement de ces plans demande du temps et une organisation infiniment patiente.

"Maintenant, pour lever tous les doutes, je vais prendre quelques instants pour vous donner les preuves documentaires de ce complot de lutte contre la race. Tout d'abord, ils devaient créer un leadership et des organisations pour attirer des millions de dupes, juifs et noirs, qui feraient des manifestations et commettraient les émeutes, les pillages et l'anarchie. Ainsi, en 1909, Schiff, les Lehman et d'autres conspirateurs ont organisé et mis sur pied la "National Association for the Advancement of the Coloured People", connue sous le nom de "NAACP". Les présidents, directeurs et conseils juridiques de la NAACP ont toujours été des "hommes blancs juifs" nommés par Schiff et c'est encore le cas aujourd'hui.

"Puis, en 1913, le groupe Schiff a organisé la "Ligue antidiffamation du B'nai B'rith", communément appelée "ADL", pour servir de Gestapo et d'homme de main à toute la grande conspiration. Aujourd'hui, la sinistre "ADL" possède plus de 2000 agences dans toutes les régions de notre pays et elle conseille et contrôle complètement chaque action de la "NAACP", de la "Urban League" et de toutes les autres soi-disant organisations de défense des droits civiques des Noirs dans tout le pays, y compris des dirigeants comme Martin Luther King, Stockely Carmichael, Barnard Rustin et d'autres du même acabit. En outre, l'"ADL" a acquis le contrôle absolu des budgets publicitaires de nombreux grands magasins, chaînes d'hôtels, sponsors industriels de la télévision et de la radio, ainsi que des agences de publicité, afin de contrôler pratiquement tous les médias de communication de masse et de forcer tous les journaux loyaux à déformer et à falsifier les nouvelles, à inciter davantage à l'anarchie et à la violence des foules noires et, en même temps, à susciter la sympathie pour ces dernières. Voici la preuve documentaire du début de leur complot délibéré pour pousser les Noirs à l'anarchie.

"Vers 1910, un certain Israel Zengwill a écrit une pièce intitulée "The

---

intérêt) sur le crédit des États-Unis. C'est cette émission des billets des États-Unis qui a provoqué l'"assassinat" de Kennedy.

Après avoir prêté serment, Lyndon B. Johnson a mis fin à l'émission des billets des États-Unis et a recommencé à emprunter les billets de la Federal Reserve Bank (qui étaient prêtés au peuple des États-Unis au taux d'intérêt courant de 17%). Les billets américains émis sous John F. Kennedy faisaient partie de la série 1963 qui portait un sceau "rouge" sur la face du billet.

Melting-Pot". C'était de la pure propagande pour inciter les Noirs et les Juifs, car la pièce était censée montrer comment le peuple américain discriminait et persécutait les Juifs et les Noirs. À l'époque, personne ne semblait réaliser qu'il s'agissait d'une pièce de propagande. Elle était si intelligemment écrite. La propagande était bien enveloppée dans le divertissement vraiment génial de la pièce et ce fut un grand succès à Broadway.

"À cette époque, le légendaire Diamond Jim Brady avait l'habitude d'organiser un banquet au célèbre restaurant Delmonico de New York après la première d'une pièce populaire. Il a organisé une telle fête pour la distribution de "The Melting-Pot", son auteur, son producteur et certaines célébrités de Broadway. À cette époque, j'avais déjà laissé une marque personnelle sur le théâtre de Broadway et j'ai été invité à cette fête. J'y ai rencontré George Bernard Shaw et un écrivain juif nommé Israel Cohen. Zangwill, Shaw et Cohen étaient ceux qui avaient créé la Fabian Society en Angleterre et avaient travaillé en étroite collaboration avec un juif de Francfort nommé Mordicai qui avait changé son nom en Karl Marx ; mais souvenez-vous, à cette époque, le marxisme et le communisme venaient juste d'émerger et personne ne prêtait beaucoup d'attention à l'un ou l'autre et personne ne soupçonnait la propagande dans les écrits de ces trois écrivains vraiment brillants.

"Lors de ce banquet, Israël Cohen m'a dit qu'il était alors engagé dans l'écriture d'un livre qui devait faire suite à "The Melting-Pot" de Zangwill. Le titre de son livre devait être "Un programme racial pour le 20ème siècle". À cette époque, j'étais complètement absorbé par mon travail de dramaturge, et aussi significatif que soit ce titre, son objectif réel ne m'a jamais effleuré et je n'étais pas non plus intéressé par la lecture du livre. Mais il m'a soudainement frappé avec la force d'une bombe à hydrogène lorsque j'ai reçu une coupure de journal d'un article publié par le *Washington D.C. Evening Star* en mai 1957. Cet article était une réimpression mot pour mot de l'extrait suivant du livre d'Israel Cohen "A Racial-Program for the 20th Century" et il se lisait comme je le cite :

> "Nous devons réaliser que l'arme la plus puissante de notre parti est la tension raciale. En propageant dans la conscience des races sombres, que pendant des siècles elles ont été opprimées par les blancs, nous pouvons les faire adhérer au programme du parti communiste. En Amérique, nous viserons une victoire subtile. Tout en enflammant la minorité noire contre les Blancs, nous

instillerons chez les Blancs un complexe de culpabilité pour leur exploitation des Noirs. Nous aiderons les Noirs à se hisser au premier rang dans tous les domaines de la vie, dans les professions libérales et dans le monde du sport et du spectacle. Grâce à ce prestige, les Noirs pourront se marier avec les Blancs et entamer un processus qui livrera l'Amérique à notre cause."

Compte rendu du 7 juin 1957 ; par le représentant Thomas G. Abernethy.

"Ainsi, l'authenticité de ce passage du livre de Cohen était pleinement établie. Mais la seule question qui restait dans mon esprit était de savoir s'il représentait la politique ou le complot officiel du parti communiste ou simplement une expression personnelle de Cohen lui-même. J'ai donc cherché d'autres preuves et je les ai trouvées dans un pamphlet officiel publié en 1935 par la section du Parti Communiste de New York.

Ce pamphlet s'intitulait : "Les Nègres dans une Amérique soviétique". Il exhortait les Noirs à se soulever, à former un État soviétique dans le Sud et à demander leur admission en Union soviétique. Il contenait une promesse ferme que la révolte serait soutenue par tous les "rouges" américains et tous les soi-disant "libéraux". À la page 38, il promettait qu'un gouvernement soviétique conférerait plus d'avantages aux Noirs qu'aux Blancs et encore une fois, ce pamphlet communiste officiel promettait que, je cite : "tout acte de discrimination ou de préjugé à l'encontre d'un Noir deviendra un crime en vertu de la loi révolutionnaire." Cette déclaration prouve que l'extrait du livre d'Israël Cohen publié en 1913 était un décret officiel du parti communiste et qu'il était directement conforme au plan des Illuminati pour la révolution mondiale publié par Weishaupt et plus tard par Albert Pike.

"Maintenant il n'y a qu'une seule question et c'est de prouver que le régime communiste est directement contrôlé par les cerveaux américains Jacob Schiff et les Rothschild de Londres. Un peu plus tard, je fournirai la preuve qui lèvera le moindre doute sur le fait que le parti communiste, tel que nous le connaissons, a été créé par ces cerveaux (capitalistes, si vous voulez bien le noter), Schiff, les Warburg et les Rothschild, qui ont planifié et financé toute la révolution russe, le meurtre du tsar et de sa famille, et que Lénine, Trotsky et Staline ont reçu leurs ordres directement de Schiff et des autres capitalistes qu'ils sont censés combattre.

"Pouvez-vous comprendre pourquoi l'infâme Earl Warren et ses collègues juges de la Cour suprême, tout aussi infâmes, ont rendu cette infâme et traîtresse décision de déségrégation en 1954 ? C'était pour aider et encourager le complot des conspirateurs Illuminati visant à créer des tensions et des conflits entre les Noirs et les Blancs. Pouvez-vous comprendre pourquoi le même Earl Warren a rendu sa décision interdisant les prières chrétiennes et les chants de Noël dans nos écoles ? Pourquoi Kennedy a fait de même ? Et pouvez-vous voir pourquoi Johnson et 66 sénateurs, malgré les protestations de 90% du peuple américain, ont voté pour le "Traité consulaire" qui ouvre notre pays tout entier aux espions et aux saboteurs russes ? Ces 66 sénateurs sont tous des Benedict Arnold du 20ème siècle.

"C'est à vous et à vous, tout le peuple américain, de forcer le Congrès, nos élus, à traîner ces traîtres américains en justice pour les mettre en accusation et, une fois leur culpabilité prouvée, à leur infliger la punition prescrite pour les traîtres qui aident et soutiennent nos ennemis. Et cela inclut la mise en œuvre d'enquêtes rigoureuses par le Congrès sur le "CFR" et toutes leurs façades, comme l'"ADL", la "NAACP", le "SNIC", et des outils Illuminati comme Martin Luther King*. De telles enquêtes démasqueront complètement tous les dirigeants de Washington D.C. et des Illuminati, ainsi que toutes leurs affiliations et filiales, comme des traîtres exécutant le complot des Illuminati. Elles démasqueront complètement les Nations Unies comme étant le nœud du complot et forceront le Congrès à retirer les États-Unis de l'ONU et à expulser l'ONU des États-Unis. En fait, cela détruira les Nations Unies et tout le complot.

"Avant de clore cette phase, je souhaite réitérer et souligner un point essentiel que je vous demande instamment de ne jamais oublier si vous souhaitez sauver notre pays pour vos enfants et leurs enfants. Voici ce point. Tous les actes anticonstitutionnels et illégaux commis par Woodrow Wilson, Franklin Roosevelt, Truman, Eisenhower et Kennedy et qui sont maintenant commis par Johnson (et aujourd'hui George Bush et Bill Clinton) sont exactement en ligne avec le complot séculaire des conspirateurs Illuminati décrit par Weishaupt et Albert Pike. Chaque décision vicieuse rendue par le traître Earl Warren et ses juges tout aussi traîtres de la Cour suprême était directement conforme à ce que le plan des Illuminati exigeait. Toutes les trahisons commises par notre Département d'État sous Rusk et, plus tôt, par John Foster Dulles et Marshall, ainsi que toutes les trahisons commises par McNamara et ses prédécesseurs, sont directement conformes à ce même plan Illuminati pour la prise de contrôle du monde. De même, l'étonnante trahison commise par divers membres de notre Congrès, en particulier par les 66 sénateurs qui ont signé le traité consulaire, a été engagée sur ordres des Illuminati.

"Maintenant, je vais revenir sur l'intervention de Jacob Schiff dans notre système monétaire et les actions de trahison qui ont suivi. Cela révélera également le contrôle de Schiff-Rothschild non seulement sur Karl Marx, mais aussi sur Lénine, Trotsky et Staline, qui ont créé la révolution en Russie et mis en place le parti communiste.

"C'est en 1908 que Schiff a décidé que le temps était venu de s'emparer de notre système monétaire. Ses principaux lieutenants dans cette prise de contrôle étaient le colonel Edward Mandel House, dont la carrière entière fut celle d'un chef exécutif et d'un coursier pour Schiff, ainsi que Bernard Baruch et Herbert Lehman. À l'automne de cette année-là, ils se sont réunis en conclave secret au Jekyll Island Hunt Club, propriété de J.P. Morgan à Jekyll Island, en Géorgie. Parmi les personnes présentes se trouvaient J.P. Morgan, John B. Rockefeller, le colonel House, le sénateur Nelson Aldrich, Schiff, Stillman et Vanderlip de la National City Bank de New York, W. et J. Seligman, Eugene Myer, Bernard Baruch, Herbert Lehman, Paul Warburg, bref, tous les banquiers internationaux d'Amérique. Tous membres de la hiérarchie de la grande conspiration des Illuminati.

"Une semaine plus tard, ils ont créé ce qu'ils ont appelé le Système de la Réserve Fédérale. Le sénateur Aldrich était le larbin qui devait le faire passer par le Congrès, mais ils ont mis ce passage en suspens pour une raison principale : ils devaient d'abord placer leur homme et leur larbin obéissant à la Maison-Blanche pour signer la loi sur la Réserve Fédérale. Ils savaient que même si le Sénat votait cette loi à l'unanimité, le président Taft, alors nouvellement élu, y opposerait rapidement son veto. Alors ils ont attendu.

"En 1912, leur homme, Woodrow Wilson, a été élu à la présidence. Immédiatement après l'inauguration de Wilson, le sénateur Aldrich a fait passer le Federal Reserve Act par les deux chambres du Congrès et Wilson l'a rapidement signé et le Federal Reserve Act est devenu une loi. Cet acte de trahison odieux a été commis le 23 décembre 1913, deux jours avant Noël, alors que tous les membres du Congrès, à l'exception de plusieurs représentants et de trois sénateurs triés sur le volet, étaient absents de Washington. À quel point cet acte de trahison était-il odieux ? Je vais vous le dire.

Les pères fondateurs connaissaient parfaitement le pouvoir de l'argent. Ils savaient que celui qui avait ce pouvoir tenait le destin de notre nation entre ses mains. C'est pourquoi ils ont soigneusement protégé ce pouvoir lorsqu'ils ont établi dans la Constitution que seul le Congrès, les représentants élus du peuple, devait détenir ce pouvoir. Le langage constitutionnel sur ce point est bref, concis et spécifique, énoncé dans l'Article I, Section 8, Paragraphe 5, définissant les devoirs et les pouvoirs du Congrès, et je cite :

> "de battre monnaie, de réglementer la valeur de la monnaie et des pièces étrangères, ainsi que le standard des poids et mesures."

Mais en ce jour d'infamie tragique et inoubliable, le 23 décembre 1913, les hommes que nous avions envoyés à Washington pour sauvegarder nos intérêts, les représentants, les sénateurs et Woodrow Wilson, ont remis le destin de notre nation entre les mains de deux étrangers venus d'Europe de l'Est, les juifs Jacob Schiff et Paul Warburg. Warburg était un immigrant très récent qui est venu ici sur les ordres de Rothschild dans le but exprès de tracer le plan de cet immonde Acte de la Réserve Fédérale.

"Aujourd'hui, la grande majorité du peuple américain pense que le système de la Réserve fédérale est une agence appartenant au gouvernement des États-Unis. C'est tout à fait faux. Toutes les actions des banques de la Réserve fédérale appartiennent aux banques membres et les dirigeants des banques membres sont tous membres de la hiérarchie de la grande conspiration Illuminati connue aujourd'hui sous le nom de "CFR".

"Les détails de cet acte de trahison, auquel ont participé de nombreux soi-disant Américains traîtres, sont bien trop longs pour cet exposé ; mais tous ces détails sont disponibles dans un livre intitulé *Les secrets de la Réserve Fédérale*[38], écrit par Eustace Mullins. Dans ce livre, Mullins raconte toute cette histoire horrible et l'étaye avec des documents incontestables. En plus d'être une histoire vraiment fascinante et choquante de cette grande trahison, chaque Américain devrait le lire comme une question d'intelligence vitale pour le moment où le peuple américain tout entier se réveillera enfin et détruira toute la conspiration et avec l'aide de Dieu, ce réveil viendra sûrement.

"Si vous pensez que ces étrangers et leurs conspirateurs américains de

---

[38] Aux éditions Le Retour aux Sources, www.leretourauxsources.com

papier, se contenteraient de contrôler notre système monétaire, vous allez avoir un autre choc très triste. Le Système de la Réserve Fédérale a donné aux conspirateurs le contrôle complet de notre système monétaire, mais il n'a en aucun cas touché aux revenus du peuple, car la Constitution interdit formellement ce qui est maintenant connu comme la retenue à la source de plus de 20%. Mais le plan des Illuminati pour l'asservissement au sein d'un monde unifié prévoyait la confiscation de toute propriété privée et le contrôle des capacités de gain individuelles. Ceci, et Karl Marx a souligné cette caractéristique dans son projet, devait être accompli par un impôt sur le revenu progressif et gradué. Comme je l'ai dit, un tel impôt ne peut être légalement imposé au peuple américain. Il est succinctement et expressément interdit par notre Constitution. Ainsi, seul un amendement de la Constitution pourrait donner au gouvernement fédéral de tels pouvoirs confiscatoires.

"Eh bien ; cela non plus n'était pas un problème insurmontable pour nos comploteurs machiavéliques. Les mêmes dirigeants élus des deux chambres du Congrès et le même M. Woodrow Wilson, qui a signé l'infâme Federal Reserve Act, ont modifié la Constitution pour faire de l'impôt fédéral sur le revenu, connu sous le nom de 16ème amendement, une loi du pays. Les deux sont illégaux selon notre Constitution. En bref, ce sont les mêmes traîtres qui ont signé les deux trahisons, le Federal Reserve Act et le 16ème Amendement, en tant que loi. Cependant, il semble que personne n'ait jamais réalisé que le 16ème amendement avait été conçu pour voler, et je dis bien voler, les gens de leurs revenus par le biais de la disposition relative à l'impôt sur le revenu.

"Les comploteurs n'ont pas utilisé pleinement cette disposition avant la Seconde Guerre mondiale, lorsque le grand humaniste Franklin Roosevelt a appliqué une retenue à la source de 20% sur tous les petits salaires et jusqu'à 90% sur les revenus plus élevés. Oh, bien sûr, il a fidèlement promis que ce ne serait que pour la durée de la guerre ; mais qu'est-ce qu'une promesse pour un tel charlatan qui, en 1940, alors qu'il briguait son troisième mandat, ne cessait de proclamer : "Je dis encore et encore et encore que je n'enverrai jamais de garçons américains se battre sur un sol étranger." Souvenez-vous, il proclamait cette déclaration alors même qu'il se préparait déjà à nous plonger dans la Seconde Guerre mondiale en incitant les Japonais à attaquer furtivement Pearl Harbor pour lui fournir son excuse.

"Et avant que je n'oublie, laissez-moi vous rappeler qu'un autre charlatan nommé Woodrow Wilson a utilisé exactement le même slogan de campagne en 1916. Son slogan était : "Réélisez l'homme qui tiendra vos fils à l'écart de la guerre" ; exactement la même formule, exactement les mêmes promesses. Mais attendez ; comme Al Jonson avait l'habitude de dire : "vous n'avez encore rien entendu." Le piège de l'impôt sur le revenu du 16ème amendement avait pour but de confisquer et de voler les revenus du commun des mortels, c'est-à-dire vous et moi. Il n'était pas destiné à toucher les énormes revenus de la bande des Illuminati, des Rockefeller, des Carnegie, des Lehman et de tous les autres conspirateurs.

"Ainsi, ensemble, avec ce 16ème amendement, ils ont créé ce qu'ils ont appelé les "fondations exonérées d'impôts" qui permettraient aux conspirateurs de transformer leur énorme ricHisse en ces soi-disant "fondations" et d'éviter de payer pratiquement tous les impôts sur le revenu. L'excuse était que les revenus de ces "fondations exonérées d'impôts" seraient consacrés à la philanthropie humanitaire. C'est ainsi que nous avons aujourd'hui les différentes fondations Rockefeller, les fonds Carnegie et Dowman, la fondation Ford, la fondation Mellon et des centaines de "fondations exonérées d'impôts" similaires.

"Et quel genre de philanthropie ces fondations soutiennent-elles ? Eh bien, elles financent tous les groupes de défense des droits civiques (et les mouvements de protection de l'environnement) qui sont à l'origine du chaos et des émeutes dans tout le pays. Elles financent les Martin Luther Kings. La Fondation Ford finance le "Centre pour l'Étude des Institutions Démocratiques" à Santa Barbara, communément appelé Moscou Ouest, et qui est dirigé par les fameux Hutchens, Walter Ruther, Erwin Cahnam et d'autres de cet acabit.

"En bref ; les "fondations exonérées d'impôts" ont financé ceux qui font le travail pour la grande conspiration des Illuminati. Et à quoi servent les centaines de milliards de dollars qu'ils confisquent chaque année sur les revenus du troupeau commun, vous et moi ? Eh bien, pour commencer, il y a l'astuce de "l'aide étrangère" qui a donné des milliards au communiste Tito plus des cadeaux de centaines d'avions à réaction, dont beaucoup ont été remis à Castro, plus les coûts de formation des pilotes communistes afin qu'ils puissent mieux abattre nos avions. Des milliards à la Pologne rouge. Des milliards pour l'Inde. Des milliards pour Sucarno. Des milliards pour d'autres ennemis des États-Unis. C'est ce que ce 16ème amendement, qui est une véritable trahison, a fait à notre nation et au peuple américain, à vous et à moi, ainsi qu'à nos enfants.

"Notre gouvernement fédéral contrôlé par les Illuminati du CFR peut accorder un "statut d'exonération fiscale" à toutes les fondations et à tous les organismes pro-monde rouge, tels que le "Fonds pour la République". Mais si vous ou une organisation patriotique êtes trop ouvertement pro-américaine, ils peuvent vous terrifier et vous intimider en trouvant une virgule mal placée dans votre déclaration d'impôt sur le revenu et en vous menaçant de pénalités, d'amendes et même de prison. Les historiens du futur se demanderont comment le peuple américain a pu être aussi naïf et stupide pour permettre des actes de trahison aussi audacieux et effrontés que le "Federal Reserve Act" et le "16ème amendement". Eh bien, ils n'étaient pas naïfs et ils n'étaient pas stupides. La réponse est la suivante : ils ont fait confiance aux hommes qu'ils ont élus pour protéger notre pays et notre peuple, et ils n'ont pas eu la moindre idée de l'une ou l'autre de ces trahisons, jusqu'à ce que chacune d'elles ait été accomplie.

"Ce sont les médias de communication de masse contrôlés par les Illuminati qui ont gardé et maintiennent notre peuple naïf et stupide et inconscient de la trahison qui est commise. Maintenant, la grande question est : "Quand le peuple va-t-il se réveiller et faire à nos traîtres d'aujourd'hui ce que George Washington et nos pères fondateurs auraient fait à Benedict Arnold ?". En réalité, Benedict Arnold était un petit traître comparé à nos traîtres actuels de Washington D.C. Revenons maintenant aux événements qui ont suivi le viol de notre Constitution par l'adoption du Federal Reserve Act et du 16ème amendement. Wilson était-il complètement sous leur contrôle ?

"Les cerveaux de la grande conspiration ont mis en branle les étapes suivantes et ce qu'ils espéraient être les étapes finales pour réaliser leur gouvernement mondial unique. La première de ces étapes devait être la Première Guerre mondiale. Pourquoi la guerre ? C'est simple, la seule excuse pour un gouvernement mondial unique est qu'il est censé assurer la paix. La seule chose qui peut faire pleurer les gens en implorant la paix est la guerre. La guerre apporte le chaos, la destruction, l'épuisement, pour le vainqueur comme pour le perdant. Elle apporte la ruine économique aux deux. Plus important encore, elle détruit la fleur de la jeune virilité des deux. Pour les personnes âgées attristées et au cœur brisé (les mères et les pères) qui n'ont plus que le souvenir de leurs fils bien-aimés, la paix vaut n'importe quel prix et c'est l'émotion sur laquelle les conspirateurs comptent pour le succès de leur complot satanique.[39]

"Tout au long du XIXème siècle, de 1814 à 1914, le monde, dans son ensemble, était en paix. Des guerres telles que la "guerre franco-prussienne", notre propre "guerre civile", la "guerre russo-japonaise" étaient ce que l'on pourrait appeler des "perturbations locales" qui n'affectaient pas le reste du monde. Toutes les grandes nations étaient prospères et les peuples étaient farouchement nationalistes et fiers de leur souveraineté. Il était tout à fait impensable que les Français et les Allemands soient prêts à vivre sous un "gouvernement mondial unique" ; ou les "Russes", les "Chinois" ou les "Japonais". Il est encore plus impensable qu'un Kaiser Wilhelm, un François-Joseph, un tsar Nicolas ou n'importe quel monarque cède volontairement et docilement son trône à un gouvernement mondial unique. Mais n'oubliez pas que les peuples de toutes les nations sont le véritable pouvoir et que la "guerre" est la seule chose qui pourrait faire en sorte que les peuples aspirent et réclament la "paix", assurant ainsi un gouvernement mondial unique. Mais il faudrait que ce soit une guerre effrayante et horriblement dévastatrice. Il ne pourrait pas s'agir d'une simple guerre locale entre deux nations seulement ; il faudrait que ce soit une "guerre mondiale". Aucune nation importante ne doit être épargnée par les horreurs et la dévastation d'une telle guerre. Le cri pour la "paix" doit être universel.[40]

---

[39] La réponse à cette question est simple : ne servez pas dans "leurs" forces armées et ne devenez pas la chair à canon de l'élite autoproclamée. Si vous le faites, ou si vous permettez à vos enfants de le faire, par l'ignorance que vous autorisez, vous méritez ce que vous, et eux, obtiendront. NDÉ.

[40] Il y a eu plus de vies perdues pendant la "Grande Guerre" — la Première Guerre mondiale — que dans toute autre guerre de l'histoire. Par exemple, plus d'hommes ont été massacrés en une seule bataille au cours de la Première Guerre mondiale — "la [soi-disant] guerre qui devait mettre fin à toutes les guerres" — [et pourquoi cette expression exacte a-t-elle été inventée ?] que pendant n'importe laquelle de la Seconde Guerre mondiale. Ce qui, jusqu'à présent, semblait être une stratégie militaire totalement illogique est aujourd'hui parfaitement logique, si l'on souhaite que le plus grand nombre possible de ses propres hommes soit tué. Cette stratégie consistait à ordonner aux soldats britanniques de marcher lentement vers les mitrailleuses allemandes et de ne pas les charger ou les prendre en charge, ce qui entraînait un carnage épouvantable. S'ils désobéissaient, ils étaient placés devant un peloton d'exécution de leurs propres camarades, de sorte que, dans tous les

"En fait, c'était le format établi par les Illuminati et Nathan Rothschild au début du 19ème siècle. Ils ont d'abord entraîné toute l'Europe dans les "guerres napoléoniennes", puis dans le "Congrès de Vienne" organisé par les Rothschild, qui avait prévu de transformer en une "Société des Nations" devant être le siège de leur gouvernement mondial unique ; exactement comme les "Nations Unies" actuelles ont été créées pour être le siège du futur gouvernement mondial unique, que Dieu nous en préserve. Quoi qu'il en soit, c'est le plan que la Maison Rothschild et Jacob Schiff ont décidé d'employer pour atteindre leur objectif en 1914. Bien sûr, ils savaient que le même schéma avait échoué en 1814, mais ils pensaient que c'était uniquement parce que le tsar de Russie avait torpillé ce projet. Eh bien, les conspirateurs actuels de 1914 élimineraient la mouche du coche de 1814. Ils s'assureraient qu'après la nouvelle guerre mondiale qu'ils conspiraient, il n'y aurait pas de tsar de Russie dans les parages pour leur mettre des bâtons dans les roues.

"Je vais vous expliquer comment ils ont accompli cette première étape pour lancer une guerre mondiale. L'histoire rapporte que la Première Guerre mondiale a été précipitée par un incident insignifiant, le genre d'incident que Weishaupt et Albert Pike avaient incorporé dans leurs plans. Cet incident était l'assassinat d'un archiduc autrichien organisé par les cerveaux des Illuminati. La guerre a suivi. Elle impliquait l'Allemagne, l'Autriche, la Hongrie et leurs alliés, les "puissances de l'Axe", contre la France, la Grande-Bretagne et la Russie, appelées les "Alliés". Seuls les États-Unis n'ont pas été impliqués pendant les deux premières années.

"En 1917, les conspirateurs avaient atteint leur objectif premier : toute l'Europe était dans un état de dénuement. Tous les peuples étaient fatigués de la guerre et réclamaient la paix. La paix devait arriver dès que les États-Unis se rangeraient du côté des Alliés, ce qui devait se produire immédiatement après la réélection de Wilson. Après cela, il ne pouvait y avoir qu'une seule issue : la victoire totale des Alliés. Pour confirmer pleinement mon affirmation que bien avant 1917, la conspiration, dirigée en Amérique par Jacob Schiff, avait tout prévu

---

cas, ils étaient sûrs de mourir. — En prenant cet exemple, il devrait être clair pour vous de voir que les Illuminati n'ont absolument aucun scrupule à massacrer des millions de personnes qu'ils considèrent comme des "mangeurs inutiles" et ils n'auront pas non plus de scrupules à en massacrer des milliards d'autres, bientôt. NDÉ.

pour précipiter les États-Unis dans cette guerre. Je vais citer la preuve.

"Quand Wilson a fait campagne pour sa réélection en 1916, son principal appel était : "Réélisez l'homme qui tiendra vos fils à l'écart de la guerre." Mais durant cette même campagne, le parti républicain a publiquement accusé Wilson de s'être engagé depuis longtemps à nous faire entrer en guerre. Ils ont affirmé que s'il était battu, il prendrait cette décision pendant les quelques mois qui lui restaient à son poste, mais que s'il était réélu, il attendrait la fin des élections. Mais à cette époque, le peuple américain considérait Wilson comme un "homme-Dieu". Eh bien, Wilson a été réélu et, conformément au programme des conspirateurs, il nous a précipités dans la guerre en 1917. Il a utilisé le naufrage du Lusitania comme excuse, un naufrage qui était également prévu. Roosevelt, également un homme-dieu aux yeux du peuple américain, a suivi la même technique en 1941 lorsqu'il a utilisé l'attaque de Pearl Harbor comme excuse pour nous précipiter dans la Seconde Guerre mondiale.

"Exactement comme les conspirateurs l'avaient prévu, la victoire des Alliés éliminerait tous les monarques des nations vaincues et laisserait tous leurs peuples sans chef, confus, désorientés et parfaitement préparés pour le gouvernement mondial unique que la grande conspiration voulait instaurer. Mais il y aurait encore un obstacle, le même obstacle qui avait gêné les Illuminati et les Rothschild lors du Congrès de Vienne (rassemblement pour la paix) après les guerres napoléoniennes. Cette fois, la Russie serait du côté des vainqueurs, comme en 1814, et le tsar serait donc solidement assis sur son trône. Il convient de noter que la Russie, sous le régime tsariste, est le seul pays où les Illuminati n'ont jamais réussi à s'imposer et où les Rothschild n'ont jamais pu infiltrer leurs intérêts bancaires. Même si l'on parvenait à le convaincre d'adhérer à une soi-disant "Société des Nations", il était acquis qu'il n'opterait jamais, mais jamais du tout, pour un gouvernement mondial unique.

"Donc, même avant le début de la Première Guerre mondiale, les conspirateurs avaient un plan, en cours d'élaboration, pour réaliser le vœu de Nathan Rothschild de 1814 de détruire le tsar et assassiner tous les héritiers royaux possibles du trône avant la fin de la guerre. Les bolcheviks russes devaient être leurs instruments dans ce complot particulier. Dès le début du siècle, les chefs des bolcheviks étaient Nicolaï Lénine, Léon Trotski et, plus tard, Joseph Staline. Bien entendu, il ne s'agit pas de leurs véritables noms de famille. Avant l'éclatement de la guerre, la Suisse est devenue leur refuge. Le quartier général de Trotsky se trouvait dans le Lower East Side de New York, où vivaient principalement des réfugiés russes et juifs. Lénine et Trotsky portaient tous deux une moustache et étaient négligés. À l'époque, c'était l'insigne du bolchevisme. Tous deux vivaient bien, mais n'avaient pas d'occupation régulière. Ils n'avaient pas de moyens de subsistance visibles, mais ils avaient toujours beaucoup d'argent. Tous ces mystères ont été résolus en 1917. Dès le début de la guerre, des événements étranges et mystérieux se sont produits à New York. Nuit après nuit, Trotsky entrait et sortait furtivement du palais de Jacob Schiff et, au milieu de ces mêmes nuits, il y avait un rassemblement de voyous du Lower East Side de New York. Tous étaient des réfugiés russes au quartier général de Trotsky et tous suivaient une sorte de processus d'entraînement mystérieux qui était entouré de mystère. Personne ne parlait, bien qu'on ait appris que Schiff finançait toutes les activités de Trotsky.

"Puis, soudainement, Trotsky a disparu, ainsi qu'environ 300 de ses voyous entraînés. En fait, ils se trouvaient en haute mer sur un navire affrété par Schiff, en route pour un rendez-vous avec Lénine et sa bande en Suisse. Ce navire contenait également 20 millions de dollars en or, destinés à financer la prise de contrôle de la Russie par les bolcheviks. En prévision de l'arrivée de Trotsky, Lénine s'est préparé à organiser une fête dans sa cachette en Suisse. Des hommes des plus hautes sphères du monde devaient être invités à cette fête. Parmi eux, le mystérieux colonel Edward Mandel House, mentor de Woodrow Wilson et paralytique, et plus important encore, le messager spécial et confidentiel de Schiff. Un autre des invités attendus était Warburg du clan bancaire Warburg en Allemagne, qui finançait le Kaiser et que le Kaiser avait récompensé en le nommant chef de la police secrète d'Allemagne. En outre, il y avait les Rothschild de Londres et de Paris, Litvinov, Kaganovich et Staline (qui était alors à la tête d'une bande de bandits voleurs de trains et de banques). Il était connu comme le "Jesse James de l'Oural".

"Et ici, je dois vous rappeler que l'Angleterre et la France étaient alors depuis longtemps en guerre contre l'Allemagne et que le 3 février 1917, Wilson avait rompu toutes les relations diplomatiques avec l'Allemagne. Par conséquent, Warburg, le colonel House, les Rothschild et tous les autres étaient des ennemis, mais bien sûr, la Suisse était un terrain neutre où les ennemis pouvaient se rencontrer et devenir amis, surtout s'ils avaient un projet en commun. Le parti de Lénine a bien failli faire naufrage à la suite d'un incident imprévu. Le navire affrété par Schiff en route pour la Suisse a été intercepté et mis en détention par un navire de guerre britannique. Mais Schiff s'empressa d'ordonner à Wilson d'ordonner aux Britanniques de libérer le navire intact avec les truands de Trotsky et l'or. Wilson a obéi. Il avertit les Britanniques que s'ils refusaient de libérer le navire, les États-Unis n'entreraient pas en guerre en avril comme il l'avait fidèlement promis un an plus tôt. Les Britanniques ont tenu compte de l'avertissement. Trotsky est arrivé en Suisse et le train de Lénine est parti comme prévu ; mais ils se heurtaient encore à ce qui aurait été normalement l'obstacle insurmontable de faire passer la frontière russe à la bande de terroristes de Lénine-Trotsky. Eh bien, c'est là que le frère Warburg, chef de la police secrète allemande, est intervenu. Il a chargé tous ces voyous dans des wagons de marchandises scellés et a pris toutes les dispositions nécessaires pour leur entrée secrète en Russie. Le reste appartient à l'histoire. La révolution en Russie a eu lieu et tous les membres de la famille royale Romanov ont été assassinés.

"Mon objectif principal est maintenant d'établir, sans le moindre doute, que le soi-disant communisme fait partie intégrante de la grande conspiration des Illuminati pour l'asservissement du monde entier. Que le soi-disant communisme n'est que leur arme et leur mot d'ordre pour terrifier les peuples du monde entier et que la conquête de la Russie et la création du communisme ont été, en grande partie, organisées par Schiff et les autres banquiers internationaux dans notre propre ville de New York. Une histoire fantastique ? Oui. Certains pourraient même refuser d'y croire. Eh bien, pour le bénéfice de tous ces "Thomas", je vais le prouver en rappelant qu'il y a quelques années seulement, Charlie Knickerbocker, un chroniqueur du journal Hearst, a publié une interview de John Schiff, petit-fils de Jacob, dans laquelle le jeune Schiff confirmait toute l'histoire et nommait le montant auquel le vieux Jacob avait contribué, 20 000 000$.

"Si quelqu'un a encore le moindre doute que toute la menace du communisme a été créée par les cerveaux de la grande conspiration dans notre propre ville de New York, je citerai le fait historique suivant. Toutes les archives montrent que lorsque Lénine et Trotsky ont organisé la prise de la Russie, ils étaient à la tête du parti bolchevique. Or, "bolchevisme" est un mot purement russe. Les cerveaux ont réalisé que le bolchevisme ne pourrait jamais être vendu comme une idéologie à quiconque sauf au peuple russe. Ainsi, en avril 1918, Jacob Schiff a envoyé le colonel House à Moscou avec l'ordre à Lénine, Trotsky et Staline de changer le nom de leur régime en Parti communiste et d'adopter le "Manifeste" de Karl Marx comme constitution du Parti communiste. Lénine, Trotsky et Staline ont obéi et c'est en cette année 1918 que le parti communiste et la menace du communisme ont vu le jour. Tout cela est confirmé par le *Webster's Collegiate Dictionary*, cinquième édition.

"En bref ; le communisme a été créé par les capitalistes. Ainsi, jusqu'au 11 novembre 1918, l'ensemble du plan diabolique des conspirateurs a fonctionné parfaitement. Toutes les grandes nations, y compris les États-Unis, étaient fatiguées de la guerre, dévastées et pleuraient leurs morts. La paix était le grand désir universel. Ainsi, lorsqu'il a été proposé par Wilson de créer une "Société des Nations" pour assurer la paix, toutes les grandes nations, sans le tsar russe pour s'y opposer, ont sauté dans le train en marche sans même s'arrêter pour lire les petits caractères de cette police d'assurance. C'est-à-dire toutes sauf une, les États-Unis, celle-là même dont Schiff et ses co-conspirateurs s'attendaient le moins à ce qu'elle se rebiffe, et c'est là leur erreur fatale dans ce premier complot. Vous voyez, lorsque Schiff a placé Woodrow Wilson à la Maison-Blanche, les conspirateurs ont supposé qu'ils avaient les États-Unis dans le sac proverbial. Wilson avait été parfaitement présenté au public comme un grand humaniste. Il a été imposé comme un homme-dieu auprès du peuple américain. Il y avait toutes les raisons pour que les conspirateurs croient qu'il aurait facilement convaincu le Congrès d'acheter le projet de loi sur les armes à feu.

La "Société des Nations", exactement comme le Congrès de 1945 a acheté les "Nations Unies", à l'aveuglette. Mais il y avait un homme au Sénat en 1918 qui a vu clair dans ce plan tout comme le tsar russe l'avait fait en 1814. C'était un homme d'une grande stature politique, presque aussi grande que celle de Teddy Roosevelt et tout aussi astucieuse. Il était très respecté et avait la confiance de tous les membres des deux chambres du Congrès et du peuple américain. Le nom de ce grand et patriotique Américain était Henry Cabot Lodge, et non pas l'imposteur d'aujourd'hui qui se faisait appeler Henry Cabot Lodge Jr. jusqu'à ce qu'il soit démasqué. Lodge a complètement démasqué Wilson et a maintenu les États-Unis en dehors de la "Société des Nations".

NOTE :

Peu de temps après, les Illuminati ont créé le 17ème amendement pour supprimer les sénateurs nommés par les législatures des différents États de l'Union. Alors qu'avant cela, les Illuminati contrôlaient la presse, ils contrôlent maintenant l'élection des sénateurs américains.

Les Illuminati/CFR avaient peu ou pas de pouvoir sur les législatures individuelles des différents Sénateurs des États-Unis avant la ratification du 17ème amendement.

Bien que le 17ème amendement soit censé modifier la méthode d'élection des sénateurs américains, il n'a jamais été ratifié conformément à la dernière phrase de l'article V de la Constitution américaine. Deux États, le New Jersey et l'Utah ont rejeté la proposition et neuf autres États n'ont pas voté du tout. Alors que les États du New Jersey et de l'Utah ont expressément refusé de renoncer à leur "suffrage" au Sénat et que les neuf autres États n'ayant pas voté n'ont jamais donné leur consentement "exprès", la proposition de 17ème amendement n'a pas obtenu le vote "unanime" requis pour son adoption. En outre, la résolution qui a créé la "proposition" n'a pas été adoptée par le Sénat à l'unanimité et, comme les sénateurs de l'époque étaient "nommés" par les législatures de leurs États, ces votes "négatifs" ou "non-votes" ont été émis au nom de leur État respectif.

"Il devient ici d'un grand intérêt de connaître la véritable raison du flop de la Société des Nations de Wilson. Comme je l'ai déjà dit, Schiff a été envoyé aux États-Unis pour remplir quatre missions spécifiques :

1.   Et le plus important, était d'acquérir le contrôle complet du système monétaire américain.

2.   Comme indiqué dans le plan original des Illuminati de Weishaupt, il devait trouver le bon type d'hommes pour servir de larbins à la grande conspiration et les promouvoir dans les plus hautes fonctions de notre gouvernement fédéral ; notre Congrès, notre Cour suprême des États-Unis, et toutes les agences fédérales, comme le Département d'État, le Pentagone, le Département du Trésor, etc.

3.   Détruire l'unité du peuple américain en créant des conflits entre groupes minoritaires dans toute la nation, en particulier entre les Blancs et les Noirs, comme indiqué dans le livre d'Israël Cohen.

4.   Créer un mouvement pour détruire la religion aux États-Unis avec le christianisme comme principale cible ou victime.

"En outre, on lui a rappelé avec force la directive impérative du plan des Illuminati, qui est de parvenir à un contrôle total de tous les moyens de communication de masse afin de laver le cerveau des gens pour qu'ils croient et acceptent toutes les manœuvres de la grande conspiration. Schiff a été averti que seul le contrôle de la presse, à l'époque notre seul média de communication de masse, lui permettrait de détruire l'unité du peuple américain.

"Schiff et ses co-conspirateurs ont créé la NAACP (National Association for the Advancement of the Coloured People) en 1909 et, en 1913, la Ligue antidiffamation du B'nai B'rith ; toutes deux devaient créer les conflits nécessaires, mais au cours des premières années, la Ligue antidiffamation opérait très timidement. Peut-être par crainte d'une action de type "pogrom" de la part d'un peuple américain éveillé et enragé, et la "NAACP" était pratiquement en sommeil parce que ses dirigeants blancs ne se rendaient pas compte qu'ils devraient développer des leaders noirs incendiaires, comme Martin Luther King par exemple, pour susciter l'enthousiasme de la masse satisfaite des Noirs de l'époque.

"De plus, lui, Schiff, était occupé à développer et à infiltrer les larbins qui devaient servir dans les hautes sphères de notre gouvernement de Washington et à acquérir le contrôle de notre système monétaire et la création du "16ème amendement". Il était également très occupé par l'organisation du complot pour la prise de contrôle de la Russie. En bref, il était tellement occupé par toutes ces tâches qu'il a complètement négligé la tâche suprême d'acquérir le contrôle complet de nos médias de communication de masse. Cette négligence a été une cause directe de l'échec de Wilson à attirer les États-Unis dans la "Société des Nations", car lorsque Wilson a décidé de s'adresser au peuple pour surmonter l'opposition du Sénat contrôlé par Lodge, malgré sa réputation établie, mais fausse de grand humaniste, il s'est retrouvé face à un peuple solidement uni et à une presse loyale dont la seule idéologie était "l'américanisme" et le mode de vie américain. À cette époque, en raison de l'ineptie et de l'inefficacité de l'"ADL" et de la "NAACP", il n'y avait pas de groupes de minorités organisés, pas de problèmes de Noirs, pas de prétendus problèmes antisémites pour influencer la pensée du peuple. Il n'y avait ni gauche, ni droite, ni préjugés pour des exploitations rusées. Ainsi, l'appel de Wilson à la "Société des Nations" est tombé dans l'oreille d'un sourd. Ce fut la fin de Woodrow Wilson, le grand humaniste des conspirateurs. Il abandonna rapidement sa croisade et retourna à Washington où il mourut peu après, imbécile à cause de la syphilis, et ce fut la fin de la "Société des Nations" comme couloir vers un gouvernement mondial unique.

"Bien sûr, cette débâcle a été une terrible déception pour les cerveaux de la conspiration Illuminati ; mais ils ne se sont pas découragés.

Comme je l'ai souligné précédemment, cet ennemi n'abandonne jamais ; ils ont simplement décidé de se réorganiser et de recommencer à zéro. À cette époque, Schiff était très vieux et sénile. Il le savait. Il savait que la conspiration avait besoin d'une nouvelle direction plus jeune et plus active. Ainsi, sur ses ordres, le colonel House et Bernard Baruch ont organisé et mis en place ce qu'ils ont appelé le "Council on Foreign Relations", le nouveau nom sous lequel les Illuminati continueraient à fonctionner aux États-Unis. La hiérarchie, les officiers et les directeurs du "CFR" sont principalement composés de descendants des premiers Illuminati ; beaucoup d'entre eux ont abandonné leur ancien nom de famille et ont acquis de nouveaux noms américanisés. Par exemple, nous avons Dillon, qui a été secrétaire au Trésor des États-Unis, dont le nom d'origine était Laposky. Un autre exemple est Pauley, directeur de la chaîne de télévision CBS, dont le vrai nom est Palinsky. Les membres du CFR sont au nombre de 1000 environ et comprennent les chefs de pratiquement tous les empires industriels d'Amérique, tels que Blough, président de la U.S. Steel Corporation ; Rockefeller, roi de l'industrie pétrolière ; Henry Ford, II, et ainsi de suite. Et bien sûr, tous les banquiers internationaux. De plus, les dirigeants des fondations "non imposables" sont des officiers et/ou des membres actifs du CFR. En bref, tous les hommes qui ont fourni l'argent et l'influence pour élire les présidents des États-Unis choisis par le CFR, les membres du Congrès, les sénateurs, et qui décident des nominations de nos différents secrétaires d'État, du Trésor, de toutes les agences fédérales importantes sont membres du CFR et ce sont des membres très obéissants.

"Maintenant, juste pour cimenter ce fait, je vais mentionner les noms de quelques-uns des présidents des États-Unis qui étaient membres du CFR. Franklin Roosevelt, Herbert Hoover, Dwight D. Eisenhower, Jack Kennedy, Nixon, et George Bush. D'autres candidats à la présidence sont Thomas E. Dewey, Adlai Stevenson et Barry Goldwater, vice-président d'une filiale du CFR. Parmi les membres importants du cabinet des différentes administrations, nous avons John Foster Dulles, Allen Dulles, Cordell Hull, John J. MacLeod, Morgenthau, Clarence Dillon, Rusk, McNamara, et juste pour souligner la "couleur rouge" du "CFR", nous avons comme membres des hommes tels que Alger Hiss, Ralph Bunche, Pusvolsky, Haley Dexter White (vrai nom Weiss), Owen Lattimore, Phillip Jaffey, etc., etc. Simultanément ; ils inondaient des milliers d'homosexuels et autres personnages louches malléables dans toutes les agences fédérales, de la Maison-Blanche jusqu'en bas de la hiérarchie fédérale. Vous souvenez-vous des grands amis de Johnson : Jenkins et Bobby Baker ?

"Maintenant, il y avait de nombreux travaux que le nouveau CFR devait accomplir. Ils avaient besoin de beaucoup d'aide. Leur premier travail a donc été de mettre en place diverses "filiales" auxquelles ils ont assigné des objectifs particuliers. Je ne peux pas nommer toutes les filiales dans cet enregistrement, mais en voici quelques-unes : la "Foreign Policy Association" ("FPA"), le "World Affairs Council" ("WAC"), le "Business Advisory Council" ("BAC"), la fameuse "ADA" ("Americans for Democratic Action" virtuellement dirigée par Walter Ruther), le fameux "13-13" de Chicago ; Barry Goldwater était, et est sans doute toujours, vice-président d'une des filiales du CFR. En outre, le CFR a créé des comités spéciaux dans chaque État de l'Union, auxquels il a confié les diverses opérations dans les États.

"Simultanément, les Rothschild ont créé des groupes de contrôle similaires au CFR en Angleterre, en France, en Allemagne et dans d'autres pays pour contrôler les conditions mondiales de coopération avec le CFR pour provoquer une autre guerre mondiale. Mais le premier et le plus important travail du CFR était d'obtenir le contrôle total de nos médias de communication de masse. Le contrôle de la presse a été confié à Rockefeller. Ainsi, Henry Luce, récemment décédé, a été financé pour créer un certain nombre de magazines nationaux, parmi lesquels "Life", "Time", "Fortune" et d'autres, qui vantaient l'"URSS" en Amérique. Les Rockefeller ont également financé directement ou indirectement le "Look magazine" des frères Coles et une chaîne de journaux. Ils ont également financé un homme nommé Sam Newhouse pour qu'il achète et construise une chaîne de journaux dans tout le pays. Et feu Eugene Myer, l'un des fondateurs du CFR, a acheté le "Washington Post", "Newsweek", le "Weekly magazine", et d'autres publications. En même temps, le CFR a commencé à développer et à nourrir une nouvelle race de chroniqueurs et d'éditoriaux scabreux — des écrivains tels que Walter Lippman, Drew Pearson, les Alsop, Herbert Matthews, Erwin Canham, et d'autres de cet acabit qui s'appelaient eux-mêmes des "libéraux" et proclamaient que l'"américanisme" était de l'"isolationnisme", que l'"isolationnisme" était du "bellicisme", que l'"anticommunisme" était de l'"antisémitisme" et du "racisme". Tout cela a pris du temps, bien sûr, mais aujourd'hui, nos "hebdomadaires", publiés par des organisations patriotiques, sont complètement contrôlés par les laquais du CFR et ils ont donc finalement réussi à nous diviser en une nation de factions qui se disputent, se chamaillent et se détestent. Maintenant, si vous vous interrogez encore sur ces informations biaisées et ces mensonges purs et simples que vous lisez dans votre journal, vous avez maintenant la réponse. Aux Lehman, Goldman Sachs, Kuhn-Loebs et Warburg, le CFR a confié la tâche de prendre le contrôle de l'industrie cinématographique, d'Hollywood, de la radio et de la télévision, et croyez-moi, ils ont réussi. Si vous vous interrogez encore sur l'étrange propagande diffusée par Ed Morrows et d'autres de cet acabit, vous avez maintenant la réponse. Si vous vous interrogez sur tous les films pornographiques, sexuels et de mariage mixte que vous voyez dans votre cinéma et sur votre téléviseur (et qui démoralisent notre jeunesse), vous avez maintenant la réponse.

"Maintenant, pour vous rafraîchir la mémoire, revenons un instant en arrière. Le flop de Wilson avait torpillé toutes les chances de transformer cette "Société des Nations" en l'espoir des conspirateurs d'un gouvernement mondial unique ; le complot de Jacob Schiff devait donc être recommencé et ils ont organisé le CFR pour le faire. Nous savons aussi avec quel succès le CFR a fait ce travail de lavage de cerveau et de destruction de l'unité du peuple américain. Mais comme ce fut le cas avec le complot Schiff, le point culminant et la création d'un nouveau véhicule pour leur gouvernement mondial unique nécessitaient une autre guerre mondiale. Une guerre qui serait encore plus horrible et plus dévastatrice que la Première Guerre mondiale afin d'amener les peuples du monde à réclamer à nouveau la paix et un moyen de mettre fin à toutes les guerres. Mais le CFR s'est rendu compte que les conséquences de la Seconde Guerre mondiale devraient être plus soigneusement planifiées afin qu'il n'y ait pas d'échappatoire au nouveau piège à un seul monde — une autre "Société des Nations" qui émergerait de la nouvelle guerre. Ce piège, nous le connaissons maintenant sous le nom de "Nations Unies" et ils ont trouvé une stratégie parfaite pour s'assurer que personne ne s'échappe. Voici comment ils ont procédé.

En 1943, au beau milieu de la guerre, ils ont préparé le cadre des Nations unies et l'ont remis à Roosevelt et à notre département d'État pour qu'Alger Hiss, Palvosky, Dalton, Trumbull et d'autres traîtres américains lui donnent naissance, faisant ainsi de l'ensemble du projet un bébé des "United States". Puis pour préparer les esprits, la ville de New York devait devenir la nurserie de cette monstruosité. Après ça, on pouvait difficilement abandonner notre propre bébé, n'est-ce pas ? Quoi qu'il en soit, c'est comme ça que les conspirateurs ont pensé que ça marcherait et c'est ce qui s'est passé. Le libéral Rockefeller a fait don du terrain pour le bâtiment des Nations Unies.

"La charte des Nations Unies a été écrite par Alger Hiss, Palvosky, Dalton, Trumbull et d'autres larbins du CFR. Une fausse, soi-disant, conférence de l'ONU a été organisée à San Francisco en 1945. Tous les soi-disant représentants d'une cinquantaine de nations s'y sont réunis et ont rapidement signé la Charte. L'ignoble traître Alger Hiss s'est envolé pour Washington avec la Charte, l'a soumise avec joie à notre Sénat, et le Sénat (élu par notre peuple pour assurer notre sécurité) a signé la Charte sans même la lire. La question est la suivante : "Combien de nos sénateurs étaient, déjà à l'époque, des traîtres larbins du CFR ?". Quoi qu'il en soit, c'est ainsi que le peuple a accepté les "Nations unies" comme un "saint des saints".

Encore et encore et encore, nous avons été surpris, choqués, déconcertés et horrifiés par leurs erreurs à Berlin, en Corée, au Laos, au Katanga, à Cuba, au Vietnam ; des erreurs qui ont toujours favorisé l'ennemi, jamais les États-Unis. Selon la loi des probabilités, ils auraient dû faire au moins une ou deux erreurs en notre faveur, mais ils ne l'ont jamais fait. Quelle est la réponse ? La réponse est le "CFR" et les rôles joués par leurs filiales et leurs laquais à Washington D.C., ainsi nous savons que le contrôle complet de notre politique de relations étrangères est la clé du succès de l'ensemble du complot Illuminati pour l'ordre mondial unique. En voici une preuve supplémentaire.

"Plus tôt, j'ai pleinement établi que Schiff et sa bande avaient financé la prise de contrôle de la Russie par les juifs Lénine, Trotsky et Staline et façonné son régime communiste pour en faire leur principal instrument pour maintenir le monde dans l'agitation et pour finalement nous terroriser tous afin que nous recherchions la paix dans un gouvernement mondial unique dirigé par l'ONU. Mais les conspirateurs savaient que le "gang de Moscou" ne pourrait pas devenir un tel instrument tant que le monde entier n'accepterait pas le régime communiste comme le "gouvernement de jure" légitime de la Russie. Une seule chose pouvait y parvenir, à savoir la reconnaissance par les États-Unis. Les conspirateurs ont pensé que le monde entier suivrait notre exemple et c'est ce qu'ils ont fait pour inciter Harding, Coolidge et Hoover à accorder cette reconnaissance. Mais tous trois ont refusé. Le résultat de la fin des années 20, c'est que le régime de Staline était dans une situation désespérée. Malgré toutes les purges et les contrôles de la police secrète, le peuple russe devient de plus en plus résistant. C'est un fait avéré, admis par Litvinov, qu'en 1931 et 1932, Staline et toute sa bande étaient toujours prêts à s'échapper.

"Puis, en novembre 1932, les conspirateurs ont réussi leur plus grand coup : ils ont placé Franklin Roosevelt à la Maison-Blanche, rusé, sans scrupules et totalement sans conscience. Ce traître charlatan leur a joué un tour. Sans même demander le consentement du Congrès, il a illégalement proclamé la reconnaissance du régime de Staline. Et exactement comme les conspirateurs l'avaient prévu, le monde entier a suivi notre exemple. Automatiquement, cela a étouffé le mouvement de résistance du peuple russe qui s'était développé auparavant. Cela a automatiquement lancé la plus grande menace que le monde civilisé ait jamais connue. Le reste est trop connu pour être répété.

"Nous savons comment Roosevelt et son Département d'État traître ont continué à développer la menace communiste ici même dans notre pays et donc dans le monde entier. Nous savons comment il a perpétré toute cette atrocité de Pearl Harbor comme excuse pour nous précipiter dans la Seconde Guerre mondiale. Nous savons tout de ses réunions secrètes avec Staline à Yalta et comment, avec l'aide d'Eisenhower, il a livré les Balkans et Berlin à Moscou. Enfin, et ce n'est pas le moins important, nous savons que le Benedict Arnold du 20ème siècle nous a non seulement entraînés dans ce nouveau couloir, les Nations unies, dans la voie du gouvernement mondial unique, mais qu'il a également mis au point tous les arrangements pour l'implanter dans notre pays. En bref, le jour où Roosevelt est entré à la Maison-Blanche, les conspirateurs du CFR ont repris le contrôle total de notre machine à relations étrangères et ont fermement établi les Nations Unies comme le siège du gouvernement mondial unique des Illuminati.

"Je souhaite souligner un autre point très vital. Le flop de la "Société des Nations" de Wilson a permis à Schiff et à sa bande de réaliser que le contrôle du seul parti démocrate ne suffisait pas. C'est vrai ! Ils pourraient créer une crise pendant l'administration républicaine, comme ils l'ont fait en 1929 avec le crash et la dépression fabriqués par la réserve fédérale, ce qui ramènerait un autre larbin démocrate à la Maison-Blanche ; mais ils ont réalisé qu'une interruption de quatre ans dans leur contrôle de nos politiques de relations extérieures pourrait perturber la progression de leur conspiration. Cela pourrait même faire échouer toute leur stratégie, comme cela a failli être le cas avant que Roosevelt ne la sauve en reconnaissant le régime de Staline.

"Dès lors, après la débâcle de Wilson, ils ont commencé à formuler des plans pour prendre le contrôle de nos deux partis nationaux. Mais cela leur posait un problème. Ils avaient besoin de main-d'œuvre avec des larbins au sein du parti républicain et de main-d'œuvre supplémentaire pour le parti démocrate, et comme le contrôle de l'homme à la Maison-Blanche ne suffirait pas, ils devaient fournir à cet homme des larbins formés pour l'ensemble de son cabinet. Des hommes à la tête du Département d'État, du Département du Trésor, du Pentagone, du CFR, de l'USIA, etc. En bref, chaque membre des différents cabinets devrait être un outil choisi par le CFR, comme Rusk et McNamara, ainsi que tous les sous-secrétaires et les secrétaires adjoints. Cela donnerait aux conspirateurs le contrôle absolu de toutes nos politiques, tant intérieures que, plus important encore, étrangères. Ce plan d'action nécessiterait une réserve de larbins entraînés, prêts instantanément pour les changements administratifs et pour toutes autres exigences. Tous ces larbins devraient nécessairement être des hommes de réputation nationale, jouissant de l'estime du peuple, mais ils devraient être des hommes sans honneur, sans scrupule et sans conscience. Ces hommes devraient être vulnérables au chantage. Il est inutile pour moi de souligner à quel point le CFR a réussi. L'immortel Joe McCarthy a pleinement révélé qu'il existe des milliers de ces risques de sécurité dans toutes les agences fédérales. Scott MacLeod en a démasqué des milliers d'autres et vous savez le prix qu'Ortega a dû payer, et qu'il paie encore, pour avoir exposé devant une commission du Sénat les traîtres du Département d'État qui ont livré Cuba à Castro, n'ont pas seulement été protégés, mais promus.

"Revenons maintenant au cœur du complot du gouvernement mondial unique et aux manœuvres nécessaires pour créer une autre "Société des Nations" pour abriter un tel gouvernement. Comme je l'ai déjà dit, les conspirateurs savaient que seule une autre guerre mondiale était vitale pour le succès de leur complot. Il faudrait que ce soit une guerre mondiale si horrible que les peuples du monde réclameraient la création d'une sorte d'organisation mondiale qui pourrait garantir une paix éternelle. Mais comment une telle guerre pourrait-elle être déclenchée ? Toutes les nations européennes étaient en paix. Aucune d'entre elles n'avait de différend avec les nations voisines et leurs agents à Moscou n'auraient certainement pas osé déclencher une guerre. Même Staline se rendait compte que cela signifierait le renversement de son régime, à moins que le soi-disant "patriotisme" ne soude le peuple russe derrière lui.

"Mais les conspirateurs devaient avoir une guerre. Ils devaient trouver ou créer une sorte d'incident pour la lancer. Ils l'ont trouvé dans un petit homme discret et repoussant qui se faisait appeler "Adolf Hitler". Hitler, un peintre en bâtiment autrichien impécunieux, avait été caporal dans l'armée allemande. Il a fait de la défaite de l'Allemagne un grief personnel. Il a commencé à faire de la propagande à ce sujet dans la région de Munich, en Allemagne. Il a commencé à parler de la restauration de la grandeur de l'Empire allemand et de la puissance de la solidarité allemande. Il a préconisé la restauration de l'ancienne armée allemande afin de l'utiliser pour conquérir le monde entier. Curieusement, Hitler, le petit clown qu'il était, pouvait prononcer un discours enflammé et il avait un certain magnétisme. Mais les nouvelles autorités allemandes ne voulaient plus de guerre et jetèrent rapidement l'odieux peintre en bâtiment autrichien dans une cellule de prison.

"Aha ! Voici l'homme, ont décidé les conspirateurs, qui, s'il était correctement dirigé et financé, pourrait être la clé d'une autre guerre mondiale. Alors, pendant qu'il était en prison, ils ont demandé à Rudolph Hess et Goering d'écrire un livre qu'ils ont intitulé "Mein Kampf" et dont ils ont attribué la paternité à Hitler, exactement comme Litvinov a écrit "Mission à Moscou" et en a attribué la paternité à Joseph Davies, alors notre ambassadeur en Russie et un larbin du CFR. Dans "Mein Kampf", le pseudo-auteur d'Hitler a exposé ses griefs et la façon dont il allait rendre au peuple allemand sa grandeur passée. Les conspirateurs ont ensuite fait en sorte que le livre soit largement diffusé parmi le peuple allemand afin de susciter des partisans fanatiques. À sa sortie de prison (également organisée par les conspirateurs), ils ont commencé à le préparer et à le financer pour qu'il se rende dans d'autres régions d'Allemagne afin de prononcer ses discours racoleurs. Rapidement, il a rassemblé un nombre croissant de partisans parmi les autres vétérans de la guerre, qui s'est rapidement étendue aux masses, qui ont commencé à voir en lui un sauveur pour leur Allemagne bien-aimée. Vint ensuite la direction de ce qu'il appelle "son armée de chemises brunes" et la marche sur Berlin. Cela nécessitait un financement important, mais les Rothschild, les Warburg et d'autres conspirateurs lui ont fourni tout l'argent dont il avait besoin. Peu à peu, Hitler est devenu l'idole du peuple allemand, qui a alors renversé le gouvernement de Von Hindenburg et Hitler est devenu le nouveau Führer. Mais ce n'était toujours pas une raison pour déclencher une guerre. Le reste de l'Europe et du monde a observé l'ascension d'Hitler, mais n'a vu aucune raison d'intervenir dans ce qui était clairement une condition interne à l'Allemagne. Il est certain qu'aucune des autres nations ne voyait là une raison de déclencher une nouvelle guerre contre l'Allemagne et que le peuple allemand n'était pas encore suffisamment excité pour commettre des actes contre une nation voisine, pas même contre la France, qui pourraient conduire à une guerre. Les conspirateurs ont compris qu'ils devaient créer une telle frénésie, une frénésie qui pousserait le peuple allemand à faire fi de toute prudence et qui, en même temps, horrifierait le monde entier. Et d'ailleurs, "Mein Kampf" était en fait une suite du livre de Karl Marx : "Un monde sans juifs".

"Les conspirateurs se sont soudain souvenus de la façon dont le gang Schiff-Rothschild avait organisé les pogroms en Russie, qui avaient massacré des milliers de Juifs et suscité une haine mondiale à l'égard de la Russie, et ils ont décidé d'utiliser ce même stratagème inadmissible pour enflammer le nouveau peuple allemand dirigé par Hitler et lui faire éprouver une haine meurtrière à l'égard des Juifs. Il est vrai que le peuple allemand n'a jamais eu d'affection particulière pour les Juifs, mais il n'avait pas non plus une haine invétérée à leur égard. Une telle haine devait être fabriquée, et Hitler devait donc la créer. Cette idée était plus que séduisante pour Hitler. Il y voyait le moyen macabre de devenir le "Dieu-homme" (*christ*) du peuple allemand.

"C'est ainsi que, habilement inspiré et coaché par ses conseillers financiers, les Warburg, les Rothschild et tous les cerveaux des Illuminati, il a rendu les juifs responsables du "traité de Versailles" détesté et de la ruine financière qui a suivi la guerre. Le reste appartient à l'histoire. Nous savons tout des camps de concentration d'Hitler et de l'incinération de centaines de milliers de Juifs. Pas les 6.000.000 ni même les 600.000 revendiqués par les conspirateurs, mais c'était suffisant. Et permettez-moi de répéter à quel point les banquiers internationalistes, les Rothschild, Schiff, Lehman, Warburg, Baruch, se souciaient peu de leurs frères de race qui étaient les victimes de leurs plans infâmes. À leurs yeux, le massacre de plusieurs centaines de milliers de Juifs innocents par Hitler ne les dérangeait pas du tout. Ils le considéraient comme un sacrifice nécessaire pour faire avancer leur complot Illuminati pour un seul monde, tout comme le massacre de plusieurs millions de personnes dans les guerres qui ont suivi était un sacrifice nécessaire similaire. Et voici un autre détail macabre sur ces camps de concentration. De nombreux soldats-exécuteurs hitlériens de ces camps avaient été envoyés en Russie pour acquérir leur art de la torture et de la brutalisation, afin d'accentuer l'horreur des atrocités.

"Tout cela a suscité une nouvelle haine mondiale à l'égard du peuple allemand, mais ne constituait toujours pas un motif de guerre. C'est alors que Hitler a été incité à réclamer les "Sudètes" ; et vous vous souvenez comment Chamberlain et les diplomates tchécoslovaques et français de l'époque ont cédé à cette demande. Cette demande a conduit à d'autres demandes hitlériennes de territoires en Pologne et dans les territoires des tsars français, demandes qui ont été rejetées. Puis vint son pacte avec Staline. Hitler avait crié sa haine contre le communisme (oh combien il a fulminé contre le communisme) ; mais en fait le nazisme n'était rien d'autre que du socialisme (national-socialisme — nazi), et le communisme est, en fait, du socialisme. Mais Hitler n'a pas tenu compte de tout cela. Il a conclu un pacte avec Staline pour attaquer et diviser la Pologne entre eux. Pendant que Staline marchait sur une partie de la Pologne (ce qui ne lui a jamais été reproché [les cerveaux des Illuminati y ont veillé]), Hitler a lancé une "guerre éclair" sur la Pologne de son côté. Les conspirateurs ont finalement eu leur nouvelle guerre mondiale et quelle horrible guerre ce fut.

"Et en 1945, les conspirateurs ont finalement créé les "Nations Unies", leur nouveau siège pour leur gouvernement mondial unique. Et, chose étonnante, tout le peuple américain a salué cet ensemble immonde comme un "Saint des Saints". Même après que tous les faits réels sur la façon dont les Nations Unies ont été créées aient été révélés, le peuple américain a continué à vénérer cet ensemble maléfique. Même après qu'Alger Hiss ait été démasqué comme espion soviétique et traître, le peuple américain a continué à croire en l'ONU. Même après que j'ai révélé publiquement l'accord secret entre Hiss et Molotov qu'un Russe serait toujours le chef du secrétariat militaire et par cela ; le vrai maître de l'U.N.. Mais la plupart des Américains ont continué à croire que l'ONU ne pouvait pas faire de mal. Même après que D. Lee, le premier secrétaire général de l'"ONU" a confirmé l'accord secret Hiss-Molotov dans son livre : "Pour la cause de la paix", Vasialia a reçu un congé de l'ONU afin qu'il puisse prendre le commandement des Nord-Coréens et des Chinois rouges qui combattaient la soi-disant action policière de l'ONU sous les ordres de notre propre général McArthur, qui, sur ordre de l'ONU, a été renvoyé par le pusillanime président Truman afin de l'empêcher de gagner cette guerre. Notre peuple a continué à croire en l'ONU malgré les 150 000 fils qui ont été assassinés et mutilés dans cette guerre ; le peuple a continué à considérer l'ONU comme un moyen sûr pour la paix, même après qu'il ait été révélé en 1951 que l'ONU (utilisant nos propres soldats américains sous la direction du général McArthur) n'avait pas respecté ses propres règles.

Le commandement de l'ONU, sous le drapeau de l'ONU, en collusion avec notre État traître (et le Pentagone) avait envahi de nombreuses petites villes de Californie et du Texas afin de perfectionner leur plan de prise de contrôle totale de notre pays. La plupart de nos concitoyens l'ont balayé d'un revers de main et ont continué à croire que l'ONU est un "Saint des Saints". (plutôt que l'Arche d'Alliance).

"Savez-vous que la Charte des Nations Unies a été écrite par le traître Alger Hiss, Molotov et Vyshinsky ? Que Hiss et Molotov avaient convenu dans cet accord secret que le chef militaire de l'ONU serait toujours un Russe nommé par Moscou ? Savez-vous que lors de leurs réunions secrètes à Yalta, Roosevelt et Staline, sur ordre des Illuminati opérant sous le nom de CFR, ont décidé que l'ONU devait être placée sur le sol américain ? Savez-vous que la majeure partie de la Charte des Nations Unies a été copiée telle quelle, mot pour mot, du "Manifeste" de Marx et de la soi-disant constitution russe ? Savez-vous que seuls les deux sénateurs qui ont voté contre la Charte des Nations Unies l'ont lue ? Savez-vous que depuis la création de l'ONU, l'esclavage communiste est passé de 250 000 à 1 000 000 000 ? Savez-vous que depuis que les Nations Unies ont été fondées pour assurer la paix, il y a eu au moins 20 guerres majeures incitées par les Nations Unies, tout comme elles ont incité à la guerre contre la petite Rhodésie et le Koweït ? Savez-vous que, sous l'égide de l'ONU, les contribuables américains ont été contraints de combler le déficit du Trésor de l'ONU de plusieurs millions de dollars en raison du refus de la Russie de payer sa part ? Savez-vous que l'ONU n'a jamais adopté de résolution condamnant la Russie ou ses soi-disant satellites, mais qu'elle condamne toujours nos alliés ? Savez-vous que J. Edgar Hoover a dit : "l'écrasante majorité des délégations communistes à l'ONU sont des agents d'espionnage" et que 66 sénateurs ont voté pour un "traité consulaire" ouvrant notre pays tout entier aux espions et saboteurs russes ? Savez-vous que l'ONU aide la Russie à conquérir le monde en empêchant le monde libre de prendre quelque mesure que ce soit, sauf à débattre de chaque nouvelle agression à l'Assemblée générale de l'ONU ? Savez-vous qu'au moment de la guerre de Corée, l'ONU comptait 60 nations ; pourtant, 95% des forces de l'ONU étaient constituées de nos fils américains et pratiquement 100% des coûts ont été payés par les contribuables américains ?

"Et savez-vous sûrement que la politique de l'ONU pendant les guerres de Corée et du Vietnam était de nous empêcher de gagner ces guerres ? Savez-vous que tous les plans de bataille du général McArthur devaient d'abord aller à l'ONU pour être relayés à Vasialia, commandant des Nord-Coréens et des Chinois rouges, et que toute guerre future menée par nos fils sous le drapeau de l'ONU devrait être menée par nos fils sous le contrôle du Conseil de sécurité de l'ONU ? Savez-vous que l'ONU n'a jamais rien fait au sujet des 80 000 soldats russes mongols qui occupent la Hongrie ?

"Où était l'ONU lorsque les combattants de la liberté hongrois ont été massacrés par les Russes ? Savez-vous que l'ONU et son armée de la paix ont livré le Congo aux communistes ? Savez-vous que la soi-disant force de paix des Nations unies a été utilisée pour écraser, violer et tuer les anti-communistes blancs au Katanga ? Savez-vous que l'ONU n'a rien fait pendant que la Chine rouge envahissait le Laos et le Vietnam ? Qu'elle n'a rien fait pendant que Néron envahissait Goa et d'autres territoires portugais ? Savez-vous que les Nations unies étaient directement responsables de l'aide apportée à Castro ? Qu'elle ne fait absolument rien au sujet des milliers de jeunes Cubains qui sont envoyés en Russie pour être endoctrinés par le communisme.

"Savez-vous que Adlai Stevenson a dit : "Le monde libre doit s'attendre à perdre de plus en plus de décisions à l'ONU." Savez-vous que l'ONU proclame ouvertement que son principal objectif est un "gouvernement mondial", ce qui signifie "des lois mondiales", "un tribunal mondial", "des écoles mondiales" et une "église mondiale" dans laquelle le christianisme serait interdit ?

"Savez-vous qu'une loi de l'ONU a été adoptée pour désarmer tous les citoyens américains et transférer toutes nos forces armées à l'ONU ? Cette loi a été secrètement signée par le "saint" Jack Kennedy en 1961. Réalisez-vous comment cela s'accorde avec l'article 47, paragraphe 3, de la Charte des Nations Unies, qui stipule, je cite : "le comité d'état-major de l'ONU est responsable, par l'intermédiaire du Conseil de sécurité, de la direction stratégique de toutes les forces armées mises à la disposition du Conseil de sécurité" et quand et si toutes nos forces armées sont transférées à l'ONU ; vos fils seront forcés de servir et de mourir sous le commandement de l'ONU dans le monde entier. Cela se produira si vous ne vous battez pas pour que les États-Unis quittent l'ONU.

"Savez-vous que le membre du Congrès James B. Utt a soumis un projet de loi pour la formation des États-Unis de l'ONU et une résolution pour empêcher notre président de nous forcer à soutenir les embargos de l'ONU sur la Rhodésie ? Eh bien, il l'a fait et de nombreuses personnes dans tout le pays écrivent à leurs représentants pour soutenir le projet de loi et la résolution Utt. Cinquante membres du Congrès, avec à leur tête Schweiker et Moorhead de Pennsylvanie, ont présenté un projet de loi visant à transférer immédiatement toutes nos forces armées à l'ONU ? Pouvez-vous imaginer une trahison aussi effrontée ? Votre membre du Congrès fait-il partie de ces 50 traîtres ? Découvrez-le et prenez des mesures immédiates contre lui et aidez le membre du Congrès Utt.

"Savez-vous maintenant que le "Conseil National des Églises" a adopté une résolution à San Francisco qui déclare que les États-Unis devront bientôt subordonner leur volonté à celle de l'ONU et que tous les citoyens américains doivent être prêts à l'accepter ? Votre église est-elle membre du "National Council of Churches" ? À ce propos, n'oubliez pas que Dieu n'est jamais mentionné dans la Charte des Nations Unies et que leurs réunions ne sont jamais ouvertes par une prière.

"Les créateurs de l'ONU ont stipulé à l'avance qu'il ne devait y avoir aucune mention de Dieu ou de Jésus-Christ dans la Charte de l'ONU ou dans son siège. Votre pasteur souscrit-il à cela ? Renseignez-vous ! En outre, savez-vous que la grande majorité des soi-disant nations de l'ONU sont anti-chrétiennes et que l'ONU est une organisation complètement dépourvue de Dieu sur ordre de ses créateurs, les Illuminati du CFR. Avez-vous entendu assez de la vérité sur les Nations Unies des Illuminati ? Voulez-vous laisser vos fils et notre précieux pays à la merci impie des Nations Unies des Illuminati ? Si ce n'est pas le cas, écrivez, télégraphiez ou téléphonez à vos représentants et sénateurs pour leur dire qu'ils doivent soutenir le projet de loi du député Utt pour que les États-Unis se retirent des Nations Unies et que les Nations Unies se retirent des États-Unis. Faites-le aujourd'hui ; maintenant, avant d'oublier ! C'est le seul salut pour vos fils et pour notre pays.

"Maintenant, j'ai un autre message vital à délivrer. Comme je vous l'ai dit, l'une des quatre missions spécifiques que Rothschild a confiées à Jacob Schiff était de créer un mouvement pour détruire la religion aux États-Unis, avec le christianisme comme cible principale. Pour une raison très évidente ; la "Ligue Anti-Diffamation" n'oserait pas tenter de le faire parce qu'une telle tentative pourrait créer le plus terrible bain de sang dans l'histoire du monde ; non seulement pour l'"ADL" et les conspirateurs, mais pour les millions de Juifs innocents. Schiff a confié ce travail à Rockefeller pour une autre raison spécifique. La destruction du christianisme ne peut être accomplie que par ceux qui sont chargés de le préserver. Par les pasteurs, les hommes d'Église.

"Pour commencer, John D. Rockefeller a choisi un jeune, soi-disant, pasteur chrétien du nom de Dr Harry F. Ward. Le révérend Ward, si vous voulez bien. À l'époque, il enseignait la religion à l'"Union Theological Seminary". Rockefeller a trouvé en ce révérend un "Judas" très volontaire et en 1907, il l'a financé pour créer la "Fondation méthodiste de service social" et le travail de Ward était d'enseigner à de jeunes hommes brillants à devenir, soi-disant, des ministres du Christ et de les placer comme pasteurs d'églises. Tout en leur apprenant à devenir des ministres, le révérend Ward leur enseignait également comment prêcher subtilement et astucieusement à leurs congrégations que toute l'histoire du Christ était un mythe, comment mettre en doute la divinité du Christ, comment mettre en doute la vierge Marie, bref, comment mettre en doute le christianisme dans son ensemble. Il ne s'agissait pas d'une attaque directe, mais d'une insinuation rusée qui devait s'appliquer, en particulier, aux jeunes des écoles du dimanche. Rappelez-vous la déclaration de Lénine : "Donnez-moi une seule génération de jeunes et je transformerai le monde entier." Puis, en 1908, la "Fondation Méthodiste de Service Social", qui, soit dit en passant, était la première organisation de façade communiste d'Amérique, a changé de nom pour devenir le "Conseil Fédéral des Églises". En 1950, le "Conseil Fédéral des Églises" devenait très suspect, alors en 1950, il a changé de nom pour devenir le "Conseil National des Églises". Dois-je vous en dire plus sur la façon dont cet organisme détruit délibérément la foi dans le christianisme ? Je ne le pense pas ; mais je vais vous dire ceci. Si vous êtes membre d'une congrégation dont le pasteur et l'église sont membres de cette organisation de Judas ; vous et vos contributions aidez le complot des Illuminati à détruire le christianisme et votre foi en Dieu et en Jésus-Christ, ainsi vous livrez délibérément vos enfants à l'endoctrinement de l'incrédulité en Dieu et en l'Église et qui peut facilement les transformer en "athées". Vérifiez immédiatement si votre Église est membre du "National Council of Churches" et, pour l'amour de Dieu et de vos enfants, si c'est le cas, retirez-vous-en immédiatement. Cependant, laissez-moi vous avertir que le même processus de destruction de la religion a été infiltré dans d'autres dénominations. Si vous avez vu la manifestation "Negro on Selma" et d'autres manifestations de ce genre, vous avez vu comment les foules de Noirs sont dirigées et encouragées par des ministres (et même des prêtres et des religieuses catholiques) qui marchent avec eux. Il existe de nombreuses églises et pasteurs individuels qui sont honnêtes et sincères. Trouvez-en une pour vous et pour vos enfants.

"Incidemment, ce même révérend Harry F. Ward était également l'un des fondateurs de l'"American Civil Liberties Union", une organisation pro-communiste notoire. Il en a été le directeur de 1920 à 1940. Il était également cofondateur de la "Ligue Américaine Contre la Guerre et le Fascisme" qui, sous Browder, est devenue le "Parti Communiste des États-Unis". En bref, tout le passé de Ward empeste le communisme et il est identifié comme un membre du parti communiste. Il est mort en traître vicieux envers son église et son pays et c'est l'homme que le vieux John D. Rockefeller a choisi et financé pour détruire la religion chrétienne de l'Amérique, conformément aux ordres donnés à Schiff par les Rothschild.

"En conclusion, j'ai ceci à dire. Vous connaissez probablement l'histoire du Dr Frankenstein, qui a créé un monstre pour qu'il détruise ses victimes choisies, mais qui, à la fin, s'est retourné contre son propre créateur, Frankenstein, et l'a détruit. Eh bien, les Illuminati/CFR ont créé un monstre appelé "Nations Unies" (qui est soutenu par leurs groupes minoritaires, les Noirs émeutiers, les médias de masse traîtres et les traîtres de Washington D.C.) qui a été créé pour détruire le peuple américain. Nous savons tout sur cet hydromonstre à plusieurs têtes et nous connaissons les noms de ceux qui ont créé ce monstre. Nous connaissons tous leurs noms et je prédis qu'un beau jour, le peuple américain se réveillera pleinement et fera en sorte que ce même monstre détruise son créateur. C'est vrai ! La majorité de notre peuple subit encore un lavage de cerveau, est trompée et abusée par notre presse, notre télévision et notre radio traîtres, ainsi que par nos traîtres à Washington D.C. ; mais il est certain qu'à l'heure actuelle, on en sait assez sur l'ONU pour éradiquer cette organisation comme un serpent à sonnette mortel et venimeux parmi nous.

"Ma seule interrogation est la suivante : "que faudra-t-il pour réveiller et éveiller notre peuple à la pleine preuve ?". Peut-être que ce disque (cette transcription) le fera. Cent mille ou un million de copies de ce disque (cette transcription) peuvent le faire. Je prie Dieu qu'il le fasse.

Et je prie pour que cet enregistrement (cette transcription) vous inspire, vous tous, à diffuser cette histoire à tous les Américains loyaux de votre communauté. Vous pouvez le faire en le jouant (en le lisant) à des groupes d'étude rassemblés chez vous, lors de réunions de la Légion américaine, des VFW, de la DAR, de tous les autres groupes civiques et des clubs de femmes, surtout les clubs de femmes qui ont la vie de leurs fils en jeu. Avec cet enregistrement (transcription), je vous ai fourni l'arme qui détruira le monstre. Pour l'amour de Dieu, de notre pays et de vos enfants, utilisez-la ! Faites-en parvenir une copie dans chaque foyer américain.

Alors que de plus en plus de gens commencent à mourir de faim dans le monde, à cause d'actions directement liées à Washington D.C., peut-être que plus d'Américains commenceront à comprendre pourquoi le Jugement se retournera contre eux. Les États-Unis (et non l'Amérique) sont le Nouvel Ordre Mondial, et la plupart du reste du monde le comprend.

La ligue anti-diffamation du B'nai B'rith (ADL)

C onnue pour faire partie d'une opération conjointe des services de renseignements britanniques et du FBI, l'organisme de surveillance antisémite et la Gestapo des grands frères du B'nai B'rith ont été fondés en Amérique par le MI6, en 1913. L'ADL a été dirigée pendant un certain temps par Saul Steinberg, représentant américain et partenaire commercial de la famille Jacob de Rothschild de Londres, et a été conçue pour isoler et faire pression sur les groupes politiquement incorrects et leurs dirigeants, et les mettre hors d'état de nuire avant qu'ils ne deviennent trop importants et trop influents.

B'nai B'rith est un mot hébreu qui signifie en anglais "brotherhood of the covenant". B'nai se traduit par "frère" et B'rith signifie "alliance".

Son organisation sœur, l'Independent Order of B'nai B'rith, est une loge de fierté juive assimilationniste qui a été fondée en 1843 dans un restaurant de la ville de New York par des immigrants juifs franc-maçons et illuminati qui voulaient devenir américains. Parmi ses membres, on trouve David Bialkin, du cabinet d'avocats Comité des 300, Wilkie, Farr et Gallagher (Bialkin a dirigé l'ADL pendant de nombreuses années). Eddie Cantor, Eric Trist de Tavistock, Leon Trotsky et John Graham, alias Irwin Suall. Suall étant un membre des SIS britanniques, les services secrets d'élite.

Le Dr John Coleman conseille dans son livre, The Committee of 300, *"Que personne ne sous-estime le pouvoir de l'ADL ni sa longue portée"*.

L'ADL — le groupe haineux le plus puissant d'Amérique

L'Anti-Defamation League est le groupe haineux le plus ancien et le plus puissant des États-Unis, avec 28 bureaux dans le pays et 3 bureaux à l'étranger. Elle rapporte près de 60 millions de dollars par an pour combattre la liberté d'expression et le droit des minorités ethniques à se défendre contre le sectarisme (y compris les musulmans noirs, les Arabes et les Euro-Américains). [Note du Sabe — ajoutez les listes de haine qu'ils ont préparées pour le FBI Louis Freeh, qui était de mèche avec le KGB dans son propre département et en Russie.]

L'Anti-Defamation League a été créée en 1913 par la société secrète raciste connue sous le nom de B'nai B'rith (qui signifie "sang des élus").

Cette organisation, qui existe aujourd'hui, exclut les personnes en fonction de leur origine ethnique et de leur religion. Elle est exclusivement réservée aux juifs puissants qui croient en leur supériorité raciale sur les autres peuples.

L'ADL a été le fer de lance des efforts de censure contre toutes les personnes qui souhaitent s'exprimer sur le plan culturel et racial. Le directeur de l'ADL, Richard Gutstadt, a écrit à tous les périodiques qu'il a pu trouver pour censurer le livre "The Conquest of a Continent". M. Gutstadt écrit effrontément : "Nous souhaitons étouffer la vente de ce livre." L'ADL a également contribué à terroriser St Martin's Press pour qu'elle annule son contrat avec David Irving l'année dernière.

L'ADL tente de couvrir ses activités anti-liberté d'expression en remettant occasionnellement un prix "Torche de la liberté". Le récipiendaire le plus connu est le marchand de chair et dénigreur de femmes Hugh Hefner. Le pornographe obscène Larry Flynt est un autre partisan qui a versé des centaines de milliers de dollars à l'ADL.

Les opérations criminelles et d'espionnage de l'ADL

En 1993, les bureaux de San Francisco et de Los Angeles de l'ADL ont fait l'objet de perquisitions pour trouver des preuves de méfaits criminels dans de nombreux domaines. Les perquisitions ont permis de découvrir des preuves de la participation de l'ADL au vol de dossiers confidentiels de la police, dérobés aux services de police californiens.

L'ADL a payé un salaire à Roy Bullock pendant des décennies pour espionner les gens et voler des dossiers de la police. Il a volé des dossiers au SFPD par l'intermédiaire du flic corrompu Tom Gerard. Son contact illicite à San Diego était le shérif raciste blanc Tim

Carroll.

L'ADL a été étroitement liée au crime organisé, notamment au chef de la mafia de Las Vegas, Meyer Lansky. [Lansky a payé les balles qui ont frappé JFK et RFK lui et Carlos Marcellos ; le lien entre Larry Flynt et l'ADL est "très intéressant, mais vous voyez qu'il devait de l'argent à la mafia".

Theodore Silbert a travaillé simultanément pour l'ADL et la Sterling National Bank (une opération mafieuse contrôlée par le syndicat Lansky).

En fait, la petite-fille du chef de la mafia, Lansky, est elle-même la liaison de l'ADL avec les forces de l'ordre, Mira Lansky Boland. (Quel arrangement convenable ! Elle a utilisé l'argent de l'ADL pour offrir à Tim Carroll et Tom Gerard des vacances de luxe en Israël, tous frais payés).

Un autre gangster de Las Vegas, Moe Dalitz, a été honoré par l'ADL en 1985. Un autre contributeur louche aux activités suprématistes de l'ADL est le Milken Family Fund, célèbre pour ses "junk bonds". L'ADL utilise sa machine de propagande bien huilée pour protéger ses "amis" de la mafia et de l'industrie pornographique en criant "antisémitisme ! ! ! ! !" au moindre mouvement de la loi contre ces intérêts pervers.

L'intimidation ethnique de l'ADL

L'ADL est passé maître dans l'art de l'intimidation et du chantage, contrairement à toutes les puissantes mafias auxquelles il est associé. L'ADL a des contacts influents dans les médias et la politique qui peuvent ruiner une personne ou une entreprise si elle ne suit pas l'agenda de l'ADL.

On a déjà mentionné des cas de mauvais flics tombant sous l'attrait de l'ADL, comme Tom Gerard et Tim Carroll. Pourtant, maintenant, de bons flics et même des flics débutants sont "conditionnés" pour le type d'État policier antiliberté d'expression et antidiversité culturelle que l'ADL voudrait pour notre pays.

Dans tout le pays, l'ADL menace les services de police de toutes sortes de représailles s'ils n'organisent pas de conférences et de séminaires financés par l'État pour les forces de l'ordre et donnés par des porte-parole de l'ADL. L'ADL récolte de grosses sommes d'argent pour ces sessions, ce qui fait gonfler ses coffres déjà bien remplis. Des hommes de l'ADL ont déjà été vus sur les lieux de crimes en train de donner des ordres aux policiers sur la manière dont les enquêtes doivent être menées.

Jamais peut-être dans l'histoire une autre organisation criminelle, telle que l'ADL, n'a été capable d'infiltrer et d'influencer les forces de l'ordre dans une telle mesure, et ses tentacules ne cessent de croître. Les nouveaux shérifs de San Diego sont maintenant personnellement "formés" à répondre aux "crimes" par le directeur du sud-ouest de l'ADL, Morris Casuto.

La partie la plus alarmante de cette horrible histoire est que l'ADL est une organisation suprématiste raciale/religieuse très puissante et secrète, qui a des liens importants avec le monde du crime et de la pornographie. Pour se frayer un chemin dans l'esprit des enfants, l'ADL a créé le programme "World of Difference", conçu pour susciter la haine de soi chez les jeunes enfants et les persuader d'aller à l'encontre de leur propre peuple et de leur héritage.

On enseigne aux enfants que l'homosexualité et les relations interraciales sont des vertus, de grandes épiphanies à vivre. Dans un rapport adressé à ses rares, mais riches, partisans en 1995, l'ADL se vante d'avoir touché plus de dix millions d'étudiants et que d'autres sont prêts à être endoctrinés. L'ADL espère rendre les enfants sensibles au monde du crime et du vice qu'eux et leurs associés criminels réservent à l'Amérique.

La galerie des voleurs de l'ADL criminel Abe Foxman [Foxman est celui qui a reçu un pot-de-vin de Marc Rich et oui, ils ont gardé cet argent de plus de 250 000 $].

Le chef de l'ADL et maître de l'espionnage

Roy Bullock, l'informateur rémunéré de l'ADL, qui a fouillé dans les poubelles pendant des décennies pour l'ADL, jusqu'à ce qu'on lui confie le poste sensible d'intermédiaire pour les dossiers de police volés provenant de la police de San Francisco par l'intermédiaire de Tom Gerard. Il était payé 550$ par semaine pour ses services. C'était aussi un associé du shérif raciste Tim Carroll. Son existence a été découverte après les descentes du FBI dans les bureaux de l'ADL en 1993 et a permis la publication de 750 pages d'informations sur les opérations d'espionnage de l'ADL.

Tom Gerard, l'officier de la police de San Francisco qui a volé des fichiers sensibles et confidentiels de son agence et les a remis à Roy Bullock pour aider l'ADL dans ses opérations d'espionnage des Américains. Parmi les dossiers volés figuraient ceux sur les musulmans noirs, les Arabes et les organisations de droite qui critiquaient l'ADL de quelque manière que ce soit. Il a reçu des vacances de luxe en Israël, tous frais payés, grâce à l'aide de l'ADL.

Tim Carroll, l'ex-détective raciste dans le département du shérif de San Diego. A fait remarquer en 1993 qu'il aimerait voir "tous les étrangers en situation irrégulière abattus" et "tous les nègres renvoyés en Afrique sur un bateau construit en peau de banane".

Un associé de Roy Bullock et de Tom Gerard. Il a mystérieusement pris sa retraite du département du shérif après les raids sur les bureaux de l'ADL, à l'âge de 54 ans. Il a également reçu des vacances de luxe en Israël, tous frais payés, grâce à l'ADL. En dépit de sa nature ouvertement raciste, il a été chargé de la sécurité de la convention nationale de l'ADL en septembre 1997, utilisant des tactiques de force contre les participants et les visiteurs. Ceci est intéressant si l'on considère que ce sont ses confessions maladroites à un enquêteur qui ont conduit aux raids sur l'ADL.

Mira Lansky Boland

La "liaison avec les forces de l'ordre" pour l'ADL. Elle organisait des voyages de luxe en Israël pour certains officiers de police clé qui pouvaient avoir quelque chose à offrir à l'ADL en retour. Parmi eux, le voleur de dossiers Tom Gerard et le raciste Tim Carroll. Elle occupe une position unique dans la mesure où elle est la petite-fille de Meyer Lansky, l'une des figures mafieuses les plus puissantes de l'histoire des États-Unis.

Hugh Hefner

Célèbre pornographe qui a été honoré par l'ADL avec son ridicule prix "Torch of Freedom". De lui procède la protection de toute la pornographie dans ce pays, qui est et a toujours été associée à des éléments de vice comme la mafia et l'ADL.

Larry Flynt

Ce pornographe est un contributeur majeur de l'ADL à hauteur de 100 000 dollars. Il a été emprisonné à plusieurs reprises pour "pornographie obscène" et pour la profanation générale et hideuse des femmes dans son magazine *Hustler* [également façade de la mafia —

Famille Gambino, et Lansky a ordonné l'exécution de cette ordure — Note Saba].

Theodore Silbert

Associé de Meyer Lansky, employé de l'ADL et du front mafieux "Sterling Bank". Était simultanément PDG de la "Sterling Bank" et commissaire national de l'ADL.

Moe Dalitz

Figure de la mafia de Las Vegas et proche associé de Meyer Lansky qui a été honoré par l'ADL en 1985.

Fonds de la famille Milken

Un fonds d'un milliard de dollars qui a beaucoup donné à l'ADL, dont l'argent a été gagné dans les scandales des "junk bonds".

Morris Casuto

Directeur de l'ADL pour le sud-ouest du pays, qui forme personnellement les nouveaux membres des forces de l'ordre pour qu'ils lui obéissent, à lui et à son organisation incriminée. Morris Casuto est également un ami proche du raciste Tim Carroll.

LA CIA

La Central Intelligence Agency a été créée à la fin de la Seconde Guerre mondiale afin de lutter contre la nouvelle guerre froide secrète. Elle trouve ses racines dans l'OSS (Office of Strategic Services), l'organisation de renseignement militaire déjà formée, qui s'est fait connaître par son contrôle du très secret projet Manhattan, qui a mis au point la première bombe nucléaire.

Les pères fondateurs de la CIA, William "Wild Bill" Donovan et Allen Dulles, étaient tous deux d'éminents catholiques romains et membres de la société secrète des "Chevaliers de Malte".

Des documents récemment déclassifiés montrent qu'après la guerre, les Chevaliers de Malte ont contribué à l'évasion de nombreux nazis de premier plan, notamment des scientifiques des camps de la mort et de nombreux membres des cercles intérieurs de la Gestapo de l'occultiste Heinrich Himmler, le service de renseignement nazi. Nombre d'entre eux, dont le général Reinhard Gehlen, chevalier de Malte, sont allés directement travailler pour la toute nouvelle CIA, qui, sur l'insistance de Donovan, était désormais une organisation civile. Le général Dwight Eisenhower, fervent antinazi, et l'armée américaine étaient ainsi écartés de l'équation initiale, ce qui permettait à la CIA de représenter les intérêts des industriels américains et des sociétés transnationales, au-delà des intérêts du peuple américain.

Les liens étroits des Chevaliers de Malte avec le mouvement nazi trouvent leur base idéologique dans leur système de croyances rosicrucien commun. Selon ce système, l'évolution de l'homme est freinée par certaines sous-races inférieures qui doivent être éliminées pour que le processus puisse se poursuivre. Par l'intermédiaire de la CIA, ce système de croyances féodales s'est infiltré au cœur de l'Amérique démocratique. Sous le couvert de l'appareil de la guerre froide, la CIA est devenue un leader mondial de la guerre biologique et chimique, des techniques de contrôle mental, des opérations psychologiques, de la propagande et de la guerre secrète.

La CIA est largement subordonnée aux agences de renseignement britanniques, aux sociétés multinationales et même à la famille royale.

Par l'intermédiaire du MI6 et de nombreux "groupes de réflexion" contrôlés par l'oligarchie, explique Coleman, les usines de propagande américaines — les principaux réseaux et agences d'information — produisent des fabrications immondes que peu reconnaissent comme de la propagande.

UNE CHRONOLOGIE DES ATROCITÉS DE LA CIA

La chronologie suivante ne décrit que quelques-unes des centaines d'atrocités et de crimes commis par la CIA.[41]

Les opérations de la CIA suivent le même scénario récurrent. Premièrement, les intérêts commerciaux américains à l'étranger sont menacés par un dirigeant populaire ou démocratiquement élu. Le peuple soutient son dirigeant parce qu'il a l'intention de mener une réforme agraire, de renforcer les syndicats, de redistribuer les richesses, de nationaliser les industries détenues par des étrangers et de réglementer les affaires pour protéger les travailleurs, les consommateurs et l'environnement. Ainsi, au nom des entreprises américaines, et souvent avec leur aide, la CIA mobilise l'opposition. Elle identifie d'abord les groupes de droite dans le pays (généralement les militaires) et leur propose un marché : "Nous vous mettrons au pouvoir si vous maintenez un climat commercial favorable pour nous". Ensuite l'Agence embauche, forme et travaille avec eux pour renverser le gouvernement en place (généralement une démocratie). Elle a recours à tous les stratagèmes possibles : propagande, bulletins de vote remplis, élections achetées, extorsion, chantage, intrigues sexuelles, fausses histoires sur les opposants dans les médias locaux, infiltration et perturbation des partis politiques adverses, enlèvements, passages à tabac, torture, intimidation, sabotage économique, escadrons de la mort et même assassinat. Ces efforts aboutissent à un coup d'État militaire, qui installe un dictateur de droite. La CIA forme l'appareil de sécurité du dictateur à la répression des ennemis traditionnels des grandes entreprises, en recourant aux interrogatoires,

---

[41] Cf. *CIA — Organisation criminelle : Comment l'agence corrompt l'Amérique et le monde*, Le Retour aux Sources, www.leretourauxsources.com, NDÉ.

à la torture et au meurtre. On dit que les victimes sont des "communistes", mais il s'agit presque toujours de paysans, de libéraux, de modérés, de dirigeants syndicaux, d'opposants politiques et de défenseurs de la liberté d'expression et de la démocratie. S'ensuivent des violations généralisées des droits de l'homme.

Ce scénario a été répété si souvent que la CIA l'enseigne dans une école spéciale, la fameuse "École des Amériques". (Les critiques l'ont surnommée "l'école des dictateurs" et "l'école des assassins". La CIA y forme des officiers militaires latino-américains à la conduite de coups d'État, y compris à l'utilisation d'interrogatoires, de la torture et du meurtre.

L'Association for Responsible Dissent estime qu'en 1987, 6 millions de personnes étaient mortes à la suite d'opérations secrètes de la CIA. L'ancien fonctionnaire du département d'État William Blum appelle cela à juste titre un "holocauste américain".

La CIA justifie ces actions comme faisant partie de sa guerre contre le communisme. Mais la plupart des coups d'État n'impliquent pas une menace communiste. Les nations malchanceuses sont ciblées pour une grande variété de raisons : non seulement des menaces pour les intérêts commerciaux américains à l'étranger, mais aussi des réformes sociales libérales ou même modérées, l'instabilité politique, la réticence d'un dirigeant à exécuter les diktats de Washington, et des déclarations de neutralité dans la guerre froide. En effet, rien n'a autant exaspéré les directeurs de la CIA que le désir d'une nation de rester en dehors de la guerre froide.

L'ironie de toutes ces interventions est qu'elles échouent souvent à atteindre les objectifs américains. Souvent, le dictateur nouvellement installé se sent à l'aise avec l'appareil de sécurité que la CIA a construit pour lui. Il devient un expert dans la gestion d'un État policier. Et comme le dictateur sait qu'il ne peut être renversé, il devient indépendant et défie la volonté de Washington. La CIA s'aperçoit alors qu'elle ne peut pas le renverser, car la police et l'armée sont sous le contrôle du dictateur et ont peur de coopérer avec les espions américains par peur de la torture et de l'exécution. Les deux seules options pour les États-Unis à ce stade sont l'impuissance ou la guerre. Parmi les exemples de cet "effet boomerang", citons le shah d'Iran, le général Noriega et Saddam Hussein. L'effet boomerang explique également pourquoi la CIA s'est avérée très efficace pour renverser les démocraties, mais a échoué lamentablement à renverser les dictatures. La chronologie suivante devrait confirmer que la CIA telle que nous la connaissons devrait être abolie et remplacée par une véritable organisation de collecte et d'analyse d'informations. La CIA ne peut être réformée — elle est institutionnellement et culturellement corrompue.

1929

La culture que nous avons perdue — Le secrétaire d'État Henry Stimson refuse d'approuver une opération de décryptage du code, déclarant : "Les messieurs ne lisent pas le courrier des autres."

1941

Création du COI — En prévision de la Seconde Guerre mondiale, le président Roosevelt crée le Bureau du coordinateur de l'information (COI). Le général William "Wild Bill" Donovan dirige le nouveau service de renseignements.

1942

Création de l'OSS — Roosevelt restructure le COI en quelque chose de plus adapté à l'action secrète, l'Office of Strategic Services (OSS). Donovan recrute un si grand nombre de riches et de puissants de la nation que les gens finissent par plaisanter en disant que "OSS" signifie "Oh, si social !" ou "Oh, quels snobs !".

1943

Italie — Donovan recrute l'Église catholique de Rome pour en faire le centre des opérations d'espionnage anglo-américaines dans l'Italie fasciste. Il s'agira de l'une des alliances de renseignement les plus durables de l'Amérique pendant la guerre froide.

1945

L'OSS est supprimé — Les autres agences d'information américaines cessent leurs actions secrètes et retournent à la collecte et à l'analyse inoffensive d'informations.

Opération Paperclip - pendant que d'autres agences américaines traquent les criminels de guerre nazis pour les arrêter, les services de renseignements américains les font entrer en Amérique, impunis, pour les utiliser contre les Soviétiques. Le plus important d'entre eux est Reinhard Gehlen, le maître-espion d'Hitler qui avait construit un réseau de renseignements en Union soviétique. Avec la pleine bénédiction des États-Unis, il crée l'"Organisation Gehlen", une bande d'espions nazis réfugiés qui réactivent leurs réseaux en Russie. Parmi eux, les officiers de renseignement SS Alfred Six et Emil Augsburg (qui ont massacré des Juifs pendant l'Holocauste), Klaus Barbie [le "boucher de Lyon"], Otto von Bolschwing (le cerveau de l'Holocauste qui a travaillé avec Eichmann. L'Organisation Gehlen fournit aux États-Unis ses seuls renseignements sur l'Union soviétique pendant les dix années suivantes, servant de pont entre la suppression de l'OSS et la création de la CIA. Cependant, une grande partie des "renseignements" fournis par les anciens nazis sont faux. Gehlen gonfle les capacités militaires soviétiques à une époque où la Russie est encore à reconstruire sa société dévastée, afin de gonfler sa propre importance aux yeux des Américains (qui pourraient autrement le punir). En 1948, Gehlen convainc presque les Américains que la guerre est imminente et que l'Occident doit procéder à une attaque préventive. Dans les années 50, il produit un "écart de missiles" fictif. Pour aggraver les choses, les Russes ont soigneusement infiltré l'Organisation Gehlen avec des agents doubles, sapant la sécurité américaine que Gehlen était censé protéger.

1947

Grèce — Le président Truman demande une aide militaire à la Grèce pour soutenir les forces de droite qui combattent les rebelles communistes. Pendant le reste de la guerre froide, Washington et la CIA soutiendront des dirigeants grecs notoires dont le bilan en matière de droits de l'homme est déplorable.

Création de la CIA — Le président Truman signe le National Security Act de 1947, qui crée la Central Intelligence Agency et le National Security Council. La CIA est responsable devant le président par l'intermédiaire du NSC — il n'y a pas de contrôle démocratique ou du Congrès. Sa charte permet à la CIA de "remplir d'autres fonctions et devoirs… que le Conseil de sécurité nationale peut de temps en temps lui ordonner". Cette faille ouvre la porte aux actions secrètes et aux coups bas.

1948

Création d'une aile d'action secrète — La CIA recrée une aile d'action secrète, innocemment appelée Office of Policy Coordination, dirigée par Frank Wisner, avocat de Wall Street. Selon sa charte secrète, ses responsabilités comprennent "la propagande, la guerre économique, l'action directe préventive, y compris le sabotage, l'antisabotage, les procédures de démolition et d'évacuation ; la subversion contre les États hostiles, y compris l'aide aux groupes de résistance clandestins, et le soutien des éléments anticommunistes indigènes dans les pays menacés du monde libre".

Italie — La CIA corrompt les élections démocratiques en Italie, où les communistes italiens menacent de gagner les élections. La CIA achète des votes, diffuse de la propagande, menace et bat les dirigeants de l'opposition, et infiltre et perturbe leurs organisations. Cela fonctionne — les communistes sont vaincus.

1949

Radio Free Europe — La CIA crée son premier grand organe de propagande, Radio Free Europe. Au cours des décennies suivantes, ses émissions sont si manifestement fausses que, pendant un certain temps, il est considéré comme illégal d'en publier les transcriptions aux États-Unis.

Fin des années 40

Opération MOCKINGBIRD — La CIA commence à recruter des organismes de presse et des journalistes américains pour en faire des espions et des diffuseurs de propagande. Cette initiative est dirigée par Frank Wisner, Allan Dulles, Richard Helms et Philip Graham. Graham est l'éditeur du Washington Post, qui devient un acteur majeur de la CIA. Finalement, les actifs médiatiques de la CIA comprendront ABC, NBC, CBS, Time, Newsweek, Associated Press, United Press International, Reuters, Hearst Newspapers, Scripps-Howard, Copley News, etc.

Service et plus encore. De l'aveu même de la CIA, au moins 25 organisations et 400 journalistes deviendront des atouts pour la CIA.

1953

Iran — La CIA renverse Mohammed Mossadegh, démocratiquement élu, par un coup d'État militaire, après qu'il ait menacé de nationaliser le pétrole britannique. La CIA le remplace par un dictateur, le Shah d'Iran, dont la police secrète, la SAVAK, est aussi brutale que la Gestapo.

Opération MK-ULTRA[42] - Inspirée par le programme de lavage de cerveau de la Corée du Nord, la CIA commence des expériences sur le contrôle de l'esprit. La partie la plus connue de ce projet consiste à administrer du LSD et d'autres drogues à des sujets américains à leur insu ou contre leur volonté, ce qui provoque le suicide de plusieurs d'entre eux. Cependant, l'opération va bien au-delà. Financée en partie par les fondations Rockefeller et Ford, la recherche comprend la propagande, le lavage de cerveau, les relations publiques, la publicité, l'hypnose et d'autres formes de suggestion.

1954

Guatemala — La CIA renverse le gouvernement démocratiquement élu de Jacob Arbenz par un coup d'État militaire. Arbenz a menacé de nationaliser la United Fruit Company, propriété des Rockefeller, dans laquelle le directeur de la CIA Allen Dulles possède également des actions. Arbenz est remplacé par une série de dictateurs de droite dont les politiques sanguinaires tueront plus de 100 000 Guatémaltèques au cours des 40 prochaines années.

1954-1958

Nord-Vietnam — L'agent de la CIA Edward Lansdale passe quatre ans à essayer de renverser le gouvernement communiste du Nord-Vietnam, en utilisant tous les coups bas habituels. La CIA tente également de légitimer un régime fantoche tyrannique au Sud-Vietnam, dirigé par Ngo Dinh Diem. Ces efforts ne parviennent pas à gagner les cœurs et les esprits des Sud-Vietnamiens, car le gouvernement Diem s'oppose à une véritable démocratie, à une réforme agraire et à des mesures de réduction de la pauvreté. L'échec continu de la CIA entraîne une escalade de l'intervention américaine, qui aboutit à la guerre du Vietnam.

1956

Hongrie - Radio Free Europe incite la Hongrie à la révolte en diffusant le discours secret de Khrouchtchev, dans lequel il dénonce Staline. Elle laisse également entendre que l'aide américaine aidera les Hongrois à se battre. Cette aide ne se concrétise pas et les Hongrois lancent une révolte armée vouée à l'échec, qui ne fait qu'inviter une

---

[42] Cf. *MK Ultra – Abus rituels et contrôle mental,* Alexandre Lebreton, Omnia Veritas Ltd, www.omnia-veritas.com

invasion soviétique majeure. Le conflit fait 7000 morts parmi les Soviétiques et 30 000 parmi les Hongrois.

1957-1973

Laos — La CIA effectue environ un coup d'État par an pour tenter d'annuler les élections démocratiques au Laos. Le problème est le Pathet Lao, un groupe de gauche bénéficiant d'un soutien populaire suffisant pour faire partie de tout gouvernement de coalition. À la fin des années 50, la CIA crée même une "Armée Clandestine" de mercenaires asiatiques pour attaquer le Pathet Lao. Après que l'armée de la CIA ait subi de nombreuses défaites, les États-Unis se mettent à bombarder, larguant plus de bombes sur le Laos que tous les pays de l'Union européenne n'en ont reçu pendant la Seconde Guerre mondiale. Un quart de tous les Laotiens deviendront finalement des réfugiés, beaucoup vivant dans des grottes.

1959

Haïti — L'armée américaine aide "Papa Doc" Duvalier à devenir le dictateur d'Haïti. Il crée sa propre force de police privée, les "Tontons Macoutes", qui terrorisent la population à coups de machettes. Ils tueront plus de 100 000 personnes pendant le règne de la famille Duvalier. Les États-Unis ne protestent pas contre leur bilan lamentable en matière de droits de l'homme.

1961

La baie des Cochons — La CIA envoie 1500 exilés cubains pour envahir le Cuba de Castro. Mais l'"Opération Mangouste" échoue, en raison d'une planification, d'une sécurité et d'un soutien insuffisants. Les planificateurs avaient imaginé que l'invasion déclencherait un soulèvement populaire contre Castro — ce qui ne se produit jamais. Une attaque aérienne américaine promise ne se produit pas non plus. Il s'agit du premier échec public de la CIA, ce qui amène le président Kennedy à renvoyer le directeur de la CIA, Allen Dulles.

République dominicaine — La CIA assassine Rafael Trujillo, un dictateur meurtrier que Washington soutient depuis 1930. Les intérêts commerciaux de Trujillo sont devenus si importants (environ 60% de l'économie) qu'ils ont commencé à concurrencer les intérêts commerciaux américains.

Équateur — L'armée soutenue par la CIA force le président démocratiquement élu Jose Velasco à démissionner. Le vice-président Carlos Arosemana le remplace ; la CIA pourvoit à la vice-présidence désormais vacante avec son propre homme.

Congo (Zaïre) — La CIA assassine Patrice Lumumba, élu démocratiquement. Cependant, le soutien de la population à la politique de Lumumba est tel que la CIA ne peut pas clairement installer ses adversaires au pouvoir. Quatre années d'agitation politique s'ensuivent.

1963

République dominicaine — La CIA renverse le gouvernement démocratiquement élu de Juan Bosch par un coup d'État militaire. La CIA installe une junte répressive d'extrême droite.

Équateur — Un coup d'État militaire soutenu par la CIA renverse le président Arosemana, dont les politiques indépendantes (non socialistes) sont devenues inacceptables pour Washington. Une junte militaire prend le pouvoir, annule les élections de 1964 et commence à violer les droits de l'homme.

1964

Brésil — Un coup d'État militaire soutenu par la CIA renverse le gouvernement démocratiquement élu de Joao Goulart. La junte qui le remplace deviendra, au cours des deux décennies suivantes, l'une des plus sanguinaires de l'histoire. Le général Castelo Branco va créer les premiers escadrons de la mort d'Amérique latine, c'est-à-dire des bandes de policiers secrets qui traquent les "communistes" pour les torturer, les interroger et les assassiner. Souvent, ces "communistes" ne sont rien d'autre que des opposants politiques de Branco. Il sera révélé plus tard que la CIA forme les escadrons de la mort.

1965

Indonésie — La CIA renverse le président démocratiquement élu Sukarno par un coup d'État militaire. La CIA tente d'éliminer Sukarno depuis 1957, en recourant à toutes sortes de moyens, de la tentative d'assassinat à l'intrigue sexuelle, pour rien de plus que sa déclaration de neutralité dans la guerre froide. Son successeur, le général Suharto, massacrera entre 500 000 et 1 million de civils accusés d'être "communistes". La CIA fournit les noms d'innombrables suspects.

République dominicaine — Une rébellion populaire éclate, promettant de réinstaller Juan Bosch comme dirigeant élu du pays. La révolution est écrasée lorsque les Marines américains débarquent pour maintenir le régime militaire par la force.

La CIA dirige tout en coulisse. *Grèce* - avec l'appui de la CIA, le roi destitue George Papandreous de son poste de Premier ministre. Papandreous n'a pas réussi à soutenir vigoureusement les intérêts américains en Grèce. Congo (Zaïre) — un coup d'État militaire soutenu par la CIA installe Mobutu Sese Seko comme dictateur. Détesté et répressif, Mobutu exploite son pays désespérément pauvre pour en tirer des milliards.

1966

L'affaire Ramparts — Le magazine radical Ramparts entame une série d'articles anti-CIA sans précédent. Parmi leurs scoops : la CIA a payé l'Université du Michigan 25 millions de dollars pour engager des "professeurs" chargés de former les étudiants sud-vietnamiens aux méthodes policières secrètes. Le MIT et d'autres universités ont reçu des paiements similaires. Ramparts révèle également que l'Association nationale des étudiants est une façade de la CIA. Les étudiants sont parfois recrutés par le biais de chantage et de pots-de-vin, y compris des reports de conscription.

1967

Grèce — Un coup d'État militaire soutenu par la CIA renverse le gouvernement deux jours avant les élections. Le favori était George Papandreous, le candidat libéral. Au cours des six années suivantes, le "règne des colonels" — soutenu par la CIA — donnera lieu à une utilisation généralisée de la torture et du meurtre contre les opposants politiques. Quand un ambassadeur grec s'oppose au président Johnson au sujet des plans américains pour Chypre, Johnson lui répond :

"J'emmerde votre parlement et votre constitution."

Opération Phoenix — La CIA aide des agents sud-vietnamiens à identifier puis à assassiner des chefs Viêt-Cong présumés opérant dans des villages sud-vietnamiens. Selon un rapport du Congrès de 1971, cette opération a tué environ 20 000 "Viêt-Cong".

1968

Opération CHAOS — La CIA espionne illégalement les citoyens américains depuis 1959, mais avec l'opération CHAOS, le président Johnson donne un coup d'accélérateur spectaculaire. Des agents de la CIA se font passer pour des étudiants radicaux afin d'espionner et de perturber les organisations universitaires qui protestent contre la guerre du Vietnam. Ils recherchent des instigateurs russes, qu'ils ne trouvent jamais. CHAOS finira par espionner 7000 personnes et 1000 organisations.

Bolivie — Une opération militaire organisée par la CIA capture le légendaire guérillero Che Guevara. La CIA veut le garder en vie pour l'interroger, mais le gouvernement bolivien l'exécute pour éviter les appels mondiaux à la clémence.

1969

Uruguay — Le célèbre tortionnaire de la CIA Dan Mitrione arrive en Uruguay, un pays déchiré par les conflits politiques. Alors que les forces de droite utilisaient auparavant la torture qu'en dernier recours, Mitrione les convainc de l'utiliser comme une pratique courante et généralisée. "La douleur précise, à l'endroit précis, en quantité précise, pour l'effet désiré", telle est sa devise. Les techniques de torture qu'il enseigne aux escadrons de la mort rivalisent avec celles des nazis. Il finit par être tellement craint que des révolutionnaires l'enlèveront et l'assassineront un an plus tard.

1970

Cambodge — La CIA renverse le prince Sahounek, très populaire parmi les Cambodgiens pour les avoir tenus à l'écart de la guerre du Vietnam. Il est remplacé par Lon Nol, marionnette de la CIA, qui lance immédiatement les troupes cambodgiennes dans la bataille. Cette décision impopulaire renforce des partis d'opposition autrefois mineurs, comme les Khmers rouges, qui prennent le pouvoir en 1975 et massacrent des millions de leurs concitoyens.

1971

Bolivie - Après une demi-décennie de troubles politiques inspirés par la CIA, un coup d'État militaire soutenu par la CIA renverse le président de gauche Juan Torres. Au cours des deux années suivantes, le dictateur Hugo Banzer fera arrêter plus de 2000 opposants politiques sans procès, puis les fera torturer, violer et exécuter.

Haïti - "Papa Doc" Duvalier meurt, laissant son fils de 19 ans, "Baby Doc" Duvalier, devenir le dictateur d'Haïti. Son fils poursuit son règne sanglant avec la pleine connaissance de la CIA.

1972

La loi Case-Zablocki — Le Congrès adopte une loi exigeant un examen par le Congrès des accords exécutifs. En théorie, cela devrait rendre les opérations de la CIA plus responsables. En fait, elle n'est que très peu efficace.

Cambodge — Le Congrès vote pour couper les fonds de la CIA pour sa guerre secrète au Cambodge.

Effraction au Watergate — Le président Nixon envoie une équipe de cambrioleurs pour mettre sur écoute les bureaux des démocrates au Watergate. Les membres de l'équipe ont un lourd passé à la CIA, notamment James McCord, E. Howard Hunt et cinq des cambrioleurs cubains. Ils travaillent pour le Committee to Reelect the President (CREEP), qui fait du sale boulot comme perturber les campagnes démocrates et blanchir les contributions illégales de Nixon à la campagne. Les activités du CREEP sont financées et organisées par une autre couverture de la CIA, la Mullen Company.

1973

Chili — La CIA renverse et assassine Salvador Allende, le premier dirigeant socialiste démocratiquement élu d'Amérique latine. Les problèmes commencent lorsque Allende nationalise les entreprises américaines au Chili. ITT offre à la CIA 1 million de dollars pour un coup d'État (qui aurait été refusé). La CIA remplace Allende par le général Augusto Pinochet, qui torturera et assassinera des milliers de ses compatriotes dans le cadre d'une répression contre les dirigeants syndicaux et la gauche politique.

La CIA entame des enquêtes internes — William Colby, directeur adjoint des opérations, ordonne à tout le personnel de la CIA de signaler toute activité illégale dont il a connaissance. Ces informations sont ensuite communiquées au Congrès.

Scandale du Watergate — Le principal journal collaborateur de la CIA en Amérique, le *Washington Post*, rapporte les crimes de Nixon bien avant que tout autre journal ne s'empare du sujet. Les deux reporters, Woodward et Bernstein, ne mentionnent pratiquement pas les nombreuses empreintes digitales de la CIA sur le scandale. Il est révélé par la suite que Woodward a été chargé du renseignement naval à la Maison-Blanche et qu'il connaît de nombreuses personnalités du renseignement, dont le général Alexander Haig. Sa principale source, "Gorge Profonde", est probablement l'une d'entre elles.

Le directeur de la CIA Helms est licencié — Le président Nixon licencie le directeur de la CIA Richard Helms pour n'avoir pas contribué à étouffer le scandale du Watergate. Helms et Nixon se sont toujours détestés. Le nouveau directeur de la CIA est William Colby, qui est relativement plus ouvert à la réforme de la CIA.

1974

L'opération CHAOS dévoilée — Le journaliste Seymour Hersh, lauréat du prix Pulitzer, publie un article sur l'opération CHAOS, la surveillance intérieure et l'infiltration des groupes anti-guerre et de défense des droits civiques aux États-Unis. L'article suscite une indignation nationale.

Angleton renvoyé — Le Congrès tient des audiences sur les efforts d'espionnage domestique illégal de James Jesus Angleton, chef du contre-espionnage de la CIA. Ses efforts comprenaient des campagnes d'ouverture de courrier et la surveillance secrète de manifestants contre la guerre. Les auditions aboutissent à son renvoi de la CIA.

La Chambre des représentants innocente la CIA dans le Watergate — La Chambre des représentants innocente la CIA de toute complicité dans le cambriolage du Watergate par Nixon.

Loi Hughes-Ryan — Le Congrès adopte un amendement exigeant du président qu'il rende compte des opérations de non-renseignement de la CIA aux commissions compétentes du Congrès en temps utile.

1975

Australie — La CIA contribue à renverser le gouvernement de gauche démocratiquement élu du Premier ministre Edward Whitlam. Pour ce faire, la CIA lance un ultimatum au gouverneur général, John Kerr. Kerr, un collaborateur de longue date de la CIA, exerce son droit constitutionnel de dissoudre le gouvernement Whitlam. Le gouverneur général est un poste essentiellement cérémoniel nommé par la reine ; le Premier ministre est élu démocratiquement. Le recours à cette loi archaïque et jamais utilisée stupéfie la nation.

Angola - désireux de démontrer la détermination militaire des États-Unis après leur défaite au Vietnam, Henry Kissinger lance une guerre en Angola soutenue par la CIA. Contrairement aux affirmations de Kissinger, l'Angola est un pays de faible importance stratégique et non sérieusement menacé par le communisme. La CIA soutient le chef brutal des UNITAS, Jonas Savimbi. Cela polarise la politique angolaise et pousse ses opposants dans les bras de Cuba et de l'Union soviétique pour survivre. Le Congrès coupera les fonds en 1976, mais la CIA est en mesure de mener la guerre au noir jusqu'en 1984, date à laquelle le financement est à nouveau légalisé. Cette guerre totalement inutile tue plus de 300 000 Angolais.

"La CIA et le culte du renseignement" — Victor Marchetti et John Marks publient cette histoire dénonciatrice des crimes et abus de la CIA. Marchetti a passé 14 ans à la CIA, devenant finalement assistant-exécutif du directeur adjoint du renseignement. Marks a passé cinq ans en tant que responsable du renseignement au Département d'État.

"Inside the Company" - Philip Agee publie un journal de sa vie au sein de la CIA. Agee a travaillé dans des opérations secrètes en Amérique latine dans les années 60, et détaille les crimes auxquels il a participé.

Le Congrès enquête sur les méfaits de la CIA — L'indignation de l'opinion publique oblige le Congrès à organiser des auditions sur les crimes de la CIA. Le sénateur Frank Church dirige l'enquête du Sénat ("The Church Committee"), et le représentant Otis Pike dirige celle de la Chambre des représentants. (Malgré un taux de réélection des députés sortants de 98%, Church et Pike sont tous deux battus aux élections suivantes). Les enquêtes conduisent à un certain nombre de réformes destinées à accroître la responsabilité de la CIA devant le Congrès, notamment la création d'une commission sénatoriale permanente sur le renseignement. Toutefois, ces réformes s'avèrent inefficaces, comme le montrera le scandale Iran/Contra. Il s'avère que la CIA peut facilement contrôler, traiter ou contourner le Congrès.

La commission Rockefeller — Dans une tentative de réduire les dommages causés par le comité Church, le président Ford crée la "commission Rockefeller" chargée de blanchir l'histoire de la CIA et de proposer des réformes inefficaces. L'homonyme de la commission, le vice-président Nelson Rockefeller, est lui-même une figure majeure de la CIA. Cinq des huit membres de la commission sont également membres du Council on Foreign Relations, une organisation dominée par la CIA.

1979

Iran — La CIA n'a pas réussi à prévoir la chute du Shah d'Iran, une de ses marionnettes de longue date et la montée des fondamentalistes musulmans, furieux du soutien apporté par la CIA à la SAVAK, la police secrète sanguinaire du Shah. Par vengeance, les musulmans prennent 52 Américains en otage à l'ambassade des États-Unis à Téhéran.

Afghanistan — Les Soviétiques entrent en Afghanistan. La CIA commence immédiatement à fournir des armes à toute faction désireuse de combattre les Soviétiques. Cet armement sans discernement signifie que lorsque les Soviétiques quitteront l'Afghanistan, une guerre civile éclatera. En outre, les extrémistes musulmans fanatiques possèdent maintenant des armes de pointe. L'un d'eux est le cheik Abdel Rahman, qui sera impliqué dans l'attentat à la bombe du World Trade Center à New York.

Salvador — Un groupe idéaliste de jeunes officiers militaires, révulsé par le massacre des pauvres, renverse le gouvernement de droite. Cependant, les États-Unis obligent les officiers inexpérimentés à inclure de nombreux membres de la vieille garde à des postes clés dans leur nouveau gouvernement. Bientôt, les choses reviennent à la "normale" — le gouvernement militaire réprime et tue les pauvres manifestants civils. De nombreux jeunes réformateurs militaires et civils, se trouvant impuissants, démissionnent par dégoût.

Nicaragua - Anastasios Samoza II, le dictateur soutenu par la CIA, tombe. Les marxistes sandinistes prennent le pouvoir et sont d'abord populaires en raison de leur engagement en faveur de la réforme agraire et de la lutte contre la pauvreté. Samoza avait une armée personnelle meurtrière et détestée appelée la Garde nationale. Les restes de la Garde deviendront les Contras, qui mènent une guérilla soutenue par la CIA contre le gouvernement sandiniste tout au long des années 1980.

1980

Salvador — L'archevêque de San Salvador, Oscar Romero, supplie le président Carter "de chrétien à chrétien" de cesser d'aider le gouvernement militaire qui massacre son peuple. Carter refuse. Peu après, le chef de la droite Roberto D'Aubuisson fait abattre Romero d'une balle en plein cœur alors qu'il disait la messe. Le pays sombre rapidement dans la guerre civile, les paysans des collines luttant contre le gouvernement militaire. La CIA et les forces armées américaines fournissent au gouvernement une supériorité écrasante sur le plan militaire et du renseignement. Les escadrons de la mort formés par la CIA parcourent les campagnes, commettant des atrocités comme celle d'El Mazote en 1982, où ils massacrent entre 700 et 1000 hommes, femmes et enfants. En 1992, quelque 63 000 Salvadoriens seront tués.

1981

Début du programme Iran/Contra — La CIA commence à vendre des armes à l'Iran à des prix élevés, utilisant les bénéfices pour armer les Contras qui combattent le gouvernement sandiniste au Nicaragua. Le président Reagan promet que les sandinistes seront "mis sous pression" jusqu'à ce qu'ils "disent 'oncle'". Le *Freedom Fighter's Manual* de la CIA distribué aux Contras comprend des instructions sur le sabotage économique, la propagande, l'extorsion, la corruption, le chantage, les interrogatoires, la torture, le meurtre et l'assassinat politique.

1983

Honduras — La CIA remet aux officiers militaires honduriens le manuel de formation à l'exploitation des ressources humaines, qui enseigne comment torturer les gens. Le célèbre "Bataillon 316" du Honduras utilise ensuite ces techniques, au vu et au su de la CIA, sur des milliers de dissidents de gauche. Au moins 184 d'entre eux sont assassinés.

1984

L'amendement Boland — Le dernier d'une série d'amendements Boland est adopté. Ces amendements ont réduit l'aide de la CIA aux Contras ; le dernier la supprime complètement. Cependant, le directeur de la CIA, William Casey, est déjà prêt à "passer le relais" au colonel Oliver North, qui continue illégalement à approvisionner les Contras par le biais du réseau informel, secret et autofinancé de la CIA. Cela inclut "l'aide humanitaire" donnée par Adolph Coors et William Simon, et l'aide militaire financée par les ventes d'armes iraniennes.

1986

Eugene Hasenfus — Le Nicaragua abat un avion de transport C-123 transportant des fournitures militaires aux Contras. L'unique survivant, Eugene Hasenfus, s'avère être un employé de la CIA, tout comme les deux pilotes morts. L'avion appartient à Southern Air Transport, une couverture de la CIA. L'incident tourne en dérision les affirmations du président Reagan selon lesquelles la CIA n'arme pas illégalement les Contras.

Le scandale Iran/Contra — Bien que les détails soient connus depuis longtemps, le scandale Iran/Contra retient finalement l'attention des médias en 1986. Le Congrès tient des audiences, et plusieurs personnalités (comme Oliver North) mentent sous serment pour protéger la communauté du renseignement. Le directeur de la CIA,

William Casey, meurt d'un cancer du cerveau avant que le Congrès ne puisse l'interroger. Toutes les réformes adoptées par le Congrès après le scandale sont purement cosmétiques.

Haïti — La révolte populaire grandissante en Haïti signifie que "Baby Doc" Duvalier ne restera "Président à vie" que s'il en a une courte. Les États-Unis, qui détestent l'instabilité dans un pays fantoche, envoient le despotique Duvalier dans le sud de la France pour une retraite confortable. La CIA truque ensuite les élections à venir en faveur d'un autre homme fort militaire de droite. Cependant, la violence maintient le pays dans l'agitation politique pendant quatre autres années. La CIA tente de renforcer l'armée en créant le Service national de renseignement (SIN), qui réprime la révolte populaire par la torture et l'assassinat.

1989

Panama — Les États-Unis envahissent le Panama pour renverser un dictateur qu'ils ont eux-mêmes créé, le général Manuel Noriega. Noriega est à la solde de la CIA depuis 1966, et transporte de la drogue au su de la CIA depuis 1972. À la fin des années 80, l'indépendance et l'intransigeance croissantes de Noriega ont provoqué la colère de Washington… et il s'en va.

1990

Haïti — En concurrence avec 10 candidats comparativement riches, le prêtre de gauche Jean-Bertrand Aristide obtient 68% des voix. Cependant, après seulement huit mois au pouvoir, les militaires soutenus par la CIA le déposent. D'autres dictateurs militaires brutalisent le pays, tandis que des milliers de réfugiés haïtiens fuient la tourmente sur des bateaux à peine navigables. Alors que l'opinion publique réclame le retour d'Aristide, la CIA lance une campagne de désinformation qui dépeint le courageux prêtre comme mentalement instable.

1991

La chute de l'Union soviétique — La CIA ne parvient pas à prévoir l'événement le plus important de la guerre froide. Cela suggère qu'elle a été tellement occupée à saper les gouvernements qu'elle n'a pas fait son travail principal : recueillir et analyser des informations. La chute de l'Union soviétique prive également la CIA de sa raison d'être : la lutte contre le communisme. Cela conduit certains à accuser la CIA d'avoir intentionnellement échoué à prédire la chute de l'Union soviétique. Curieusement, le budget de la communauté du renseignement n'est pas réduit de manière significative après la disparition du communisme.

1992

Espionnage économique — Dans les années qui suivent la fin de la guerre froide, la CIA est de plus en plus utilisée pour l'espionnage économique. Cela consiste à voler les secrets technologiques d'entreprises étrangères concurrentes et à les donner aux entreprises américaines. Étant donné que la CIA préfère nettement les coups bas à la simple collecte d'informations, la possibilité d'un comportement criminel grave est en effet très grande.

1993

Haïti — Le chaos en Haïti s'aggrave au point que le président Clinton n'a d'autre choix que de destituer le dictateur militaire haïtien, Raoul Cedras, sous la menace d'une invasion américaine. Les occupants américains n'arrêtent pas les chefs militaires d'Haïti pour crimes contre l'humanité, mais assurent plutôt leur sécurité et leur riche retraite. Aristide ne revient au pouvoir qu'après avoir été contraint d'accepter un programme favorable à la classe dirigeante du pays.

ÉPILOGUE

Dans un discours devant la CIA célébrant son 50ème anniversaire, le président Clinton a déclaré :

> "Par nécessité, le peuple américain ne connaîtra jamais l'histoire complète de votre courage."

Cette déclaration de Clinton est une défense commune de la CIA : à savoir que le peuple américain devrait cesser de critiquer la CIA parce qu'il ne sait pas ce qu'elle fait réellement. C'est là, bien sûr, le cœur du problème en premier lieu. Une agence qui est au-dessus des critiques est également au-dessus des comportements moraux et des réformes. Son secret et son manque de responsabilité permettent à sa corruption de se développer sans contrôle.

En outre, la déclaration de Clinton est tout simplement fausse. L'histoire de l'agence devient douloureusement claire, en particulier avec la déclassification de documents historiques de la CIA. Nous ne connaissons peut-être pas les détails d'opérations spécifiques, mais nous connaissons, assez bien, le comportement général de la CIA. Ces faits ont commencé à apparaître il y a près de vingt ans, à un rythme toujours plus rapide. Aujourd'hui, nous disposons d'une image remarquablement précise et cohérente, répétée dans de nombreux pays et vérifiée dans d'innombrables directions différentes.

La réponse de la CIA à ces connaissances et critiques croissantes suit un schéma historique typique. (En effet, il existe des parallèles remarquables avec la lutte de l'Église médiévale contre la révolution scientifique). Les premiers journalistes et écrivains à révéler le comportement criminel de la CIA ont été harcelés et censurés s'il s'agissait d'écrivains américains, et torturés et assassinés s'il s'agissait d'étrangers. (Voir *On the Run* de Philip Agee pour un exemple de harcèlement intensif.) Cependant, au cours des deux dernières décennies, la marée de preuves est devenue écrasante, et la CIA a constaté qu'elle n'avait pas assez de doigts pour boucher tous les trous de la digue. Cela est particulièrement vrai à l'ère d'Internet, où les informations circulent librement entre des millions de personnes. Puisque la censure est impossible, l'Agence doit maintenant se défendre par des excuses. La défense de Clinton, selon laquelle "les Américains ne sauront jamais", en est un excellent exemple.

Une autre excuse courante est que "le monde est rempli de personnages peu recommandables, et nous devons traiter avec eux si nous voulons protéger les intérêts américains". Il y a deux choses qui clochent dans cette affirmation. Premièrement, elle ignore le fait que la CIA a régulièrement rejeté les alliances avec les défenseurs de la démocratie, de la liberté d'expression et des droits de l'homme, préférant la compagnie des dictateurs militaires et des tyrans. La CIA avait des options morales à sa disposition, mais ne les a pas prises.

Deuxièmement, cet argument soulève plusieurs questions. La première est : "Quels intérêts américains ?" La CIA a courtisé les dictateurs de droite parce qu'ils permettent aux riches Américains d'exploiter la main-d'œuvre et les ressources bon marché du pays. Mais les Américains pauvres et de la classe moyenne paient le prix fort chaque fois qu'ils combattent les guerres qui découlent des actions de la CIA, du Vietnam à la guerre du Golfe en passant par le Panama. La deuxième question posée est la suivante : "Pourquoi les intérêts américains devraient-ils se faire au détriment des droits de l'homme des autres peuples ?"

La CIA devrait être abolie, ses dirigeants démis de leurs fonctions et ses membres concernés jugés pour crimes contre l'humanité. Notre communauté du renseignement devrait être reconstruite à partir de zéro, dans le but de collecter et d'analyser des informations. Quant à l'action secrète, il existe deux options morales. La première consiste à éliminer complètement les actions secrètes. Mais cela donne des frissons à ceux qui s'inquiètent des Adolf Hitler du monde. La deuxième option consiste donc à placer les actions secrètes sous un contrôle démocratique étendu et réel. Par exemple, une commission bipartisane du Congrès composée de 40 membres pourrait examiner tous les aspects des opérations de la CIA et y opposer son veto à la suite d'un vote à la majorité ou à la super-majorité. Laquelle de ces deux options est la meilleure peut faire l'objet d'un débat, mais une chose est claire : comme la dictature, comme la monarchie, les opérations secrètes non contrôlées doivent mourir comme les dinosaures qu'elles sont.

La société des Skull and Bones

Tout a commencé à Yale. En 1832, le Général William Huntington Russell et Alphonso Taft ont créé une société super secrète pour les enfants de l'élite de l'establishment bancaire anglo-américain de Wall Street. Le demi-frère de William Huntington Russell, Samuel Russell, dirigeait "Russell & Co.", la plus grande opération de contrebande d'OPIUM au monde à l'époque. Alphonso Taft est le grand-père de notre ex-président Howard Taft, le créateur du précurseur des Nations Unies.

Certains des hommes les plus célèbres et les plus puissants du monde vivant aujourd'hui sont des "bonesmen", notamment George Bush, Nicholas Brady et William F. Buckley. Parmi les autres bonesmen figurent Henry Luce (Time-Life), Harold Stanley (fondateur de Morgan Stanley), Henry P. Davison (associé principal de Morgan Guaranty Trust), Artemus Gates (président de la New York Trust Company, de l'Union Pacific, de *TIME*, de Boeing Company), le sénateur John Chaffe, Russell W. Davenport (rédacteur en chef du magazine *Fortune*) et bien d'autres. Tous ont fait le vœu solennel de garder le secret.

La Skull & Bones Society est un tremplin vers les Bilderbergs, le Council on Foreign Relations et la Commission trilatérale.

America's Secret Establishment, par Antony C. Sutton, 1986, page 5-6, déclare :

> "Ceux de l'intérieur le connaissent sous le nom de The Order. D'autres le connaissent depuis plus de 150 ans sous le nom de chapitre 322 d'une société secrète allemande. Plus officiellement, à des fins juridiques, l'Ordre a été constitué en société sous le nom de The Russell Trust en 1856. Il était également connu autrefois sous le nom de "Fraternité de la mort". Ceux qui s'en moquent, ou veulent s'en moquer, l'appellent "Skull & Bones", ou tout simplement "Bones".

Le chapitre américain de cet ordre allemand a été fondé en 1833 à l'université de Yale par le général William Huntington Russell et Alphonso Taft qui, en 1876, est devenu secrétaire à la guerre dans l'administration Grant. Alphonso Taft était le père de William Howard Taft, le seul homme à avoir été à la fois président et juge en chef des États-Unis.

L'ordre n'est pas simplement une autre société fraternelle de lettres grecques avec des mots de passe et des poignées communes à la plupart des campus. Le chapitre 322 est une société secrète dont les membres ont juré le silence. Elle n'existe que sur le campus de Yale (à notre connaissance). Elle a des règles. Elle a des rites cérémoniels. Elle n'apprécie pas du tout les citoyens indiscrets et indiscrets, que les initiés appellent des "étrangers" ou des "vandales". Ses membres nient toujours leur appartenance (ou sont censés la nier) et, en vérifiant des centaines de listes autobiographiques de membres, nous n'en avons trouvé qu'une demi-douzaine qui citait une affiliation au Skull & Bones. Les autres sont restés muets. Il est intéressant de savoir si les nombreux membres de diverses administrations ou qui occupent des postes gouvernementaux ont déclaré leur appartenance à Skull & Bones dans les données biographiques fournies pour les "vérifications d'antécédents" du FBI.

Par-dessus tout, l'ordre est puissant, incroyablement puissant. Si le lecteur persiste et examine les preuves présentées — qui sont accablantes — il ne fait aucun doute que sa vision du monde va soudainement se préciser, avec une clarté presque effrayante.

Il s'agit d'une société de dernière année qui n'existe qu'à Yale. Les membres sont choisis en première année et ne passent qu'une seule année sur le campus, la dernière, avec Skull & Bones. En d'autres termes, l'organisation est orientée vers le monde extérieur des diplômés. L'Ordre se réunit chaque année — uniquement les patriarches — sur Deer Island, dans le fleuve Saint-Laurent.

Les associations de seniors sont uniques à Yale. Il existe deux autres sociétés de seniors à Yale, mais aucune ailleurs. Scroll & Key et Wolf's Head sont des sociétés prétendument compétitives fondées au milieu du XIXème siècle. Nous pensons qu'elles font partie du même réseau. Rosenbaum a commenté dans son article "Esquire", avec beaucoup de justesse, que toute personne de l'Establishment libéral oriental qui n'est pas membre de Skull & Bones est presque certainement membre de Scroll & Key ou de Wolf's Head.

La procédure de sélection des nouveaux membres de l'Ordre n'a pas changé depuis 1832. Chaque année, 15, et seulement 15, jamais moins, sont sélectionnés. Dans le cadre de leur cérémonie d'initiation, ils doivent s'allonger nus dans un cercueil et réciter leur histoire sexuelle. Cette méthode permet aux autres membres de contrôler l'individu en le menaçant de révéler ses secrets les plus intimes s'il ne "suit pas". Au cours des 150 dernières années, environ 2500 diplômés de Yale ont été initiés à l'Ordre. À tout moment, environ 500 à 600 sont vivants et actifs. Environ un quart d'entre eux jouent un rôle actif dans la poursuite des objectifs de l'Ordre. Les autres se désintéressent ou changent d'avis. Ce sont des abandons silencieux.

Le membre potentiel le plus probable est issu d'une famille Bones, qui est énergique, débrouillard, politique et probablement un joueur d'équipe amoral. Les honneurs et les récompenses financières sont garantis par le pouvoir de l'Ordre. Mais le prix de ces honneurs et récompenses est le sacrifice au but commun, le but de l'Ordre. Certains, peut-être beaucoup, n'ont pas été prêts à payer ce prix.

Les familles américaines de vieille souche et leurs descendants impliqués dans les Skull & Bones sont des noms tels que : Whitney, Perkins, Stimson, Taft, Wadsworth, Gilman, Payne, Davidson, Pillsbury, Sloane, Weyerhaeuser, Harriman, Rockefeller, Lord, Brown, Bundy, Bush et Phelps.

Déjà parus

OMNIA VERITAS LTD PRÉSENTE :

JOHN COLEMAN

LA DIPLOMATIE PAR LE MENSONGE
UN COMPTE RENDU DE LA TRAÎTRISE DES
GOUVERNEMENTS DE L'ANGLETERRE ET DES ÉTATS-UNIS

PAR
JOHN COLEMAN

LA DIPLOMATIE PAR LE MENSONGE

L'histoire de la création des Nations Unies est un cas classique de diplomatie par le mensonge

OMNIA VERITAS LTD PRÉSENTE :

JOHN COLEMAN

LA DYNASTIE ROTHSCHILD

LA DYNASTIE ROTHSCHILD

par John Coleman

Les événements historiques sont souvent causés par une "main cachée"

OMNIA VERITAS LTD PRÉSENTE :

JOHN COLEMAN
LA FRANC-MAÇONNERIE
de A à Z

LA FRANC-MAÇONNERIE

de A à Z

par John Coleman

La franc-maçonnerie est
devenue, au XXIe siècle,
moins une société secrète
qu'une "société à secrets".

Cet ouvrage explique ce qu'est la maçonnerie

345 |

OMNIA VERITAS
OMNIA VERITAS LTD PRÉSENTE :
L'INSTITUT TAVISTOCK
des RELATIONS HUMAINES
Façonner le déclin moral, spirituel, culturel, politique et économique des États-Unis d'Amérique
par John Coleman
Sans Tavistock, il n'y aurait pas eu la Première et la Deuxième Guerre mondiale
JOHN COLEMAN
L'INSTITUT TAVISTOCK des RELATIONS HUMAINES
Les secrets du Tavistock Institute for Human Relations

OMNIA VERITAS
EUSTACE MULLINS
LA MALÉDICTION DE CANAAN
EUSTACE MULLINS
LA MALÉDICTION
DE CANAAN
Une démonologie de l'histoire
Le grand mouvement de l'histoire moderne a été de dissimuler la présence du mal sur la terre

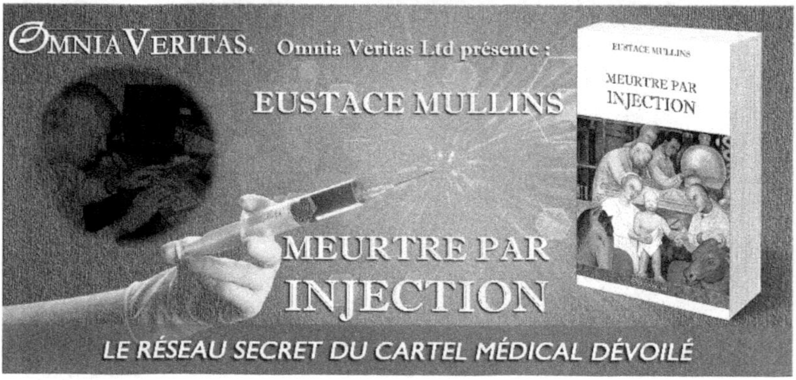
OMNIA VERITAS
Omnia Veritas Ltd présente :
EUSTACE MULLINS
EUSTACE MULLINS
MEURTRE PAR INJECTION
MEURTRE PAR
INJECTION
LE RÉSEAU SECRET DU CARTEL MÉDICAL DÉVOILÉ

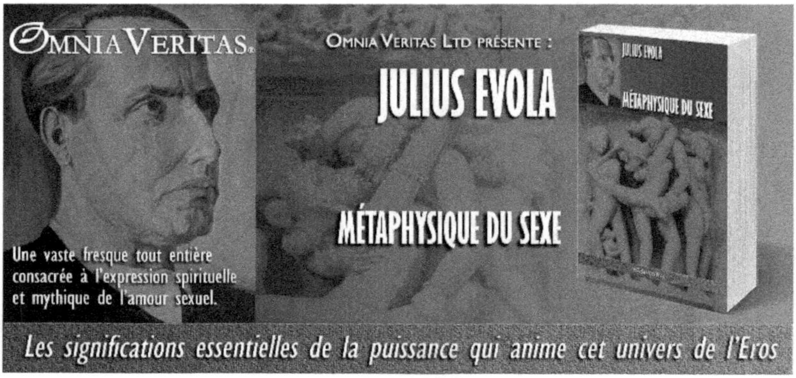

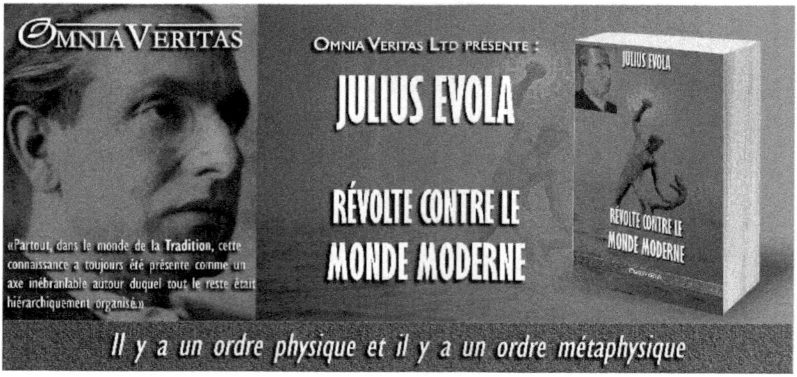

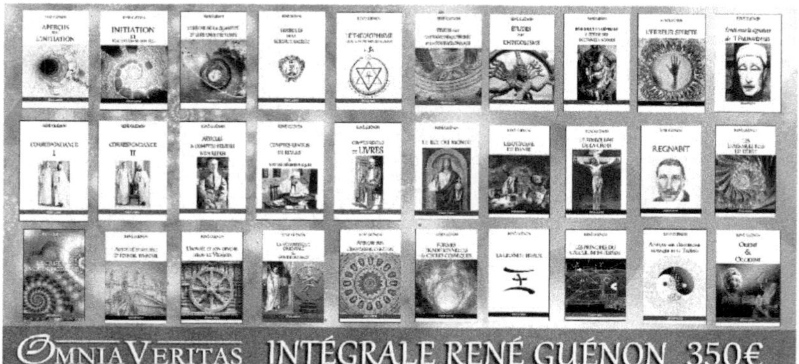

Lightning Source UK Ltd.
Milton Keynes UK
UKHW010921080223
416610UK00014B/1224

9 781915 278432